全国高职高专公共基础课规划教材

大学生人文知识

涂登宏　主　编

杨　静　李　薇　副主编

清华大学出版社

北　京

内 容 简 介

本书作为"全国高职高专公共基础课规划教材",旨在通过向大学生进行中国传统文化、文学、历史、哲学、宗教、美学、艺术、中国民间文化、世界文化遗产、心理学以及人类与世界、科学技术与人类的发展等知识的介绍,让青年学生对基本的人文知识有一个基础性的了解和认识,并激发他们进一步去阅读更多的人文科学类书籍,以达到提升大学生人文素养的目的。全书在编写上力求简洁精要,深入浅出,具有较强的知识性和可读性。每章后均附有思考练习题和知识拓展网站,供进一步学习参考。

本书可作为高职高专或普通高等院校学生人文素养类课程的教材,也可供广大青少年朋友自学和参考。

图书在版编目(CIP)数据

大学生人文知识/涂登宏主编;杨静,李薇副主编. —北京:清华大学出版社,2010.1(2019.2重印)
(全国高职高专公共基础课规划教材)
ISBN 978-7-302-21570-7

Ⅰ. ①大… Ⅱ. ①涂… ②杨… ③李… Ⅲ. ①人文科学—高等学校:技术学校—教材 Ⅳ. ①C

中国版本图书馆 CIP 数据核字(2009)第 212022 号

责任编辑:刘天飞 张丽娜
封面设计:山鹰工作室
版式设计:杨玉兰
责任校对:周剑云
责任印制:宋 林

出版发行:清华大学出版社
          网 址:http://www.tup.com.cn, http://www.wqbook.com
          地 址:北京清华大学学研大厦 A 座   邮 编:100084
          社 总 机:010-62770175   邮 购:010-62786544
          投稿与读者服务:010-62776969, c-service@tup.tsinghua.edu.cn
          质量反馈:010-62772015, zhiliang@tup.tsinghua.edu.cn
          课件下载:http://www.tup.com.cn, 010-62791865
印 装 者:北京国马印刷厂
经   销:全国新华书店
开   本:185mm×260mm   印 张:20.75   字 数:499 千字
版   次:2010 年 1 月第 1 版   印 次:2019 年 2 月第 7 次印刷
定   价:49.00 元

产品编号:033856-03

随着我国现代大学学科专业越分越细，学生的知识面也越来越窄。学自然科学的对人文社会科学知识知之不多，学社会科学的对自然科学知识也知之不多，甚至完全不了解，即便是学习自然科学或社会科学的学生，由于只专注于某一专业的学习，对别的相关学科也是不甚了解，如学哲学的对文学知识了解不多，学数学的对物理学懂得很少等。这种教育的结果，使得培养出来的大学生成了被某一专业知识填充的"工具"，只能从事某项专业工作，也只知晓相关专业知识，对别的学科的知识，甚至基本的做人、做事的常识也相当缺乏。这完全违背了大学教育的目标和宗旨。

回想 2500 多年前的先圣孔子尚以"礼、乐、射、御、书、数"这"六艺"为教学内容来教导他的弟子。"礼"是用于维护各种人伦和道德规范的知识；"乐"是与"礼"互为表里，通过音乐、舞蹈、诗歌等手段使学生从情感上接受道德的熏陶，从而完成育人的任务；"射"、"御"是射箭、骑马的技能；"书"、"数"相当于现在的科学文化知识。"六艺"涵盖了德、智、体、美诸方面，并强调学生各方面素质的综合发展。孔子以此来培养他的三千弟子，并育出了七十二贤人。几乎与孔子同时，古希腊的哲学家亚里士多德也提出了著名的博雅教育。他认为最崇高的教育应以发展个性为目标，使人的心灵得到解放与和谐发展，为享用德行圆满和闲暇自由的生活而进行理智的活动。

无论是孔子还是亚里士多德，人文素质的培养，人的内在品质与人的外在技能的综合发展，都是他们所追求的教育目标。

人的全面发展是人类从古到今的共同愿望和持久追求，它是人类教育事业追求的最高目标。一个人要在社会上立足，当然离不开掌握一门或几门专业知识和技术，但更离不开基本的人文素质，否则，就会和他人、社会格格不入。教育部近年来多次倡导，无论是学文科的还是学理工科的，都必须具备一定的人文素养；高等学校要在相当高度上认识这一问题，对大学生进行人文素质的教育和培养。但是，我国当今的高等教育，由于教育的功利倾向和实用主义的影响，普遍存在着重专业、轻素质，重教学、轻德育，出现知识培养与人文教育脱节的现象。许多大学生缺乏人文素质和创新精神，走向社会后，难以适应社会、时代和市场经济的要求。所以，弥补和加强当代大学生的人文知识和修养，在当前就显得十分迫切和必要。我们应该积极地把科学教育与人文教育结合起来，把教育我们的学生怎样生存、怎样创造、怎样合作共事、怎样选择正确的人生道路，以及如何以浓厚的优秀历史文化积淀构筑自己的精神支柱作为教育的重要内容，把大学生真正塑造成具有高尚情操、完美人格、丰富知识、学有所长的高素质人才。

应当说，在大学包括高职高专学校开设人文素质修养课已开始成为共识。但是，这门课程的框架和体系如何建立？它应当包含哪些方面的内容？目前尚无定论。我校自 2006年开设《大学生文化修养》课程以来，相关教师对这门课程的教学目标和教学内容进行了深入的研究，也参考了一些相关学校编写的人文素质类教材。通过教学，我们发现，自高中以后就开始实行文、理分科后的学生，对许多人文类知识相当缺乏，甚至在进行人文修养的教学中，对一些较抽象的知识存在理解上的困难，学生们一致要求给他们介绍一些具体的文学、历史、哲学或艺术方面的知识。有鉴于此，我们几位编写教师在接到清华大学"全国高职高专公共基础课规划教材"《大学生人文知识》的编写通知时，立即决定根据高职教育的培养目标编写一本以介绍人文知识为重点的教材，以向学生介绍一些常识性人文类知识为目的。但限于编写篇幅，我们在编写这本教材时，只能选取中国传统文化、文学、历史、哲学、宗教、美学、艺术、中国民间文化、世界文化遗产以及人类与世界、科学技术与人类发展等方面的内容，共分为十章，力图让青年学生对基本的人文知识有一个基础性的了解和认识，通过教学的引导，激发他们进一步去阅读更多的人文科学类书籍，以实现增长他们人文知识，提升他们人文素养的目的。

本书在编写上力求简洁精要，深入浅出，具有较强的知识性和可读性。但我们深知，由于多方面的原因，本书肯定存在许多不足，恳请专家和读者不吝赐教。在编写过程中，我们参考了相关的书籍和文章，由于篇幅繁多，不能一一说明，在此向所有作者表示深深的歉意和感谢。

本书由涂登宏负责总体构架并最终定稿，参编人员有涂登宏、杨静、李薇、肖文辉、何佳、杨敏、邓国元、代亚松等八位同志，其中，杨静和李薇协助涂登宏做了全书的内容设计和最后的统稿工作。

编　者

Contents 目录

目　　录

目录
Contents

Contents 目录

绪论　培养全面发展的人
——教育永恒的主题

　　随着近年我国高等教育的发展，特别是党中央、国务院先后八次召开全国职业教育工作会议并作出重点发展职业技术教育的决定之后，我国的高等职业教育如雨后春笋般蓬勃发展，占据了高等教育的半壁河山，成为了高等教育事业的重要生力军。高等职业教育的异军突起，既为整个高等教育注入了生机与活力，为社会培养了一大批生产建设、管理服务第一线的高技能应用型人才，又为社会经济的发展作出了积极的贡献，受到了社会各界的热烈欢迎与一致好评，但同时也带来了诸多值得研究的问题，其中一个涉及根本的问题就是高职院校大学生人文素质教育的问题。

一、人文素质教育是我国职业教育的重要内容

　　素质教育是我国高等教育教学改革的方向，人文素质教育在我国高等教育中占有重要地位，尤其对以培养高级应用型人才为目标的高职院校而言，加强对大学生的人文素质教育已刻不容缓。做好这项工作，让高职院校大学生受到人文精神的感染，有利于激发他们的爱国主义情感，振奋精神，升华人格；也有利于他们开阔视野、活跃思维，为在校学习专业技能以及今后的工作奠定坚实的文化基础和深厚的人文素质底蕴。

　　自 20 世纪末开始，我们已逐渐认识到加强人文素质教育的必要性。1998 年，第一次全国普通高等学校教学工作会议颁发了《关于加强大学生文化素质教育的若干意见》(教高司[1998] 2 号)，随后正式建立了 32 个大学生文化素质教育基地。1999 年 6 月中共中央、国务院发布了《关于深化教育改革全面推进素质教育的决定》(中发[1999]9 号)，并召开第三次全国教育工作会议，发出了深化教育改革、全面推进素质教育的动员令，素质教育自此开始进入全面推进的新阶段。

　　2004 年，中共中央、国务院出台了《关于进一步加强和改进大学生思想政治教育的意见》。2005 年 1 月，在全国加强和改进大学生思想政治教育工作会议上，胡锦涛同志强调："高校是培养人才的重要基地，必须把培养中国特色社会主义事业的建设者和接班人作为根本任务。办好高校，首先要解决好培养什么人、如何培养人这个根本问题。全国高校都要始终不渝地全面贯彻党的教育方针，坚持学校教育、育人为本，德智体美、德育为先，充分发挥大学生思想政治教育主阵地、主课堂、主渠道的作用，全方位推进大学生思想政治教育，多方面促进大学生全面发展。"教育部部长周济在 2006 年国家示范性高职院校建设计划视频会议上指出："推进素质教育，是培养什么人、怎么培养人的根本问题，要成为高等职业教育的主题。"这些讲话都体现出德育在我国高等教育中的首要地

位，体现出素质教育是我国高等教育教学改革的方向。这对高职院校大学生人文素质教育来说也是一个转折点，自那时起，社会各界对高职院校大学生素质教育问题的关注度日益升温。

二、关于人文与素质

人文教育、人文素质、人文精神问题，是这些年来的热门话题，各类报刊上讨论得很多。下面就介绍一下到底什么叫人文？什么叫人文素质？什么叫人文教育？什么叫人文精神？它们与人才培养到底有什么样的关系？

(一)人文的概念

从广义的角度讲，"人文"就是人类自己创造出来的文化。在中国古代就有"人文"这一提法，主要是礼教文化，讲礼貌、懂礼仪。"人文"一词最早出现在公元前 11 世纪的《周易》里。《易·贲·象辞》云："刚柔交错，天文也。文明以止，人文也。观乎天文，以察时变；观乎人文，以化成天下。"《易正义》谓："言圣人观察人文，则诗书礼乐之谓。""观乎人文，以化成天下"，实即是兴礼乐以化成天下。因此，古代中国之所谓"人文"，乃指礼乐之教、礼乐之治。宋代程颐释作："天文，天之理也；人文，人之道也。天文，谓日月星辰之错列，寒暑阴阳之代变，观其运行，以察四时之速改也。人文，人理之伦序，观人文以教化天下，天下成其礼俗，乃圣人用贲之道也。"可见，中国古代"人文"一词，本指人事，意在"以文教化"、"人文教化"，即指人的各种传统属性。

当然，人文一词的古今含义也不尽相同。在古代汉语中，"人文"一词有三层含义：一是与"天文"相对，指诗书礼乐等以人自身为观察和思考对象的文化活动；二是泛指人世人伦之事；三是与人道相通，指人的道德规范。在现代，"人文"泛指人类社会的各种文化现象。可见，无论古今，"人文"的内涵都是非常丰富的。

在西方，英文的 Humanities 等与汉语"人文"意义接近的词均源于拉丁文 Humannitas，其意包括人性、文化、教养等。与之相关的另一个词是 Studiahumannitatis，其本义是指罗马时代公民所受教育的内容，可译作人性学、人文学或人文学科。12、13 世纪的意大利，"人文学科"是相对于"神学学科"而言的，是指以人和自然为研究对象的知识领域，包括语言、文学、艺术、哲学、历史以及自然科学等。在意大利文艺复兴初期，人文学的内容在教育中主要被规定为语法、修辞、诗、历史和道德哲学五个科目。15 世纪末，那些教授人文学的教师、研究人文学的学者和学习人文学的学生，被称为"Umanista"，即人文学者(到人文主义一词出现后，就叫做"人文主义者")，后来，这一意大利语词被吸收入拉丁语中，成为 Humannista。

"人文"一词，无论在西方还是在中国都包含两方面的意思：一是"人"，二是"文"，即一方面是关于理想的"人"、理想的"人性"的观念，另一方面是为了培养这种理想的人(性)而设置的学科和课程。前一方面的意思往往与"人性"(Humanity)等同，后一方面的意思往往与"人文学科"(Humanities)等同。但应注意，这两方面的意思总是有着

紧密的内在联系：学科意义上的人文总是服务于理想人性意义上的人文。教养和文化、智慧和德性、理解力和批判力这些一般认同的理想人性，总是与语言的理解和运用、古老文化传统的认同、以及审美能力和理性反思能力的培养联系在一起，语言、文学、艺术、逻辑、历史、哲学总是被看成是人文学科的基本学科。

这表明，尽管东西方文化的渊源不同，在早期由于缺乏相互的沟通交流，处于相对隔绝之态，但人们对"人文"本意的理解却有相通之处，异曲而同工，体现了人类在探究和追求人文本源问题上的同一性。

人文作为人类文化的一种基因，作为一种朴素的习惯和意识，无论是西方还是东方，无论是中国还是外国，都是古已有之的。但是，人文作为一种社会潮流，作为一种普遍的文化，即更多的人、更大的人群共同具有并更为稳定的价值观及其规范，则始于 15、16 世纪的文艺复兴时期，形成于 17、18 世纪的约翰·洛克、亚当·斯密和法国启蒙运动时期，以及美国的独立宣言和法国的人权宣言时期，反思于 19 世纪及 20 世纪初的马克思、尼采、罗素所处的时期，发展于 20 世纪中后期的现代时期。在发展期，联合国的两个人权宣言则是人文走向法制化、国际化的标志，而马斯洛的需求层次论和自我价值的实现，则是现代人文思想最杰出的代表。

总的说来，从概念上讲，我们可以这样认为，人文就是人类文化中的先进部分和核心部分，即先进的价值观及其规范，其核心是"人"，集中体现为重视人，尊重人，关心人，爱护人。这就是我们常常说的人类关怀、生命关怀。人是衡量一切的尺度，在人世间的各种权利中，只有人权是天赋的，生来具有的，不可剥夺，也不可代替。承认人的价值，尊重人的个人利益，包括物质的利益和精神的利益。

一句话，人文，即重视人的文化。

(二)素质的概念

"素质"一词原本是作为生理学范畴的一个名词，通常指人的神经系统、感觉器官和运动器官等方面从先天继承下来的生理解剖上的特征。这些特征是人们获取知识、增长才能的基础，外在表现为性格、能力、意志等。心理学同样强调素质的先天性，教育学则强调素质的后天性，认为素质是人在先天生理基础上，受后天环境尤其是教育的影响，通过个体自身的认识与实践而形成的比较稳定的身心发展的基本品质。

可见，"素质"一词的含义已经泛化，是一个多重意义的特定概念。一般而言，"素质"是一个人思想成熟程度、心理和人格发育健全程度、知识结构合理程度、为人处世通达程度等诸多方面表现的总和。我们说的"素质"，其实就是日常生活中为人们所称道的"素质"，是一种心胸宽广、自强不息、乐观向上的精神状态；是一种自尊、自信、自谦、自持的品格；是一种关心他人、关心社会、关心自然的情怀；是一种求真务实、质朴高雅的品位；是一种"富贵不能淫、贫贱不能移、威武不能屈"的人格。这样一种精神、一种品格、一种情怀、一种品位、一种人格，需要相应的教育境界的濡化，需要一种真诚、公正、平等、友爱的教育氛围才能养成。当前提倡的素质教育，不仅体现为一种教育思想，更重要的是现代人苦心追求的一种教育目标。

三、人文素质的内涵

　　所谓人文素质，是指人们在人文方面所具有的综合品质或达到的发展程度，是由知识、能力、观念、情感、意志等多种因素综合而成的一个人的内在品质，表现为一个人的人格、气质、修养。它包括人文知识、人文精神、人文思想和人文方法四个方面的内容。其内涵关系见图0-1。

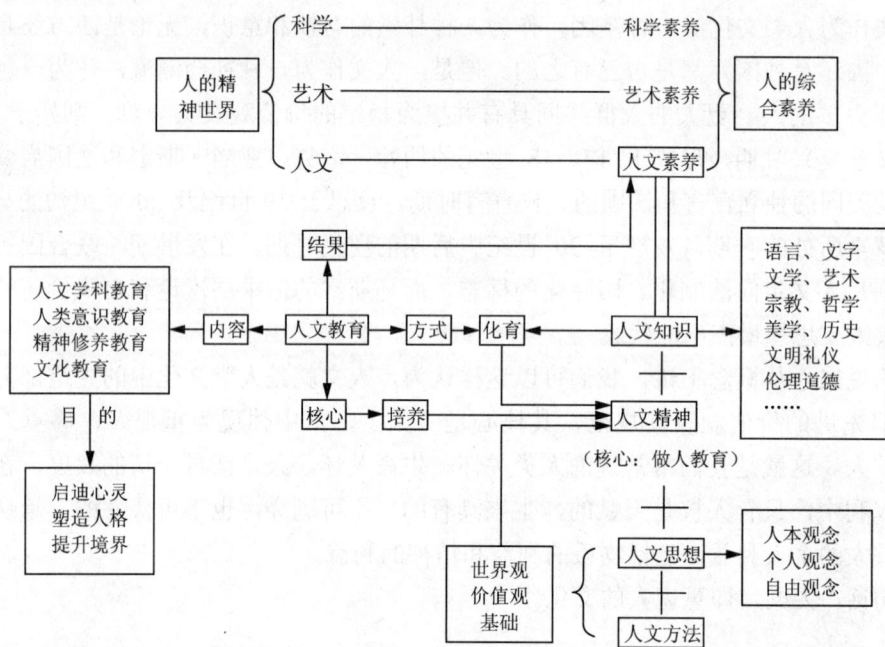

图 0-1　人文内涵关系图

(一)人文知识

　　人文知识是人们在接触、了解、改造自然、社会、思维，创造生产、生活的过程中，通过直接经验和间接经验，形成和掌握的关于人文领域的基本知识，如历史知识、文学知识、政治知识、法律知识、艺术知识、美学知识、哲学知识、宗教知识、道德知识、语言知识等，是人文素养的基本组成内容。

　　人文知识是与自然知识和社会知识相对应的一种知识类型，是人类总体知识构成中的一个重要组成部分，是以语言(符号)的方式对人文世界的把握、体验、解释和表达。这种把握、体验、解释和表达有两种不同的水平或层次：一是感性的，一是理性的。或者说一是习俗的，一是理论的。感性的、习俗的人文知识是我们通过日常生活所获得的，这些知识是零散而肤浅的，彼此之间甚至会有一定的冲突。但是，就是这些知识为我们的日常生活的价值及其实践提供了暂时的依据，使我们体会到生活的意义所在。理性的、理论的知识是我们通过专门的学习所获得的，如学习历史、哲学、艺术、宗教、文学、科学等都可以获得这种系统的、理论化的人文知识。这种人文知识是由一些思想家们苦心孤诣、殚精

竭虑所创造的，因为其系统性、理论性、深刻性而对人生真谛有更充分的揭示，因此也更能启发我们的思想，帮助我们臻达自我的人文境界。

(二)人文精神

人文精神是一种主张以人为本，重视人的价值，尊重人的尊严和权利，关怀人的现实生活，追求人的自由、平等和解放的思想。简单说来，就是"以人为对象、以人为中心的精神"，其核心内容是对人类生存意义和价值的关怀。它主要表现为：在处理人与自然、人与社会、人与文化的关系时，突出人的主体性原则；在认识和实践活动中，以人各种需要的满足为最终诉求；在人与物的比较中，突出人高于物、贵于物的特殊地位，强调精神重于物质，人的价值重于物的价值，生命价值优先的人本主义原则；在人与人的关系中，强调相互尊重对方的人格尊严，突出人人平等的原则。它追求人生和社会的美好境界，推崇人的感性和情感，看重人的想象性和生活的多样化。主张思想自由和个性解放是它的鲜明标志，它以人的价值、感受和尊严为万物的尺度，以人来对抗神，对抗任何试图凌驾于人的教义、理论、观念、进行中的事业及预期中的目标，对抗所有屈人身心的任何神圣，它虽不是一种具体的"能力"，却是人文素养的灵魂。

可以这样说，人文精神其实是一种为人处世的基本的"德性"、"价值观"和"人生哲学"，科学精神、艺术精神和道德精神均包含其中。

现实中，我们可以大致上把"人文精神"与"人文素养"等同使用。因为，如同具有"达标"的自然科学能力却不见得具备"达标"的"科学精神"一样，具有"达标"的人文科学的知识及处理人文活动的能力，也不见得同时具备"达标"的人文精神。人文精神才是人文素养的根本特征。例如，在历次政治运动中，许多受到主流社会迫害的中上层人士，都不同程度地受到过来自下层社会群众的同情和关照，这都曾让"走资派"、"反动学术权威"等被专政人士大发感激、感慨之情。而那些对落魄者不歧视不加害的"草民"，虽然缺乏人文科学素养，甚至不具备革命教育的起码的文化素养，但他们在那个把人文当垃圾的社会环境中，却是真正具有人文精神的精英分子。

从比较的角度看，人文知识是人类认识、改造自身和社会的经验总结；人文精神则是人文知识化育而成的内在于主体的精神成果，它蕴含于人的内心世界，见之于人的行为动作及其结果。人文知识的载体主要是各种媒体，获取人文知识可凭借视听，可以从课堂上、媒体中获取；人文精神的载体在人自身，人文精神的获得必须经过人文知识的内化、整合，变成主体的意识、思想、情感，转化为主体的生命体验和善行等。人文知识的呈现可以在口头上、试卷中；人文精神的表现却只能在人的情感里、实践中、行动上，再高明的命题手仅以试卷也考不出人们的人文精神，因为人的精神在纸上是"答"不出来的。所以人文知识不同于、更不等于人文精神；有了人文知识并不一定具有人文精神。例如，有些大学生(甚至是人文学科的大学生)、研究生，他们学了不少人文知识，却并不一定都具有相应的人文精神；而有些识字不多的农民，没有读过像样的人文课程，却往往表现出真诚、正直、公道、正义、善良、利他等人文精神。这是因为，大学生学的是书本上的人文知识，如果没有内化为自己的意识、思想和情感，没有转化为良好品德和善行，那就只能

是口头上的知识而已；有些农民虽然没学过多少书本上的人文知识，却因为生长在传统文化积淀深厚、人文氛围浓郁的环境里，长期的熏陶感染、潜移默化，而使他们具有了体现人文精神的思想、情感和行动。当然，这并非说书本上的人文知识就不重要、可有可无。具有了人文知识，就为培养人文精神提供了广阔的理性知识背景。这里强调的是，人文知识一定要经过内化转变为人文素养，变为自己的意识、思想、情感乃至行动，也就是塞缪尔·斯迈尔斯所说的："知识、学问应该和善行结合。"①只有这样，才体现出知识孕育精神的真实意义，才显示出人文知识的真正价值。

在人文素质的四个方面中，人文精神是核心。人文精神是人文知识的内核和本质，是人文知识的精髓和升华，是包容于人文知识中的人生感悟、体验、认识感受、情感态度、价值判断与取向等哲理性的东西，是对人类、人类社会有普遍意义和价值功用的意识与观念形态，是既融于人文知识之中又超然于人文知识之外的社会意识形态，是一种建立于对人之为人的哲学反思之上的批判态度和批判精神。人文精神是人文思想、人文方法产生的世界观、价值观的基础，是最基本、最重要的人文思想、人文方法。人文精神是人类文化、文明的真谛所在，民族精神、时代精神从根本上说都是人文精神的具体表现。

(三)人文思想

人文思想也称"人文主义"、"人文主义思想"，是欧洲文艺复兴时期主流社会思潮的核心。"人文主义"来源于英文 Humanise，这个单词根据不同语境的需要也可以被译成"人文"、"人本"、"人道主义"。文艺复兴时期人文主义的核心思想是：反对中世纪神学抬高神、贬低人的观点，强调人的可贵；反对神学的禁欲主义和来世观念，提倡人们对现实生活的追求；反对宗教束缚和封建等级观念，追求人的个性解放和自由平等；反对中世纪的蒙昧主义，推崇人的经验和理性；提倡人类认识自然，征服自然，以造福人生；反对维护封建统治的宗教神学体系，提倡学术研究、思想自由和个性解放，肯定人是世界的中心，以人的需求作为衡量一切的标准，强调所有的人都是平等的，在一种共同的习俗和法律下，实现人的价值与尊严。

人文思想强调主体可以理解和把握客体，重视经验中的情感体验成分，注重感受的本真性，承认由自我到他人、由意志到行为以及由有限到无限的自然过渡，包含人本思想、哲学思维、政治观念、道德意识等，是支撑人文知识的基本理论及其内在逻辑，是人文素质的本源，同科学思想相比，人文思想有很强的民族色彩、个性色彩和鲜明的意识形态特征。

从根本上说，人文，首先是一种思想，一种观念，同时，也是一种制度，一种法律。人文思想是人文制度的理论基础，而人文制度又是人文思想的实现，是人文思想的制度化、法律化。人权观念的诞生、人权的法制化以及人权法的国际化、全球化，是人文真正确立的标志，是人文思想得以实现的根本保证。

现代人文思想，至少包括以下三个方面的内容。

---

① (英)塞缪尔·斯万尔斯著，王正斌，秦传安译. 品格的力量. 北京：中央编译出版社，2007

首先，人文思想是"人本观念"，即"人本位"，以为人是社会的中心，人是衡量社会的尺度，人是衡量一切的标准。从君王为标准，到人为标准，或者说，从"君本位"到"人本位"是人类社会的一次伟大革命，是人类价值观的一次伟大转变，是约翰·洛克寻求社会规律的第一个伟大的发现。

其次，人文思想是"个人观念"，即承认和尊重个人的哲学观念，是针对"君王主义"或"君本位"而言的。所以，"个人观念"也是针对专制主义而言的，是保护个人，反对专制，特别是反对专制主义利用"国家"、"集体"、"组织"的名义侵犯个人的权利。在这里，对于个人观念而言，个人是神圣的，是伟大的，是不容侵犯的。在约翰·洛克眼里，"人权"包括三个相关联的基本思想：第一，人权就是指个人的权利；第二，人权是生命权、自由权和财产权三者不可分离的权利；第三，人权是不可代替的，也是不可代表的，属于个人自己的权利，而且是天赋的权利，生而有之的权利。

再次，人文思想是"自由观念"，即"政府的唯一宗旨是保护个人创造财富和享受幸福的自由"。人权是唯一天赋的、根本的权利。在人的权利中，自由是最宝贵的，也是头等重要的。"自由观念"，同时是指"每个人"的自由，只有尊重他人的自由，才能有自己的自由；争取自己的自由时，决不损害他人的自由。制定以保护人的自由为宗旨的规则，这就是现代法制的基本观念，规则是保护人的自由的。于是，作为个人，违背规则也就是损害了他人的自由，就需要付出代价，受到惩罚。作为个人，遵守规则就是尊重他人的自由，也是尊重自己的自由。于是，规则意识，就成为自由国家国民的基本素养。可见，"自由观念"也同样是社会良好道德的哲学基础。

(四)人文方法

人文方法是人文知识、人文思想得以实现的手段，是人文思想中所蕴涵的认识方法和实践方法，表明了人文思想是如何产生和形成的。学会用人文的方法思考和解决问题，是人文素质的一个重要方面，与科学方法强调精确性和普遍适用性不同，人文方法重在定性，强调体验，且与特定的文化相联系。可以说，人文知识是细胞，人文思想是内胎，人文精神是核心，人文方法是外形，各自分开都不能构成完整意义上的人文素质，四位一体的有机组合才是真正意义上的人文素质。

四、人文教育与人文素质的培养

(一)人文教育的内涵

正如雅斯贝尔斯所说："教育是人的灵魂的教育，而非理智知识和认识的堆积。"[①]从这个意义上说，教育的重要本质特征就是它的人文性，人文教育是不可以从教育中包括大学教育中抽出的，人文素质的形成主要有赖于后天的人文教育，因而人文教育在大学教

---

① 雅斯贝尔斯著，邹进译. 什么是教育. 北京：三联书店，1991

育中占据重要的基础性地位。

一般来说，人们谈到的人文教育，最常见的有三种：一是人文主义教育，二是人文学科教育，三是关于"成人"的教育。这里我们将它定位在第三种"成人"的教育上。

关于"成人"的教育，这是针对教育中无视人、把人当作工具，或者强化人的片面发展，忽视人的身心协调发展而言的。它以全人教育为理念，力求通过德、智、体等多方面的教育培养完整的人，而不是"半个人"或者"机器人"，强调给人以广博的知识而不仅仅是专业训练，认为教育的目的是使人的身心全面而协调发展，使人成为真正的人并实现人的全面价值。近代以来，以人本主义哲学为指导的多次教育改革和一些大学所采取的自由教育、博雅教育、通识教育、普通教育以及文化素质教育等措施，在一定程度上讲都是这一教育思想的体现。

因此，所谓的人文教育，是指对受教育者所进行的旨在促进其人性境界提升、理想人格塑造以及个人与社会价值实现的教育，即将人类优秀的文化成果，将人文科学通过知识的传授和环境的熏陶实现对受教育者启迪心灵、塑造人格、提升境界的教育目的，并使之内化为人格、气质、修养，成为人相对稳定的一种内在的品格。其实质是"成人"的教育，或人性教育，其核心是培养人文精神。

人文教育首先是人文学科的教育，包括语言教育、文学教育、历史教育、哲学教育、艺术教育、道德教育、思想教育、政治教育等内容。其次是文化教育，特别是民族文化的教育，包括文化基本传统、基本理念、基本精神等的教育和民族精神、民族传统的教育等内容。文化教育的目的是接受本民族共同认可的基本世界观、价值观和行为模式，促进个人同社会之间的相互认同。文化教育不是纯粹的知识教育，而是思想观念教育和思维方式、生产方式、生活方式的教育。再次是人类意识教育，包括人类文明基本成果、人类共同的道德观和价值观、共同的行为规范教育等内容。人类意识教育的目的是让每一个人学会同他人和谐相处、同其他民族和谐相处、同自然环境和谐相处，使人们在满足自己的需要的同时，增强相互合作意识，促进可持续发展。最后是精神修养的教育，包括精神境界、精神修养、理想人格、信仰信念教育等内容。

人文教育需要通过广博的文化知识滋养、高雅的文化氛围陶冶、优秀的传统文化熏染和深刻的人生历练体验等途径来实施。人文学科知识是人文教育的重要内容，但不是其全部。只有把人文学科知识转化为受教育者自身内在的人文精神时，才算真正实现了人文教育的目的，即"成人"的教育。这正如潘懋元先生所认为的，"人文学科知识，必须转化为人文精神，并外表为行为习惯，才能构成相对稳重的品质结构。有些人，虽然修了许多人文学科课程，获得了许多人文知识，但言行不一，品质恶劣，就是由于他们没有能将人文知识内化为人文精神。"[①]

所以说，人文教育的本质就是"做人"的教育，人文素质的本质就是"做人"的素质。一个人能不能成人成才，一方面取决于外在教育，如家庭、学校、社会，另一方面取决于内在教育，即自我教育、自我修炼。《矛盾论》告诉我们，决定事物发展变化的因素

① 潘懋元. 试论素质教育. 教育评论. 1997(5)

有两方面，即内因和外因，外因是条件，内因是根据，外因是通过内因起作用的。因此青年学生要成人成才，学校、家庭和社会都要创造良好的条件，但更重要的是要靠自己的努力。

(二)人文教育的价值与作用

1. 人文教育能为科学的发展指明方向

对于受教育者来说，科学教育和人文教育如同车之两轮、鸟之双翼，共生而互补，并存而互用。人文教育是使人认识自己，体现在人具有一种高尚的精神境界；科学教育是使人认识外物，体现在探求未知的客观世界。用一个不一定恰当的比喻，如果说科学教育是枪膛里的子弹，那么人文教育则是引导子弹指向目标的准星。

科学教育使人掌握了认识和改造客观世界的能力，但是这种能力也是一把"双刃剑"：开发核能，用于造福人类，是好事，而用于战争，是对人类的摧残，则是坏事；网络技术，用于正常的政治、经济、军事、文化交流中，是好事，而如果导致"黄色泛滥，病毒肆虐，黑客纵横，少年迷恋"等，则是坏事；运用科学技术提高生产力，提高 GDP，满足人们日益增长的物质文化需要，是好事，而如果以破坏土地、森林等生态环境和浪费矿产资源等为代价，则是坏事。此外，像细菌、克隆等技术的应用，也都具有两面性。

科学教育能否造福于人类，恰恰需要的是人文教育。通过人文教育，培养人具有崇高的理性情感，让人明白什么是正义，什么是邪恶；什么是高尚，什么是卑鄙；什么是真、善、美，什么是假、恶、丑；什么要赞成和弘扬，什么要反对和摒弃。只有如此，才能让科学找到"准星"，造福施惠于人类。

2. 人文教育能让人学会"如何做人"

一般来说，受教育者所应接受的教育应为三个方面：生活能力的培养、知识的掌握和心灵的启迪。生活能力的培养一般要靠家庭教育、社会磨练来完成；知识的掌握一般要靠学校教育来完成(我国 20 世纪 80 年代倡导的自学成才也是实现知识教育的方式之一)；心灵的启迪则要通过人文教育来实现。当然，并不是说，没有受到人文教育的心灵就没有得到开启，因为人文教育不仅仅依靠人文学科教育，还受到环境氛围的熏陶、影响等。

所谓心灵的启迪，就是让人懂得情感、责任感，有正确的价值取向，品德高尚，内心世界和谐。对父母、对帮助过自己的人心存感激，是情感；对父母、长辈、师长之孝，是情感；对同学、朋友、弱者之爱是情感，对祖国之忠是情感。赡养父母、忠贞配偶、教育孩子是责任；对上司负责、对下属公正、对单位事业发展用心尽能是责任。一个人的心灵得到如是启迪，才能真正称得上是学会了"做人"。

3. 人文教育能让人学会"如何做事"

人文教育本身就是为受教育者今后的工作提供支撑和基础的。一个人的人文背景越广阔，视野也就越开阔，融会贯通、进行创造的能力越强，获得成功的几率也就越大。如果一个受教育者所受的教育仅限于本学科专业知识，可能会成为一个领域内的"专才"，但

却不是"通才"，最多也只能是一名"工匠"，却不会是"大师"。哈佛大学的核心课程中被认为不可或缺的有六大类：外国文化、历史研究、文学及艺术、道德权衡、科学、社会分析。他们认为要培养"国际人"，必须要具有国际前瞻性，而不是仅仅局限于本学科知识，本学科修得再好，没有科学的世界观和人文素质还是不够的。普林斯顿大学在 1993 年提出的本科毕业生的标准，包含"具有清楚地思维、谈吐、写作的能力"，"具有与他人合作的能力"，"具有观察不同学科、文化、理念相关之处的能力"，"具有一生求学不止的能力"等十二项内容。这些注重培养学生的思维方式、完善其知识结构、提高其综合能力和道德修养的目的，无一不是通过人文教育来实现的。再如，中国三峡工程的设计，除技术本身外，还涉及生态平衡、文化遗产、移民、地理、历史等诸多问题，这些都是工程设计中必须考虑的问题，设计师们如果没有广博的人文知识背景，就会事倍功半。

(三)人文教育的实施

人文教育的实施主要依靠两种途径，一是人文学科的教育，另一个是人文氛围的熏陶。

人文科学特别是文学、历史、哲学、艺术以及千百年来历史积淀下来的民族优秀传统文化，是人文教育的核心内容。培根曾有一段脍炙人口的名言："读史使人明智，读诗使人灵秀，数学使人周密，科学使人深刻，伦理学使人庄重，逻辑修辞使人善辩。凡有所学，皆成性格。"[①]这是对人文学科与科学相互作用的一个精彩论断。

文学作品对人的素质提高一向得到文学家、教育家们的青睐和肯定。文学作品以鲜活的形象感染人，以丰富的感情打动人，通过潜移默化的方式实现其教化作用。马克思评价狄更斯、沙克莱等作家时曾说，"现代英国的一批杰出的小说家，他们在自己卓越的描写生动的书籍中向世界揭示的政治和社会真理，比一切职业政客、政论家和道德家加在一起所揭示的还要多。"恩格斯认为人们从巴尔扎克《人间喜剧》中学到的东西，"要比从当时所有职业的历史学家、经济学家和统计学家那里学到的全部东西还要多。"苏步青先生也曾倡导不论学习哪个专业的青年学生，都应当读些文史书籍，这对提高思想境界和专业程度大有帮助。鲁迅所说的"学理科的，偏看看文学书；学文学的，偏看看科学书"，也是从学科互补的角度来谈的。

哲学以揭示客观存在的深刻性，让人学会思维和判断；历史以记录事实的真实性，让人学会反思和借鉴；艺术以反映社会生活的美感性，让人学会审美和赏析；优秀传统文化以其博大精深的内涵，让人汲取先哲圣人们的思想精髓。这些丰富的人文知识，对人们陶冶情操、培养志趣、崇尚高雅、丰富内心世界，起到极为重要的作用。

除人文学科知识外，营造人文氛围、注重环境熏陶，也是实施人文教育的重要途径。爱因斯坦曾有一句名言："当你把学校教给你的所有的东西都忘记之后，剩下来的就是教育。"一所大学，如果没有积淀形成固定的良好的人文环境氛围，缺乏人文文化的浸润，就好像没有绿色的沙漠，水枯绿乏，教育目的将难以全部实现。"泡菜的味道取决于泡菜

---

① (英)培根著，何新译. 培根论人生. 天津：天津人民出版社，2007

水的味道",受教育者所处的外在的环境、氛围,就像泡菜的水。有调查认为,理工科学生倾向于严谨和矜持,文科学生倾向于热情和开朗,如果能将两种倾向集合于受教育者一身,岂不是能培养出我们所期望的人才?令人欣慰的是,营造人文氛围,注重环境熏陶,塑造人格完善、知识丰富的人才,在高校教育中越来越得到重视。

五、当前高职人文教育中面临的问题

大学,应该是人文精神的孕育地,是大学生"精神成人"的摇篮。现代高等教育的根本出发点是培养和提高学生适应社会生存和改造社会所需要的综合素质。人的综合素质是由思想道德素质、科学文化素质、业务素质、心理素质和身体素质等基本元素构成的,这些元素中,除了身体、心理素质存在着若干先天遗传因素外,其余的基本上都是在后天环境与教育影响下逐步形成的,而人文教育影响到人的素质中的思想道德素质、科学文化素质、业务素质、心理素质诸方面,对提高人的综合素质具有根本性作用。

高职院校作为高技能专业人才的培养机构,并非职业培训场所,同样是培养人、造就人的园地,同样肩负着为人的全面、可持续发展提供精神资源和提升大学生人文素质的重任。构建、弘扬人文精神,提高大学生人文素质,不仅是高职院校自身的任务,也是整个社会进步与发展的要求,是现代职业教育发展的必然趋势,更是千万个家庭和大学生对高职教育的一种期盼和渴求。

但不容乐观的是,近年来由于功利主义思潮的冲击以及日益严峻的就业压力,盛行的功利主义思潮不仅成为了社会的主导价值取向,也渗入了高等学府。在市场经济的功利驱动下,不少高职院校为迎合市场需要而开设"短平快"的实用科目;高职学生"务实"思想严重,对实用技能的学习热情远胜于人文知识,把学习局限在过窄的专业之上,以获取专业知识,拿到毕业文凭为目的。学生重视实用的专业技术知识的学习,把大部分精力花在各种考级、拿证上,即使还有时间,也没有心思去阅读人文书刊。即使有学生业余借阅人文书刊,也多为消遣解闷,对其是否有利于扩大知识视野、提高创造能力、积淀文化素养等问题,缺乏主动性思考。这种市场经济的功利主义还表现在用人单位的态度上,一些用人单位从眼前利益出发,过分强调某些技能的重要性,忽视对人才综合素质的要求,也对学生产生了误导,导致高职院校沦为社会的"服务站",学生只是受过良好训练的"工匠"而已。

从现状看,高职院校学生人文素养的缺失日益严重,具体表现在以下几个方面。

(一)伦理道德修养较差

部分高职学生的是非辨别能力较差,易受各种错误文化思想的渗透和侵蚀,不懂得做人的基本准则,对老师的教导、职能部门的管理表示厌烦和抵触,同学中出现问题和矛盾时,总想通过非正式群体"私了"。公德意识淡薄,缺乏服务意识与奉献精神。在道理上,学生都明白尊老爱幼、爱护公物、遵守公共秩序、维护公共卫生、言行举止要文明等这些最基本的社会公德和文明礼貌。但在实际行动中,又常常会出现知行脱节的现象,如

在公共场所有的学生随地吐痰，乱扔果皮、纸屑等；在校园内，有的学生见到老师不打招呼，如同陌生人；在教室里，内容庸俗的课桌文化随处可见；在公共汽车上，有的学生见到老幼病残孕等特殊人群上车也视而不见，缺乏主动让座的意识等。这些现象表明，高职学生对道德认知很大程度仅停留在观念和口头层次上，没有形成自觉的道德行为。

(二)生活目的不明确，价值迷失，缺乏健全的自我意识

高职院校的部分学生生活目的不明确，价值迷失，缺乏健全的自我意识，具体表现为：

(1) 上了高职，不知如何度日。学习只是为了考试，不明白自己未来的方向。于是他们产生了目标失落感，对个人前途信心不足，缺乏进一步奋斗的目标，整天昏昏噩噩，得过且过。

(2) 不知道自己为什么而活着。有的同学十分坦率地说："大学生就业的困境、社会竞争的激烈迫使我想到的都是不乐观的一面，所以我不愿想，越想就越会有压力，但不想就造成了茫然，看到有的同学为了自我增值捧起了考证的参考书，我不知道自己真正想要什么，不知道自己为何而生存？"

(3) 不知道金钱和真理孰轻孰重。面对金钱和真理孰轻孰重的困惑，有的学生反思道："只知道生存、不知道生活让我觉得可悲，我虽然知道一个人的价值观不能围绕着金钱和权力转，但外界那怎么也抹不去的金钱至上的风气却影响着几乎每一个人的想法。"

(4) 在人生目的的追求上，一部分学生缺乏远大理想和抱负，重物质利益，轻政治信仰，重金钱实惠轻理想追求，重等价交换轻无私奉献。尤为突出的是，有些同学受拜金主义、享乐主义影响，把"赚钱"、"升官发财"作为人生幸福的标准，把奢侈、享受作为人生追求的价值目标。社会主义、共产主义的理想信念在一些大学生中发生动摇，人生价值出现了不同程度的偏离。

(三)大学生人文知识的基础薄弱，导致文化素养的缺失

当前，高职院校的许多学生在文学艺术修养、语言文字表达、文字书写质量等方面都没达到大学生应有的水平。在作业本、请假条上常常可以看见错别字，很多同学热衷于看武侠小说、上网聊天或玩游戏，却对人文学科和传统文化的反应冷淡，以至对优秀的传统文化缺少基本了解，民族文化素养浅薄，审美情趣偏位。有些高职学生对地摊文学兴致浓厚，对高雅文化精品兴趣索然，如《三国演义》、《水浒传》、《西游记》、《红楼梦》这四大古典文学名著往往得不到学生的青睐，而唱流行歌曲、玩电游、QQ 聊天、开舞会、看录像等活动成为了高职学生课余文化的主流。这一方面衬托出高职学生文化素养的缺乏和心态的浮躁，同时也反映了他们非专业素质的缺失。

(四)急功近利思想严重，导致自身的工具化

对于一门课程，一个专业，学生首先关注的是学这个有什么好处，对以后的就业有没有帮助。如学生认为学习《马克思主义哲学原理》是没有用的，当问到学习"两课"（"两课"指我国现阶段在普通高校开设的马克思主义理论课和思想政治教育课)中什么课程有用

时，他们说学习《西方经济学》才有用，过于关注学习的功利性。学生只重视专业知识和技能的学习，把人文课程的学习看成是单纯修学分的任务，只要求考试过关，因而在平时的学习中，没有静下心钻研每一门课程里蕴涵的深邃思想，不会有意训练自己的理论思维水平和逻辑判断能力，相反，还把人文课的学习看成是枯燥无味的事。

(五)人文精神的缺乏，导致人格上的"残疾"

当前，在大学校园内，诚信危机、道德危机越来越多地浮出水面，如大学生考试作弊现象日益严重，作弊手段也越来越高超，抄袭作业的现象屡见不鲜，恶意拖欠学费、制作虚假简历、网络道德缺失等现象比比皆是，高职院校也不例外。

(六)心理承受能力较差，社会适应性不强

当代高职大学生大多生活在优越的物质条件下，人生之路几乎是一帆风顺的，没有挫折的体验，因而也没有承受挫折的心理准备，一旦遇到困难便不知所措，甚至灰心丧气，一蹶不振。部分高职学生不懂得处理个人与他人、个人与社会、个人与集体的关系，缺乏人际交往和沟通的能力，与人协作的意识较差，缺乏作为一个合格社会成员所必需的社会责任感和团队精神。这一切都影响了高职院校学生的整体人文素养水平。

综上所述，我国目前高职院校学生人文素质严重缺失的状况着实令人堪忧，能否有效解决这一问题，关系到我国未来职业教育的健康发展，也关系到我国未来职业人才队伍的质量高低，应该引起我们的高度重视。

六、高职院校实施人文素质教育的重要意义

为学生就业做知识储备和技能强化，培养高素质的专门技术人才是高职院校的特色和使命。但我们不能就此走向极端，轻视或忽视人文素质教育在高职院校中的应有地位和重要作用。高职院校作为高等教育的一部分，同样必须首先教会学生"如何做人"、"做什么样的人"、"怎样做一个技艺精湛品格高尚的职业人"。从这一角度来讲，高职院校必须坚持技术知识教育和人文素质教育并重的理念，坚持"两手抓，两手都要硬"的方针，否则我们培养出来的便只是服务于某些领域的专业工人，而并没有得到真正的教育。基于这样的认识维度和发展理念，人文素质教育对高职院校的重要意义是显而易见的。

(一)加强高职学生的人文教育有利于全面提高国民素质

当今，我国正处于全面建设小康社会的进程中，构建社会主义和谐社会是我们的美好愿望，而这一宏伟目标的实现离不开每一个社会成员素质的提高，自然也就离不开学校对学生的思想道德素质、科学文化素质、专业素质、心理素质和身体素质几方面全面和谐的发展，而人文素质是其中的重要内容。人文教育则是培养人文情怀、提高人文素质的重要渠道，它以对人的终极关怀为目标，关注人的需要、人的尊严、人的自由，促使人成为对社会负责的好公民。随着知识经济时代的到来，对人的发展提出了更高的要求，如果不能

实现人的尊严、自由和解放，如果人不能发展个性，不能实现对人类社会的价值，就不能实现真正意义的社会发展。因而加强高职学生的人文教育，有利于全面提高国民素质，有利于现代社会健全的发展。

(二)加强高职学生的人文教育有利于促进高职教育的自身发展

20 世纪 80 年代美国人文科学促进会曾发表过一篇关于人文教育衰落的报告——《挽救我们的遗产——高等学校人文学科报告书》。这一报告给美国乃至世界以极大的震动，并促进了高校的改革，其核心就是加强人文学科在整个课程体系中的基础性地位，强调高校是进行人文教育的最好场所，是把人文教育与职业教育两种教育价值进行整合的最佳场所。这说明重视人文素质教育已是高等教育的一种全球性做法，我国的高职教育也不能超然于这一潮流之外。

我国高职教育自创办以来，功利主义的办学思想非常突出，过分强调教育的实用性，人文素质教育缺失尤为严重。诚然，对高职教育来说，培养学生的专业技术能力是其中心任务，但任何教育都应当是培养完整的人的教育。通常所谓的知识经济是一种全新的经济形态，不仅是技术含量很高的经济，也是人文含量很高的经济。新的知识经济时代，需要学生不仅要以高智慧、高技能，而且要以高情感进入社会经济生活，才能理解生活的意义，创造出更多的价值。高职教育必须为学生的职业发展与人格发展作双重准备，应积极引导学生整体、全面地发展。

(三)加强高职学生的人文教育有利于推进学校的思想政治教育

曾任北大校长的胡适说过："大学男女生与众不同的这个标志是什么呢？多数教育家很可能会同意地说，那是一个多少受过训练的脑筋"。[①]然而，就现实来看，我们的高职教育越来越重视对学生的专业知识、技能的教育，而越来越轻视乃至忽视对其思维品质的培养。事实上，只有善于思考的人，才能将知识灵活地运用于解决实际问题，进而实现向智慧的转化。人文素质教育同形象思维、直觉思维存在着密切的联系，它保证思维的求异性与创造性，这是创造性思维的基础，也是职业技术教育所要实现的目的。

在高职院校中开展人文素质教育有助于帮助高职学生形成合理的价值观。中国科学院院士杨叔子先生一再指出，"一个国家，一个民族，没有现代科学，没有先进技术，一打就垮；而一个国家，一个民族，没有优秀传统，没有人文精神，不打自垮"。可见，加强人文素质教育，有助于培养学生的社会责任感，有助于培养学生完善的人格，有助于提高学生的精神境界，为学生思想政治教育构建一个新的平台。

人文素质教育的许多内容与思想政治教育也是一致的。人文素质教育在思想道德建设中具有不可替代的特殊功能，是思想政治教育的重要途径，二者目标高度一致。人文素质教育搞好了，学生的文化品位、格调提高了，情感丰富了，价值取向正确了，将有利于促进其思想政治教育，有利于提高其思想政治素质。

---

① 胡适著. 读书与治学. 上海：三联书店，1999

(四)加强高职学生的人文教育有利于高职院校大学生全面健康发展

人的全面健康发展是人类自古以来所追求的目标。古希腊思想家柏拉图在《理想国》中提出体智德美和谐发展的主张；马克思、恩格斯在吸取了人类思想史上一切优秀文化成果的基础上，提出"每个人的自由而全面的发展"的主张；毛泽东提出过"三好"学生；邓小平提出过"四化"干部、"四有"新人；江泽民同志在庆祝清华大学建校九十周年大会上提出过"五种人"，这些都可以看作是对人全面健康发展的要求。江泽民在庆祝中国共产党成立八十周年大会上的讲话中特别强调指出："我们建设有中国特色的社会主义的各项事业，我们进行的一切工作，既要着眼于人民现实的物质文化生活需要，同时又要着眼于促进人民素质的提高，也就是要努力促进人的全面发展。"[1]高职阶段是学生成长的重要阶段，他们正处在身心发展及逐步趋于成熟的时期。高职院校按照人的全面发展的规律，在搞好专业技术教育的同时加强人文教育，有利于大学生既有专业技能，又有健全人格；既有良好的专业技术素质，又具备较高的人文素质、较深厚的人文精神。

具体而言，人文素质教育对促进高职院校大学生的全面健康成长主要体现在以下几个方面。

(1) 有利于树立科学的世界观、人生观、价值观，锻造良好的道德品质和顽强的意志。大学阶段是形成正确的世界观、价值观、人生观的关键时期。高职院校普遍存在的重理轻文、重业务轻思想的现象使得一部分学生忽视了自身的思想道德修养及人文素质的提高。只有掌握了科学的世界观。才能树立起正确的人生观和价值观，才能正确处理个人价值和社会价值的关系，使价值观和社会发展趋势、规律相一致，从而提高人们对社会现象的认识、评价能力，不断提高道德水平和精神境界。加强人文教育，有助于学生形成正确的世界观、人生观和价值观。具体说来，就是学会"四个正确对待"：一是正确对待自然。认识到人是生活在自然中的，人类保护环境、节约资源也就是保护人类生存的家园；二是正确对待社会。人是社会的一员，人对社会的发展有不可推卸的责任，因此要培养对社会的责任心；三是正确对待他人。认识到人不是孤立存在的，而是和他人一起生活在一个共同的社会中，因此每一个人都需要学会与他人相处，要理解别人，尊重别人，尊重他人的价值观，坚持"和而不同"的处世原则；四是正确对待自己。把自己放在一个正确的位置，客观地认识自我，既不自暴自弃，也不狂妄自大，增强战胜困难的顽强意志，提高承受挫折的心理能力。一个人如果能做到以上"四个正确对待"，就是一个高素质的人，高尚的人。高职院校中的人文教育就要培养学生这"四个正确对待"，引导学生理解人的价值和生活的意义，树立正确的知识价值观，使学生把专业理论和技术的学习、应用建立在增进人类幸福和推动社会进步这一坚定信念基础上，而不是只知专业、漠然人生、不知社会的"单面人"。

(2) 有利于历练完备的职业素质。联合国教科文组织的报告《学会生存》中指出：

---

[1] 江泽民. 江泽民在庆祝中国共产党成立八十周年大会上的讲话. 人民日报，2001 年 7 月 2 日第一版

"为人们投入工作和实际生活做准备的教育，其目的应该较多地注意到把青年人培养成能够适应多种多样的岗位的人，不断地发展他的能力，使他能跟得上不断改进的生产方式和工作条件，而较少地注意到训练他专门从事某一项手艺或某一种专业实践。"①高职院校加强人文素质教育，改变把专业划分过窄、知识分割过细的做法，使学生具备复合型的知识结构；改变单纯传授具体知识的做法，加强综合性和整体性的素质教育，注重培养学生分析、解决问题的能力和组织管理方面的能力，培养学生的创新精神，培养学生的学习能力、应变能力、协作能力、职业转换能力、良好的心理素质等综合性的能力，提高学生的综合素质以应对世界人才竞争激烈的局势，提高学生的综合能力以应对现代高新技术迅速发展的形势，从而有利于学生全面、和谐发展，为其长远发展奠定坚实基础。

(3) 有利于塑造完整人格和健康心理。现代社会就业的压力、激烈的竞争、广泛的交往更需要健全的人格和稳定的心理素质做基础，不然很难适应现代复杂多变的社会现实。高职院校开展人文素质教育，可以弥补科技发展带来的"工具化"、"物化"等人性和精神上的消极影响，帮助学生树立科学的人道主义思想和社会责任感，在人与自然、社会的和谐中，在人与人之间的互助互爱中，建立健康的人格体系；消除市场经济对人格发展带来的重物质轻精神、重实际轻理想、重个人利益轻社会责任、缺少集体观念及利他精神和艰苦奋斗观念、人格失落、人情冷漠等负面影响，帮助学生树立适应时代发展需要的价值观，增进人际间的和谐，正确处理国家、集体、个人三者之间的利益关系，将物质生活的改善与人格发展的理想境界统一起来，将发扬中华传统文化与吸引外国先进文化结合起来，将献身祖国与实现自身价值统一起来，达到完美的人格境界；矫正学生的不良心理，预防心理疾病，引导学生养成乐观向上、坚忍不拔的良好心理素质；帮助学生正确认识自我和环境，确立适宜的奋斗目标，以正确的态度面对挫折，努力培养百折不挠的意志品质，增强挫折的承受能力。

(4) 有利于提升审美情趣。人文素质教育可以弥补技术教育对人精神层面的忽视，培养完整的职业人；可以提升学生审美情趣、礼仪修养、政治素养，增强处事能力，使他们能够更快更好地适应社会。加强高职院校人文素质教育，培养学生的审美情趣，还有利于学生吸取深厚的优秀民族文化传统，激发起强烈的爱国热情、报国之志；有利于学生接受高雅艺术的陶冶，从而促进他们形成高尚的情操、丰富的情感、健全的人格，培养与时俱进、昂扬向上的精神风貌；有利于帮助学生更好地吸取当代最先进的科学思想、理论精髓，从而目光远大、方向明确、善于观察问题和分析问题；有利于学生接受职业技术教育内容之外的其他人类优秀文化成果，从而使他们进一步思考社会和人生，确立理想、明确责任，更加富有创造性地为建设中国特色的社会主义作出贡献。

(5) 有利于培养可持续发展能力。人类进入 21 世纪，可持续发展成为一种新的社会发展战略，它是人类文明的新的发展模式，是对现存发展模式的超越，是社会文明发展的内在的必然要求，而社会的持续发展是以人的可持续发展为前提的。联合国教科文组织的

---

① 联合国教科文组织国际教育发展委员会编著，华东师范大学比较教育研究所译. 学会生存. 上海：上海译文出版社，1982

报告《教育——财富蕴藏其中》指出："职业培训应使下述两个完全不同的目标协调起来：为从事现有工作的准备和培养一种对尚未想象出来的工作的适应能力。"高职教育在培养学生某种专业知识和就业技能的同时，不仅限于行业相关素质的提供，开展人文素质教育，能够为学生提供充足的文化养料，滋养其内在人文精神，增加其文化底蕴，提升其文化素养，构建科学合理的知识结构，有助于学生形成坚定的职业理想信念、具备选择和规划自己职业生涯的能力、塑造适应环境的生存能力和长效的自我发展能力，最终赢得其职业生涯及整个人生的成功。

(6) 有利于提高学生综合能力，发展学生创新思维。人文学科知识的学习和掌握有助于学生开阔视野、训练形象和直觉思维，丰富想象力和产生灵感、顿悟，树立起与现代科学发展趋势相适应的综合思维方式。从现代科学技术的发展趋势上看，一方面，学科专业化的加强需要寻找新的协作和综合方式，另一方面，边缘性、交叉性、综合性的新兴学科不断涌现。适应科学发展的这一趋势，就要求学生具备广阔的视野、丰富的知识和把握不同学科之间内在联系的思维方式及能力。心理学研究表明，发散式思维能力具有开拓的效果，直觉、想象、类比都属于发散思维。加强人文教育，对于完善学生的思维方式，提高其创新思维能力有着重大意义。希望仅仅通过强化专业教育就能把学生培养成创新人才，常常会事与愿违。因为专业教育主要培养学生的逻辑思维能力，而创造性思维是逻辑思维和形象思维相结合的产物。人文教育特别是艺术教育主要是培养和提高学生的形象思维能力。大量事实证明，艺术修养较高、形象思维发达的专业人员，通常在专业活动中创造力更强。

七、培养全面发展的人

教育的终极目标是培养"完人"，即"追求人的潜能在更高层次上的全面自由发展，使自己通过继承人类文化精神的习得来丰富个人的思想情感，锻炼个人的能力，学会用自己的头脑和心灵来对人生周遭的人和事做出独立的思考和判断，使自身变成有着独特而丰盈的人性趣味、把个人生活建立在个人理智和情感之上的真正的自由之人，而不是'教育每个人固守自己的监牢，沉溺于封闭的心灵'，成为供人随意役使的工具，成为纯然的'器'"[①]。当代人文教育、人文修养的根本目的是"成人"教育，但有更广泛、更深刻的内涵，更加强调教育在"成人"中的作用，要"成人"，必须受教育。康德说过："人只有靠教育才能成为人，人完全是教育的结果。"[②]教育的功能，一是教人懂事(知识)，二是教人做事(能力、知识的应用)，三是教人做人(如何做人，为何做人)。最重要的也是最艰难的是第三个功能。

当代社会对人的要求是什么，"成人"教育到底要让人成为什么样的人，也即 21 世纪应培养什么样的人？21 世纪的人才应具备什么样的素质？人才素质的标准是什么？1996

① 刘铁芳著. 走向生活的教育哲学. 长沙：湖南师范大学出版社，2005

② (德)康德著，赵鹏等译. 论教育学. 上海：上海人民出版社，2005

年世界 21 世纪教育委员会在中国召开了一次"21 世纪人才素质理论研讨会",提出了 21 世纪人才素质的七条标准:

第一,积极进取开拓的精神;

第二,崇高的道德品质和对人类的责任感;

第三,在急剧变化的竞争中,有较强的适应能力和创造能力;

第四,有宽厚扎实的基础知识,有广泛联系实际解决实际问题的能力;

第五,有终身学习的本领,适应科学技术综合化的发展趋势;

第六,有丰富多彩的健康个性;

第七,具有和他人协调和进行国际交往的能力。

以上是当代社会人才的标准,是做人的标准,也是人文精神的体现。

高职教育的培养目标决定了人文素质教育的必要性。如前所述,高职教育的培养目标是为生产、建设、管理、服务第一线培养具备综合职业能力和全面素质的高级实用型人才。显然,从其培养目标中"综合能力"和"全面素质"的要求看,高职教育不是培养单纯的专业人,也不是培养单纯的职业人,而应该是培养社会人。因此,高职教育不能忽视人文内涵,必须将"做人"教育与"做事"教育结合起来,树立培养"完人"的教育理念。

现代社会发展速度非常快,意味着知识和技术的更新在加速,从学校学到的知识很快会落后于现实的生产技术水平。因此,学生在校期间牢固熟练地掌握本专业的基本理论知识和技术固然重要,但更为重要的是学会认知,学会做人,学会共同生活、学会发展,也就是说,要求未来技术型人才具有较强的适应能力。正如联合国教科文组织 1999 年 4 月在韩国召开的第二次国际技术和职业教育大会"主题工作文件"中指出的那样,对人的素质要求在变化,不仅要求知识、技能的提高,更重要的是要有应变、生存、发展能力的提高。

从高职教育本身来看,我们培养的人才主要在生产、建设、管理、服务第一线的岗位从事工作,现场情况复杂多变,工作内容多种多样。因此,对这类人才要求有良好的综合职业能力,而不仅是某一些具体的岗位职业能力。它包括胜任某个技术职务所需要的思想品德、职业道德、科学文化基础、专业能力、人文素质、身心健康等。换言之,客观上要求我们培养的学生在德、智、体、美诸方面都得到全面、和谐的发展。可见,高职院校对学生实施人文素质教育很有必要。

当今,人类已进入了知识经济时代,随着生产中科技含量的日益增加,要求生产者在掌握高科技的同时也要具备越来越高的文化素质。高职院校理应主动适应经济发展的需要,树立科学的人才观、质量观和教学观,把职业能力培养与人文素质培养紧密结合起来,把"学会做人"和"学会做事"有机统一起来,培养不仅精于某项技术、操作技能突出,而且要思想健康、人格健全、品德高尚、具备创新精神的时代新人。因此,在高等职业教育中,要处理好知识、能力和素质的关系,处理好基础理论知识与专业知识的关系,加强人文素质教育,注重全面提高学生的综合素质,为社会生产、建设、管理、服务第一线培养德、智、体、美、劳各方面全面发展的高等技术应用型专门人才。

最后，让我们用杨叔子先生的一段话作为本部分的结束语："大学的主旋律应是'育人'，而非'制器'，是培养高级人才，而非制造高档器材。人是有思想、有感情、有个性、有精神世界的，何况是高级人才。器是物，物是死呆呆的，再高级的器材，即使是高档的智能机器人，也不过是只能具有人所赋予的复杂而精巧的功能或程序，其一切都不可能越过人所赋予的可能界限这一雷池半步。我们的教育失去了人，忘记人有思想、有感情、有个性、有精神世界，就失去了一切。其实，我们的一切工作都是如此，都是以人为出发点，以人为归宿点，以人贯穿于各方面及其始终；何况是直接培养人的教育？"[①]

思考与练习

1. 为什么说在一个人的基本素质中，"德"比"才"更重要？

2. 古今中外，人们所从事的职业都被划分为成百上千的种类，按理说，干一行只需懂一行就行了，为什么还要强调综合素质？

3. 什么叫人文素质，它的具体表现有哪些？

4. 什么叫人文教育，它对高职院校学生的成长有何影响？

5. 人文知识通常都包括哪些方面的知识？

学习参考网站

1. 中国素质教育网：http://www.qeoc.com.cn/Default.aspx

2. 国家素质教育网：http://www.chce.org.cn/

3. 中国成功素质教育网：http://www.cgszjy.cn/

4. 齐鲁素质教育网：http://www.huayuqe.com/

5. 华东素质教育网：http://www.hdszedu.com/

6. 全民科学素质教育网：http://www.kxszedu.cn/default1.asp

7. 中国科学技术大学人文素质教育网：http://www.kxszedu.cn/default1.asp

8. 中国感恩励志教育网：http://ganenlizhi.cn/

---

① 杨叔子. 是"育人"非"制器"——再谈人文教育的基础地位. 河北科技大学学报，2001 年 6 月第 21 卷第 1 期

第一章　中华传统文化

本章提要

21 世纪是中国的新世纪，世界各国都在不断地了解中国，特别是中国的传统文化，东方智慧开始风靡全球。许多国家都开设了孔子学院，学习东方传统文化。作为炎黄子孙的我们更应该了解自己的文化。本章简述了中华传统文化的含义、成因及特征，并重点讲述了国学的概念及发展状况，分类介绍了国学流派的相关内容，目的是让大家对传统文化和国学有一个概括性的了解，便于大家自发地学习和了解传统文化。

学习指南

了解传统文化的概念、成因及特征；了解国学的概念及发展状况；熟悉传统文化中国学的相关内容；掌握传统文化的精神与价值取向及思维模式。同时，请大家自行阅读一些传统文化书籍，提高自身人文素养。

中国是四大文明古国之一，也是世界上唯一一个传承至今的文明古国。英国历史学家汤因比曾说，在近六千年的人类历史上，出现过 26 种文化形态，其中包括四大文明古国的文化体系，即中国古代文化、印度文化、巴比伦文化、古埃及文化等。但在这些文化形态中，只有一种文化体系是长期延续发展而从未中断过的文化，这就是中国传统文化。的确，在整个人类历史的长河中，中华民族的祖先用勤劳和智慧创造了光辉灿烂的文明，它不仅是中华民族的瑰宝，也是整个世界文明中最为璀璨的明珠。

然而，近几十年来，中华传统文化的发展却是屡屡受阻，尤其是"文革"十年期间。改革开放以后，西方思想的大量涌入，很多年轻人已经把传统文化丢在了一边，使得传统文化更是举步维艰。当今世界思潮迭起，西方的思想也无法解决许多现实中出现的矛盾和问题，不少西方的思想家都不同程度地意识到这一点，开始从中国的传统文化中吸取营养，这些年来海外汉学的兴盛繁荣就是最好的一个证明。新文化运动以来，尽管取得了极其辉煌的成果，但在对中华传统文化的批判上却也有些矫枉过正，在十年"文革"期间，这种倾向又被进一步加强，使得中华传统文化的发展出现了一定程度的萎缩，产生了"吾道东去"的遗憾，反倒是韩国、日本等周边国家汉学发展迅速，甚至于前几年出现了"端午节事件"。鲁迅先生在《且介亭杂文集》中说："只有民族的，才是世界的。"我们对于传统文化的发展和保护已经到了一个不得不重视的时候了。作为一个中国人，继承五千年的文化传统，实现中华民族伟大复兴的壮丽事业，是我们义不容辞的神圣使命。

第一节 中华传统文化概述

小知识

弘扬国学 振兴中华

中华文明是世界古代文明中始终没有中断、连续 5000 多年发展至今的文明。中华民族在漫长历史发展中形成的独具特色的文化传统，深深影响了古代中国，也深深影响着当代中国。

大力发扬中华文化的优秀传统，大力弘扬中华民族的伟大精神，使中华民族的优秀文化成为新的历史条件下鼓舞中国各族人民不断前进的精神力量。

——摘自 2006 年 4 月 21 日胡锦涛在美国耶鲁大学的演讲

一、文化的含义

文化(culture)是一种社会现象，是人们长期创造形成的产物，同时又是一种历史现象，是社会历史的积淀物。文化是人的人格及其生态的状况反映，为人类社会的观念形态、精神产品、生活方式的研究提供了完整而贴切的理论支持。

广义的"文化"是人类创造出来的所有物质和精神财富的总和。其中既包括世界观、人生观、价值观等具有意识形态性质的部分，又包括自然科学和技术、语言和文字等非意识形态的部分。确切地说，文化是指一个国家或民族的历史、地理、风土人情、传统习俗、生活方式、文学艺术、行为规范、思维方式、价值观念等。

与广义"文化"相对的，是狭义的"文化"。狭义的"文化"排除人类社会——历史生活中关于物质创造活动及其结果的部分，专指精神创造活动及其结果，所以又被称作"小文化"。1871 年英国文化学家泰勒在《原始文化》一书中提出，文化"乃是包括知识、信仰、艺术、道德、法律、习俗和任何人作为一名社会成员而获得的能力和习惯在内的复杂整体"，是狭义"文化"早期的经典解说。在汉语言系统中，"文化"的本义是"以文教化"，亦属于"小文化"范畴。20 世纪 40 年代初，毛泽东在论及新民主主义文化时说："一定的文化是一定社会的政治和经济在观念形态上的反映。"这里的"文化"，也属狭义文化。《汉语大词典》关于"文化"的释义，即"人们在社会历史实践过程中所创造的物质财富和精神财富的总和，特指精神财富"[①]，当属狭义文化。一般而

---

① 汉语大词典编辑委员会. 汉语大词典编纂处编纂. 汉语大词典(第六卷). 上海：汉语大词典出版社，1990 年 12 月

言，凡涉及精神创造领域的文化现象，均属狭义文化。

"文化"是中国语言系统中古已有之的词汇。"文"的本义，指各色交错的纹理。《易·系辞下》载："物相杂，故曰文。"《礼记·乐记》称："五色成文而不乱。"《说文解字》称："文，错画也，象交叉。"均指此义。

"化"，本义为改易、生成、造化，如《庄子·逍遥游》："化而为鸟，其名曰鹏。"《易·系辞下》："男女构精，万物化生。"《黄帝内经·素问》："化不可代，时不可违。"《礼记·中庸》："可以赞天地之化育"等。归纳以上诸说，"化"指事物形态或性质的改变，同时"化"又引申为教行迁善之义。

西汉以后，"文"与"化"方合成一个整词，如"文化不改，然后加诛"[①]，"文化内辑，武功外悠"[②]。这里的"文化"，或与天造地设的自然对举，或与无教化的"质朴"、"野蛮"对举。因此，在汉语系统中，"文化"的本义就是"以文教化"，它表示对人的性情的陶冶，品德的教养，本属精神领域之范畴。随着时间的流变和空间的差异，现在"文化"已成为一个内涵丰富、外延宽广的多维概念，成为众多学科探究、阐发、争鸣的对象，但基本形成了共识：文化作为人类社会的现实存在，具有与人类本身同样古老的历史。人类从"茹毛饮血，茫然于人道"[③]的"植立之兽"[④]演化而来，逐渐形成与"天道"既相联系又相区别的"人道"，这便是文化的创造过程。在文化的创造与发展中，主体是人，客体是自然，而文化便是人与自然、主体与客体在实践中的对立统一物。这里的"自然"，不仅指存在于人身之外并与之对立的外在自然界，也指人类的本能、人的身体的各种生物属性等自然性。文化的出发点是从事改造自然、改造社会的活动，进而也改造自身即实践着的人。人创造了文化，同样文化也创造了人。举例言之：一块天然的岩石不具备文化意蕴，但经过人工打磨，便注入了人的价值观念和劳动技能，从而进入"文化"范畴。因此，文化的实质性含义是"人化"或"人类化"，是人类主体通过社会实践活动，适应、利用、改造自然界客体而逐步实现自身价值观念的过程。这一过程的成果体现，既反映在自然面貌、形态、功能的不断改观，更反映在人类个体与群体素质(生理与心理的、工艺与道德的、自律与律人的)的不断提高和完善。由此可见，凡是超越本能的、人类有意识地作用于自然界和社会的一切活动及其结果，都属于文化；或者说，"自然的人化"即是文化。

二、中华传统文化的含义

中华传统文化，这几个字从字面上来说似乎很简单，但是却难以给它下一个完整的定义。陈旭东、张吉良所主编的《大学生文化修养》一书中是这样下定义的："从文化角度

---

① (汉)刘向撰，向宗鲁校证. 说苑校证·指武. 北京：中华书局，1987

② (梁)萧统编，(唐)李善注. 文选(精). 北京：中华书局，1977

③ (清)王夫之著，舒士彦整理. 读通鉴论(上中下). 北京：中华书局，1975

④ (清)王夫之撰. 船山思问录外篇. 上海：上海古籍出版社，2000

看，中国文化包括传统文化、近代文化和五四运动以来的新文化。传统文化产生于农业时代，主要指封建社会的文化。"①并说，"一般来说，中国传统文化一般是指 1840 年鸦片战争以前我国的古代文化。"

有人认为，这个概念有点偏向于以时间发展为序来界定传统文化的内涵。然而严格地说来，实际上传统文化也的确不是一个简单的时间概念能包含的东西。正如顾伟列先生在《中国文化通论》一书中所说："传统与现代之间本无一条明显的分界线可寻，文化的转型也绝不意味着文化断裂。"②因为近代文化和新文化(或白话文文化)也是和传统文化是一根藤条上的瓜果，转型并不意味着断裂。这里面应该注意的是，并非是说用白话文写的东西就不是传统文化，文化更多的是传承精神而非文字、典籍本身。

因此我们说，中华传统文化是中华文明演化而汇集成的一种反映民族特质和风貌的民族文化，是民族历史上各种思想文化、观念形态的总体表征，是指居住在中国地域内的中华民族及其祖先所创造的、为中华民族世世代代所继承发展的、具有鲜明民族特色的、历史悠久、内涵博大精深、传统优良的文化。它是中华民族几千年文明的结晶，除了儒家文化这个核心内容外，还包含有其他文化形态，如道家文化、佛教文化等，同时也包括其他少数民族的传统文化。这个概念实际上只是一个说文解字式的定义，即继承因袭的中华民族的传承文化。它既包括鸦片战争以前一切古代文化，也包括由此衍生出来的近现代文化及对以往经典进行阐述的文化。比如，于丹讲述论语，南怀瑾《论语别裁》等。

中华传统文化源远流长，博大精深。源远是指中华传统文化所属国是四大文明古国之一，我们的文化一直传承不息，上可上溯至三皇五帝的原始时期的传说时代，下则一直传承至今。就典籍而言，不仅有"三玄"(《周易》、《老子》、《庄子》)、"四书"(《大学》、《中庸》、《论语》、《孟子》)、"五经"(《诗经》、《尚书》、《礼记》、《周易》、《春秋》)传世，而且近现代考古出土的甲骨文也给我们研究商周文化提供了不可多得的资料，其余诸如《墨子》、《韩非子》、《孙子兵法》等经典也不胜枚举。流长则是就其流传的时代、文化类型以及传播地域而言的。如按时代划分，可以分为十个时代：原始文化、殷周文化、春秋战国文化、秦汉文化、魏晋南北朝文化、隋唐文化、两宋文化、辽夏金元文化、明清文化、近现代文化；按照地域、民族划分，远古时代可分为三大文化集团，即华夏文化集团、东夷文化集团与苗蛮文化集团。

三、传统文化形成的背景

(一)封闭的内陆环境

泰纳在《<英国文学史>序言》中，把艺术风格的形成和演变原因归纳为"种族"、"环境(地理环境)"、"时代"三要素。虽然在今天看来，他的归纳过于笼统了一些，但其核心思想至今仍不失其真理性。毫无疑问，人类文化的发展史表明，地理环境是历史文

---

① 陈旭东，张吉良. 大学生文化修养. 北京：北京师范大学出版社，2008

② 顾伟列著. 中国文化通论. 上海：华东师范大学出版社，2005

化赖以生存发展的客观物质条件，不同的地理环境影响了不同的文明形态的产生和发展。从文明产生之初而言，草原地区形成了游牧文明，沿海地区形成了渔猎文明，内陆地区则多为农耕文明。不同的地理环境直接影响到了人们对于生活方式的选择，进而形成了不同的文明。文化是文明中的一个组成部分，当然也与地理环境密切相关。中国地处亚欧大陆东端，东临茫茫沧海，背靠高山大漠，西南山高水险，疆土极为广袤，内部则平原广阔。这种一面临海，其他三面与域外陆路交通不便利的地理环境，加上闭关锁国的"海禁"政策，不仅使古代中国与外部世界相对阻隔，造成了中国文化与外部世界相对隔绝的状态，而且造就了华夏中心主义的思维定式。这种地理环境与中国传统文化的形成和发展不无关系，具体体现在以下四个方面。

第一，这种半封闭的地理环境和相对良好的气候，为中国古代农业文明的起源、发达以及与其相适应的人文哲学思想生成、发展创造了条件。在这种相对发达的农业文明社会里，人们适应了日出而作、日落而息的生存方式，也养成了中华民族相对温和的性格和安于现状、缺少竞争的心理。

第二，它促成了中华文化的自发性、独立性和一贯性。尽管异族入侵，但其文化却不曾中断，而且在文化融合和吸收中铸就了中国人的世界观念和文化心理，形成了其特有的自成体系的哲学、文学艺术和科学体系。

第三，它助长了华夏中心主义的思想，把"天下"视为中国，把环绕在华夏周围的邻邦视为夷狄蛮戎。"中国"一词的内涵就是中国人富于尊严感的"自我意识"的具体体现。

第四，这种偏居一方的地理位置，形成了中国文化的"保护反映机制"。历史上虽有外族入侵，但幅员辽阔回旋余地宽广的地理环境使中国能对周边民族潜移默化，始终保持着自己的文化风格和传承体系，使中国文化具有超强的连续性和稳定性。中国的中原文化，则像一个巨大的雪球一样越滚越大，同化了周边地区的相对滞后的文化，并且带动着东亚文明同步发展。

(二)农耕经济模式

人类文化的类别大致不外乎游牧、农耕、商业三种类型。游牧、商业型文化多起因于内部经济不足、需向外部寻求资源，其文化特性常带有侵略性。而农耕型则可自给自足，无须外求，文化特性常为和平性的。中国地处东亚大陆，地域辽阔，虽耕地面积较少，但泥沙冲积形成的肥沃平原，太平洋吹来的东南季风，给中原大地带来了充沛的雨水，江河的有效灌溉，这些都为农业的发展提供了有利的条件。得天独厚的自然条件和地理生态环境，孕育了华夏民族以农耕经济为主体的经济生产模式。

自先秦以来，历代统治者都把农业作为立国之本，重农轻商成为中国各种社会形态下的经济理论和政策的潜意识。在中国传统社会里，人们通常把人民划分为士农工商四等。其中士，通常是来自地主阶级，农就是从事农业生产的农民。那些读书人尽管不自己耕地，但他们的家业兴衰往往和农业生产有直接的联系。因此，在他们的价值观和人生观里，都主要反映了农民的思想。再加上他们自身受到过良好的教育，使他们能够表达农民

自己没法表达的思想和价值观，这种价值观和思想深入到中国传统文化中，使得中国传统文化带有浓郁的农耕文化特质。中国传统文化中的务实精神、中庸之道、尚农与重农抑商思想、集权主义与民本主义共存、安天知命的生活态度以及安土重迁的乡土观念等，都和这种农业经济背景相辅相成，无法分割。因此，农耕经济模式实际上是中国传统文化的经济基础。中国传统文化是封闭生态环境条件下，农业为主的自然经济的产物。

(三)宗法制的伦理社会

宗法制是中国古代维护贵族世袭的一种制度。所谓宗法，就是中国古代社会规定嫡、庶系统的法则。宗法关系是由氏族社会的父系家长制蜕变而来的一种以父系血缘关系为基础的社会关系。随着社会发展，漫长的原始母系氏族社会逐渐被父系氏族社会取代，并最终确立了父权在家庭中的统治地位，太古先民"知母不知父"的历史终于画上了句号。父权家长制家庭普遍实行"一夫多妻制"，并在诸妻中分嫡、庶。这种嫡、庶区分方法在西周政治上主要体现在分封制的采用上，分封制的采用又直接加强了宗法制的影响。儒家理论的一个重要部分就是孔子的"克己复礼"，"礼"指的是周礼，即周代的伦理礼制。儒家理论在秦汉以来一直成为中国传统文化的主流，因此宗法制也在中华民族的民族精神中有着巨大影响。在宗法制度下，宗族由若干个同血缘的家族集合而成，由家庭组成家族，再集合家族成宗族，结成乡社，进而成为国家的基石。在宗法制度下，家族和宗族之间是以血缘关系为纽带、以统治和服从为内核的政治、经济和道德共同体。它对国家与社会具有维系秩序的功能，同时，对国民性格的塑造也有深刻的影响。

在古希腊，希腊人在跨海迁徙中，伴随着移民浪潮，不同种族的人出于利益驱动，打破了原有的血缘纽带，出现了杂居和债务奴隶，传统上基于宗法血缘关系的氏族贵族统治日趋弱化，城邦式的国家随之产生。而中国则与之不同，几千年来沿袭的是以一家一户为单位的传统农业模式，国民的主体——农民大多定地聚族而居，在一个相对封闭的环境，满足于自给自足的小农经济生活方式，这种生产和生活方式，强化了安土重迁及服从权威的国民心理。因此，宗族为了加强自己的团结，宗族血缘意识就作为一种天然的纽带被保留下来。因血缘关系而组合成乡社，因乡社而组合成城邑，因城邑而组合成国家。随之，嫡长子继承制、分封制、宗庙祭祀制确立并奠定了中国传统社会的基本模式。所以，中国的社会制度可以称为"家邦"。在这种情况下，人们是通过家族来理解国家的，"天下国家，本同一理"就是这种观念的体现。"国家"一词流传至今恰好是其明证。

以宗法制为基础的伦理制度往往具备很强的社会自组织力，它制约、规定了国家形态的特性，自发地组织社会生产，使社会结构具有某种稳定性，从而延续中国封建社会的历史，同时它又强化了中华文化的渗透力、包容性。中华文化是世界上唯一延续不断的、完整的文化系统，原因在于社会结构内部的自组织力强大。这种伦理社会制度认同宗法等级的"合法性"，使中国传统文化具有鲜明的伦理道德倾向，偏重道德的价值取向在中国传统文化中处于亘古不变的核心地位。

四、传统文化的特征

自从中国迈进文明社会的门槛，中国传统文化已延续了数千年，把文明的种子播撒到了世界各地。一个个王朝的毁灭，一次次残酷的战争，多少次外族的入侵，乃至无数次山崩地震、水旱、瘟疫等，都未能阻止传统文化前进的步伐，这与传统文化所具有的不同于其他文化的特点有着直接关系。梁漱溟先生在他的《中国文化要义》中概括了中国文化的十四大特征，台湾学者韦政通则说中国文化有十大特征。其实这些都是仁者见仁，智者见智，学术界对这一问题并没有形成统一的看法。我们将传统文化归纳为以下八大特征。

第一，传统文化的延续性、凝聚力与包容性。延续不断，经久不衰，具有顽强的生命力和应变能力，这正是中国传统文化的一个重要特征。在中外历史上，不少优秀的文化因为异族入侵而中断，如希腊、罗马文化因日耳曼人入侵而中断沉睡了上千年；印度文化因雅利安人入侵而雅利安化；埃及文化则因侵略者的变化而不断改变自己的面貌：曾经一度希腊化，后又罗马化，再后又伊斯兰化。这都是由于它们根基不深，站脚不稳。中国传统文化却大不相同，十六国时期的五胡乱华，宋元时期契丹、女真的相继南下，乃至蒙古、满清入主中原，都未能中断中国传统文化，相反却是征服者最后被征服、被同化、被融合，中国传统文化吸收了各少数民族的新鲜血液，反而增加了新的生命活力。中国传统文化还具有强大的凝聚力，这种凝聚力主要表现为文化心理的自我认同感和超地域、超国界的文化群体归属感。近年来，千百万华侨都来关心中国的振兴，正是这种文化凝聚力在起作用。用优秀的传统文化教育人民、团结人民，提高全民族的文化素质；用优秀的传统文化唤起海外广大同胞的爱国心，争取他们从道义上、物质上支持国内的现代化建设，促进祖国早日统一，正是我们弘扬中国传统文化的一个重要目的。

第二，以人为本。重人伦，重道德，尊君重民。人文主义或人本主义，向来被看作是中国传统文化的一大特色。所谓以人为本，就是将人作为考虑一切问题的出发点和归宿。肯定天地之间人为贵，人为万物之灵，在人与物之间，人与鬼神之间，以人为中心，这是中国传统文化的基调。孔子曾教导他的弟子说："敬鬼神而远之，可谓知矣。"又说："未知生，焉知死"，"未能事人，焉能事鬼。"在处理人事与天道的关系时，不少政治家与思想家，都主张要先尽人事，然后再考虑天道。因此，有的学者认为，在中国文化中，人是宇宙万物的中心。中国传统文化还强调人伦道德，强调要正确处理人与人之间的各种关系，要求君要仁、臣要忠、父要慈、子要孝，兄友弟悌，朋友之间要讲义讲信，为人臣、人妻要守节，与一般人交往也要讲忠恕之道，要努力做到"己所不欲，勿施于人"等。只有这样才能保证家庭和睦、社会安定、君臣合力、朋友同心。在处理君与民的关系时，中国传统文化一方面强调君主专制，强调臣民要忠君，但同时也有不少政治思想家强调民为邦本，本固邦宁；强调民贵君轻，提出了"君者，舟也；庶人者，水也。水则载舟，水则覆舟"的著名论断。因此尊君重民成为中国传统文化的主流。

当然，我们也必须看到，中国传统文化中的人文主义或人本主义与西欧文艺复兴时期的人文主义并不一致，与社会主义时代人民当家作主的制度和主张更是存在着本质区别：

中国古代的人本主义是以家庭、家族为本位，以伦理为中心，以巩固专制王权为最终目的；西方的人文主义则以个人为本位，以法制为中心，以个人的充分发展为终极目的；而我们的社会主义国家则强调人民当家作主，充分尊重个人的权利和自由，为每个人的自由发展创造充分的条件。中国传统文化强调以人为本，并非尊重个人价值和个体的自由发展，而是将个体融入群体之中，强调个人对他人、对家庭、家族以及对国家、天下的义务，可以说是一种宗法集体主义，是以道德修养为旨趣的重人伦、重道德的人本主义。而西方文化中的人文主义、人本主义，则注重个体的价值，强调个人的权利和自由，强调人与人之间的平等契约关系，实质上是一种个性主义，是西方资产阶级民主制度和法律体系的重要思想基础。我们社会主义国家的人本主义既继承了中国传统文化中人本主义的积极因素，重视人的作用，重视道德伦理，重视人际关系的和谐和个人修养的积极作用，同时又避免了重人伦轻自然、重群体轻个体的倾向，尤其反对封建的专制主义。对于西方以个人主义为核心的人本主义，我们则予以批判与扬弃。既重视个人的作用，又强调集体主义和国家民族的利益；既尊重人权，尊重每个人的生存权、劳动权、发展权，又强调社会的和谐和稳定，强调民族的团结和社会的发展。这才是人本主义发展的一个崭新的阶段。

第三，主张自强不息、勤劳刻苦、刚健有为、鞠躬尽瘁。《易经》曾说："天行健，君子以自强不息。"天体的运行是刚健有力，生生不息的，人的活动也应该效法天，应该刚健有为，自强不息。孔子对他自己和对他的弟子都是这样要求的，他认为一个人不仅应该"学而不厌"，而且应该"为而不厌"，他自己则是"其为人也，发愤忘食，乐以忘忧，不知老之将至"。他还认为，每一个人都应该有远大的志向，并努力为实现自己的志向而奋斗。他说："三军可夺帅也，匹夫不可夺志也。"一个人的志向应该是坚定不移的。他的弟子曾参也说："士不可以不弘毅，任重而道远。仁以为己任，不亦重乎？死而后已，不亦远乎？"他们希望人们应该为实现自己的远大目标而奋斗终身，死而后已。三国时期的诸葛亮正是实践这种传统思想的典型。

第四，强调人格，提倡节烈，主张为国尽忠，杀身以成仁，舍生以取义。孔子认为，人生在世一定要有独立的人格。为了维护自己人格的尊严，为了实现自己的志向，宁可牺牲生命，也不能苟且偷生。他说："志士仁人，无求生以害仁，有杀身以成仁。"又说："天下有道则现，无道则隐。"政治清明，符合自己为之奋斗的理想，可以出来做官；天下无道，政治黑暗，就应该退隐，而不应贪图富贵荣华。孟子认为，生命与道义都是可贵的，假如二者不能兼得，就应该舍生以取义。他认为，作为一个大丈夫，应该具备一种"富贵不能淫，贫贱不能移，威武不能屈"的精神。正是在这种传统文化的熏陶下，我国历史上出现了屈原、苏武、岳飞、文天祥等无数忠君爱国的英雄。中国传统文化强调以治国、平天下为人生的最高目标，强调将国家民族的利益放在首位，这种精神教育和感染了一代又一代的中国人，成为中华民族最可贵的精神传统之一，这种爱国主义的精神传统永远值得继承和发扬！

第五，崇尚统一，维护多民族国家的共同利益。纵观整个中国历史，从夏、商、周最初出现国家开始直到传承至今，绝大多数时间都是统一的国家，分裂只占少数时间，而且，即便是在分裂时期，热爱祖国的中国人从来没有放弃过对于国家统一的向往。夏、

商、周时期，地域虽然不十分广大，政治上实行分封诸侯的分权制，但名义上毕竟是三个拥有"天下共主"的统一王朝，只是在东周后期才出现了诸侯长期分裂割据的政治局面。而当时的政治家、思想家们所向往和追求的则是国家统一、法度统一的理想社会。公元前221 年，秦始皇"吞二周而亡诸侯，履至尊而制六合"，建立了我国历史上第一个多民族的统一的封建专制主义的国家。秦始皇开创的统一大业，到汉武帝时得到巩固和进一步发展。秦皇、汉武对我国统一的多民族国家的建立和巩固做出了杰出的贡献，因此受到子孙后代的崇敬。在我国历史上，统一是主流，分裂是暂时的。在统一时，多数政治家、思想家和广大人民都反对分裂；而在分裂时，人民又盼望统一，进步的政治家、军事家、思想家们则为争取国家统一而奋斗不息。比如，三国时期的曹操、刘备、诸葛亮、孙权等，都认为自己代表正统，都希望完成统一中国的大业；南北朝时，无论南朝还是北朝的统治者，都希望由自己统一中国；南宋时期，人们常以恢复中原为念；元朝的忽必烈君臣以"混一四海"为己任，建立了第一个由少数民族统一的中国封建王朝，使台湾、西藏正式纳入祖国版图，在蒙古、云南、东北正式建立行省；清朝的康、雍、乾竭力维护祖国统一，先后平定了新疆、西藏等地的叛乱；直到近代，云南人民掀起保国运动，与英国入侵者抗争，保卫了西南边疆；甲午战败后，清朝政府将台湾割让给日本，当地高山族人民与各族人民一起奋起反抗，血洒宝岛；1904 年，英国企图入侵西藏，受到藏族人民的坚决抵抗。所有这些都说明，崇尚统一，维护多民族国家的共同利益是中国民族的优良传统。正如孙中山先生所说："统一是中国全体国民的希望。能够统一，全国人民便享福；不能统一便要受害。"这充分表达了中国人民盼望统一的心声。

第六，持中贵和，崇尚中庸，追求和谐。"和"作为哲学范畴，是指对立面的统一。"和实生物"，只有"和"万物才得以生长，天下才能太平，国家方能兴旺，个人才能幸福。儒家的著名学者荀子一方面主张"致天命而用之"，但同时又认为宇宙即是一个大和谐的局面："列星随旋，日月递照，阴阳大化，风雨博施，万物各得其和以生，各得其养以成。"[1]他认为日食月食，地震山崩，水旱灾害等则是天地失和的表现。《中庸》则说："万物并育而不相害，道并行而不相悖。""中也者，天地之大本也；和也者，天下之达道也。致中和，天地位焉，万物育焉。"[2]

在天人关系即人与自然界的关系上，先秦各家多以"和"为最高理想。老子主张"守中"[3]，认为婴儿(喻"道")状态乃"和之至也。"[4]。庄子在《齐物论》中提出了"和之以天倪"的论断，都是认为"和"才是天人之间最理想的状态。人际关系的和谐，人与人之间的和睦相处、和谐统一，是持中贵和思想的侧重点。"和"是最重要、最优秀的品质，但也反对无原则的调和，更反对同流合污，故而提出了"合而不同"[5]。

① (战国)荀况著，蒋南华等注译. 荀子全译. 贵阳：贵阳人出版社，2009
② 王国轩译注. 大学·中庸. 北京：中华书局，2006
③ (春秋)老聃著，陈鼓应注译. 老子今注今译. 北京：商务印书馆，2003
④ (春秋)老聃著，陈鼓应注译. 老子今注今译. 北京：商务印书馆，2003
⑤ 王国轩译注. 大学·中庸. 北京：中华书局，2006

经过长期的历史积淀，持中贵和的精神渐渐成为中华民族普遍的社会心理和中国文化各门类的共同追求，如政治上，人们重视君臣、国家、民族间的和谐，主张"克明峻德，以亲九族，九族既睦，平章百姓；百姓昭明，协和万邦"①；经济上，主张"百姓时和，事业得叙"②，"不患贫而患不均"；思想方法上，主张"执其两端而用其中"，既不要过分也不要不及；个人修养上，主张"从容中道"，"文质彬彬"；艺术上，主张"乐而不淫，哀而不伤"③；美学上，主张"以和为美"；戏剧文学上，主张"大团圆"的结局等。这些都是强调"和"。

中国传统文化中的这种持中贵和思想植根于农业经济，表现出一种"静态"特征：重视自然，重视人与自然的和谐，人与社会的和谐，人与人之间的和谐以及每个人内心的和谐等。它与西方文化中重视分裂对抗形成了鲜明对照，西方文化反映了商业文明，只有唯利是图、竞争、对抗，才能发家致富，才能取得个人生存发展的权利。

这种主张和谐，持中贵和的思想给中国社会带来的影响自然也是双重的。其积极方面是有利于保持社会的稳定，有利于维护祖国的统一和民族的团结；但不可否认，这种思想压抑了人们的斗争精神，使人们缺乏西方人那种竞争、进取的精神，这对社会发展也带来了不少不利影响。

第七，儒道互补，外儒内法，儒、佛、道三教合流。先秦诸子学说都具有鲜明的文化目的性，这就是"救时之弊"。梁启超认为，先秦诸子百家"皆起于时势之需求而救其偏弊，其言盖含有相当之真理。"④以孔子为代表的儒家学派曾是春秋时期的"显学"，经过孟子、荀子的继承与发展，在战国时期仍然占有极其重要的地位。但他们以"仁"和"仁政"为核心的政治主张，以贵和持中为核心的思想方法，以重人伦、重个人修养为核心的修身养性之道，以"信而好古"、"宪章文武"、"法先王"为核心的社会理想，并不符合春秋五霸、战国七雄争霸称雄、夺取天下的政治需要，不符合新兴地主阶级变法革新的要求，因而在春秋战国数百年间，尽管他们也曾周游列国、招徒讲学、著书立说，但始终未能得到当权者的重视，始终处于"子学"的地位，未能成为官方的指导思想。只是到了汉武帝时，随着新兴地主阶级政治地位的稳定，逐步由进取的力量向保守的力量过渡，他们的主张才适应了地主阶级巩固政权的需要，从"子学"变成了唯我独尊的"官学"。从此之后，儒学虽然也曾几经变化，但其礼治德教的精神却始终一致，成为中国传统文化的正宗。

以老庄为代表的道家，是先秦诸子百家中与儒家并驾齐驱的一大流派。从许多方面来看，它的思想与儒家相对立：儒家重视人事，道家尊崇"天道"；儒家讲求文饰，道家向往"自然"；儒家主张"有为"，道家倡导"无为"；儒家强调个人对家族、国家的责任，道家则醉心于个人对社会的超脱。但从另一方面看，道家与儒家在精神上，又相互接

---

① 王世舜译注. 尚书译注. 成都：四川人民出版社，1982

② (战国)荀况著，蒋南华等注译. 荀子全译. 贵阳：贵阳人出版社，2009

③ 杨树达著. 治语疏证. 南昌：江西人民出版社，2007

④ 梁启超著. 饮冰室全集·专集. 北京：中华书局，1989

近、相互沟通。比如，儒家的"天人合一"学说主张人与自然的和谐，人与人之间的和谐，与道家的崇尚自然就有一定相通之处。在战国时期，道家出现了黄老刑名学派，在各诸侯国的变法革新中曾经发挥了一定作用。汉朝建立后，黄老刑名之学曾成为汉初七十余年的统治思想，其中吸收了不少儒家仁政德治的主张。汉武帝接受了董仲舒"罢黜百家，独尊儒术"的主张之后，黄老之学虽然也在被罢黜之列，但其影响并未立即消失。东汉以后，随着道教的兴起和佛教的传入，很快形成了儒道佛三家鼎立的局面。魏晋玄学从本质上说是儒道结合的产物，宋明理学则是儒道佛三教合流的产物。

法家是战国时的显学，在战国各诸侯国的变法革新中占据了统治地位。秦始皇君臣也崇尚法家，正是用法家思想灭掉了六国，统一了中国，并建立了一整套巩固统一的政治、经济、军事、文化制度。但由于法家过分强调暴力，滥用民力，导致了农民阶级和各国旧贵族的反抗，秦朝二世而亡。继起的汉朝虽然全面继承了秦朝制度，但却不敢公然宣称用法家思想治天下，反而大讲法家亡国论。实际上却是口头上大讲仁义道德，在具体行政执法时又不能不采用法家的主张与政策。直到汉武帝宣布独尊儒术之后，法家学说仍然或隐或现地发挥作用，历代统治者多数采用"霸王道杂之"的统治方法，即外儒内法、阳儒阴法、儒法并用。个别纯用儒家学说的帝王除了导致大权旁落、国力衰微之外，没有更好的结果。于是在中国古代逐渐形成了儒道互补、外儒内法、儒佛道三教合流的统治思想。

第八，务实事，轻玄想，重实用，戒空谈，看实效，重实绩，主张经世致用，是中国传统文化的又一个重要传统。学术界将这种实用倾向称为"实用理性"或"实践理性"。中国古代文化以"补偏救弊"，即以解决社会、人生的实际问题为出发点和归宿，多数学者热衷于对政治、伦理等与国计民生密切相关的问题的研究与探索，只有极少数人对抽象的思辨感兴趣。

中国古代学者也研究宇宙和自然，他们称之为"天"。只有少数人研究天道运行的规律和神秘的鬼神世界，多数学者主要研究天人之间的关系，研究人们如何适应"天"，如何利用"天"为人类服务。

孔、孟、荀等三位儒学大师在讲到自己的治学重点时，对这一问题作出过自己的解释：有的学生向孔子请教鬼神之事，孔子说："未能事人，焉能事鬼。"有的学生问孔子人们死后的状况，孔子回答说："未知生，焉知死。"因此他的弟子说："子不语怪力乱神"①，"敬鬼神而远之。"②这说明，孔子着重研究的是与人生密切相关的问题，对于那些玄妙难知的鬼神世界不感兴趣。

老子、庄子主张"法自然"，曾经研究过不少抽象的理论，他们的辩证法思想、逻辑学说、相对主义理论等对于中国古代哲学的发展做出了杰出贡献；而有关修身养性、有关真人、神人的论述等，则成为道教长生不老、成仙、成神的理论先鉴。这与孔孟的实用学说应该说是大相径庭，大异其趣。但老子关心的重点依然是"以正治国，以奇用兵，以无事取天下。"着重研究的还是"君人南面之术"，包括以退为进、柔能克刚等为人处世之道。

---

① 杨树达著. 论语疏证. 南昌：江西人民出版社，2007

② 杨树达著. 论语疏证. 南昌：江西人民出版社，2007

他们的后学弟子研究的黄老刑名之学，其实用性比起儒家学说来可以说有过之而无不及。

名家主要研究思辨哲学，它促进了中国古代逻辑学的发展。但他们后来也与道家、法家、儒家结合，这才形成了黄老刑名之学。而他们研究的一个重要领域则是"名"与"实"的关系，它与国计民生也是密切相关的。

以上情况说明，中国古代各派学者都倾向于应用和实用，于是形成了中国传统文化中实事求是的思想方法，身体力行的价值取向和经世致用的治学传统。中国传统文化强调经世致用，就是主张做任何学问都要有利于国计民生。

正是在这种经世致用的治学传统影响下，中国古代的科学也成为实用科学。无论天文、数学，医药、地理，农学、水利，乃至四大发明，大多是与国计民生密切相关的实用科学。这些实用科学的成就之高、解决实际问题的能力之强，曾在世界历史上遥遥领先，不仅英国的科学家，甚至世界各国的科学家都叹为观止。但对于其中的原理和方法，我们的祖先却研究不够，致使有些原理至今仍然不知其详。

中国传统文化的这种实用理性自然也具有两重性，正如李泽厚先生在《中国古代思想史论》中所说：它"既阻止了思辨理性的发展，也排除了反理性主义的泛滥。"[①]它淡化了中国人的宗教情结，使得无神论思想源远流长，但它对自然科学、哲学、逻辑学等思辨学问的研究无疑又起到了阻碍作用。中华民族在科学、文化、观念形态、行为模式方面的优点和缺点，都与这种实用理性有着密切的关系。

第二节 传统文化中的儒家思想

儒家文化是中国文化最重要的组成部分。儒家文化中的和谐意识、人本意识、忧患意识、道德意识和力行意识对中国社会的民族性格和民族精神的形成有深远的影响。

一、儒家思想的产生背景与儒家思想的形成

《说文解字》对"儒"的解释是："儒，柔也，术士之称。从人，需声。"中国人历来重视死的观念与丧葬礼仪，这种广泛的社会需求促成了一个特殊社会阶层"儒"。

在中国古代社会，最晚到殷代有了专门负责办理丧葬事务的神职人员。这些人就是早期的儒，或者称为术士。他们精通当地的丧葬礼仪习惯，时间一长，便形成了一种相对独立的职业。但是，由于这种职业地位低微，收入也少，既没有固定的财产和收入，做事时还要仰人鼻息。所以形成比较柔弱的性格，这就是儒的本意，即柔，还有他们职业的原初性质，即术士。

"儒"这一名词的最早记载应该是在《论语·雍也》。孔子告诫他最得意的学生子夏说，要当就当"君子儒"，千万不要当"小人儒"。可见，儒名的起源应该在孔子之前。因为到了孔子时，儒这一阶层已经有了很大变化，形成"君子儒"与"小人儒"两种

---

① 李泽厚著. 中国古代思想史论. 天津：天津社会科学学院出版社，2003

派别。

作为一个学派的儒家，虽由孔子创立于春秋末叶，但"儒"却起源甚早，《汉书·艺文志》及刘向《七略》均认为：儒"出于司徒之官"。太史公《儒林列传》曰："秦之季世坑术士，而世谓之坑儒。……类名为儒，儒者知礼乐射御书数。……私名为儒。"《七略》曰："儒家者流，盖出于司徒之官，助人君顺阴阳明教化者也，游文于六经之中，留意于仁义之际，祖述尧舜，宪章文武，宗师仲尼，以重其言，于道为最高。"

因此，儒起源于负责古代的礼仪工作的术士，但在仲尼时代时，儒的意义已经有所变化了。在古代社会，"国之大事，惟戎与祀"，礼仪是国家工作中最为重要的两件大事之一，因此，儒者最初担任的工作也相当重要。《论语·先进》中孔子问弟子们的志向时，公西华(名赤，字子华)说："非曰能之，愿学焉。宗庙之事，如会同，端章甫，愿为小相焉。"孔子回答评论时说："唯赤则非邦也欤？宗庙、会同，非诸侯而何？"宗庙说的是祭祀问题，会同就是主持诸侯会盟之事，小相就是小国家的相邦。后来中国古代的相国、宰相就是从相邦发展而来的。只是到了后来，礼仪工作在国家工作中的地位降低了，儒者们所承担的工作也就发生了变化。到了春秋战国时期，儒者的工作已经变化了，儒家的思想经过孔子整理之后逐渐开始系统化，并且成为了百家争鸣中的一大重要力量。

孔子所处的春秋时代，由于社会内部不可调和的矛盾引起的严重危机撼动了传统文化的权威性，对传统文化的怀疑与批判精神与日俱增，就连祖述尧舜，宪章文武的孔子也不能不把当时所处的时代精神注入到自己的思想体系中，并对传统文化加以适当的改造，以便在社会实践中建立一种新的和谐秩序和心理平衡，这种情况到了大变革的战国时代显得尤为突出，因为人们在崩塌的旧世界废墟上已经依稀看到了冲破旧尊卑等级束缚的新时代的曙光。

未来究竟是个什么样的社会模式，就成了举世关注的大问题，并在思想界引起了一场百家争鸣式的大辩论。当时代表社会各个阶级、阶层利益的诸子百家，纷纷提出各自的主张，其中一个最主要的争论焦点就是如何对待传统文化的问题。围绕这个问题而进行的思想交锋，儒、法两大思想流派最有代表性。他们旗鼓相当，针锋相对，应者云集，皆为显学。另外还有墨家、道家、阴阳家等学派，可谓学派林立。

二、儒家思想概述

(一)儒学的发展历程

在春秋战国时代，孔子创立的儒学即被称为"显学"。到汉朝时，经过董仲舒的改良，汉武帝"罢黜百家，独尊儒术"，儒学取得"国家意识"的"合法身份"。在漫长的历史发展中，儒学对中国社会之民族性格和民族精神的形成产生了巨大而深远的影响。可以说，儒家文化构成中国文化最重要的组成部分，是中国传统文化中的主流支配思想。我们要了解中国的历史与现实，要构建具有中国风格和中国气派的社会主义新文化，就必须对儒家文化的基本精神及其现代价值有一个客观的认识和总体的把握。

儒家思想是关于人类社会道德伦理规范的学说。儒学本起源于从事礼仪相关职能的工

作人员，孔子在整理、创办儒学过程中又进行了进一步的系统化，从而形成了比较完整的道德伦理学说。儒家学说在封建统治时期受到了统治者的重视，成为了中国封建社会中最为重要的主流思想。按照我们对于哲学思想的划分，我们可以把哲学分为三大问题：一是我从哪里来；二是我要到哪里去；三是我是谁。中国古代的哲学思想多探讨的是第二、三个问题，大多属于用世哲学，考虑的是"我是谁"(自身修养)和"到哪里去"(做什么、怎么做)的问题。和其他中国古代的哲学思想一样，儒家思想所探究的是着重于实际运用的处事原则及价值观念。儒家思想在孔子时期已经基本成熟，更多的表现为一种用世思想，其目的在于通过阶级尊卑礼制来维护社会的稳定。

"亚圣"孟子对儒家思想进行了进一步的完善和阐释，孟子把孔子的儒学思想进一步系统化并建立起了完整的理论系统。到战国末期时，赵国人荀况(公元前313—前238年)吸取各家各派精华改造儒学，创立了自己的唯物主义哲学体系，这是对儒学世界观的发展。

汉武帝时，董仲舒篡改儒家思想，以"天人感应的神学目的论"、"天不变，道亦不变"的观点来迎合统治者的需要，尽管确立了儒家学说的学术地位并成为正统思想，但却束缚和毒害了人民、阻碍了历史的发展。

后来南宋理学家朱熹(公元1130—1200年)接受二程(程颐、程颢)的理学教育，继承了儒家学说，提出了"一分为二"、"生生不息"的辩证法思想，"天命之性"、"气质之性"的人伦哲学，"知为先"、"行为重"的认识论以及"以王制霸"、"王中有霸"的历史观，并把认识论和修养观结合在了一起，提倡格物致知，但很遗憾的是，朱熹受到佛家思想的影响，提出了"存天理，灭人欲"的理论，这一理论直接阻碍了历史的发展，制约了人民的思想进步。

从哲学基本观点上来看，孔子是避而不谈，但在其思想中流露出来的是偏重于朴素唯物主义，而孟子的思想里面掺杂部分的唯心主义观点，荀子则是先秦朴素唯物主义的代表，而后来的儒家学说大多承续了汉代敬畏天命的观点，把杂家的谶纬、五行、占卜也引入了儒学，使得儒学驳杂不堪，实为可惜。

(二)儒学的历史地位和作用

儒家学说在漫长的历史演进过程中经历代学者加工改造，并与其他学说相斥相吸，成为博大精深的思想理论体系，经过社会的选择，最后终于凝聚为民族精神的主体内容，对我们的理想人格、思维方式、价值取向以及社会心理等方面都产生了极其深远的影响，两千多年来一直影响着中国历史的命运和发展。

儒家学说作为一种以善为目标的伦理型文化，关注国家、人民的整体利益，求实进取，修齐治平，重视人的道德修养，讲气节，重道义，关心别人，并且宽仁平和，豁达乐观，对于提高人们的道德修养、和谐人际关系、解决发展商品经济之后出现的社会问题和道德问题、稳定社会等都有很重要的意义。

儒家学说是中国历史发展到一定阶段上的必然产物，是中华民族优秀的文化遗产，由于时代局限性，其中也包含着一些糟粕，我们必须批判地吸收。尤其在物质文明高度发达的今天，我们批判性地继承学习儒家学说中的优秀文件遗产，对于迎接西方文化的冲击与

挑战、融合与吸纳西方文化以建设中国现代新文化都是有借鉴意义的。在 21 世纪，西方文化在科技方面取得了辉煌的成果，然而，科技的辉煌、经济的发展同样也没有办法解决社会问题，不少思想家开始从传承不息的中华文明中吸取营养以便应对现代文明出现精神荒漠的困境。从哲学的角度来说，西方文明追求的是欲望的满足(通过物质条件的丰富、战争、利益争夺等)；而以儒家学说为代表的东方文明追求的是和谐、平和、宽仁，把欲望和物质关系维持在一个适度的范畴内，讲究的是穷达不异心。因此，西方文明把欲望本身看作是社会发展的原动力之一，很容易造成人与人之间的对立与斗争；东方文明的宽仁平和看重的是整体利益，在维持社会稳定，促进整个人类的发展有着极其重要的借鉴意义，有利于解决现代社会出现的种种争端。所以 21 世纪儒学的兴起，对于整个人类来说，也是一种和平的力量、共同繁荣的力量。不仅对于中华民族的凝聚、团结和进步，对于中国的统一、稳定和发展，发挥重大的作用，而且对于东方文明和世界文明和发展和进步，也必将产生深远的影响。

(三)儒家学说的主要内容

1. 贵"仁"

"仁"是儒家学说的核心。所谓"仁"就是"爱人"，以仁爱之心对待他人。其实孔子以前，"仁"的观念便已经存在了，如"利国之为仁"、"以孝为仁"等。孔子把"仁"上升到了理论高度作为儒家学说的重要哲学观点。

"孝悌"为仁之本。"孝悌者，其为仁之本也欤"。"孝"是尊敬父母长辈，"悌"是敬重爱护兄弟姐妹，及亲亲、尊尊。同时，孔子还把孝悌推而广之到整个社会，即要做到"入则孝，出则悌，谨而信，泛爱众而亲人(《论语·学而》)"[①]。孔子"仁"的最高境界是"博施于民，而能济众(《论语·雍也》)"[②]。这是从仁者爱人进一步到仁者爱民的"重民"观。

"仁"在儒家学说中具有政治实用性和社会规范性。君主必须要做到"为政以德"，坚持反战、禁暴、重民、举贤。孔子由"仁"推出了"德政思想"，以德治国才能长治久安。君子应该做到"己欲立而立人，己欲达而达人"，"己所不欲，勿施于人"。晚年时，孔子提出了"克己复礼为仁"，从人际关系和行为方式上加强了对"仁"的理解。

2. 崇"礼"

儒家的"礼治"主义的根本含义为"异"，即使贵贱、尊卑、长幼各有其特殊的行为规范，只有贵贱、尊卑、长幼、亲疏各有其礼，才能达到儒家心目中君君、臣臣、父父、子子、兄兄、弟弟、夫夫、妇妇的理想社会。国家的治与乱，取决于等级秩序的稳定与否。儒家的"礼"也是一种法的形式，它是以维护宗法等级制度为核心，如违反了"礼"的规范，就要受到"刑"的惩罚。孔子一生都在研究礼、演绎礼、

---

① 杨树达著. 论语疏证. 南昌：江西人民出版社，2007

② 杨树达著. 论语疏证. 南昌：江西人民出版社，2007

发展礼，使其成为儒家思想体系的重要组成部分，并起着理论支柱的作用。

孔子所说"克己复礼"指的是恢复周礼。周礼的基本原则是"尊尊亲亲"，主要体现在嫡庶制、宗法分封制、宗庙制、丧葬制等重要礼仪上，是周代统治者稳定和发展国家生活的成功范例，在历史上曾经起到了积极的作用。孔子把周朝的成功做法用理论形式肯定下来，使之成为规范人们日常行为的准则，同时也成为了中华民族的传统文化特色。

3．中庸之道

所谓中庸之道就是孔子提倡、子思阐发的提高人的基本道德素质达到太平和合的一整套理论与方法，是修身、处世的理论原则。《论语·庸也》："中庸之为德也，其至矣乎。""中"是指矛盾双方相互依存所表现出来的"度"，即事物变化中量的规定性。"庸"通"用"。"中庸"即以"中"为用，就是把握矛盾双方相互依存或相互渗透，调和所遵循的量的规定性，使矛盾双方各在一定限度内发展，从而保持统一体的和谐与统一。

中庸既是一种思想观念，也是一种处世方法。中庸就是要求人们做事不偏不倚，"执两用中"，即把握事物发展的两端而取其中点，既要做到"勿过"，又要防止"不及"，做到适度的原则，才是最优秀的。总的来说，中庸就是要求人们中和适度地对待人和事，就像"东家之子"的长相——增一分太长，减一分太短，施朱太红，擦粉太白。

需要注意的是，中庸并不是做"老好人"，不是和稀泥的调和者。孔子实际上也是很讨厌那种没有观点的老好人的，孔子曾说："乡愿，德之贼也。"[①]乡愿，就是指那种没有立场、观点的老好人，意即是说，那种没有立场观点的老好人，实际上是道德的蟊贼。

4．仁、智、勇的统一

孔子把仁、智、勇称为"君子之道"。"仁者不忧，智者不惑，勇者不惧。"[②]（《论语·宪问》)仁者泛爱无私，胸怀坦荡，故无忧；智者明于事理，究往知来，故不惑；勇者刚健自强，知难而进，故不惧。仁、智、勇是君子完美人格的体现，既是事业成功的条件，也是社会稳定和发展的重要因素。

儒家学说以修身、齐家、治国、平天下为目的，实现途径是对君子人格的塑造和完善。作为以天下为己任的君子当然必须具有仁、智、勇这三个方面的品格。"智"是通晓事理的才能；"勇"是实现理想的大无畏精神，既包括面对困难时迎难而上，也包括刚健自强的内在品格；而"仁"则是指仁爱之心，仁者爱民。这三者缺一不可。有智勇而无仁爱之心，则会变成一个凶残的暴君；有仁爱而无智勇，则迂腐无能成为一个空言大话的懦夫。因此，仁、智、勇是君子修养品格、成就事业的必备要素。

5．学、思、知、行的统一

孔子不仅是中国古代著名的思想家，也是中国古代著名的教育家。他开启了私家讲学

---

① 杨树达著. 论证疏证. 南昌：江西人民出版社，2007

② 杨树达著. 论证疏证. 南昌：江西人民出版社，2007

的先河，为中国古代教育事业发展做出了卓越的贡献。在创办私学的过程中，孔子提出了"有教无类"的口号，并以培养君子式的人才作为宗旨，以知识和道德教育为主要内容，并以启发教学作为基本方法，以因材施教和循循善诱作为基本方针，以"学而不厌，诲人不倦"作为教学楷模，在实践基础上提出了学、思、知、行诸范畴，开辟了古代认识论的新领域。

"学"是孔子强调最多的问题，包括读书、治学，也包括做人，都是增长学识与修养道德的统一。"思"是大脑运用已学知识思索推究而得到新知识的过程。孔子认为学习和思考必须是相互结合的，"学而不思则罔，思而不学则殆"。"知"就是知道、明白、懂得，也有聪明、智慧的含义。孔子对弟子说："知之为知之，不知为不知，是知也。"两种含义都有。"行"是指学得知识后的实践活动，是人才价值实现的重要环节。在学与思的关系上，孔子认为学最重要，是思的先决条件；在知与行的关系上，孔子认为不仅要善于学习诗、书、礼、乐，懂得仁义道德，还要"躬行"、"慎行"、"择善而从之"，做到知行合一。

6．天、命、人的认知

"天"、"命"、"人"是儒家学说的重要范畴，舍此无法阐明其思想观点。孔子因袭周代的宗教思想，把天看作人格化的上帝、人类和自然界的主宰。但是，大量的事实使他的天命观点较前人有了很大的发展，包含着"善尽人事，以应天命"的正确观念。

孔子生活的是一个"天命"统治"人道"的时代，处于一个由有鬼神观念的巫祝时代向封建时代过渡的阶段中。但孔子却大胆地提出了"敬鬼神而远之"的思想。弟子问他应如何敬奉鬼神时，他说："不能事人，焉能事鬼。"有弟子问及死的问题时，他回答："未知生，焉知死。"他甚至提出："天何言哉？四季行焉，百物生焉。天何言哉？"意思是说，天并没有说什么呀，四季照样运行着，生物自然生长着。不畏鬼神，敬鬼神而远之，重视人道，以人为大的思想，即使是在今天也是难能可贵的。

7．孟子的仁政思想

孟子继承和发展了孔子的德治思想，发展为仁政学说，成为其政治思想的核心。他把"亲亲"、"长长"的原则运用于政治，以缓和阶级矛盾，维护封建统治阶级的长远利益。

孟子一方面严格区分统治者与被统治者的阶级地位，认为"劳心者治人，劳力者治于人"，并且模仿周制拟定了一套从天子到庶人的等级制度；另一方面，又把统治者和被统治者的关系比作父母对子女的关系，主张统治者应该像父母一样关心人民的疾苦，人民应该像对待父母一样去亲近、服侍统治者。

孟子认为，这是一种最理想的政治，如果统治者实行仁政，可以得到人民的衷心拥护；反之，如果不顾人民死活，推行虐政，将会失去民心而变成独夫民贼，被人民推翻。仁政的具体内容很广泛，包括经济、政治、教育以及统一天下的途径等，其中贯穿着一条民本思想的线索。这种思想是从春秋时期重民轻神的思想发展而来的。

孟子根据战国时期的经验，总结各国治乱兴亡的规律，提出了一个富有民主性精华的

著名命题："民为贵，社稷次之，君为轻。"孟子认为君主应以爱护人民为先，为政者要保障人民的权利。孟子赞同若君主无道，人民有权推翻政权。这种思想具有很浓郁的民本思想特质。

三、对儒家思想的评价

儒家学派之前，古代社会贵族和自由民通过"师"与"儒"接受传统的六德(智、信、圣、仁、义、忠)、六行(孝、友、睦、姻、任、恤)、六艺(礼、乐、射、御、书、术)的社会化教育。从施教的内容看，中国古代的社会教育完全是基于华夏民族在特定生活环境中长期形成的价值观、习惯、惯例、行为规范和准则等文化要素之上而进行的。儒家学派全盘吸收这些文化要素并上升到系统的理论高度。

儒家学派的创始人孔子第一次打破了旧日统治阶级垄断教育的局面，变革"学在官府"而为"有教无类"，使传统文化教育播及到整个民族。这样儒家思想就有了坚实的民族心理基础，为全社会所接受并逐步儒化全社会。但是儒家学派固守"道不过三代，法不贰后王"[1](《荀子·王制》)。

儒家思想的内涵丰富复杂，封建皇权逐步发展出基础理论和思想，即讲大一统、讲君臣父子和讲华夷之辨。

儒学在中国存在几千年，对于中国的政治、经济等各个方面依然存在着巨大的潜在影响，这种影响在短期内不会消除。不过由于官方意识形态等种种原因，许多人仍无法纠正对儒学的偏见，以至儒教无法在中国大陆得到应有的尊重和重视，形成儒教发源于中国却昌盛于韩国的尴尬局面。由于近期社会道德风尚颓败等各种社会问题的日趋严重，少部分良知者已重拾起这份民族的宝贵遗产，中国学者目前正努力编纂《儒藏》(藏，音 zàng)以弥补历史遗憾(三教中，道教有《道藏》，佛教有《大藏经》，唯儒教无自己的经藏)，以传承和弘扬儒学。

总体而言，儒家思想对中国人的正面影响要多于其负面影响。对于我们生活在 21 世纪的人来说，应该从时代发展的角度，本着与时俱进的原则，在继承前人的优秀文化遗产的同时，也要注意区分并剔除其中的糟粕。综观儒家思想，有如下几点不可取之处。

1. "为人臣不忠，当死；言而不当，亦当死"

"为人臣不忠，当死；言而不当，亦当死"是一个老套而又古板的政治理念，最后甚至发展成为"君要臣死，臣不得不死。"造就了历史上诸多不平等的现象。不论君王如何荒唐，为臣民者也只能尽忠，绝对不能够进行任何形式的评说，更别说是批判了。其中一句"故明主观人，不使人观己"，这就抹杀了任何可能存在的批判精神，把全国的臣民都变成了君王的奴才，只是一个受气包而已。

---

[1] (战国)荀况著，蒋南华等注译. 荀子全译. 贵阳：贵阳人民出版社，2009

2. "君为臣纲，父为子纲，夫为妻纲"

森严的封建等级制度是儒家思想的特点。更恶劣的是，"三纲"理论还把人分成三六九等，而且这种成分划分是与生俱来的。

3. "非礼勿视，非礼勿听，非礼勿言，非礼勿动"

非礼勿视，非礼勿听，非礼勿言，非礼勿动，此句的意思是：不符合礼仪的，不合律法的是不能去看、去听、去说、去做的。

4. "忠孝"所包含的旧思想

儒家的忠孝思想实际上是经过统治者扭曲篡改的，这样的"忠孝"就是"君要臣死，臣不得不死；父要子亡，子不得不亡"，甚至还在《二十四孝》中杜撰了一些故事来麻痹人民，漠视人命、人权。

5. 以期盼明君来麻痹人民

《大学》里有这么一段："物格而后知至，知至而后意诚，意诚而后心正，心正而后身修，身修而后家齐，家齐而后国治，国治而后天下平。"后人简述而成：修身、齐家、治国、平天下。对于当权者而言，如果其权力来源不是来自人民的授权，如果其权力不受限制，任何一个人去当权，不论其修身养性的层次有多高，结果一定是个独裁者，甚至是个暴君，这也正符合了儒家的这句"明主之道，在申子之劝独断也"。

事实已经一再证明，仅仅强调个人的修身养性是绝对不能造福于人民的，还必须要有齐家之能，治国之智。

不单单中国的历史，即使在世界历史上，在实施民主制度之前也没有哪个帝王是靠个人的修身养性来治理国家的。只有民主制度才能把帝王的权力交给人民，让人民来决定谁当国家领导人，并有权更换不合格的领导人。只有这样的制度才能确保长治久安、天下太平、人民自由、社会进步。

专制制度篡改歪曲儒家的部分论述来为其服务。对于帝王而言，任何有利于集权统治的思想都是求之不得的，非但崇尚儒学，更有把儒学断章取义者，如把《诗经·小雅·谷风之什·北山》中的一句牢骚话"普天之下，莫非王土；率土之滨，莫非王臣；大夫不均，我从事独贤"，变成这样一个集权统治的理论依据而流传千百年："普天之下莫非王土，率土之滨莫非王臣"。明朝朱元璋所辑录的《孟子节文》中，删掉了《孟子》里的章句，如"民为贵，社稷次之，君为轻"、"残贼之人谓之一夫，闻诛一夫纣矣，未闻弑君也"等，都是统治者愚弄百姓的伎俩。

四、儒家思想对世界的影响

儒家学说不仅在中国，在东亚世界也占有重要地位，在东亚各国都有广泛的影响。在韩国和日本，伦理和礼仪都受到了儒家仁、义、礼等观念的影响。在韩国，信奉各种宗教的人很多，但是在伦理道德上却以儒家为主。在西方文明侵入韩国社会后，各种社会问题

有所增加，但是韩国政府以儒家思想的伦理道德作为维护社会稳定的制约力量，在教育中深化儒家思想。

当然，儒家学说在中国文化史上占有重要地位。儒家经典不仅是思想统治工具，同时也是中国封建文化的主体，保存了丰富的民族文化遗产。儒学和汉字、律令以及佛教一样，很早就传播到周围国家，并对那里的思想和文化产生了重要影响。

(一)儒家思想在朝鲜

在朝鲜，早在公元 1 世纪初，就有一些人能背诵《诗经》和《春秋》等儒家典籍，这说明儒学早已传入朝鲜。朝鲜三国时期(指在公元前 57 年到公元 668 年之间占据朝鲜半岛和中国东北的三个国家：高句丽(前 37 年－668 年)、新罗(前 57 年－935 年)、百济(前 18 年－660 年))，统治阶级非常重视儒学，把它视为维护秩序、加强王权的思想武器，采取各种措施加以引进和推广。高句丽于 372 年设立太学，传授儒家学说。百济(又称南扶余，公元前 18 年—660 年是古代朝鲜半岛西南部的国家)于公元 4 世纪制定儒学教育制度。儒学在新罗传播，大约在 6 世纪。新罗统一后，进一步发展儒学教育，在中央设立国学，置博士、助教，招收贵族子弟传授儒家经典。为了推动学习儒学的热潮，国王甚至亲去国学听讲。与此同时，还向中国派遣留学生，其中一些人考中状元，出现了一些著名儒学者，如强首、薛聪、金大向、金云卿、金可纪、崔致远等。

高丽王朝(公元 918 年王建建立了王国，国号高丽，又称王氏高丽，并于 936 年统一了朝鲜半岛)建立后，在首都开城设立国家最高学府国子监，在地方十二州设立乡校，广泛推行儒学教育。958 年，高丽开始举行科举，把儒家经典列为主要考试科目，从而推动了儒学迅速发展，并且出现了私学(私塾)。

李朝时期(公元 1392 年建立，高丽三军都总制使李成桂建立李氏王朝，定国名为朝鲜)，为了加强封建专制统治，十分重视儒学教育，尤其推崇程朱理学，把它视为维护封建统治的舆论工具，极力加以推广。李朝通过科举，选拔人才，任用官吏。科举分文、武两科。文科考试须经三榜，考试科目主要有儒家经典以及有关现行政策和各种形式的汉诗。武科也进行三次考试，考试科目除兵学外，也考部分儒家典籍。总之，儒学作为统治思想，在李朝的 500 年间，起到了维护和巩固封建制度的作用。

(二)儒家思想在日本

儒学传入日本，大约是在 5 世纪以前。据《古事记》所载，百济的阿直岐、王仁是最早到日本的儒学者，并且带去了《论语》和《千字文》等儒家典籍，他们还都曾作为皇太子菟道稚郎子的老师，讲授儒家学说。继体天皇时期(公元 507 年—公元 531 年)曾要求百济国王定期向日本派遣五经博士，传授儒家思想，于是儒家迅速发展。圣德太子制定的"冠位十二阶"和"十七条宪法"，主要体现了儒家思想，甚至所用的词汇和资料亦大多是取自儒家典籍。

圣德太子还多次向中国派遣使节和留学生，积极摄取中国文化，于是儒学在日本迅速发展，并逐渐成为贵族官僚必修的教养。

在日本历史上具有划时代意义的大化改新，也是在儒家思想的深刻影响下而发生的。大化改新的首领中大兄皇子和中臣镰足都曾受教于中国留学生南渊请安和僧旻等人，并在他们的协助下制定了改新蓝图。701 年制定的基本法典《大宝律令》对教育设专章（"学令"），规定中央设太学，地方设国学，各置博士、助教，招贵族子弟，授以儒家经典，其中《论语》和《孝经》为必修科目。

757 年，孝谦天皇下诏，令全国每家必备一本《孝经》，奖励"孝子"、"贞妇"。701 年，日本开始祀孔。768 年，称德天皇敕称孔子为"文宣王"。由于统治阶级的积极扶持和奖励，这时儒学在日本已经超出贵族官僚上层社会范围而普及到各个阶层。

藤原惺窝于 1590 年著《假名性理》，是最早用日文宣传宋儒"理性"的著作。后来受德川家康的召见，并为其讲授《大学》等儒经。1599 年著《四书五经倭训》，使他成为日本第一个根据朱注而用日文字母训读《四书五经》的儒学家，被认为是日本"朱子学之祖"。

林罗山历任儒官，作过将军的侍讲、顾问，参与幕政。他提出了一整套的思想理论，以维护封建秩序。他在《经典题说》中写道："天自在上，地自在下，上下之位既定，则上者贵下者贱。自然之理所以有序，视此上下可知矣，人心亦然。上下不违，贵贱不乱，则人伦正，人伦正则国家治，国家治则王道成，此礼之盛也。"林罗山以"天人相关"、"天人合一"的说教，把自然界和人类社会合而为一，从自然界法则引申出人类社会的现存秩序，从而把社会的"上下贵贱之别"说成是合理的、永恒的。林罗山以儒学理论维护德川幕府的封建统治，发挥了巨大作用。

(三)儒家思想在越南

儒学在越南文化中也产生了很大影响。东汉末年，越南人士燮游学洛阳，研究左传、尚书等典籍，后来任交趾太守 40 余年。据《越南四字经》说："三国吴时，士王为牧，教以诗书，熏陶美俗。"说明早在三国时期越南人就受到了儒学教育。10 世纪，越南独立以后，各王朝的典章制度大都取法于中国，政府选拔人才也采取科举制度，以诗、赋、经义等为考试内容。13、14 世纪之交，越南人以汉字为素材，运用形声、会意、假借等造字方式，创制了越南民族文字，称为"字喃"。此后，中国儒家典籍大量传入越南。宋元时期，越南刊刻过不少儒家经典和汉译佛经，出现了不少明经的儒家学者。15 世纪初，明成祖曾下诏，以礼敦致越南各方面人才到中国来，其中包括明经博学的儒学者。可见儒学在越南的影响之深。

(四)儒家思想对其他国家的影响

中国古代文化对于世界文明的贡献，不是只有"四大发明"，以"四书"、"五经"为代表的政治文化，对于人类近代文明也有过积极的贡献。明清之际，欧洲的耶稣会士历经千辛，沟通中西文化，把中国当时的主体文化儒学(程朱理学)，用轮船运往 17、18 世纪的欧洲，在那里曾经形成过 100 年的中国文化热，儒家思想与意大利文艺复兴以来所形成的欧洲新思想相结合，成为欧洲近代历史发展的主导精神同时也是启蒙思想的一个重要思

想渊源。

　　法国启蒙运动的领袖伏尔泰是中国儒学在欧洲最有力的鼓吹者，他和他的"百科全书派"把中国儒学作为反对神权统治下欧洲君主政治的思想武器；程朱理学——新儒学，成为德国哲学家莱布尼茨创立古典哲学的依据，并用以反对罗马教廷的启示神学；被称为"欧洲孔子"的魁奈，以儒学为依据，开创了近代欧洲政治经济学的新纪元，为英国古典政治经济学的形成与发展，奠定了理论基础。

小知识

伏尔泰：我们不能像中国人一样，真是大不幸！

　　伏尔泰是欧洲启蒙运动的先驱，民主政治的创立者之一，法国大革命的思想家。然而很少有人告诉你，伏尔泰的民主思想是从孔子那里学来的。伏尔泰一生中最崇拜的人，就是中国的孔子。孔子的民本思想，让伏尔泰欣喜不已。孔子启蒙伏尔泰，伏尔泰启蒙西方。伏尔泰把孔子的画像挂在了自己的卧室整整 20 余年。他还把自己的书房称作"孔庙"，自称"孔庙大主持"。　伏尔泰极力推崇中国文化，以中国文化来抨击欧洲宗教的黑暗和专制，并大声感叹："我们不能像中国人一样，真是大不幸！"

　　近百年来，中国人、东方人都公认，现代民主就是西方的民主，它起源于欧洲。学习、借鉴乃至全盘照搬西方的民主，也就成为许多近现代中国人的思想热点。无论东方人、还是西方人似乎都认为，中国的传统文化是实现社会现代化的一种文化上的障碍，精神上的阻力。然而，在半个世纪以前就有西方人指出，以儒学为代表的中国传统文化，曾经是 17、18 世纪欧洲资本主义社会形成和发展的一种精神动力。半个世纪之后的今天，东亚的一些国家和地区，尤其是中国近 20 年的飞速发展的历史，向世人显示了中国的传统文化、东方文明不是实现社会现代化的一种精神阻力，而是一种巨大的精神动源。

第三节　先秦诸子中的其他思想流派

　　21 世纪以来，为了形容当今时代信息的开放与传播，有人提出了这样一种叫法——信息大爆炸。借用这样的模式来形容中国春秋战国时代的思想文化发展情况是再合适不过了，那是一个思想大爆炸的时代。在那个时代，学术思想百花齐放，形成了百家争鸣的盛况。有人说，西方的思想文明在柏拉图以前就奠定了当今文明的基础，后来的思想不过是在此基础上的阐发和延伸而已。那么，同样，中国的学术思想在春秋战国时代就已经确定下了基本的思维模式和学术思想，后来的思想学说不过是在此基础上的阐发和延伸罢了。那是一个产生巨人的时代，在那个时代里产生了许许多多的思想家和卓越的学术思想，他们缔造了整个中国传统文化的根基。其中不仅包括后来成为统治者主流思想的儒家学说，还包括道家、墨家、法家、兵家、阴阳家、纵横家等。我们在这里只介绍几个重要的

流派。

一、道家

(一)道家思想的发展历程

道家是在春秋战国时期"百家争鸣"中形成的一个以"道"为核心的学派。其创立者是著名思想家老子,主要代表人物是著名思想家庄子(庄周)。后来道家又与名家、法家合流,又兼取阴阳家、儒家、墨家的长处而形成了黄老学派,主张以虚无为本,以因循为用,因时因物,无为而无不为。汉武帝之后,由于独尊儒术,黄老之学开始衰落,然而,道家思想仍然影响着中国传统思想文化。道家的思想崇尚自然,有辩证法的因素和无神论的倾向,同时主张清静无为,反对斗争。

道家思想的核心是"道",认为"道"是宇宙的本源,也是统治宇宙中一切运动的法则。老子曾在他的著作中说:"有物混成,先天地生。萧呵!寥呵!独立而不改,可以为天地母。吾未知其名,强名之曰道。"

西汉初年,汉文帝、汉景帝以道家思想治国,使人民从秦朝苛政中得以休养生息,历史称之为"文景之治"。其后,儒家学者董仲舒向汉武帝提倡"罢黜百家,独尊儒术"的政策,并被后世帝王采纳,道家思想从此成为非主流思想。虽然道家思想并未被官方采纳,但继续在中国古代思想的发展中扮演着重要角色。后来魏晋玄学、宋明理学都是糅合了道家的思想发展而成的。佛教传入中国后,也受到了道家的影响,禅宗在诸多方面受到了庄子的启发。道家在先秦各学派中,虽然没有儒家和墨家这么多的门徒,地位也不如儒家崇高,但随着历史的发展,道家思想以其独特的宇宙、社会和人生领悟,在哲学思想上呈现出永恒的价值与生命力。

道家思想后来被张陵①的五斗米道等宗教吸收,并演变成中国的一种重要宗教——道教。魏晋风流在清谈玄学时更着重炼丹。因此,道家与道教常被人混淆,但道家和道教却有着很大的区别,道家的"道"倾向于法则,倾向于无神论观点或者泛神论,而道教则为宗教,为有神论。

(二)道家思想的主要代表

道家创始人为老子。老子是中国人民熟知的一位古代伟大思想家,他所撰述的《道德经》开创了中国古代哲学思想的先河。他的哲学思想和由他创立的道家学派,不但对中国古代思想文化的发展作出了重要贡献,而且对中国 2000 多年来思想文化的发展,产生了深远的影响。

庄子,名周,字子休(一说子沐),后人称之为"南华真人",战国时期宋国蒙(今安徽省蒙城县,又说今河南省商丘县东北民权县境内)人,著名的思想家、哲学家、文学家,是

---

① 张陵,又称张道陵,"五斗米道"的创立者,也被认为是道教的创始者

道家学派的代表人物，老子哲学思想的继承者和发展者，先秦庄子学派的创始人。他的学说涵盖着当时社会生活的方方面面，但根本精神还是归依于老子的哲学。后世将他与老子并称为"老庄"，他们的哲学为"老庄哲学"。庄子继承和发展了老子"道法自然"的观念，认为"道"是无限的，认为一切事物都处于"无动而不变，无时而不移"之中。他的思想与老子的思想一样，都具有朴素的辩证法思想。庄子的散文在先秦诸子散文中别具特色，在文章中大量采用并虚构寓言故事来作为论证的依据，想象丰富，笔调轻快，富于浪漫主义色彩和浓郁的诗意，成为历代古文家所喜爱的散文作品。

(三)道家思想的内容与意义

从起源上来看，道家思想应该来源于隐士文化。他们从旁观察世局，认真思索宇宙的真相，使用抽象度高且不带意识形态的执著的语言，描述天道与人事变化的法则，原理性研究是他们的专长。

道家重视人性的自由与解放。解放，一方面是人的知识能力的解放，另一方面是人的生活心境的解放，前者提出了"为学日益、为道日损"，"此亦一是非，彼亦一是非"的认识原理，后者提出了"谦"、"弱"、"柔"、"心斋"、"坐忘"、"化蝶"等的生活功夫来面对世界。道家讲究"人天合一"、"人天相应"、"为而不争、利而不害"，"修之于身，其德乃真"，"虚心实腹"、"乘天地之正，而御六气之辩，以游无穷"，"法于阴阳，以朴应冗，以简应繁"等。

道家对中国文化的贡献是与儒家同等重要的，只是在政治思想的表现上，儒家表现为积极的入世观，而道家则表现为消极的出世观。而道家在理论能力上的深厚度与辩证性，则为中国哲学思想中所有其他传统提供了创造力的源泉。至于道家文化在中国艺术、绘画、文学、雕刻等各方面的影响，则是占据绝对性的优势主导地位，即使说中国艺术的表现即为道家艺术的表现亦不为过。当然，道家哲学对中国政治活动也提供了灵活的空间，使得中国知识分子不会因有着太强的儒家本位的政治理想而执著于官场的追逐与性命的投入，而能更轻松地体会进退之道，理解出入之间的智慧。

关于道家思想和道教问题，本书后面关于哲学的章节会做具体阐述，这里只做概括性的介绍。

二、墨家

在"百家争鸣"的时代中，墨家曾作为一支重要的力量异军突起，在先秦思想史上大放异彩。墨家起源于战国初期，墨家思想代表的是手工业者、小生产者等下层人民的想法。

(一)墨家创始人

墨家创始人为墨子。墨子，名翟，中国春秋战国时期著名思想家、政治家、军事家、社会活动家和自然科学家。墨子曾经当过制造器具的工匠，具有丰富的生产工艺技能，据

说，他制作守城器械的本领比历史上最著名的巧匠鲁班还要高明，曾经在楚惠王面前与鲁班互比攻守城池的技术，结果战败了鲁班。

墨子是手工业者出身，自称"贱人"、"北方鄙臣"，后来上升为士，精通当时的历史文化典籍，成为墨家学派的创始人。曾经研习过儒学，但由于不满儒术所提倡的繁琐的"礼"，学习大禹刻苦简朴的精神，因而自立新说，创建了墨家学派。墨子的学说对当时的思想界影响很大，与儒家并称为"显学"，但是，墨家学派是儒家学派的主要反对派。墨子的一生都是在为扶危济困的正义事业而奔忙，班固《答宾戏》中说："孔席不暖，墨突不黔"，就是说像孔子一样为天下事而终日奔劳，连将席子都坐不暖；像墨子一样奔走辛劳，连将炉灶的烟囱染黑的功夫都没有。墨子"日夜不休，以自苦为极"，长期奔走于各诸侯国之间，宣传他的政治主张。

(二)墨家的主要思想

墨子创办了墨家。墨家是一个有领袖、有学说、有组织的学派，墨者大多来自社会下层，是有知识的劳动者，他们组成了一个组织严密的政治性团体，纪律要求非常严格。他们能够吃苦耐劳，严于律己，平时从事生产劳动，作战时十分勇敢。他们有强烈的社会实践精神，把维护公理与道义看作是义不容辞的责任。墨子及其门人为人们做好事，即使是牺牲了个人性命也在所不惜，因此《淮南子》中说："墨子服役者百八十人，皆可使赴火蹈刃，死不还踵。"而且他们功成不受赏，施恩不图报，过着极其简朴和艰苦的生活。按墨家的规定，被派往各国做官的墨者，必须推行墨家的政治主张，行不通时宁可辞职。另外，做官的墨者要向团体捐献俸禄，做到"有财相分"，当首领的要以身作则。

墨家学派在政治上所代表的是广大小生产者、小私者阶层的利益。墨子的学说，如"天志、明思"等仍脱离不了殷周的传统思想，但赋予"非命、兼爱"的内容，以反对儒家的"天命"和"爱有差等"的思想。墨子认为，"执有命是天下之大害"，极力主张"兼相爱、交相利"，不应有亲疏贵贱之别。他更有"摩顶放踵，利天下为之"的献身精神。他的"非攻"思想，体现了当时人民反对掠夺战争的意向。为了实现"非攻"思想，墨子曾经带领学生帮助宋国戍守城墙。他提出"非乐"、"节用"、"节葬"的主张，反对当权贵族的"繁饰礼乐"和奢侈享乐的腐朽生活。他意识到了劳动人民生活的基础，提出强调重视生产和"赖其力者生，不赖其力者不生"的主张。在政治上，他主张改善劳动者和小生产者的社会地位和经济地位，提倡"必使饥者得食，寒者得衣，劳者得息，乱则得治"，并且提出"尚贤"和"尚同"的观点，认为，"官无常贵，民无终贱"。

对于知识和逻辑等问题，墨子有较深的研究，制定了作为认识真理准则的"三表"。①并

---

① 墨子提出的检验认识正确与否的标准。三表即："上本之于古者圣王之事"，即以历史记载的古代圣王的历史经验为依据；"下原察百姓耳目之实"，即以众人的感觉经验为依据；"废(发)以为刑政，观其中国家百姓人民之利"，即以政治实践的结果是否符合国家和人民的利益为依据。这是中国哲学史上最早提出的关于真理标准的命题，对后世产生了重要影响。墨子的三表法带有明显的经验论的局限，具有忽视理性思维的倾向。

且提出了"非以其名也,以其取也"的唯物主义认识论。

墨子的教育思想是"艰苦实践、服从纪律",提出"兴天下之利,除天下之害"的教育目的。

(三)墨家学派的发展历程

墨家学派可以分为前后两个时期。

前期墨家在战国初即有很大影响,与杨朱学派并称显学。它的社会伦理思想以兼爱为核心,提倡"兼以易别",反对儒家所强调的社会等级观念,它提出"兼相爱,交相利",以尚贤、尚同、节用、节葬作为治国方法。它还反对当时的兼并战争,提出"非攻"的主张。它主张非命、天志、明鬼,一方面否定天命,同时又承认鬼神的存在。前期墨家在认识论方面提出了以经验为基础的认识方法,主张"闻之见之"、"取实与名"。

后期墨家汇合成两支:一支注重认识论、逻辑学、几何学、几何光学、静力学等学科的研究,被称为"墨家后学"(亦称"后期墨家"),另一支则转化为秦汉社会的游侠。前者对前期墨家的社会伦理主张多有继承,在认识论、逻辑学方面成就颇丰,并对中国古代科技的发展有着巨大的贡献。有人猜测,秦强大的武器制造工艺有着墨者的影子存在。历史学家杨向奎称"中国古代墨家的科技成就等于或超过整个古代希腊"。后期墨家除肯定感觉经验在认识中的作用外,也承认理性思维在认识中的作用,对前期墨家的经验主义倾向有所克服。它还对"故"、"理"、"类"等古代逻辑的基本范畴作了明确的定义,区分了"达"、"类"、"私"等三类概念,对判断、推理的形式也进行了研究,在中国古代逻辑史上占有重要地位。

墨家热衷于利他的精神,具有强烈的正义感,讲究兼爱,重义轻利及绝对的忠诚,又特别看重然诺和声名。墨家门徒"百八十人,皆可使赴火蹈刃,死不旋踵,化之所致也"[①],因而成为秦汉游侠的源头[②]。游侠,在先秦文献中多称为"侠",有时也称为游侠或侠客。其突出特点就是"任侠",即对"义"的崇尚和实践,也就是太史公所谓的"言必信,行必果,已诺必诚,不爱其躯,赴士之厄困,既已存亡死生矣,而不矜其能,羞伐其德"[③]。在朋友有急难的时候,能不惜一切加以救护,如受知遇之恩而冒死行刺的聂政、荆轲;自刎以表明心迹的侯嬴、田光等。他们在市井闾巷或四处交游中以自己的侠肝义胆扶危救困,从而为世人树立了典范。游侠与游士、游民不同,他们不是由社会地位和生活状况决定的,而是一些人自觉选取的一种生活态度,为的是满足精神上的追求,是一些受了古代游侠传统的影响,自动脱离社会秩序的人们。在春秋战国时期这一特殊的历史条件下,游侠作为一个新的社会群体获得迅速发展,在社会上十分活跃。从秦末至汉,游侠又获得了较大的发展,其威强之势终究为加强专制集权的君主所不容。这些崛起于闾巷草莽的布衣之侠,尽管也遭到不断压制,却以其顽强的生命力绵延发展下来,他们大都身体力

---

① 冯友兰《原儒墨》. 清华学报. 第10卷第2期,1935

② (汉)刘安等编撰. 淮南子·泰族训. 北京:北京燕山出版社,1995

③ (汉)司马迁著. 史记·游侠列传. 北京:中华书局,1982

行着"其言必信，其行必果，已诺必诚，不爱其躯，赴士之厄困"的侠者特质，从而开启了后世漫长侠义文化的源流。

(四)墨家学说的影响及评价

墨学在先秦时期曾为一时之"显学"，可是到了汉代就衰落不显了。但是，墨家精神并未失传，汉代以后的侠士是墨家"兼爱"精神的继承者。中国的民间社党"四海之内皆兄弟"的平等互助的侠义精神，在很大程度上是墨家精神的真传。中国歌颂侠义精神的诗歌和侠士小说，其精神源头莫不与墨家思想有着密切的联系。墨家思想在中国民间的社会底层流传着，对中国文化的影响之大，并不亚于儒学和道学。

墨家学派著作的总汇是《墨子》。《墨子》原本一共七十一篇，但留传至今的只有五十三篇，其中《经上》、《经下》、《经说上》、《经说下》等四篇合起来称为《墨经》，这四篇加上《大取》和《小取》两篇，称为《墨辩》，也有人把这六篇叫做《墨经》。

《墨经》是《墨子》一书中的主要组成部分。这是一部内容丰富、结构严谨的科学著作。书中不仅涉及认识论、逻辑学、经济学等社会科学范畴的广阔内容，还包含有时间、空间、物质结构、力学、光学和几何学等自然科学方面的多种知识，其中有些问题阐述严密，说理透彻，立论准确，具有十分重要的科学价值。《墨经》在古典哲学和自然科学著作中是一部不可多得的珍品，是我国科学发展史上的一座里程碑。

总的来说，墨家学说代表着春秋战国时代小生产者的利益，对没落奴隶主贵族进行了猛烈的抨击。但它立论的基础是空想的，实现这些主张所依凭的手段只是王公大人的善心，而非有组织的人民斗争，这无疑是很不现实的。这一缺点发展到了墨家后期，开始表现得尤为强烈。墨家学说的支撑是依靠有知识的手工业者，这本身在中国古代就很少。儒学成为封建阶级的统治思想以后，与之相对的墨者就更是不堪了。墨家理论本身也具有空想性，虽然很美，但是统治者是无论如何也不会做的。墨家后期的一支走向了游侠，这也是不得已的选择。政治上找不到依附的基础，于是公众的天下兼爱达不成了，就不得不变为维护底层的公义。另外，墨家在逻辑理论方面作出了重大贡献，形成了中国古代第一个比较完整的逻辑体系，主要反映在《墨经》中。

三、法家

西周奴隶制社会的运转，依靠的是两项权力原则：礼和刑。"礼"针对贵族，"刑"针对普通百姓。在西周奴隶制社会里，各种社会关系主要依靠个人接触和个人关系来维持。天子、诸侯都生活在社会金字塔的顶尖，与普通百姓没有直接关系，而与百姓打交道的人，则是一些下级诸侯和小贵族。诸侯国之间的交往称为"礼"，而贵族依靠"刑"迫使庶民服从。到了东周时期，社会各阶层原有的僵硬界限逐渐被打破，大国之间侵略、兼并，这在春秋五霸、战国七雄之中可以得到印证。各国领导人都想在弱肉强食的残酷竞争中保存自己的国家，强大国家军事、政治、经济实力，强化国家的统治，就需要中央集

权。面对这样的形势，儒家、道家、墨家等各派都力图解决君王的各种问题，可是都过于理想化，不切合实际。各国君王爱听的不是怎样谋求民众的安居乐业，而是如何解决当前的严峻的国际形势。就这样，一班"方术之士"登上了历史的舞台。有一些人为他们鼓吹的统治方略提供理论依据，这就构成了法家的思想主张。有一种对法家的误解，认为他们主张法学，其实，法家主张组织领导集权主义的理论和方法。

(一)法家的主要思想

法家的思想渊源可以上溯到春秋战国的管仲、子产，实际创立者是战国初期的李悝、商鞅、申不害等人，战国末年的韩非(见图1-1)是法家思想的总结者。

韩非之前，法家分三派。一派以慎到为首，强调"势"，主张在政治与治国方术之中，注重权力与威势的运用。"势"，即权力与威势最为重要；一派以申不害为首，强调"术"，"术"就是政治权术；一派以商鞅为首，强调"法"，"法"即法律与规章制度。韩非子综合总结了三派观点，认为"不可一无，皆帝王之具也"，意即三者缺一不可，是帝王所必须具备的。明君如

图1-1　韩非子

天，执法公正，这是"法"；君王驾驭人时，神出鬼没，令人无法捉摸，这是"术"；君王拥有威严，令出如山，这是"势"。

法家是先秦诸子中对法律最为重视的一派，他们并非以主张"以法治国"的"法治"而闻名，而是以"权、术、势"逐级统治为根本，建立了名为法制实为人治的封建规章体系，而且提出了一整套的理论和方法，这为后来建立的中央集权的秦朝提供了有效的理论依据，后来的汉朝继承了秦朝的集权体制以及法律体制，这就是中国古代封建社会政治的主体模式。

法家在法理学方面作出了贡献，对于法律的起源、本质、作用以及法律同社会经济、时代要求、国家政权、伦理道德、风俗习惯、自然环境以及人口、人性的关系等基本的问题都做了探讨，而且卓有成效。

但是法家也有其不足的地方，如极力夸大法律的作用，强调用重刑来治理国家，"以刑去刑"，而且是对轻罪实行重罚，迷信法律的作用。他们认为人的本性都是追求利益的，没有什么道德的标准可言，所以，就要用利益、荣誉来诱导人民去做。比如战争，如果立下战功就给予很高的赏赐，包括官职，这样来激励士兵与将领奋勇作战，这也许是秦国军队战斗力强大的原因之一，灭六国统一中国，法家的作用应该肯定，尽管它有一些不足。

(二)法家思想的特点

法家，是先秦诸子中的另类。在先秦诸子诸家当中，唯独法家的思想，是必须献出性命来实践，流出鲜血来祭奠，是血染的思想。这里面流血的、付出生命的，不但有当时许多有罪或者无辜的贵族和贫民，还有法家学派的代表人物，比如商鞅和韩非。其思想特点

主要包括以下几点。

1. 反对礼制

法家重视法律，而反对儒家的"礼"。他们认为，当时的新兴地主阶级反对贵族垄断经济和政治利益的世袭特权，要求土地私有和按功劳与才干授予官职，这是很公平的、很正确的。而维护贵族特权的礼制则是落后的，不公平的。当代学者刘木鱼(刘铎)评价法家思想，"礼下小人，刑上大夫，刑礼不偏，谓之法家，谓之圣道"。

2. 关于法律的作用

第一个作用就是"定分止争"，也就是明确物的所有权。其中法家之一慎到就做了很浅显的比喻："一兔走，百人追之。积兔于市，过而不顾。非不欲兔，分定不可争也。"意思是说，一个兔子跑，很多的人去追，但对于集市上的那么多的兔子，却看也不看。这不是说不想要兔子，而是所有权已经确定，不能再争夺了，否则就是违背法律，要受到制裁。

第二个作用是"兴功惧暴"，即鼓励人们立战功，而使那些不法之徒感到恐惧。兴功的最终目的还是为了富国强兵，取得兼并战争的胜利。

3. "好利恶害"的人性论

法家认为人都有"好利恶害"或者"就利避害"的本性。比如，管子说过，商人日夜兼程，赶千里路也不觉得远，是因为利益在前边吸引他。打渔的人不怕危险，逆流而航行，百里之远也不在意，也是追求打渔的利益。有了这种相同的思想，所以商鞅才得出结论："人生有好恶，故民可治也。"

4. "不法古，不循今"的历史观

法家反对保守的复古思想，主张锐意改革。他们认为历史是向前发展的，一切的法律和制度都要随历史的发展而发展，既不能复古倒退，也不能因循守旧。商鞅明确地提出了"不法古，不循今"的主张，韩非则更进一步发展了商鞅的主张，提出"时移而治不易者乱"，他把守旧的儒家讽刺为守株待兔的愚蠢之人。

5. "法"、"术"、"势"结合的治国方略

商鞅、慎到、申不害三人分别提倡重法、重势、重术，各有特点。到了法家思想的集大成者韩非时，韩非提出了将三者紧密结合的思想。"法"是指健全法制，"势"指的是君主的权势，要独掌军政大权，"术"是指的驾驭群臣、掌握政权、推行法令的策略和手段，主要是察觉、防止犯上作乱，维护君主地位。

法家思想和我们现在所提倡的民主形式的法治没有根本的区别，最大的区别就是法家极力主张君主集权，而且是绝对的。法家其他的思想我们可以有选择地加以借鉴、利用。

四、兵家

兵家是中国先秦、汉初研究军事理论、从事军事活动的学派，为诸子百家之一。据《汉书·艺文志》记载，兵家又分为兵权谋家、兵形势家、兵阴阳家和兵技巧家四类。兵家著作中含有丰富的朴素唯物论和辩证法思想。据近代学者不完全统计，我国历代兵书为1304 部，6831 卷(另有 203 部不知卷数)。

战争是当事者之间矛盾争端到达白热化之后对对方采取的粗暴的毁灭行动。战争是政治集团之间、民族(部落)之间、国家之间的矛盾最高的斗争表现形式，是解决纠纷的一种最高、最暴力的手段，通常也是最快捷最有效果的解决办法。战争伴随着人类发展的始终，可以毫不夸张地说，一部人类历史就是一部人类战争史。

春秋战国时代，诸侯之间不断爆发战争，从事军事的智谋有识之士，总结军事方面的经验教训，研究制胜的规律，这一类学者，古称之为兵家。凡论述军事的兵家著作，称为兵书。《汉书·艺文志·兵书略》著录汉以前兵家著作五十三家，七百九十篇，图四十三卷，分为权谋、形势、阴阳、技巧四家。

兵家主要代表人物，春秋末有孙武、司马穰苴；战国有孙膑、吴起、尉缭、魏无忌、白起等；汉初有张良、韩信等。今存兵家著作有武经七书：《孙子兵法》、《吴子兵法》、《六韬》、《司马法》、《三略》、《尉缭子》、《唐太宗李卫公问对》七部著作及《黄帝阴符经》、《孙膑兵法》、《将苑》、《百战奇略》等。各家学说虽有异同，然其中包含丰富的朴素唯物论与辩证法因素。兵家的实践活动与理论，对当时及后世影响甚大，为我国古代宝贵的军事思想遗产。

小知识

《孙子兵法》　《孙子兵法》(见图 1-2)又称《孙武兵法》、《吴孙子兵法》、《孙子兵书》、《孙武兵书》等，是中国古典军事文化遗产中的璀璨瑰宝，是中国优秀文化传统的重要组成部分。其内容博大精深，思想精邃富赡，逻辑缜密严谨。作者为春秋末年的齐国人孙武(字长卿，见图 1-3)。一般认为，《孙子兵法》成书于专诸刺吴王僚之后至阖闾三年孙武见吴王之间，也即公元前 515 至公元前 512 年。全书分为十三篇，是孙武初次见面赠送给吴王的见面礼，事见司马迁《史记》："孙子武者，齐人也，以兵法见吴王阖闾。阖闾曰：子之十三篇吾尽观之矣。"有用兵如《孙子》，策谋《三十六计》的说法。

《孙子兵法》是我国古代流传下来的最早、最完整、最著名的军事著作，在中国军事史上占有重要的地位，其军事思想对中国历代军事家、政治家、思想家产生非常深远的影响，其已被译成日、英、法、德、俄等十几种文字，在世界各地广为流传，享有"兵学圣典"的美誉。

《六韬》　《六韬》又称《太公六韬》、《太公兵法》，旧题周初太公望(即吕尚、姜子

牙)所著，普遍认为是后人依托，作者已不可考。现在一般认为此书成于战国时代。全书以太公与文王、武王对话的方式编成。《六韬》是一部集先秦军事思想之大成的著作，对后代的军事思想有很大的影响，被誉为是兵家权谋类的始祖。司马迁《史记·齐太公世家》称："后世之言兵及周之阴权。皆宗太公为本谋。"北宋神宗元丰年间，《六韬》被列为《武经七书》之一，为武学必读之书。《六韬》在16世纪传入日本，18世纪传入欧洲，现今已翻译成日、法、朝、越、英、俄等多种文字。

图1-2 《孙子兵法》

图1-3 孙武

《六韬》分别以文、武、龙、虎、豹、犬为标题，各为一卷，共61篇，近2万字。卷一《文韬》内分《文师》、《盈虚》、《国务》、《大礼》、《明传》、《六守》、《守土》、《守国》、《上贤》、《举贤》、《赏罚》、《兵道》等十二篇，主要论述作战前如何充实国家的实力，在物质上和精神上做好战争准备，如对内先要富国强民，对人民进行教育训练，使之万众一心，同仇敌忾；对外要掌握敌方的情况，注意保守自己的秘密，这样才能立于不败之地。卷二《武韬》内分《发启》、《文启》、《文伐》、《顺启》、《三疑》五篇，有的版本把《兵道》列于《三疑》前。这一卷主要论述取得政权及对敌斗争的策略，强调在作战前必须先对敌我双方的情况了如指掌，进行比较，以己之长克敌之短，才能制胜。卷三《龙韬》内分《王翼》、《论将》、《选将》、《主将》、《将威》、《励军》、《阴符》、《阴书》、《军势》、《奇兵》、《五音》、《兵征》、《农器》等十三篇，主要论述军事指挥和兵力部署的艺术，指出在战争中要调动对方，选择将帅，严明纪律，然后确定如何发号令、通信息，还指出要注意天时地利、武器装备和物质供应等。卷四《虎韬》内分《军用》、《三阵》、《疾战》、《必出》、《军略》、《临境》、《动静》、《金鼓》、《绝道》、《略地》、《火战》、《垒虚》等十二篇，主要论述在宽阔地区作战中的战术及其他应注意的问题。卷五《豹略》内分《林战》、《突战》、《帮强》、《敌武》、《山兵》、《泽兵》、《少众》、《分险》等八篇，主要论述在各种特殊的地形作战中的战术及其他应注意的问题。卷六《犬韬》内分《分合》、《武锋》、《练士》、《教战》、《均兵》、《武车士》、《武骑士》、《战骑》、《战车》、《战步》等十篇，主要论述教练与编选士卒以及各种兵种如何配合作战，以发挥军队效能等问题。《六韬》的内容十分广泛，涉及战争观、军队建设、战略战术等有关军事的许多方面，其中又以战略和战术的论述最为精彩，它的权谋家思想也很突出。

《三略》 《三略》又称《黄石公三略》，是中国古代著名兵书，宋神宗元丰年间被列《武经七书》之一。旧题黄石公撰，传与汉初张良得以问世(据《史记·留侯世家》记载，

黄石公传与张良的书为《太公兵法》，而非《三略》）。据当今学者考证，《三略》成书于西汉末年，其真实作者已不可考。《三略》是中国古代第一部专讲战略的兵书，以论述政治战略为主，兼及军事战略。该书问世以来，受到历代政治家、兵家和学者的重视。南宋晁公武称其："论用兵机之妙、严明之决，军可以死易生，国可以存易亡。"该书还先后传入日本和朝鲜，并产生了相当大的影响。《三略》分上略、中略、下略 3 卷，共 3800余字。

《百战奇略》 《百战奇略》原名《百战奇法》，此书作者不详，传为明代刘基所作，一说为宋人所作。作为一部以论述作战原则和作战方法为主旨的古代军事理论专著而问世，无论是在宋以前或是宋以后，都是不多见的。因此，从其产生以来，就为兵家所重视和推崇，给予很高的评价，并一再刊行，广为流传。明弘治十七年(1504 年)陕西布政使司左参政李赞，称该书是"极用兵之妙，在兵家视之，若无余策"，他认为：只要"握兵者平时能熟于心，若将有事而精神筹度之，及夫临敌，又能相机而应之以变通之术"，那就可以建"成凯奏之功"。明万历二十七年(1599 年)，骠骑将军王鸣鹤认为：该书"殊足以启发后人，而战道略备矣"。崇祯间邹复认为："以此书教战于昔人，用兵之妙思过半矣"，倘若"神明而善用之，虽以百战而百胜可也"。清咸丰间满人麟桂认为：是书"启发神智，或不无所补"，等等。从明、清诸多论兵者的这些赞语中，可以明显看出，该书在我国兵学理论发展史上的重要影响和地位。

兵家就是从悠久的战争史中总结智慧经验而发展起来的，有着极其伟大的智慧。兵法的运用不仅反映在战争上，同样在各个方面都起到了极其重要的影响。尤其是在当今日益全球化的社会趋势，策略计谋的运用研究也日渐深入到各行各业，如商业方面、外交方面等等。

中国传统文化中除了儒、道、墨、法、兵等诸家以外，尚有其他许多诸子流派，如阴阳家、佛家、方术士等，佛教的相关内容在本书第二章将会给予详细讲解，这里不再赘述。

第四节　传统文化精神与价值取向及思维模式

中华文明拥有五千年的悠久历史，先民们从远古走来，一路披荆斩棘、筚路蓝缕，我们的文明始终传承不息。这一切足以让每一个中华儿女自豪不已，永远铭记。我们的文明闪耀着永恒的精神之光，蕴涵着光辉的精神，正是这种精神才使得我们的文明拥有其他文明难以匹敌的生存力量而始终传承不息。我们不应该抛弃这些悠久的文明，我们应该以新的面貌和方式继承并发扬蕴涵在传统文化中的精神及思维模式。

一、传统文化的精神

(一)"自强不息"的奋斗精神

自立自强、刚健有为是中华民族的主流精神和民族性格之一，使中华民族得以生生不

息、傲然屹立于世界民族之林。

"自强不息"的理论主要源自于儒家。孔孟以来的无数儒家学者都强调人的"力行意识"，提出"士而怀居，不足以为士"、"力行近乎仁"、"天行健，君子以自强不息"等重要观念和命题。其中尤其以"天行健，君子以自强不息"这句名言最能体现中华民族的自强奋斗的精神。

其他学派也提倡自强不息的观点。墨子在批判天命(非命)的基础上，提出了"强"的概念，认为一个人要改变自己的命运，不能靠上天的恩赐，只能靠自己的努力。道家尽管有着消极避世的缺点，但是同样也强调"我命在我，不在天地"，坚信通过自身艰苦修炼可以摆脱命运的控制。

几千年来，中华民族正是靠着这种自强不息的刚健精神，奋发进取，战天斗地，百折不回，战胜了许多的艰难险阻，由小到大，由弱而强，渡过了一次又一次的危机，始终屹立在世界的东方。这种精神成就了光辉灿烂、历史悠久且生生不息的中国文化。

(二)"厚德载物"的包容精神

"厚德载物"语出《易传》："地势坤，君子以厚德载物"。意思是说，君子的胸怀就像大地一样宽广，德行像大地一样深厚，所以能滋长万物，承载万物，包容万物。"厚德载物"精神体现了传统文化中宽广仁厚、兼容并包的精神特质。

"厚德载物"主要是儒家的思想。其理论依据是儒家早期的法天效地与把"天行健"作为"自强不息"的客观依据源于同一世界观体系。另一理论依据则是儒家的仁爱思想。孔子学说以"仁"为核心，称为"仁学"。"仁"是指博爱，"爱"是指亲和、奉献的情感。儒家的"仁爱"从亲亲推及仁民，从仁民推及爱物，一言以蔽之，民胞物与，泛爱万物，要求人们以博大的胸怀去容纳万事万物，以深厚的爱心去关爱万事万物。

另外，儒家的"和合"思想也是与"厚德载物"的包容精神一脉相承的。"和合"是"和而不同"精神的文化精要。《左传·昭公二十年》有晏子关于"和"与"同"的论述记载。《论语·子路》也说："君子和而不同，小人同而不和。"之后，《国语·史伯对桓公问》也指出"夫和实生物，同者不继。"只有"和"才能引起事物的变化发展和飞跃。"和合"思想也是"厚德载物"精神的直接体现。

具体来说，"厚德载物"精神主要体现在以下几个方面。

(1) 人际关系上严己宽人，推己及人。厚德首先就是宽厚。孔子说"躬自厚而薄责与人"，"宽则得众"，就是要求人们要宽厚的对待别人，要反躬自省，多从自己身上找原因。推己及人就是要将心比心，设身处地为他人着想。孔子说，一方面要"己欲立而立人，己欲达而达人"；另一方面要做到"己所不欲，勿施于人"。

(2) 各学派之间互相渗透融合。纵观中国思想文化史，各学派之间常有矛盾斗争，但也互相吸收和融合。儒、道、佛是中国古代文化的三个主要派别，三家的矛盾一直贯穿着中国思想文化史的始终。三家在此过程中，不仅互相排斥，同时也相互吸收融合。

(3) 各民族文化的互相融合。中国是一个多民族文化的国家，传统文化也是各民族文化大融合的结晶。历史上曾经出现过三次民族文化大融合。第一次是春秋战国到秦汉时

期，当时中原汉民族与周边少数民族通过贸易、结盟、通婚等形式的融合。第二次是魏晋到隋唐时期的民族大融合，少数民族的汉化和汉民族对少数民族文化的吸收。第三次是宋元到明清时期，两次外族入主中原的民族融合，这一次融合较以往的文化融合无论规模还是影响都大得多。

(4) 中华民族以开放的胸襟吸收和消化外来文化。中国传统文化具有开放性的性格，突出表现为博采众长，兼容并包，吸收外来先进文化。正是这种开放的胸襟才使得我们的文化拥有强大的自我更新能力，始终具有强劲的生命力。

(三)人本精神

中国传统文化贯穿了"以人为本"的人文精神，是一种关于"人"的学问，天地之间人为尊，人神之间人为本。这种人本精神主要体现在以下四个方面。

一是不事鬼神。早在春秋时代，先进的中国人就提出了"天道远，人道迩"的观点，认为天管不到人间的事情，人事应该由人来管。孔子认为仁德政治、孝悌忠信、礼乐征伐以及政治的好坏、人品的善恶等是由人而不是由天决定的。《礼记·中庸》："为政在人"。而且他对鬼神同样采取了怀疑态度，《论语·述而》："子不语怪、力、乱、神"，主张"敬鬼神而远之"。

二是表现在不屈从命运的精神上。人能够建立社会秩序，提出道德规范，为理想而奋斗终生。但是人没有办法控制决定自己的生死寿夭、富贵贫贱、成败利钝等。因此，孔子也承认"命"。孔子尽管承认命，但一生坚持与命相抗争，绝不屈服。为实现自己的政治抱负而访问六国十四年，到处碰壁，坚持不懈。屈原"亦余心之所善兮，虽九死其犹未悔"，也正是体现了这种与命相抗争的精神。

三是关注人的人文精神。先秦的思想家普遍认为，与自然界的万事万物相比较，人类的地位最为崇高。老子说："道大、天大、地大、人亦大。域中四大，人居其一焉。"墨子称道天志、名鬼，然而认为这一切都是为人所设，为人效劳的。孔子说"仁者人也"，即仁者的本质就是要从人的角度出发，爱护人民，关注的也是人。

四是"民为贵"的民本主义思想。《左传·桓公六年》称："夫民，神之主也。是以圣王先成民而后致力于神。"《庄公三十二年》更是直接指出："国将兴，听于民；国将亡，听于神。"儒家学说集中突出了民为邦本的思想。孟子更是直接指出"民为贵，社稷次之，君为轻"，成为历代开明君主的座右铭。

(四)礼治精神

礼原本是人类原始时代的习俗系统，人们的生产、生活、习惯、信仰、经验、知识的积累无不保留在礼的文化传统中。从世界文化发展来看，"礼"是中国文化的根本特征和标志。中国素有"礼仪之邦"的美名。

所谓"礼治"，就是君、臣、父、子各有名分；贵贱、上下、尊卑、亲疏都有严格的区别。孔子曾说："丘闻之，民之所由生，礼为大，无以节事天地之神也；非礼，无以辨

君臣上下长幼之位也；非礼，无以别男女父子兄弟之亲，婚姻疏数之交也。"①礼是用来维护社会秩序、和谐人际关系的制度准则。

战国时期，礼制精神得到进一步发展。这一时期的礼更侧重于维护统治稳定。孟子主张"民贵君轻"，认为君臣应互相尊重，认为对危害人民的君主如夏桀、商纣放逐征伐是正义的，不算弑君。他在《孟子·梁惠王下》中说道："闻诛一夫纣也，未闻弑君也。"这是对原有礼治精神的进一步发展。然而礼治精神到了秦汉以后，却发生了很大的变化。董仲舒在《春秋繁露》中提出了"三纲五纪"，即"君为臣纲、父为子纲、夫为妻纲"，严重扭曲了礼的含义，片面强调了君权、父权、夫权，使礼治精神变为统治阶级压迫的工具。《论语·颜渊第十二》中："齐景公问政于孔子。孔子对曰：'君君，臣臣，父父，子子。'公曰：'善哉！信如君不君，臣不臣，父不父，子不子，虽有粟，吾得而食诸？'"从文章的意思我们不难看出，孔子的本意是说，要做到政通人和，做君主就应该像做君主的样子，做臣子就应该像臣子的样子，做父亲就应该像父亲的样子，做儿子就应该像儿子的样子，这样齐国才有希望。不仅回答了景公的问题，其中还暗示景公有"不君"的行为，劝喻的意思很明显。他的意思是说要每一个阶层都应该各守本分，维护自己应该遵守的礼和责任，而并非是说要片面服从上一级。

总体而言，礼治精神主要包含以下三个方面的内涵。

一是礼与仁的结合。礼是宗法等级社会的制度、规范，强调尊卑长幼之序具有不同名分的人之间的区别与对立。与仁相结合的礼治才能够让人们自觉遵守，有利于社会的和谐发展。反之，则会变成阻碍社会进步、导致阶级压迫对立的祸源。例如我国古代封建社会中的阶级压迫、对妇女的压迫就是最明显的例子。所以孔子特别强调礼和仁的结合。孔子在《论语·八佾》中说："人而不仁，如礼何？人而不仁，如乐何？"意思是说，人如果没有仁心，即使有了礼又能怎么样呢？人如果没有了仁心，即使有了乐的礼节形式又能怎么样呢？仁是礼的内在基础，礼是仁的外在准则，离开了仁，就不可能称其为礼。

二是"尊尊"与"亲亲"。孔子认为，周礼最为重要的是"尊尊"、"亲亲"。"尊尊"是维护阶级等级尊严的要求，而"亲亲"则是宗法制度的要求。这既从社会统治角度做出了规范(尊尊)，又从社会人际关系的亲缘关系上作出了要求。因为在中国古代，天下被看作是一个大家，是由无数具有亲缘关系的小家构成的。在宗法社会里，一个人的社会地位是由他在血缘关系上与天子、诸侯、卿、大夫等的关系远近来决定的。

三是正名。名是周礼规定的人的身份地位，正名就是整顿有些特别是在位的人与身份不相符合的言论和行动。因为礼的要求是社会各个阶层各自恪守本分，做符合自己身份的事情，这样社会就不会因为人们的僭越而发生混乱。正名就是要做到名正言顺，符合礼的要求。

礼治精神作为制度化的习俗，在个人人际关系、社会交往中起到了很好的调节和规范作用。礼治精神培养出了中华民族良好的社会风尚，比如尊老爱幼等，在血缘基础上形成了良好的社会秩序，对整个社会稳定起到了相当大的作用。但是，我们也应该看到，儒家

① 张文修. 礼记. 北京：北京燕山出版社，1995

思想在成为封建统治正统思想之后，礼治精神实际上已经变质为阶级压迫的工具。我们应该抛弃掉其中的腐朽糟粕，如董仲舒的"三纲五纪"、理学思想中荒谬的"君要臣死，臣不得不死；父要子亡，子不敢不亡"的谬论、程朱学派愚蠢的"饿死事小，失节事大"的妇女贞洁观念。君权、族权、父权、夫权被鲁迅先生形容为的"吃人的礼教"。这无疑是统治者恶意宣传的结果，我们不能把它归咎于孔子。

(五)天人合一精神

天人合一是中国传统文化中的精髓，它主张人与自然的和谐统一。主要表现在两个方面：一是天作为人性的赋予者或来源与人性的统一，人通过自己的能力回归于天(性、心)；二是天道与人道合一，天道是人道的前提和基础，人道是天道的顺承、效法和补充。

"天人合一"的思想概念最早是由庄子阐述，后被汉代思想家、阴阳家董仲舒发展为天人合一的哲学思想体系，并由此构建了中华传统文化的主体。"天人合一"是中国古典哲学的根本观念之一，与"天人之分"说相对立。

所谓"天"，一种观点认为包含着如下内容：

(1) 天是可以与人发生感应关系的存在；

(2) 天是赋予人以吉凶祸福的存在；

(3) 天是人们敬畏、侍奉的对象；

(4) 天是主宰人、特别是主宰王朝命运的存在(天命之天)；

(5) 天是赋予人仁义礼智本性的存在。

另一种观点认为"天"就是"自然"的代表。

"天人合一"有两层意思：一是天人一致。宇宙自然是大天地，人则是一个小天地。二是天人相应，或天人相通。这是说人和自然在本质上是相通的，故一切人事均应顺乎自然规律，达到人与自然和谐。老子说："人法地，地法天，天法道，道法自然。"[①]即表明人与自然的一致与相通。先秦儒家亦主张"天人合一"，《礼记·中庸》说："诚者天之道也，诚之者，人之道也。"即认为人只要发扬"诚"的德性，即可与天一致。汉儒董仲舒则明确提出："天人之际，合而为一"[②]，成为两千年来儒家思想的一个重要观点。

中华民族和谐稳定的民族性格特征正是源自于中国文化中"天人合一"、"修道圆融"的悠久传统，体现了中华民族对终极圆满价值的深切信念。中国文化中"天"的概念与自然意义上"天(Sky)"的概念是有巨大差异的，突出圆满的道德属性以及它与人的本体性关系，执行类似于西方文化中"上帝(God)"的道德权威的功能，但也和上帝概念不同，中国的"天"是人格化的自然，又有几分类似于黑格尔的"绝对精神"。

"天人合一"思想体现了我们民族具有综合、整体、周到考虑问题的思维方式，为人类提供了一个认识世界的重要方法论。尤其是在向自然学习，保护自然，维护人类与自然和谐的问题上，无疑给我们现代人一个很好的启示。

---

① 高明撰. 帛书老子校注. 北京：中华书局，2004

② 苏舆撰，钟哲点校. 春秋繁露义证. 北京：中华书局，1992

二、传统文化的价值取向

所谓价值取向，即价值标准所取的方向，它是价值观、世界观的综合体现。中国古代传统文化蕴涵中的价值取向包含着中国人所独有的智慧和情操，是中华传统文化精神的集中体现。总体说来，主要有以下几点：一是重视整体精神，强调民族对国家的责任感；二是推崇"仁爱"原则，追求和谐的人际关系；三是向往理想人格，注重美德修养。

(一)重视整体精神，强调民族对国家的责任感

注重国家、注重群体的整体趋同观念是中华民族独特的道德传统，注重个人服从国家和社会的整体利益是传统道德的重要特点。首先，从东西方思维模式的比较中我们可以看到，中国人的思维模式更多的是趋于寻求以和为贵和对立面的统一，关注整体，强调对自然、社会的统一性、整体性认识。因此，有人认为中国人的思维模式是综合型的思维模式，而西方则是分析型的思维模式。其次，"大一统"观念的影响。自西周以来，大一统观念作为一种理性便自觉地深深地扎根于中国人的心中。春秋时期，"大一统"是非常著名的理论诸子百家学说在政治方面基本形成大一统的共识。"天下一家"、"民胞物与"、"四海之内皆兄弟"等追求成为凝聚全社会的精神力量，转化为深层的社会心理结构，是民族凝聚力形成并发挥作用的思想基础。

整体观念是中华文化的一个基本特征，儒家"修身、齐家、治国、平天下"，道家"人法地、地法天、天法道、道法自然"，墨家"尚同"都鲜明地体现了这一点。

第一，从中国传统伦理道德来看，儒家在自身修养上确立的原则就是群体原则。《大学》中提出达到"至善"境界的八个阶段：格物、致知、诚意、正心、修身、齐家、治国、平天下，最终的目的是要兼济天下。这种群体认同出于责任意识，到后来逐渐形成了"以天下为己任"的价值传统。

第二，从利益取向来看，中国人历来强调公私之辨，把"公义胜私欲"作为根本要求。中国人以"天下为公"作为价值理想。《礼记·礼运》中阐述大同社会的基本精神："大道之行也，天下为公，选贤与能，讲信修睦。"正是整体观与坚持集体利益价值取向的集中体现。

第三，爱国主义的情感形成了对国家民族命运的自觉意识、以天下为己任的社会责任感，关心天下兴亡，具有忧国忧民的博大情怀。忧患意识的核心是以民族国家利益为重，"先天下之忧而忧，后天下之乐而乐"。这种以国家民族整体利益为上的思想正是重视集体精神，强调民族对国家责任感的集中体现。每到家国危亡、山河破碎时，中华民族总有无数的仁人志士挺身而出、同仇敌忾，"以身许国，何事不敢为？"岳飞语。晋代的祖逖、刘琨，宋代的岳飞、文天祥，明代的戚继光、史可法、郑成功等都在中华民族的历史上写下了光辉的一页。

传统文化中的整体观构成了中华民族凝聚力和向心力的主体内容，增强了炎黄子孙的文化共识，对中华民族的共同价值取向、理想人格、思维方式、社会心理、精神面貌等起

了重大的文化整合作用，增强了中国人的本根意识，促进了民族国家的团结和发展。

(二)推崇"仁爱"原则，追求和谐的人际关系

中华民族在处理人际关系方面很早就形成了以孔子为代表的"仁"学思想，并在长期发展中成为伦理道德的最高原则。

孔子提出"仁者爱人"的思想，把"仁"作为道德的根本要求，要"泛爱众而亲仁"[①]。他要求人们，首先是君主，要把对家族的爱推广到家族以外的人们中间去，把对一个邦国的关怀推广到整个天下，把对家庭的亲情、血缘之爱扩展为对朋友的友爱、对全社会的博爱。后来孟子进一步提出了人的"良知"问题，认为人之所以异于禽兽就在于人有道德，在政治上提倡实施"仁政"，以民为本。

在亲缘关系处理上，孔子的"仁"体现为"孝悌"。家庭是社会的细胞，家庭稳定是社会稳定的基础。孝指的是尊敬顺从父母长辈，悌是指尊重爱护姊妹弟兄及同辈。这是处理家庭关系的准则，孔子把它视为"仁之本"。孟子更进一步把"孝悌"推而广之，要"老吾老以及人之老，幼吾幼以及人之幼"。到了唐宋时代，君主们甚至直接把"孝"视为立国之本，认为"圣人以孝治天下"。几千年来，中华民族发扬了"孝悌"的积极因素，形成了父慈子孝的道德风尚。

在处理人与人之间关系时，孔子指出"忠恕"为"仁之方"。从积极的方面来讲，因自己有某种要求需要满足，而联想并推及到他人也有这种要求需要满足，这就是"忠"。从消极方面来说，"己所不欲，勿施于人"，将心比心、推己及人，这就是"恕"。所谓忠恕，就是既要考虑到自己，也要考虑到别人，把实现自己的理想、愿望与帮助别人实现理想愿望结合在一起，这表现了很高的精神境界。所以曾子说"夫子之道，忠恕而已"[②]。这种推己及人、替别人着想的待人接物态度深刻地体现了"仁爱"的精神，对我们处理人际关系有重要指导意义。

从社会理想来看，中国传统文化把"大同"作为理想中追求的社会境界。大同社会以"天下为公"和互助博爱(人不独亲其亲，不独子其子)及人人劳动(男有份，女有归)为主要特点的理想社会。孔子认为实现大同关键在于把仁爱思想灌输到广大群众中去。尽管这只是一种空想的社会，但它寄托了我们美好的愿望。

以孔子"仁"学为代表的中国传统文化是处理人际关系的基本准则，影响并制约着当代中国人际关系的发展，对中国现代化进程中的人与人、人与社会的和谐发展可以起到一定的促进推动作用，有些内容则不利于现代化社会新型人际关系的建立和发展。我们应该采取辩证否定的态度，批判地继承。

(三)向往理想人格，注重美德修养

中国传统修养理论的中心环节就是修身。"修身、齐家、治国、平天下"，修身是立

[①] 杨树达著. 论语疏证. 南昌：江西人民出版社，2007

[②] 杨树达著. 论语疏证. 南昌：江西人民出版社，2007

身的基础，也是立国之道。这种修养传统的积极结果是造就了无数像范仲淹一样"先天下之忧而忧，后天下之乐而乐"的志士仁人。

第一，重义轻利。义与利是古代伦理道德的一个基本问题。中华道德精神集中体现在义利之辨上，其重要特点是重义轻利。首先，孔子并不反对追求利，而是在利的面前考虑取舍是否符合"义"，即"君子爱财，取之有道"。由此，进一步延伸出先人后己、舍己为人的精神境界，这是在个人利益和他人利益冲突的情况下的价值取向。在此基础上，孟子进一步提出了"杀身成仁，舍生取义"，这是重义轻利的最高境界。这是站在仁义高度来审视利益关系，既是重义轻利的动机和出发点，也是重义轻利的最后目的和归宿。

第二，诚信笃实。"诚"和"信"是中国传统道德的重要范畴，紧密联系，意思相通。诚信被儒家视为"进德修业之本"、"立人之道"和"立政之本"。孔子不仅提出了"人而无信，不知其可也"(《论语·为政》)的思想，而且把信提到了做人的根本、"五常"之一的高度："自古皆有死，民无信不立。"(《论语·颜渊》)[①]

第三，刚正不阿。孔子讲"三军可夺帅也，匹夫不可夺志"，孟子讲"吾善养吾浩然之气"。这种浩然正气和矢志不移的精神，集中体现了中华民族独立的人格尊严和崇高的精神境界。中华民族嫉恶如仇、伸张正义、刚正不阿、崇尚道义的精神，面对任何权势和压迫绝不低头的伦理传统和崇高品德，今天仍然值得借鉴、继承和发扬。

第四，砥砺节操。古人认为，人人都有向善的能力，能不能真正成为一个有德之人，关键在于能否坚持进行道德修养。励志自强是道德修养的起点，也是内在目标和精神动力。道德的修养需要坚持不懈，更需要在生活中不断地改进，要从善自新。孔子说，"人非圣贤，孰能无过？过而改之，善莫大焉。"正是通过不断地完善自我，才能最终走向完善的人格境界。同时，古时的君子还很重视节操的砥砺，认为"气节"重于泰山。孟子提倡"富贵不能淫，贫贱不能移，威武不能屈"这样的人才算得上是真正的大丈夫、君子。重视气节这种精神已经深入到了中华民族的骨髓，是中华民族的民族特性。

三、传统文化的思维方式

中华民族所特有的历史地理环境和民族生活方式及风俗习惯等共同造就了中华民族特有的文明成果，也形成了中华民族固有的思维方式。总体而言，中华民族的思维方式主要分为以下几类。

(一)整体性、综合性、系统性思维

整体性、综合性、系统性思维是指中国人善于从整体上、宏观上把握认识对象，注重组成统一整体的各个部分之间的和谐，追求系统的最大整体功能的思维特点。整体、系统性思维最早体现在中国古代思想家对宇宙世界的思考上。他们所提出的集中宇宙模式，其共同的特点都认为宇宙是一个运动、和谐的有机整体。道、气、太极、理都是代表整体或

---

① 杨树达著. 论语疏证. 南昌：江西人民出版社，2007

全体的基本范畴；阴阳、五行、八卦等则是基本构成要素，各要素间的关系是系统联系，相生相克的有机统一体。中国传统文化把宇宙、自然和人类社会(即三才：天、地、人)看成是一个统一的整体，以"人与天地万物为一体"、"天人合一"为最高境界。系统性的特点则自不待言，五行八卦观念体现了这一特点。"天地之气，合二而一，分为阴阳，判为四时，列为五行"，世界万物统一于气。阴阳二气相互作用，此消彼长，形成"终而复始"的四季变化。阴阳分合和五行生克产生宇宙万物。

中国传统思维方式的系统性、有机性尤其在中国古代医学方面得到深刻体现。中医理论把人看成一个小宇宙，一个普遍联系的有机整体。人的各部分器官是相互联系的，针灸中的各个穴位对应不同的器官和病候，与西医"就事论事"相比，中医视人为有机统一体的特点尤为突出。

(二)直觉思维和比附性思维

中国传统文化的整体性、综合性、系统性思维模式是在经验综合的基础上形成的，但是必须经过思维的飞跃或者超越才能进入整体的认识客体。在这个环节中，古代思想家既不用概念思维，也不用逻辑推理，他们使用的是超理性的体验式思维方法——直觉思维和比附性思维。

所谓直觉思维是指未经有意识的逻辑思维而直接接触对象，"觉"就是感觉，是直接作用于人体感官的事物属性在人脑的反映。在先秦诸子中，只有墨家注重观察、分析、实测，可惜后来失传了。道家、儒家、法家都讲"直觉"、"体道"。老子称要"涤除玄览"、"不窥牖，见天道"，意即是说，要关闭感官器官，使自己的心灵保持极度的空虚和安静。庄子进一步要求超越感官，超越理性，宣称"无思无虑始知道"，道家是排斥理性思维的。孔子主张学思并重，举一反三，以一知十，在感性认识的范围内，并不排斥逻辑思维，但他在理性认识领域则注重"下学而上达"的直觉体悟思维。孟子将之发展成为儒家的认识原则，所谓"尽心、知性、知天"，完全依靠发自本心的悟性思维，没有强调逻辑规律可以遵循。法家也讲"体道"，通过"天明"、"天聪"、"天智"的视、听、思来反映事物、认识事物、支配事物，同样缺少逻辑推理，也有一定的直觉色彩。后来宋明理学更是进一步和佛教禅学结合在一起，认为只有通过"尽心"、"尽性"的直觉体悟认识"天道"、"天德"，才能"体天下之物"。朱熹等人更进一步抛弃了张载的唯物主义立场，把世界看作是"理"的产物，"格物致知"目的变成了认识心中本性以明"天理"(天人本一，性理相通)，表现了"以心知天"的直觉思维特点。

古人常常把形象相似、情景相关的事物，通过比喻、象征、联想、类比等方法，使之成为可以用来反映道理、说明问题的东西。这种比附性思维方法是形象思维与抽象思维交替并用，甚至浑然难分。比如，"蓬生麻中，不扶而直"的自然现象就被荀子用来强调说明"居乡择士"、"所以防邪僻而近中正"的道理，而实际上自然现象和这个道理本身是没有本质上的联系的。这种因类似、类同而进行的推演实际上不是严格的逻辑关系的类似，而是现象之间某种结构功能或特征的类似，明显具有比附色彩。

(三)对立两端的辩证思维

著名科学史家李约瑟说："当希腊人和印度人很早就仔细地考虑形式逻辑的时候，中国人一直倾向于发展辩证逻辑。"[①]中国约在春秋战国时期就基本上形成了对立两端的辩证思维模式，著名的《孙子兵法》就是把辩证法运用于军事斗争的杰作。中国传统思维的辩证性主要体现在对事物的矛盾属性及矛盾双方对立统一的把握和运用上。

首先，中国人很早就意识到对立现象是世界的普遍规律。《周易》中处处体现着两极对立的思想。六十四卦及其象征物都是两两对应的，《易传》把这种对立解释为阴阳，阴阳是指具有最大概括性的矛盾范畴，阴阳其实相当于矛盾。其次中国古代学者认为矛盾对立是普遍存在的，而对立的双方是相互依存、相互连接的。阴阳学说中"孤阴不生，独阳不长"的观点，老子在《道德经》中所言"有无相生、难易相成、长短相形、高下相倾、声音相和、前后相随"，说的其实就是矛盾双方相互依存的道理。另外，中国古人对矛盾双方既对立又统一的认识还表现在对立双方的转化上，事物发展到一定阶段，必然向其相反的方向转化，"物极必反"是普遍性规律。《吕氏春秋·大乐》云："天地车轮，终则复始，极则必反。"

由此可见，中国古代的辩证思维，作为人们观察问题、认识问题的根本方法，在很早的时候就已经深入到了传统文化的各个领域，是中国古代学者遗留给后人的思想瑰宝，对我们今天的学习、生活依然起着重要的作用。

(四)执中适度的中和思维

中和思维方式以"致中和"为根本宗旨，是儒家中庸思想的具体表现，也是中国人千百年来一直遵循的生活哲学。

"中和"一词首见于《中庸》，但观念却由来已久。据说尧禅位于舜时就要舜"允执其中"，以"中道"为政教的准则。何谓"中和"，"中和"就是"喜怒哀乐未发谓之中，发而皆中节谓之和"。意思是说人的喜怒哀乐，在没有发作(失控)出来之前就叫"中"；而表现出来以后，又表现适当不过度，就是"和"了。因此，"和"实际上就是"中"的外在显现。"中和"所体现的是一种事物之间的适中、适当、恰到好处的状态，也就是和谐。这是一种在解决矛盾过程中怎样达到最佳方式的理想的追求。

儒家的中和思维来自于仁义之心。儒家的根本宗旨不仅仅是成就自我、独善其身，其终极目标是造福社会、兼济天下，实现整个自然和社会的中和。在如何达成"中和"问题上，儒家的选择是提高自身修养，以"忠恕"之道来解决矛盾。这实际上解决的是人和他人、人和整体的关系。

中和思维作为东方文明的精髓对于我们民族的影响是多方面的，也是深刻的。中国人十分注意和谐局面的实现和保持，做事不走极端，着眼于维护集体利益，求大同存小异，

---

① (英)李约瑟著，汪受琪等译. 中国科学技术史(第三卷). 北京：科学出版社，2008

成为人们的普遍思维原则，对于调节人际关系和社会矛盾、对于多民族统一政权的维护有积极作用；古代文学艺术更是以"中和"为审美至境。但其缺陷在于否定斗争、排斥竞争，偏重和谐、忽视变异，抑制了竞争性观念和道德的生长，并往往成为封建统治者维护专制主义的工具，造成个人特性和创造性的萎缩。

四、如何继承发扬传统文化

在人类漫长的历史长河中，不同的国家、民族创造了绚丽多彩、各具特色的文化，形成了各自的文化传统，使我们生活的世界千姿百态、异彩纷呈。现代化进程的加快，为当代文化的发展创造了条件，也使传统文化的生存和发展出现了困境。如何在现代化进程中保存和发展我们的优秀传统，成为人们共同关心的问题。

首先，我们应该对中国传统文化进行反思、整理。任何不同民族都有自己的文化传统，都有不同的文化价值观念。历史传统和文化背景是民族文化的积淀，是民族精神的支柱。在当今世界全球化形势下，世界日渐成为一个整体，东西方文化的交流合作也日渐密切。我们应该站在文化比较的交汇点上，理性的思考东西方文化的特点，改造和发扬传统文化，保持中国文化的先进性和旺盛的生命力，才能完成中华民族的伟大复兴。任何盲目崇洋和盲目复古的观点，都是我们应该摒弃的。

其次，我们应该致力于抢救和保护传统文化。现代化进程的加剧，在全世界范围内引起各国传统文化不同程度的损毁和加速消失，这极不利于人类文明长期稳定的发展。传统文化既是各民族文化根源和民族的归属感的来源之一，同时也是现在及将来的文化发展的丰富的资源。尤其是中国传统文化，乃是世界文化的瑰宝，是中国人自己民族精魂之所在，是断不能弃之一边的。前几年韩国申报端午节、中医的往事已经深深地给我们敲响了警钟。很多中国人数典忘祖的情况已经有些让人触目惊心了，成语历史典故忘了，曾经辉煌的科技忘了，继往开来的民族责任感也忘了，煌煌中华的民族气节也渐渐淡忘了。历史是我们的过去，忘记过去等于背叛；传统精神是我们的灵魂，失去灵魂我们将迷失方向，一个民族只有自尊、自重、自强、自信，才能真正的复兴。

最后，建议我们的大学生朋友们还是真正的读一点书吧，读一点中国人的经典典籍，学一点中国传统文化。不要因为以往的矫枉过正，就把传统看作是裹脚布，弃若敝履。无论你对传统采取怎样的态度，但请读点书再说，思考思考再说。一个人的存在感来自于和所处环境的联系，你和父母朋友兄弟姊妹及上司下属亲戚等等的人际关系，以及人和周围世界的关系，还有历史的关系。同样一个民族的存在所依凭的是民族精神、民族认同感，这些都来自于我们的传统文化。如果说一个没有父母的孩子是孤儿，那么丧失掉了民族文化的民族就是精神上的孤儿，失掉精神家园的流浪儿。所以，年轻的朋友们，请认真读点书吧，以充分了解我们曾经的辉煌文化，重新树立起我们的民族脊梁和民族自信，让我们的文明重新大放光彩。

第五节　国　学　简　介

一、国学的概念

(一)国学的含义

国学，兴起于 20 世纪初，而大盛于 20 世纪 20 年代，80 年代又有"寻根"热，90 年代"国学"热再次掀起至今，无不是今人对传统文化的反思与正视的结果。从今天看来，国学热正是对传统文化在今日中国乃至世界多元文化中的重新定位。

今人对国学的基本看法只在形式上，乃至觉得用文言文的就是国学。这个看法是肤浅而甚至是错误的，尽管中国古代文化以文言文为主，记录文化的载体也多为文言文，但并非是说文言文就等同于国学。其实古代文化里面也有不少的作品不是用文言文记载的，例如明清的小说中就有不少作品是用白话文写作的，甚至于唐宋传奇及变文也是用通俗的文字记载的。

"国学"一说，产生于西学东渐、文化转型的历史时期。而关于国学的定义，严格意义上，到目前为止，学术界还没有给我们做出统一明确的界定。名家众说纷纭，莫衷一是。较为普遍的说法是国粹派邓实在 1906 年所提出的："国学者何？一国所有之学也。有地而人生其上，因以成国焉，有其国者有其学。学也者，学其一国之学以为国用，而自治其一国也。"[①]可见，邓先生的国学概念很广泛，但主要强调了国学的经世致用性。

一般来说，国学是指以儒学为主体的中华传统文化与学术。国学既然是中国传统文化与学术，那么无疑也包括了医学、戏剧、书画、星相、数术等等，这些当然是属于国学范畴，但也可以说是国学的外延。

若按照现在的学科分，传统国学可分为哲学、史学、宗教学、文学、礼俗学、考据学、伦理学、版本学等等，其中以儒家哲学为主流；若以思想分，可分为先秦诸子、儒道释三家等，儒家贯穿并主导中国思想史，其他列于从属地位；若以《四库全书》[②]的划分标准来分，可分为经、史、子、集四部，但以经、子部为重，尤倾向于经部。

(二)大国学观念的提出

2008 年 3 月，有国宝级学术泰斗之誉的国学大师季羡林先生在北京 301 医院接受采访，高瞻远瞩地提出"大国学"的概念。他说："什么是'国学'呢？简单地说，'国'就是中国，'国学'就是中国的学问，传统文化就是国学。现在对传统文化的理解歧义很大。按我的观点，国学应该是'大国学'的范围，不是狭义的国学。既然这样，那么国内

---

① 邓实著. 国学讲习记.《国粹学报》第 19 期

② 《四库全书》是中国古代最大的丛书，编撰于乾隆年间，由当时的纪晓岚、王念孙、戴震等一流学者完成。"四库"是指经、史、子、集四部，"全书"是指所收都是全本。

各地域文化和 56 个民族的文化，就都包括在'国学'的范围之内。地域文化和民族文化有各种不同的表现形式，但又共同构成中国文化这一文化共同体。"季老同时还举例说，"吐火罗文的《弥勒会见记》剧本，是不是也算国学？当然算，因为吐火罗文最早是在中国新疆发现的。另外，很多人以为国学就是汉族文化。我说中国文化，中国所有的民族都有一份。中国文化是中国 56 个民族共同创造的，这 56 个民族创造的文化都属于国学的范围。而且后来融入到中国文化的外来文化，也都属于国学的范围。"

这是一种大一统式的"文化调和"论。因此我们可以说，五术六艺诸子百家之学，东西南北凡吾国域内之学，都可称为"国学"，即凡中国之学，皆可称为"国学"。在国际上，近似的名词称为汉学(Sinology)或称中国学(China Studies)，现代"华学" 学者针对在当前国际社会上，西方学者把藏学、满学等排除在汉学(Sinology)之外，有故意造成破坏中国统一之嫌。因此，在这种情况下，大国学概念的提出，有利于中华大民族的民族融合和文化融合，有利于五千年来积累的民族文化的大整合，有利于凝聚中华民族文化向心力，有利于中华民族大团结。

那么，"大国学"概念就很清楚了。所谓"大国学"，就是指中国的学问，包括中国56 个民族的文化和国内各地域文化，以及融入到中国文化里来的外来文化。

二、国学的发展

(一)西学东渐诞生国学

"国学"一说，产生于西学东渐、文化转型的历史时期。鸦片战争以后，中国积弱日久，国势愈加不堪，有志之士纷纷思索救国之方略。中国的旧学在现代文明面前一败涂地，曾国藩继承明儒传统，身体力行，通经致用，后来又有张之洞提出"中学为体，西学为用"，力图调和传统与现实的阴阳关系。后来学术界兴起"整理国故"的热潮，虽然与当时历史条件看似不协调，实则是有深刻历史理性的。提出"学习西方"，"师夷长技以制夷"的魏源，当时不但提出学习西方文明，同时又提出要恢复两汉经学，这看似极为矛盾，其实正是魏源的高人之处，此后正是在这样的基础上，才有了中西交流的合理原则。

(二)国学与西学的论战

深究国学的本名原意，原指国家学府，如古代的太学、国子监。单纯的说国学，是指经、史、子、集部的语言文字经典训诂学问。自西学东渐、文化分流转型以来，为区别于西学，时人把我国的"六艺"、"五术"、"诸子百家"统统称为"国学"，西学繁衍于东土，东学式微，现代自五四以来的新文化运动前后，一些国学大师们，为保护国学而开始和西学论战，西学派认为全盘接受西学，而国学家们则誓死保卫祖宗们留下的五千年精华文化。五四新文化运动以来，为提倡白话文，引进西方现代文明，提出"德先生(民主)"、"赛先生(科学)"，激进的青年学者采取了全盘西化，否定国故的态度，使得国学受到了极大的打击。

(三)新时期国学的发展

国学本为中国之独有，但在中华近代历史时期，由于中西之学的分野，国学与西学在国内开始逐渐分流发展。中国的近现代史跨越了封建社会和资本主义社会两个阶段，最终走向了社会主义初级阶段。在这一百多年时间里，原有的腐朽的封建制度及其影响下的一些落后的文化思想受到了现代文明最为强劲的冲击。1949 年中华人民共和国成立以后，对传统文化中的落后思想和腐朽制度作了深刻地批判。但正如毛泽东所说的那样，一切都过于矫枉过正了。在当时的形势下，打击批判旧有的封建落后思想和腐朽文化固然有其必要性，但在对待传统文化方面却是未能做到公平合理。借用鲁迅先生的比喻来说，泼洗澡水顺便把孩子也给泼了出去。直到 20 世纪 80 年代，改革开放以后，对于国学的再认识掀起以后才开始逐渐地正确对待国学。尤其是在近年来，复兴国学逐渐成为一个热门话题。

(1) 2005 年 9 月 28 日，苏州第一个现代私塾——菊斋私塾成立，这天恰是孔子诞辰纪念日。创办者创办私塾的主要目的是弘扬国学，培养儿童的古典文化底蕴和优雅情怀。私塾教学内容主要是经学、韵文、古乐、书画、茶道等。

(2) 由联合国教科文组织等主办的首次"2005 全球联合祭孔"活动于孔子诞辰日同日在世界各地举行，孔子故里曲阜，成为全球祭孔活动的主会场。全球现有孔庙 1300 多座。

(3) 从 2004 年开始，我国在海外陆续设立了以教授汉语和传播中国民族文化为宗旨的非营利性的"孔子学院"，受到了许多国家和地区的重视，截至 2009 年 8 月，已有 356 所孔子学院和孔子课堂在 84 个国家和地区落户，世界著名大学中有 44 所建立了孔子学院，此外，还有 40 多个国家 150 多个学校和机构目前已经提出申请设立孔子学院。①

(4) 一向以"中国人文社科领域重镇"而著称的中国人民大学率先组建国学院，并且聘请当下的"国学大师"冯其庸为首任院长。中国人民大学校长纪宝成旗帜鲜明地打出"赓续文脉，重振国学"的口号，同时在媒体上发表长文疾呼"重新认识国学的价值，呼唤国学的回归，重建国学的学科"，他的这一观点得到国内许多知识分子的响应。

(5) 中文搜索引擎百度网最新打造的国学频道(http://guoxue.baidu.com)已于 2006 年初悄然登台亮相。百度的 CEO 李彦宏指出，在互联网时代，是沉寂百年的国学得以复兴的最佳时机，而百度作为全球最大的中文搜索引擎，有责任承担起复兴中文、弘扬国学的历史使命。百度国学频道由百度与著名专业国学网站——国学网(www.guoxue.com)联手打造。

三、传统国学经典介绍

本部分介绍仅根据《四库全书》分类阐述，主要为传统汉学内容，其他少数民族文化因无传统文字典籍而从缺。

---

① 引自 2009 年 9 月 9 日"网络孔子学院"网站介绍。

1. 经部——儒学经典

"经"是指古代社会中的政教、纲常伦理、道德规范的教条。经部分为"易类"、"书类"、"诗类"、"礼类"、"春秋类"、"孝经类"、"群经总义类"、"四书类"、"乐类"、"小学类"、"石经类"、"汇编类",主要是儒家经典和注释研究儒家经典的名著。其中儒学十三经指:《周易》、《尚书》、《周礼》、《礼记》、《仪礼》、《诗经》、《春秋左传》、《春秋公羊传》、《春秋谷梁传》、《论语》、《孝经》、《尔雅》、《孟子》。

2. 史部——各种体裁历史著作

史部分为"正史类"、"编年类"、"纪事本末类"、"别史类"、"杂史类"、"诏令奏议类"、"传记类"、"史抄类"、"载记类"、"时令类"、"地理类"、"职官类"、"政书类"、"目录类"、"史评类"、"汇编类"。重要书目如:《史记》、《汉书》、《后汉书》、《三国志》、《资治通鉴》、《战国策》、《宋元明史纪事本末》等。

3. 子部——诸子百家及释道宗教著作

子部分为"儒家类"、"兵家类"、"法家类"、"农家类"、"医家类"、"天文算法类"、"术数类"、"艺术类"、"谱录类"、"杂家类"、"类书类"、"丛书类"、"汇编类"、"小说家类"、"释家类"、"道家类"、"耶教类"、"回教类"、"西学格致类"。重要书目如:《老子》、《墨子》、《庄子》、《荀子》、《韩非子》、《管子》、《尹文子》、《慎子》、《公孙龙子》、《淮南子》、《抱朴子》、《列子》、《孙子》、《山海经》、《艺文类聚》、《金刚经》、《四十二章经》等。

4. 集部——诸子百家及艺术、谱录

集部分为"楚辞类"、"别集类"、"总集类"、"词曲类"、"闺阁类",主要收录历代文艺方面的作品。这一部分由于历代作家不断更新填充而蔚为大观,如宋人著书就有数万卷,而在江陵焚书之后,天下藏书不过才两三万卷。重要书目如:《楚辞》、《全唐诗》、《全宋词》、《乐府诗集》、《文选》、《李太白集》、《杜工部集》、《韩昌黎集》、《柳河东集》、《白香山集》等等。此部分与经学中小学(音韵训诂等)多有关联,如《佩文诗韵》。如果不懂小学,不解平仄及古音等就不能吟诗填词作赋属文,今人文章不济多半还是小学功底不够扎实,对汉字感悟不深,又不能通其他几门语言与汉语对比,更显语言能力单薄。集部文章可作三不朽之"立言"者,也是文章精华之处。

经史子集之外,如《西厢记》、《牡丹亭》之类可归集部,又是艺术门类,也是国粹内容,在国学中也有一席之位。

四、近现代国学大师简介

(一)章太炎

章太炎(1869—1936 年，见图 1-4)，名炳麟，汉族，初名学乘，字枚叔，后改名绛，号太炎，浙江余杭人，清末民初民主革命家、思想家、著名学者，研究范围涉及小学、历史、哲学、政治等，著述甚丰。

图 1-4　章太炎

1897 年任《时务报》撰述，因参加维新运动被通缉，流亡日本。1900 年剪辫发，立志革命。1903 年因发表《驳康有为论革命书》并为邹容《革命军》作序，触怒清廷，被捕入狱。1904 年与蔡元培等合作，发起光复会。1906 年出狱后，孙中山迎其至日本，参加同盟会，主编同盟会机关报《民报》，与改良派展开论战。

1911 年上海光复后回国，主编《大共和日报》，并任孙中山总统府枢密顾问。曾参加张謇统一党，散布"革命军兴，革命党消"言论。1913 年宋教仁被刺后参加讨袁，被袁禁锢，袁死后被释放。1917 年脱离孙中山改组的国民党，在苏州设章氏国学讲习会，以讲学为业。1935 年在苏州主持章氏国学讲习会，主编《制言》杂志。晚年愤日本侵略中国，曾赞助抗日救亡运动。

他早年接受西方近代机械唯物主义和生物进化论，在著作中阐述了西方哲学、社会学和自然科学等方面的新思想、新内容，主要表现在《訄书》中，认为"精气为物"，"其智虑非气"；宣称"若夫天与上帝，则未尝有矣"，否定天命论说教。其思想又受佛教唯识宗和西方近代主观唯心主义影响。随着旧民主主义革命的失败，思想上渐趋颓唐。

在文学、历史学、语言学等方面，均有成就。宣扬革命的诗文，影响很大，但文字生涩难解。所著《新方言》、《文始》、《小学答问》，上探语源，下明流变，颇多创获。关于儒学的著作有：《儒术新论》、《订孔》等。一生著作颇多，约有 400 余万字。著述除刊入《章氏丛书》、《续编》外，遗稿又刊入《章氏丛书三编》。

(二)钱穆

图 1-5　钱穆

钱穆(1895 年 7 月 30 日—1990 年 8 月 30 日，见图 1-5)，中国现代历史学家，江苏省无锡人，字宾四，笔名公沙、梁隐、与忘、孤云，斋号素书堂、素书楼。

钱穆九岁入私塾，1912 年辍学后自学，任教于家乡的中小学。1930 年因发表《刘向歆父子年谱》成名，被顾颉刚推荐，聘为燕京大学国文讲师。

钱穆居北平八年，先后授课于北京、清华、燕京、北师大等名校。抗战爆发后，辗转任教于西南联大、武汉、华西、齐鲁、四川各大学。撰写《国史大

纲》，采取绵延的观点了解历史之流，坚持国人必对国史具有温情和敬意，以激发对本国历史文化爱惜保护的热情与挚意，颂扬民族文化史观，公推为中国通史最佳著作。1949 年秋天，钱穆在香港亚洲文商学院出任院长。1950 年钱穆在香港创办新亚书院使流亡学生得以弦歌不辍，而办学有成，亦获香港政府尊崇，于 1955 年授予香港大学名誉博士学位。1960 年应邀讲学于美国耶鲁大学，又获颁授人文学名誉博士学位。1965 年正式卸任新亚书院校长，任教于马来亚大学。

1967 年 10 月，钱穆应蒋介石之邀，以归国学人的身份自港返台，筑素书楼于台北市士林区外双溪，1968 年膺选中研院院士。晚年专致于讲学与著述，虽目力日弱仍随时提出新观点，赖夫人诵读整理出版，谦称为《晚学盲言》。逝后，家人将其骨灰撒入茫茫太湖，以示归家。

中国学术界尊之为"一代宗师"，更有学者谓其为中国最后一位士大夫、国学宗师。

(三)季羡林

季羡林(1911—2009 年，见图 1-6)，山东清平(今临清)县人。北京大学教授，中国文化书院院务委员会主席，中科院院士，当代著名语言学家，东方文化研究专家，文学翻译家，梵文、巴利文专家，作家，对印度语文学历史的研究建树颇多。他博古通今，被称为"学界泰斗"，曾为"2006 年感动中国"获奖人物之一。

1930 年入清华大学西洋文学系，1935 年赴德国留学。曾师从印度学家 E.瓦尔特施密特研究古代印度语言。1941 年获哥廷根大学哲学博士学位。后曾师从语言学家 E.西克研究吐火罗语。1946—1983年，被北京大学聘为东方语言文学系教授、系主任，1978—1984 年兼任北京大学副校长。1956 年任中国科学院哲学社会科学学部委员，曾任国务院学位委员会委员兼外国语言文学评议组组长、第二届中国语言学会会长、中国外语教学研究会会长、中国民族古文字研究会名誉会长、第六届全国人民代表大会代表和常务委员、《中国大百科全书》总编辑委员会委员和《语言文字卷》编辑委员会主

图 1-6　季羡林

任等等。其学术成就最突出地表现在对中世纪印欧语言的研究上。其主要著作有：《〈大事〉偈颂中限定动词的变位》(1941 年，系统总结了小乘佛教律典《大事》偈颂所用混合梵语中动词的各种形态调整)、《中世印度语言中语尾-am 向-o 和-u 的转化》(1944 年，发现并证明了语尾-am 向-o 和-u 的转化是中世印度西北方言健陀罗语的特点之一)、《原始佛教的语言问题》(1985 年，论证了原始佛典的存在、阐明了原始佛教的语言政策、考证了佛教混合梵语的历史起源和特点等)、《〈福力太子因缘经〉的吐火罗语本的诸异本》(1943 年，开创了一种成功的语义研究方法)、《印度古代语言论集》(1982 年)等。作为文学翻译家，他的译著主要有：《沙恭达罗》(1956 年)、《五卷书》(1959 年)、《优哩婆湿》(1959 年)、《罗摩衍那》(7 卷，1980—1984 年)、《安娜·西格斯短篇小说集》等。作为作家，他的作品主要有《天竺心影》(1980 年)、《朗润集》(1981 年)、《季羡林散文集》(1987 年)、《牛棚杂忆》等。季先生勤读苦学，毕生致力于学术研究，他曾以这样的

话自况："开电灯以继暑，恒兀兀以穷年"。

思考与练习

1. 什么是文化，文化如何产生，我们应该怎么对待传统文化？

2. 什么是国学？少数民族文化是否属于国学内容之一？

3. 2005-11-25《北京晚报》消息：由韩国申报的江陵端午祭巴黎时间 24 日被联合国教科文组织正式确定为"人类传说及无形遗产著作"。一度沸沸扬扬的中韩端午节"申遗"之争以韩国的胜利而告终，对此，今天上午专家在接受记者采访时称：无形遗产属于全人类共享，韩国申报成功并非坏事。

此事你怎么看？对于传统文化的没落，我们应该持什么态度？

4. 请思考什么是"和"，"和而不同"是什么意思？在现实生活中我们应该怎样对待不同意见？

5. "仁、智、勇"是儒家所提倡的君子之道，孔子说："勇者不惧"，但是孔子也曾经说过："必也，临事而惧，好谋而成者也"。请问两者矛盾吗？如果不矛盾，怎么理解？

学习参考网站

1. 国学论坛：http://bbs.guoxue.com/
2. 新国学网：http://www.sinology.cn/
3. 中国国学网：http://www.confucianism.com.cn/
4. 齐鲁国学网：http://www.c: hinaguoxue.net/
5. 国学网：http://www.guoxue.com/
6. 中国传统文化网：http://www.enweiculture.com/culture/index.asp
7. 中国传统文化网——传承中华文明：http://www.c: huantongwenhua.cn/

第二章　哲学与宗教

本章提要

　　哲学和宗教是人类发展中不可缺少的部分，对人类的存在与发展有着积极的意义。本章简明地介绍了哲学以及中国哲学和西方哲学的基本内容。同时，本章还分别概述了世界流行的几大宗教的基本教义和发展概况。

学习指南

　　掌握哲学和宗教的基本内涵及对人类的意义；对中国哲学和西方哲学的基本发展过程和特点有大致的了解。同时，对各宗教的基本教义，特别是佛教和基督教有较为深入的了解。

第一节　哲　　学

一、哲学概论

　　什么是哲学？从哲学这个名词来说，Philosophia(哲学)是距今两千五百年前的古希腊人创造的术语。希腊语 Philosophia 是由 philos 和 sophia 两部分构成的动宾词组，philos 是动词，指爱和追求，sophia 指"智慧"。Philosophia 按其本义而言，乃是指爱智慧、追求智慧、追求真理。在汉语中，"哲"这个字是聪明、智慧的意思。中国古代把聪明而有智慧的人称为哲人。因此，近代以来，就把关于智慧的学问，称作"哲学"。

　　哲学的历史悠久，人们关于哲学的看法基本一致，但也存有不同的观点，人们关于哲学的定义也有多种版本。

　　19 世纪末，日本学者西周将希腊文 philosophia 译成汉文"哲学"。黄遵宪又将哲学一词转介到中国。中国清代以前的文化典籍中并无哲学一词，只有"哲"这个词，"哲"在汉语中的基本含义是"明智"、"明理"、"明道"，"明"是动词，明智、明理、明道是动词"明"的使动用法，明智、明理或明道是使被遮蔽的智、理和道显明出来的意思，与 philosophia(爱智慧、追求智慧、追求本真)的语义相贴近。"学"有系统化、理论化的含义。"哲"与"学"两个词合在一起作为一个词语使用，具有使被遮蔽的理和道以系统化、理论化的形式显明出来的含义。

随着西学东渐，哲学进入中国后，学界发生了中国本土文化中有无哲学的论争，认为中国有哲学的人把哲学定义为：关于宇宙和人生的基本思考。如果从哲学就是明智之学、明理之学、明道之学的观点看问题，中国思想发展史上出现的儒学、道学、理学就是哲学，中国本土确实有哲学。

但是，了解了词义并不等于揭示了哲学的真正内涵。当人们获得较多的哲学知识和对哲学有较深入的理解以后，逐步作出最简单明了的概括：哲学是理论化、系统化的世界观。哲学所研究的是宇宙和人生最根本的道理，所讨论的是整个世界，包括外部世界和人自身世界的根本道理，是关于自然界、社会、思维一般性知识的概括和总结。它是世界观又是方法论。

二、哲学基本问题

在哲学的发展史中，各种各样的哲学派别相互冲突、相互批判，形成了各种不同的哲学学说，涉及相当广泛的问题。但概而言之，哲学家们探讨问题的内容，主要在认识、形而上学等方面。

(一)认识论

认识论是关于人类认识问题的理论，它讨论人类认识的起源、本质、界限、认识经验与认识对象的关系等与人类认识有关的最一般的理论问题。哲学以探求知识、真理和智慧为己任，因而，理所当然地，人类认识和思想问题就成为哲学研究的一个重要内容。

认识论问题的探讨古已有之。在古希腊时期，哲学家们追求事物的本质，并以其本质建构各自的思想体系。苏格拉底认为智慧就在于"自知自己无知"；柏拉图提出并讨论了有关知识的来源和本质的问题；亚里士多德肯定实体(具体事物)是认识的对象，经验是认识的起源。他们对后来的哲学，特别是认识论的研究产生了重要的深远影响。但是，作为哲学的一个基础科学，并且有其特定的研究对象、研究内容和研究形式的认识论的建立，严格来说，则是近代的事。在近代哲学家中，洛克以其著名的"人类理解论"，为哲学认识论的最初形成奠定了经验主义的基础，洛克因而被称为"认识论之父"，但使认识论成为全部哲学的基础并在哲学中占据举足轻重地位的哲学家，则非康德莫属。康德对哲学的主要贡献和其历史地位来自其批判哲学。在批判哲学中，康德着力考查人的认识能力，建立了他的先验唯心主义认识论。他把人的认识能力区分为感性、知性和理性三种形式，并分别加以考查，创立了先验感性论、先验分析论和先验辩证论，从而分别解决数学知识、自然科学知识、形而上学知识的可能性问题。

但是，唯心主义的认识论虽然带来哲学领域中的"哥白尼式的革命"，但它们的实质在于一切本质都来自于哲学家的"所思"，与其说是世界的"本质"，不如说是自我的"思"的本质。认识论的转向是西方近代哲学的主要问题，恩格斯曾指出：全部哲学，特别是近代哲学的重大问题，是思维和存在的关系问题。因此，思维(精神、意识)和存在(物质)的关系问题是哲学的基本问题。它包括两个方面的内容：第一方面，思维和存在、精神

和物质，谁是第一性，谁是第二性？第二方面，思维和存在有无同一性的问题。第一方面的问题所作出的哲学回答，就是关于世界的存在及其本质的学说，在哲学史上属于本体论的问题，是一切哲学理论体系得以建立的基础和根本出发点。对第二方面所作的哲学回答是认识世界可知与不可知的问题，其引申出来的理论就是——认识论，它所涉及的是认识的本质，认识的可能性及其现实性的问题。

(二)形而上学

"形而上学"一词的中文译名出自《易经》中之系词："形而上者谓之道，形而下者谓之器。"意为"行而上"的东西就是指道，是抽象的，既是指哲学方法，又是指思维活动。"行而下"则是指具体的，可以捉摸到的东西或器物。欧洲语言中的"形而上者"来自希腊语，如英语的"metaphysics"。这一词原是古希腊罗德岛的哲学教师安德尼柯给亚里士多德的一部著作起的名称，意思是"物理学之后"。亚里士多德的《形而上学》这本书，集古希腊哲学之大成，是古希腊哲学的一部百科全书。亚里士多德在其中集中全力探索了"形而上学"的研究对象。亚里士多德把人类的知识分为三部分，用大树作比喻：第一部分，最基础的部分，也就是树根，是形而上学，是一切知识的奠基；第二部分是物理学，好比树干；第三部分是自然科学，以树枝来比喻。

形而上学可以理解为是对存在的本质、基础及其结构问题的哲学探索，是对"终极实在"的研究。一般认为，哲学最初产生于人对世界的困惑，这种困惑是与终极性联系在一起的。所谓终极性问题，是指人总是在追寻他在这个世界中的位置，即为什么我会在这里？事物为什么是这样的？在所有这一切的后面存在着的究竟是什么？"实在"指的是事物被现象掩盖了的本质，人们通过一个事物的现象认识它是物的本质。但是人类的认识是发展的，许多过去认识到的"实在"被新的科学证明发现也只是现象，因此，人们必须思考，一个事物存不存在终极的实在，有的认为存在终极实在，即世界的原理事先已有定论；也有的认为认识是不断发展的，不存在终极实在。此外，如果存在终极实在，人类能不能掌握这个实在也是一个问题。

打个比方说，一把直尺插进水里，你的眼睛看见那把直尺是弯的。但是，你关于直尺的知识与你的光学知识告诉你：直尺不是弯的，是直的，你之所以看见它是弯的，是因为光的折射现象。这就是你透过现象，看到了本质。形而上学，就是"透过现象看本质"。因为，我们可以想，当我们用自己的感官去看世界的时候，这个世界，是否也像那把直尺一样，不是把它的本质正确地呈现给了我们，我们所看到的是不是只是这个世界的表面现象而对它的本质一无所知或有所误解？因此，形而上学的研究对象，就是事物的本质。对于这个问题有各种回答，比如：认为世界的本质是物质的；世界的本质是某种观念、精神；世界从上帝那里流出来的，等等。

简而言之，形而上学就是研究本质的学问。它是高于物理学的研究对象及规律，是研究其存在及实质。

三、中国哲学概述

中国哲学与西方哲学、印度哲学并称为三大哲学体系，具有源远流长的历史。它起始于夏商周三代，形成于春秋战国时期，发展至今已有 3000 多年的历史。在这漫长的历史过程中，中国哲学与中国社会、政治、文化等诸多因素交互作用，同生同长，形成了中国文化所特有的，并在世界哲学之林中独具韵味的哲学传统。先秦哲学、汉唐哲学、宋明理学和清代实学是中国古代哲学发展的四个阶段。在这里，我们主要介绍前面三个阶段。

(一)先秦哲学

先秦哲学是指从中国哲学的萌芽阶段开始，直到秦王朝的中央集权国家建立之前的漫长历史时期的哲学思维。这个时期是哲学的萌芽、兴起并奠定其基本格局的时期。在这个时期，先秦诸子掀起了中国思想文化，特别是中国哲学的第一高潮，迎来了中国哲学的真正觉醒。因此，先秦哲学最主要的特征就是诸子百家争鸣。同时，这个时期也被视为中国文化的"轴心时代"。

1.《周易》

《周易》本称《易》，是中国文化典籍中的一部奇书。它既是儒家的基本经典，位于六经(《易》、《诗》、《书》、《礼》、《乐》、《春秋》)之首，又为各派所看重，渗透到了中国传统文化的各个方面。它在中国哲学史上乃至世界思想史上都占有重要的地位，至今都在产生巨大的影响。历史上许多思想家、哲学家都从这部奇特、深奥、丰富的著作中，吸取思想养料，发展哲学理论。

《周易》的主要内容有三点。

一是关于矛盾对立的观点。《周易》的六十四卦，由八卦重叠演化而来，而八卦是由阴、阳两爻排列组合而成的。《周易》把阴、阳两爻作为两个基本的对立势力来看，将其余的所有卦象都归结为阴、阳两爻的变化表现。世界万物、社会现象都在两种势力的矛盾斗争中产生、发展、运动、变化。

二是关于发展变化的观点。在《周易》中，发展变化的观点贯穿其中，在一些卦中，反映了事物由低级向高级发展变化的思想。

三是关于矛盾转化的观点。事物在其发展过程中，达到了顶点，就要向对立面转化，这就是"物极必反"、"否极泰来"的思想。

《周易》的思想非常丰富，它涉及自然和社会的各个方面，极大地深化了中华民族的理论思维，诸如"天行健，君子以自强不息"等思想也反映了中华民族生生不息的进取精神。

2. 孔子与儒家思想

儒家的创始人是孔子，其代表人物还有孟子和荀子等。儒家的经典有《论语》、《孟子》、《大学》、《中庸》、《荀子》等。儒家哲学可以归结为以"仁学"为核心的伦理

哲学体系。

关于仁学的内涵，我们可以从以下五个方面来解释。

(1) 以"孝"释"仁"，即孔子试图通过血缘纽带建立一套普遍适于整个社会的伦理秩序，这是仁学的出发点。

(2) 以"礼"释"仁"，即仁的首要含义是一套以血缘关系为基础的纲常礼仪，这就是孔子念念不忘的周礼。

(3) "仁者爱人"，将"孝悌"推而广之，乃至于所有的人，这是仁学的核心。

(4) "推己及人"，这是仁学的实施方法，即著名的"己不所欲，勿施于人"。

(5) "君子人格"，这是仁学的追求目标，以颜回的"一箪食，一瓢饮，在陋巷"，却"不改其乐"的生活为最高典范。

与此相关，儒家特有的天人观(如孔子所谓"天何言哉！四时行焉，百物生焉，天何言哉！")、人性观(如孟子所谓之仁、义、礼、智的"四善端"仁、义、礼、智、信(五常))和尊师重礼等思想，对后世也产生了很大的影响。儒家文化是构成中国文化的主体。

3. 老庄与道家

道家的创始人是老子，继承人是庄子，史称"老庄学派"。道家的经典有《老子》和《庄子》等。这一派侧重于探讨宇宙观、人生观问题，倡导"无为"和"逍遥"是其显著特征。其思想体系的核心是"道"，并主张"道"为世界之根本，以"合于道"为人生追求的终极目标，故称"道家"。

老子的哲学思想集中于《老子》一书中，《老子》亦称《道德经》，共 5000 多字，是一部寓意很深、言简意赅的哲理诗。《老子》把"道"作为哲学的最高范畴。"道"的本来意义是道路的道，引申为规律、法则的意思。春秋时期，"天道"是指天象运行规律，"人道"是指人的行为准则。老子吸取了"道"的种种含义，把它上升概括为具有事物存在的实体和法则变化的规律这两方面的含义，认为"道"是产生世界万物的本原，万物是"道"的派生者。"道"为天地之根，万物之母，万物之宗。老子观察从人生到自然界和社会中各种事物的运动变化现象，从而探索出了事物变化的规律性(矛盾的对立统一)，提出了丰富的辩证法思想。

庄子和老子一样把"道"看作世界最高原理，认为无所不覆，无所不载，自生自灭，永恒存在，是世界的终极根源和主宰。"齐物论"是庄子哲学的核心思想。它是一种齐彼此、齐是非、齐物我的相对主义理论。它改造了老子关于对立面互相转化的思想，把事物的运动、变化加以绝对化，认为事物无时无刻不在变移，其形态绝不固定。庄子从相对主义出发，最终达到了"虚无主义"和"绝对自由"的"无己"、"无为"的人生观，他称为"逍遥游"。

道家在中国哲学史上具有深远的影响，它几乎与儒家一样经久不衰，并与儒家的理论互补而共同构成了中国传统思想文化的主干。

4. 墨翟与墨家

墨家，因创始人墨翟而得名。据说墨子早年受过儒家的教育，后来由于不同意儒家的

政治主张，鄙视周礼而抛弃了儒家思想，建立了墨家学派。在先秦时与儒家并称为两大"显学"，但因汉代统治者"罢黜百家，独尊儒术"，遂成绝学，其传承亦绝。墨家的思想集中在《墨子》一书中，在社会政治观上，墨子有十大主张：尚贤、尚同、节用、节葬、非乐、非命、兼爱、非攻、天志、明鬼，其中核心是"兼爱"和"非命"。

5. 韩非与法家

法家的思想起源于春秋时期齐国的管仲，创始人为战国时期的李悝、吴起、商鞅、慎到、申不害等人，最主要的代表人物是战国末期的韩非。法家的著作有《管子》、《法经》、《商君书》和《韩非子》等。韩非是法家思想的集大成者，他主张"法"(法令)、"术"(权术)、"势"(政权)三者密切集合，以巩固和维护封建君主专制制度。法家是在百家争鸣中，事业上取得最为辉煌成就的学派，中国历史上的第一个中央集权的君主制国家——秦王朝，就是按照法家的理想建立起来的。

(二)汉唐哲学

汉唐哲学思想的发展，是继先秦诸子哲学之后思想发展的第二个高峰。先秦儒学在适应时代发展的基础上，形成研究经典的"经学"，同时，强化了儒家的政治倾向，同时，道家思想也得到了进一步的发展，其在与儒家思想的碰撞融合的过程中形成了魏晋玄学。再者，佛教在经过初期的传播发展后，最终实现了"中国化"，形成了隋唐佛学，并成为第二阶段的主流。

1. 两汉经学

在汉朝统治者的提倡下，先秦典籍得到了一些整理、注释，儒家经典被称为"经"，研究儒家经典的学问就叫做"经学"。

正是在两汉时期，儒家学说经过新的整合取得了思想上的统治地位，而道家学说则成为影响最大的非正统思想。与此相应，在天人关系问题上，形成了以儒家思想为基础的天人感应观和以道家思想为基础的天道自然观。前者以董仲舒为代表，后者以王充为代表。董仲舒把阴阳五行说移到神学的体系中，把天抬到有意志的至上神的地位上来，把儒家伦理纲常的父权、宗教迷信的神权和最高统治皇权三位一体化，从而建立起"三纲"、"五常"的封建道德观和"天人感应"的神学目的论，并在中国哲学发展史上第一次对封建的政权、神权、族权、夫权的合理性、永恒性作出了理论说明。针对神学唯心主义目的论，唯物主义者以元气自然论与它展开斗争。唯物主义者利用当时自然科学成果，根据科学实际，在自然观、认识论、形神论、道德观、人生论等方面，对目的论进行了有力的驳斥。唯物主义者到王充时达到了高峰。王充继承了先秦以来的天道自然无为的思想，发展了庄子的唯物主义思想，区分了天道与人道的不同。王充指出，天和地都是无意志和无目的的自然实体，是由物质的元气构成的。王充在中国哲学史上开创了元气自然论的朴素唯物主义的新形态，把元气自然论的朴素唯物主义原则贯彻到哲学问题的各个方面。

2. 魏晋玄学

魏晋时期，由于统治集团的内部政治斗争激烈，政局不稳，朝代不断更替，许多在朝的知识分子随时都有杀身之祸。以皇帝为首的门阀士族、地主阶级从上到下，都过着荒淫、奢侈的生活，以虚伪的面貌掩饰残忍的本质，以口头清高掩盖卑鄙的行为。在这种政治形式下，在思想领域中产生了玄学。

"玄学"来源于老子的"玄之又玄，众妙之门"，即玄妙莫测。玄学家把世界说成是空的，叫人们无视现实和现实斗争。其目的在于麻痹和消解人民的斗志，巩固封建地主阶级的反动统治。"玄学"实际上就是以道和儒相结合，崇尚自然无为，即道家思想；笃信名教，尊崇"三纲"、"五常"，即儒家思想。玄学家所说的"名教本于自然"，就是儒道合一。

魏晋玄学的代表人物有王弼、嵇康、阮籍、郭象等。他们所讨论的核心问题是名教与自然的关系问题。名教就是"名分教化"，指封建社会的礼乐制度和道德规范；"自然"的意思是自然而然、自然无为，它是道的特性和法则。从道家的观点来说，名教属于无为的范畴，二者是相对的。所谓名教与自然的关系，实际上就是礼法与自然无为的关系。魏晋玄学是对汉末时期虚伪名教的扬弃和反叛，嵇康、阮籍等针对司马氏集团用以篡权的名教工具，尖锐地指出儒家经典所宣扬的礼法名教和司马氏所提倡的"以孝治天下"，本身就是束缚人性、违反自然，甚至是社会上一切伪善、欺诈等种种恶浊现象的根源，故不应为名教所拘，而求得精神上的自由。因此，魏晋玄学一方面在政治上继承了汉儒尊崇孔子的思想，另一方面在哲学上抛弃了汉代的天人感应的神学目的论说教，而用改造了的老庄哲学对儒学名教作新的理论上的论证，从而调和了儒道两者的思想，弥补了汉代儒学的不足。所以，玄学家大多既崇尚老庄的自然无为、追求放任的自由的生活方式，又不能完全背弃名教礼法，于是名教与自然的矛盾就成为他们必须解决的问题，他们或偏重于自然，或偏重于名教，或将二者调和起来。

3. 隋唐佛学

隋唐时期，随着经济和文化的繁荣，佛教在这一时期得到空前的发展，中国僧人在对佛教经典和教义进行总结、评判、选择的基础上，先后形成了许多具有中国特色的佛教宗派，其中对中国哲学的影响比较深远的主要有法相宗、华严宗和中国禅宗。

(1) 法相宗。创始人是玄奘，《成唯识论》为其代表作。玄奘信奉大乘佛教瑜伽行派的学说，特别注重对法相(事物现象)的分析，分析的结果是：认为一切事物都是识的变现，不能离开识而独立存在。

(2) 华严宗。实际创始人是法藏，其代表作有《华严经探玄记》、《华严经金师子章》等。华严宗提出了诸如"四法界"、"六相义"和"十玄门"等学说，主要是阐述一切差别的事物之间都是交互含容、全息统一的，真心与忘念、本质与现象以及现象与现象之间都是相即相入、圆融无碍的关系。

(3) 中国禅宗。实际创始人是慧能，主要著作是《坛经》。禅宗是中国佛教的实践派，他们自我标榜为"教外别传"，认为自己所传的是佛祖的心印，亦即佛教的觉悟之

心，因此，禅宗也被称为"心宗"。禅宗所关心的问题主要有三个：一是觉悟解脱的可能性或成佛的根据问题。二是关于修行实践的方法问题。三是觉悟解脱的实践问题。由于禅宗顺应并继承了中国的文化传统，它的发展特别迅速，后来逐渐成为中国佛教的主流，对后来中国思想的发展，特别是宋明理学有很大的影响。

(三)宋明理学

1. 宋明理学的产生背景

宋明理学是中国儒学的一种新的历史形态，是当时中国有抱负、有思想的学术群体对现实社会问题以及外来佛教和本土道教文化挑战的一种积极回应。理学家们继承先秦儒学资源，发挥原始儒家的形上智慧，吸收释道两家的方法思维，从哲学上论证儒家肯定世界的立场，形成儒家学说的特别形态，开拓了儒学的新领域。但理学家们并不把自己看作是汉儒的继承者，而是以直接接续孔孟道统为己任。

2. 宋明理学的主要形态

宋明理学主要有道学、心学和气学三大流派。其中，道学侧重从哲学上论证儒家伦理纲常的永恒性和至上性，在实践上强调对儒家伦理纲常的认识和内化；心学侧重于说明道德的内在根据与道德主体性，在道德上强调道德的外化和践履；气学的立场则接近于道学，但在哲学论证方式上又有自己的特点。

宋明理学的主要代表人物有周敦颐、张载、程颢、程颐、胡宏、朱熹、王阳明、刘宗周和王夫之等。其中，以朱熹和王阳明最为重要。

3. 宋明理学的主要特点

(1) 以形而上学为论证方式。为了构建儒家的形而上学，理学家们一方面借鉴佛教和道教在存在论上的先进成果，另一方面自传统儒学中尽量挖掘其形而上学的因素，如此一来，儒家道德信条式的理论体系终于变成了以哲学形而上学作为基础的哲学理论体系。

(2) 以伦理道德为核心内容。宋明理学直接以儒家的义理而非辞章作为主要的研究对象。这里所谓"义理"，实质上就是儒家的伦理道德学说，它包括儒家所提倡的纲常人伦以及内含于其中的"所以然"和"所当然"的道理。其中，心学对于伦理道德以外的事物毫无兴趣，而理学一派由于"格物穷理"的理论指导，对于万物之理的认识虽有超出伦理道德的范围，但其理论宗旨仍然归于对儒家伦理的必然性、普遍性和绝对性的把握。

(3) 以融合佛道为工具手段。其一是借鉴吸收佛道二教的宇宙观和本体论，建构儒家的哲学理论基础。其二是借鉴佛道传法的"法统"，创立儒家学说的传道体系。其三则是把佛道的禁欲主义说教吸收过来，提出了"存天理，灭人欲"的道德论主张。

(四)中国传统哲学的基本特点

中国传统哲学的基本精神是什么？自 20 世纪初，就不断有学者对这一问题进行探讨，譬如辜鸿铭认为是孔子说的"礼"，梁漱溟认为是"调和持中"，冯友兰认为是"极

高明而道中庸"，张岱年则认为是"自强不息、厚德载物"。当然，还有其他一些概括和说法，如把"忠恕之道"、"和合"、"天人合一"等看作是中国传统哲学的基本精神。我们认为中国传统哲学的基本特点集中体现在中国古代思想家长期探讨的"天人合一"、"知行合一"等思想中。

1. "天人合一"的统一和谐观念

"天人合一"是中国古代哲学关于天人关系的一种基本观点，强调天与人的关系紧密相连，不可分离。这种观点萌芽于西周时期，形成于春秋战国时期。汉代董仲舒明确提出"天人之际，合二为一"。宋代以后，天人合一的观点几乎为各派哲学家所接受，多数哲学家视"天人合一"为最高境界。由于出发点不同，他们的基本观点是天人既统一又有别。

总体上说，"天人合一"有复杂的含义，主要有两层意义：第一层意义是，人是天地生成的，人的生活遵从自然界的普遍规律；第二层意义是，自然界的普遍规律和人类道德的最高原则是一而二、二而一的。作为中国传统哲学的主干，儒家哲学从两条路线——义理之天和自然之天，推进着中国古代哲学关于天和天命，以及天人合一观念的发展，主张追求人与人的和谐，人与自然和谐与平衡。"天人合一"观念也大大影响了诸如军事、政治、文化、伦理等领域。就伦理方面来说，表现为重家庭、重集体、重人际关系的和谐等，这些观念有益于社会稳定和国家的统一，但也易压抑个人的发展和导致人与人关系的庸俗化。

2. "知行合一"的观点

知与行是中国哲学的一对重要范畴。"知行合一"是王阳明的重要思想，反对的是人们在生活中知行脱节的现象。知指知识、知觉、思想、认识；行指行为、行动、践履、实践。"知行合一"，即认识和行为、思想与生活必须相互符合、相互一致。孔子说，"知之者不如好之者，好之者不如乐之者"（《论语·雍也》），"笃行好学，守死善道"[①]（《论语·秦伯》），主张不但要知之，而且要好之、乐之；既要好学求知，又要坚持真理。而孟子一方面要求知道，另一方面更要求行道。他们讨论知行问题，多从道德认识和道德行为的关系立论，直到明清之际王夫之，才逐渐赋予知行以比较纯粹的认识论意义，他认为道德良知的实现依赖道德践履。因此，人之所以为人，因为人的道德良知，更因为人的道德践履，也就是说，人与禽之别，别在"知"，更别在"行"。这是王夫之对中国古典哲学认识论的贡献，也是王夫之对中国古典哲学人性论的发展。王夫之的知行观达到了中国古典哲学的最高水平，其缺陷是仍然存在认识伦理化的倾向。

3. "贵和尚中、和而不同"的和谐精神

传统的和谐思想主要体现了一种中正、中和、均衡、和合、协调的特征。但是，和谐不是消灭矛盾差别，而是在承认有矛盾、有差别基础上的和谐，是和而不同、求同存异，

① 杨树达著. 论语疏证. 南昌：江西人民出版社，2007

强调矛盾的统一与均衡，是多样性的统一。和谐是中国传统文化追求的最高境界和最终目标。中国传统的贵和尚中、和而不同的思想，表现在中国政治文化的各个方面、各个领域。譬如，重视人与自然的和谐相处，追求社会的和谐和人际关系的和谐等。当然，这种贵和尚中、和而不同的和谐思想毕竟是传统的和谐思想，它产生于以血缘关系为基础的自给自足的小农社会里，强调的是"不患寡而患不均，不患贫而患不安"，这种和谐与我们现在所提倡的和谐存在着本质上的区别。

4．浓厚的伦理色彩

以伦理为本位是儒家哲学最显著的特征，也是中国哲学最显著的特征。黑格尔曾经认为中国只有伦理学没有思辨哲学，这是欧洲中心主义的偏见，其实中国传统哲学在辩证逻辑方面达到了比较高的水平。中国传统哲学经典《周易》、《老子》、《孙子兵法》等，均极为深刻地展现了对立双方相反相成、相互依存、相互转化、事物自己运动的辩证观点。如果西方哲学发展所走的是本体论、认识论的路线，中国哲学发展所走的则是伦理学的途径。

中国古代哲学家认为道德需要是一种最高层次的需要，如孟子认为人们经过修养，能够达到"尽其心"、"如其性"，从而进入"知天"的境界。重人道精神，可以说是中国伦理思想的核心，如孔子明确解释"仁"就是"爱人"，其弟子曾子也说过"忠恕"是孔子伦理的重要原则。总之，中国古代大多数哲学家(主要是儒家)其学说带有较浓厚的伦理色彩。如汉代董仲舒宣扬"君为臣纲、父为子纲、夫为妻纲"的三纲说，北宋张载的"民胞物与"思想，以及"八目"(格物、致知、诚意、正心、修身、齐家、治国、平天下)、"五常"(仁、义、礼、智、信)等，都代表了中国古代哲学的伦理精神。

5．重民思想

重民思想主要体现为民惟邦本、民贵君轻的民本思想。中国是一个传统农业国家，自古以来就重视以民为本。早在殷商时期，就提出了"民惟邦本，本固邦宁"的思想，成为早期民本论的代表。从此以后，重民思想就一直没有中断过。可以说，从先秦一直到汉代的陆贾、贾谊、王符、仲长统，到隋唐的王通、韩愈、柳宗元，再到宋元的李觏、张载、范仲淹，以及明清之际的顾炎武、黄宗羲、王夫之，都对民本思想进行了丰富和发展。其中，黄宗羲的民本思想达到了中国传统民本思想的最高峰，它已经超越了儒家重民、爱民、为民请命的局限，触及到了民主、民治、民主监督等新层面。

四、西方哲学概述

西方哲学是指以欧洲为核心的西方民族哲学。在这里，我们从古希腊哲学、中世纪哲学和近代哲学三个阶段对西方哲学作简略介绍。

(一)古希腊哲学

古希腊哲学是人类认识发展史的最初阶段。它主要指从公元前 6 世纪形成到公元 6 世

纪初消亡这 1000 多年的哲学思想。古希腊哲学是一个无所不包的统一的知识体系，最早的哲学家也是自然科学家或社会科学家。它着重从本体论的角度探索思维与存在的关系。古希腊哲学家观察事物和思考问题还停留在感性直观的水平上，表现出自发的辩证法倾向。

1. 自然哲学

古希腊哲学开始于对自然的思考。泰勒斯被公认为西方哲学史上的第一位哲学家，因为他第一个提出了"什么是世界本原"这个有意义的哲学问题。

早期自然哲学家关于"世界本原"的思考有两条线索：即一和多，变与不变。这两对矛盾产生出四种立场：泰勒斯、阿拉克西美尼和赫拉克利特分别认为本原是水、气、火，但这个"一"是变化的，正是其变化催生了这个世界；毕达哥拉斯提出了"数本原说"，认为"数"是万物的本原，"数"当然是多的，但它们是不变化的；巴门尼德第一次提出了"是者"(being)的概念，这个"是者"是不生不灭的、连续的和完满的，因而是不变的"一"；恩培多克勒、阿拉克萨戈拉、德谟克利特则认为世界的本原是变化着的"多"（"四根"、"种子"和"原子"）。

2. 智者学派

智者学派也叫智者运动，是古希腊奴隶主民主政治的直接产物。所谓智者，在古希腊就是指传授知识的人。他们擅长逻辑学和语言学、修辞学，靠逻辑严密和辞章华丽打动人心，向学徒传授各种知识，因此，他们都可以称为教育家。智者派的思想带有浓厚的怀疑主义和相对主义倾向，关心社会伦理和政治问题，多持对立和批判态度，其学术思想和表达方式往往重破而不重立。智者派的代表人物普罗泰戈拉基本上是个唯物主义者，在他看来，人命天赋的道德知识等一切知识都从感觉中获得，并从知识就是感觉的命题出发，引出了"人是万物的尺度"的哲学命题。但普罗泰戈拉忽视理性认识在认识中的地位，把知识仅仅归于感觉，这是片面的。

3. 苏格拉底

据说，苏格拉底是第一个把哲学从天上拉回人间的人。苏格拉底把"知道你自己"当作自己哲学的格言。它标志着古希腊哲学从自然哲学到人学的转变。苏格拉底哲学的基本要点是，他在批判自然哲学中得出了目的论，在批判智者学派中得出了道德上的普遍原则，而苏格拉底哲学的中心内容是：关于建立道德原则的普通方法。苏格拉底认为，真正的知识就是从具体的道德行为中寻求普遍的道德定义，而寻求定义的方法就是论辩诘难或者对话。他把自己的这种认识真理的方法叫做"助产术"。

4. 柏拉图

柏拉图是苏格拉底的学生。然而柏拉图和苏格拉底又有不同，苏格拉底只就道德来论道德，而柏拉图则首先研究他们的本体论和认识论的基础，这样柏拉图就在苏格拉底的基础上，把古希腊哲学大大推进了一步，成为古希腊哲学史上最伟大的唯心主义哲学家。

"理念论"是柏拉图主义的要旨。柏拉图所谓的理念，实际上是指一类个别事物的共同性。例如，所有白马、黑马、灰马等都有"马"的共性，所有的个别的人，都有"人"的共性，这些同类个别事物的共性的东西叫做理念。柏拉图认为，和多变的、相对的、感性的事物不同，理念乃是不变的、绝对的存在，现实的具体事物是虚幻的，理念才是真实的，是世界万物的本原。

5. 亚里士多德

亚里士多德是柏拉图的学生。他是在古希腊哲学、自然科学和社会科学繁荣的基础上，对众多知识门类进行了认真而独特的研究，是古希腊哲学的集大成者。按照亚里士多德对哲学的理解，哲学乃是一切科学的总汇，包括理论科学、实践科学和艺术三个大的门类。亚里士多德在总结以往哲学的是非得失之后指出，第一哲学的研究对象既不是"自然"，也不是"理念"，而是"是者"。

亚里士多德虽然是柏拉图的学生，但他反对柏拉图将理念看成是和个别事物分离的、独立存在的实体。他认为理念或他所说的"形式"不能离开感官事物而独立，普遍不能离开个别而独存。因此，亚里士多德所谓的实体主要指的是个别事物，在此即"第一实体"。

(二)中世纪哲学

从公元 5 世纪到 15 世纪东罗马帝国灭亡大约 1000 年，被称为中世纪。在这个时期，基督教支配了整个欧洲的世俗权力和精神生活。人们关注的中心不是世俗生活而是脱离世俗的天国，这时期的哲学成了神学的婢女。西方哲学形成了自己的新形态：基督教哲学。神与人、天国与世俗、信仰与理性关系的问题是中世纪哲学探讨的主要问题。

中世纪哲学大致分为三个时期。

1. 早期中世纪哲学(约公元 400 年—公元 1000 年)，是基督教哲学时期

在这一时期，以奥古斯丁为代表的教父哲学占统治地位，教父哲学是基督教哲学的最初形态。奥古斯丁把哲学与神学结合起来，以神为核心，信仰为前提，系统地论证了基督教的基本教义。他认为，物质世界是暂时的，灵界是永恒的，神是无限而永恒不变的超越存在。其理论的基本精神是，"人应该爱上帝，鄙视自己"。奥古斯丁的理论确立了基督教哲学，为中世纪经院哲学奠定了基础。

2. 中期中世纪哲学(约公元 1000 年—公元 1300 年)，是经院哲学的全盛时期

自 11 世纪开始，理性思辨兴起，基督教神学的命题以问题的形式提出来。教会学院的学者们以理性形式为教义作出各种证明和解释，产生了以抽象思辨和烦琐论证为特征的经院哲学。其所讨论的问题集中于唯名论与实在论之争，这是由古希腊哲学家中柏拉图和亚里士多德关于重普遍概念还是重个别事物的思想分歧发展而来的。实在论以英国坎特伯雷的大主教安瑟尔谟(一译安瑟伦)为代表，此派主张普遍是存在的，普遍先于个别而独存；唯名论以罗瑟林(又译洛色林)为代表，此派主张只有个别的东西有实在性，个别先于

普遍，普遍不过是名称。

一般认为，托马斯·阿奎那是基督教哲学理论集大成者，经院哲学之父。他提出了哲学是"神学的婢女"，是宗教神学的旁支。他十分推崇柏拉图、亚里士多德的思想，称他们为"异教徒中最接近上帝城的人"，阿奎那翻译注释了大量亚里士多德的著作，并把它们定义为基督教经院派专业研究课本和世俗社会的参照，初步编纂成一套被称为"托马斯主义"的中古时代统治思想的百科全书。托马斯主义不仅是经院哲学的最高成果，也是中世纪神学与哲学的最大、最全面的体系。但托马斯的哲学思想仍认为：理性与一切知识并非是独立的，而是信仰的补充，其作用只是支持基督教的信仰。

3. 晚期中世纪哲学(约公元 1300 年—公元 1500 年)，是经院哲学的衰落时期

14 世纪，城市手工业、商业进一步发展，市民阶级兴起，罗马教会逐渐衰落，怀疑主义和人本主义思潮逐渐抬头。在这个时期，唯名论和渊源于新柏拉图主义的神秘主义异端思想重新盛行起来，个人自由的思想抬头，理性与信仰逐渐分离。这一时期哲学思想的变化，为 14 世纪下半叶以后文艺复兴时期人本主义思潮的兴起作了思想准备，西方哲学由中世纪哲学缓慢地转入了近代哲学。

(三)近代哲学

1. 第一期：公元 15—16 世纪

这是由中世纪到近代的过渡期，即公元 15—16 世纪的所谓"文艺复兴"时期。"文艺复兴"时期，实际上是欧洲新兴资本主义关系的形成时代。在这个时期，西方哲学的发展出现重大的转折，哲学研究的对象从面向神转变为面向人和自然，在批判神学和经院哲学的斗争中，以人和自然为中心的人文主义、自然中心思潮迅速兴起。

人文主义的基本精神是抬高人的地位，贬低神的地位。人文主义者认为，天主教的全部罪恶就在于鄙视人的存在，扼杀人的本性。它在反神学的斗争中发现了"人"，并且用人去对抗神。尽管人文主义者们的政治观点、学术观点不尽一致，但是，以人为中心这个基本精神却贯穿于人文主义者的各种著述之中，渗透于各个学科领域，特别是在文学、艺术作品中。

文艺复兴时期的自然哲学具有鲜明的反对基督教神学和经院哲学的倾向，并在很大限度上克服了古代自然哲学的直观性和猜测性，力图用新的自然科学成果来加深和论证他们的哲学认识。但是由于这个时期的自然科学刚刚形成，主要研究的是与生产实践相联系的技术问题，还未形成严密的科学体系，也缺乏精确的科学实验来证明，但是，自然科学家们所作的某些概括还不免带有思辨性质，同时也包含有丰富的自发的辩证思想。这个时期的哲学家代表人物主要有达·芬奇、特勒肖和布鲁诺等。

2. 第二期：公元 17—18 世纪末期

真正的近代哲学即开始于这个时期，这个时期是资本主义经济的大发展时期。资本主义经济的发展，极大地推进了近代自然科学的形成和发展，而这对当时的哲学的发展也有

深刻的影响。

17 世纪的哲学广泛地吸取了实验自然科学的成果，丰富了唯物主义哲学的内容，从而克服了古代唯物主义哲学的朴素性，有力地打击了封建神学和经院哲学。哲学家们把当时自然科学中流行的形而上学分析方法提升为哲学方法论，使这个时期的唯物主义哲学具有形而上学的性质。这个时期自然科学所采取的方法是撇开事物的广泛的、整体的联系，对自然事物进行孤立的、片面的、静止的考察。这种孤立的、静止的和片面的考察事物的方法提升为哲学方法论，就是所谓的形而上学的思维方法。在当时的历史条件下，它对推进人类的认识具有积极的历史意义。

近代科学的方法肇始于伽利略，他同时也为近代哲学提供了研究的方法。伽利略的方法的特点是，以观察和实验为基础，进行经验的归纳和数学的演绎。他与培根都很重视归纳法，但培根轻视演绎法，而伽利略则归纳法和演绎法同时并举。

归纳法与演绎法两种方法上的分歧，在哲学认识论上表现为经验论与唯物论之争。经验论认为哲学的研究方法只是以实验、观察为基础的归纳法，知识只限于感官经验中的东西，经验者轻视、否认超经验的玄学问题。唯理论则依据数学演绎法，认为思维独立于感官经验，思维可以把握超经验的东西，唯理论者重视玄学问题的研究。

经验论者和唯理论者是从两个相反的角度去求得思维与存在、主体与客体的同一的。经验论者重视感觉中个别的东西，重视多样性，其思维源于中世纪的唯名论；唯理论者重视思想中普遍的概念，重视统一性，其思想源于中世纪的实在论，经验论者的代表人物是培根、霍布斯、洛克、巴克莱和休谟，唯理论的代表人物是笛卡儿、斯宾诺莎、莱布尼茨和沃尔夫。经验论和唯理论之争是近代哲学的一条重要线索。

3. 第三期：公元 18—19 世纪

这主要是以康德、黑格尔为代表的德国古典哲学发展时期。

康德是德国古典哲学的第一个集大成者。他继承和发展了西方哲学史上关于认识过程的三分法，"感性"、"知性"和"理性"三个环节构成了他的整个认识体系。他主张知识既要有感觉经验的内容，又要有普遍性、必然性的形式。他认为，作为感觉经验之外部来源的"物自体"是不可以认识的，对知识起主导作用的是作为人类普遍意识的"自我"(主体)的"综合作用"："自我"靠自己的"综合作用"把多样性的东西统一于普遍性、必然性之下，从而构成科学知识。但是，人心的综合绝对不会满足于此种统一，人心还有比"知性"更高的"理性"阶段。"理性"要求超出有条件的知识、经验的范围之外，以达到无条件的最高统一体——理念。知识、经验是现象界，是可知的领域，是必然王国；理念是本体界，是不可知的领域，但却可以为信仰所把握，是自由的王国。康德认为，"知性"的概念范畴总是非此即彼的，只能应用于多样性的事物，若用它们去规定超经验的最高统一体——世界整体，则必然出现"二律背反"。可以说，康德为了维护人的精神的独立自由，维护人的主体性而有意地把自由从必然性中分离出来了。

黑格尔是德国古典哲学的另一个集大成者，也是哲学史上最后一个百科全书式的人物。他庞大的哲学体系，包括逻辑学、自然哲学、法哲学、历史哲学、心理学、美学、宗

教哲学以及哲学史等学科。黑格尔从他的唯心论的人本主义出发，坚信人类理性的力量，主张思维和存在的同一性。他是一个唯心主义的辩证的可知论者。他的思维和存在同一性学说的基础，是客观唯心主义的"绝对理念"论，其主要方法则是辩证法。他从唯心主义出发，深入发挥辩证思维方法，同时又运用辩证思维方式加强他的唯心主义，以论述思维和存在的同一性，即世界的可知性。黑格尔的辩证法是唯心主义的，他的唯心主义的优势是辩证的。然而，在黑格尔哲学中，唯心主义和辩证法之间也存在矛盾，本质上革命的辩证思维方法往往为他的唯心主义体系所窒息。

(四)西方哲学的主要特征

作为人类思维活动的一种主要理论形态，西方哲学与其他哲学相比，具有较为明显的个性特征，这使得西方哲学比较容易地与其他哲学区分开来，也使得西方哲学最终确立了自己在整个人类思想史中不可替代的地位。西方哲学的特征主要是通过它的传统演变呈现出来的。在西方哲学的历史演变过程中，可以看出哲学在西方所形成的两个主要传统，即思辨的形而上学和理性的科学方法。

1．思辨的形而上学

形而上学的思辨不仅是西方古代哲学的核心内容，也是整个西方哲学的主要内容。尽管不同哲学家对"形而上学"有各自不同的理解，但作为一个哲学术语，哲学家们还是普遍认为，它是指对"实在"最基本的成分或特征的研究，或者对我们在叙述"实在"时使用的最基本的概念的研究。

西方哲学中的形而上学传统不仅表现在它所研究的共同领域，更重要的是它的思辨精神。哲学上的思辨不同于一般意义的思考和辩论，它主要是指思想者对所思之物的反思和批判，是思想者的一种概念化、抽象化的自我反省。西方哲学的思辨精神主要来自对形而上学问题的思考。在这种意义上，哲学的思辨就是哲学本身，哲学家们对形而上学问题的探究构成了西方哲学的主线。在西方哲学的传统中，思辨往往被当作一种重要的研究方法。然而，在对形而上学问题的研究中，思辨已不再单纯是一种方法，而是哲学研究的内容和灵魂，或者说，形而上学既是哲学研究的主要领域，也是哲学思辨的主要结果。在某种意义上可以这样说，西方哲学与科学、宗教的一个重要区别就在于它的思辨：科学不讲思辨，因为它需要对理论的证明或证据；宗教不需要思辨，因为它要求信仰和服从；只有哲学才需要思辨，因为它"一无所有"。就是说，它没有自己的特殊领地或要捍卫的基本信条，它的任务就是要反思世界，反思自我，并通过这种反思得到我们从科学和宗教中无法得到的认识。而这样的认识将有助于我们更好的理解我们所生活的世界和我们自己，进一步说，为了我们更好的生活。所以，反思和思辨就成为西方哲学的特有标志。"为思而思"或"为知识而求知"或"为真理而求真理"就是西方哲学的主要精神。

2．理性的科学方法

众所周知，哲学与科学在西方是一对孪生儿，他们共同诞生于公元两千多年前的古希

腊。虽然科学在后来的发展中逐渐脱离了哲学的影子，成为一种独立的理论体系和研究方式，但它仍然对哲学具有重要作用和广泛影响。这种作用和影响主要是通过两个方面来实现的：一方面，科学的迅猛发展使得哲学家把科学作为哲学研究的典范或模型，希望按照科学的模式建构哲学体系或规范；另一方面，更重要的是，科学的理性分析、客观观察、中立立场等，直接促成了哲学的理性特征，正是在这种意义上，哲学家们也把"哲学"称作或理解为一种科学。按照西方人的通常理解，"科学"的概念其实就是获取知识的方式、手段以及结果。迄今为止，人们仍然认为：科学知识是已证明了的知识。科学理论是严格地从用观察和实验来的经验事实中推导出来的。科学是以我们能看到、听到、触到的东西为基础的。个人的意见或爱好和思辨的想象在科学中是没有地位的，科学是客观的，科学知识是可靠的知识，因为它们是在客观上被证明了的知识。

西方哲学传统中的科学方法不是简单地把自然科学的研究方法运用到哲学问题上，而是强调哲学研究中的理性精神。自古希腊以来，哲学家们就把自己所从事的工作看作是一门理性的事业。苏格拉底被看作是这种哲学活动的象征，他代表了哲学的理性和批判精神。苏格拉底不断地向自己发问，同时请求他人给他一个清楚的回答。在苏格拉底那里，一切哲学思想都需要理性和批判。但是，对是否一切都可以是合理的，每个命题、观念、信念等是否都必须展现在批判反思之下这样的问题，不同的哲学家会给出不同的回答。正是对理性的这种复杂的认识，构成了西方哲学传统中的理性精神。

第二节 宗 教

一、宗教概论

(一)什么是宗教

宗教是人类社会发展到一定历史阶段出现的一种文化现象，属于社会意识形态。它的主要特点为，相信现实世界之外存在超自然的神秘力量或实体，该神秘力量或实体统摄万物而拥有绝对权威、主宰自然进化、决定人世命运，从而使人对该神秘的力量或实体产生敬畏及崇拜，并从而引申出信仰认知及仪式活动。在人类早期一些社会中，宗教承担了对世界的解释、司法审判、道德培养和心理安慰等功能。现代社会中，大多数科学和司法已经从宗教中分离出来，但是道德培养和心理安慰的功能还继续存在。宗教所构成的信仰体系和社会群组是人类思想文化和社会形态的一个重要组成部分。研究宗教的学科是宗教学。

(二)宗教与科学的关系

科学是反映客观规律的知识体系，科学知识萌发于人类早期的社会实践，古代文明已包含许多近代科学得以发展的因素。由于人类社会实践和认识的历史局限性，古代的科学知识在很长的历史时期一直附属于在思维方式上尚未摆脱想象性和猜测性的自然哲学体

系，甚至寄生于宗教神话中。在中世纪，科学成为了神学的分支。科学与宗教的历史混合状态随着人类社会实践和认识的发展而逐步解体，科学从自然哲学体系和宗教神话中分化出来，成为实证性的科学。1543 年，哥白尼《天体运行》一书的出版，是近代科学与宗教世界观彻底决裂的第一次宣告，从此自然科学便开始从宗教神学中解放出来，科学的发展从此便大踏步地前进，科学与宗教走上了公开冲突的道路。

宗教与科学的不同主要体现在以下三个方面：第一，科学与宗教在本质上是对立的。科学不承认任何超自然的力量，反对用超自然的原因和力量去证明任何自然现象及其发展过程。宗教就其本质而言就是对超自然力量的崇拜，相信超自然的上帝和神灵主宰世界。宗教的本质决定它否认客观存在的必然性和规律。对超自然力量的肯定和否定，决定了宗教与科学在本质上的对立是不可调和的。第二，在认识方法上，宗教与科学也是根本不同的。自然科学从物质的各种实在形式和运动形式出发，去认识事物的各种联系并尽可能地用经验去证明。而宗教认识其信仰对象的基本方法是信仰主义，依靠超经验、超理性的启示或神秘主义的直觉。第三，在社会作用方面，宗教与科学也是大相径庭的。科学技术的发展造成巨大的社会生产力，从而推动社会的发展。马克思主义把科学看作是最高意义的革命力量。虽然宗教在特定的历史条件下也通过宗教运动对社会发展起过特殊的推动作用，但一般说来，宗教在历史发展中是一种保守的因素。因为宗教往往把现存的社会制度当成神意的体现，看成神圣不可侵犯的东西。

历史上，科学在每一领域取得的任何重大成就，都意味着在这个领域内自然规律的发现和对超自然力量的否定，意味着把神秘的作用和无知的影响从这个领域中清除出去。17世纪以来，近代实验科学所开始的从自然界各个领域中清除上帝主宰作用的进程势不可挡，从 17 世纪到 19 世纪，由笛卡儿、康德、拉普拉斯、达尔文所代表的进化理论在天体物理学、地质学和生物学中取得了重大成就，形成了与上帝创世信仰直接对抗的天体演化说、地质发展观和生物进化论。19 世纪以来，自然科学的重大发展导致对自然规律更完善的表述，如现代物理学为经典力学、相对论和量子力学找到了它们各自适用的条件和范围，把研究高速运动的相对论，研究常规运动的经典力学和研究微观世界的量子力学有机地统一起来，进一步证明了神学世界观的臆测成分。自然规律的新发现，自然科学的新进展，必然促进对宗教神学的进一步认识。

(三)宗教与哲学的关系

宗教与哲学是人们经过不同阶段而产生的两种对社会、自然及人本身的认识。宗教通常被视作源于所谓的"普遍法则"，而"普遍法则"在宗教学家看来是造物主所创造出来的，它包含着超越时空的永恒，绝对的真理。而哲学则是人们通过认识自然、社会，从世界发展的各种个性事物依靠观察、实验、推理、求证、归纳等方法逐渐获得的理性认识，这种认识是由感性认识逐渐上升为理性认识的。它不同于宗教认识的是，宗教认识是人通过直觉或经历偶然事件，激发先天的禀性而产生的理性认识。这种认识对每个人来说是潜意识存在的，只是每个人被激发的时间和方式不同而已。因此，宗教先于哲学而存在，这是一个基本认识。

简单地说，哲学其实就是人们在认识过程中发展而成的对事物和人类自身的较为理性的一种认识状态。这种认识分为两种不同的形式，一种是超越自我和时空的较为理性的认识，另一种是在一定时间和空间之内有一定局限性的趋于理性的认识。后一种认识是最终要过渡或达到第一种认识层次的。宗教信仰一般涉及人的精神世界，它表现为对一定的思想、观念、原则、理想等不可动摇的心理定势，并且从根本上制约着人的知识、情感、意志、行为，使之服从、服务于自身，它除了满足人类社会对道德、法律的需求外，还满足人们对合理、公正、公平、稳定、趋善向上的社会追求。因此，宗教信仰的存在和其先天性地被激发是必然的。

宗教与哲学是人类认识自我、认识世界的必然发展阶段。在这个认识过程中，人们先有了宗教信仰，之后产生了哲学以及其他科学。虽然宗教与哲学是看似相近的孪生兄弟，但是它们却有质的区别。在前面的论述中我们知道，宗教信仰是人先天潜在的认识，而哲学则是人们通过实证等形式后天趋于真理的认识。无论它们在哪一个发展阶段，这两种认识最终将合二为一，殊途同归，即它们认识的目的是同一的，都是趋向于宇宙的真理。

(四)宗教与迷信的关系

宗教与迷信都是以有神论观念作为它们的思想基础，相信和崇拜神灵或超自然的力量，这是它们的共同点。宗教发展史上，早期的原始宗教，是"多神教"或"拜物教"，是不定型、不成熟的宗教，如有的没有宗教教义，没有宗教组织，甚至没有宗教名称。这种原始宗教所包含的内容：一是人们头脑中有了有神论观念，这是产生宗教的一个条件；二是人们对"人格化的神和代表他们的偶像"有了举行祭祀的仪式，以祈求大自然物的神灵降福消灾；三是社会上出现主持祭祀的人员，最初是由氏族酋长兼任，以后才有专职人员。

在整个原始社会里，宗教和迷信的界限很难分清楚，形成宗教和迷信并存的状态。人类进入阶级社会以后，才产生了定型的、完备的、系统的宗教，如佛教、伊斯兰教、基督教、犹太教、印度教、道教等。从此以后，以巫术驱鬼为特征的迷信活动逐步从宗教中分离出来，形成一种粗俗的鬼神迷信。在中国历史上，有些鬼神迷信早在奴隶社会就存在，但大部分是在封建社会产生的。因此，一般地把这种鬼神迷信称为封建迷信。

宗教与封建迷信是有着明显区别的。宗教是一种特定形式的思想信仰，是一种世界观，只不过是"支配着人们日常生活的外部力量在人们头脑中的幻想的反映，在这种反映中，人间的力量采取了超人间的力量的形式"。[①]宗教还是一种一定形态的文化现象，不论在哲学、文学、艺术、伦理等社会学领域还是医学、化学、天文学、生命学等自然科学领域中，都留下了丰富的文化遗产。在历史上，宗教成为世界各国人民进行文化交流的一个重要组成部分。宗教还是同一思想信仰的人们构成的一种社会实体，也就是与宗教信仰、宗教感情相适应的宗教仪式和宗教组织所构成的一种社会实体。对于正常的宗教信仰

---

① 中共中央马克思恩格斯列宁斯大林著作编译局编. 马克思恩格斯选集(三). 北京：人民出版社，1995

和宗教活动，只要引导的好就有利于社会的稳定和民族的团结。封建迷信是从有神论观念派生出来的，但并不是宗教。在中国，封建迷信主要是指那些神汉、巫婆和迷信职业者利用封建社会遗留下来的巫术，进行装神弄鬼、妖言惑众、骗钱害人的活动，如请神降仙、驱鬼治病、相面揣骨、测字算命、看风水等。这类封建迷信活动，起着破坏社会秩序、扰乱人心、损害群众身体健康的作用。此外，中国真正信仰宗教的人并不多，但信鬼神和命运的却不少，他们有时也烧香叩头，求神保佑。如果我们把宗教和迷信当成一回事，势必把凡是信鬼神和命运的人都看成是"宗教信徒"，这不仅在理论上是荒谬的，而且在实践中也是有害的。

我们党和国家在对待宗教信仰和封建迷信活动以及一般迷信活动上，历来有明确的政策界限。对于佛教、道教、伊斯兰教、天主教、基督教等主要宗教，实行宗教信仰自由的政策，保护正常的宗教信仰和宗教活动。对于已经被取缔的一切反动会道门和神汉、巫婆，一律不得恢复活动。凡妖言惑众、骗钱害人者，一律严加取缔，并且绳之以法。中国《刑法》第 99 条规定："组织、利用封建迷信、会道门进行反革命活动的，处五年以上有期徒刑；情节较轻的，处五年以下有期徒刑、拘役、管制或者剥夺政治权利。"第 165 条规定："神汉、巫婆借迷信进行造谣、诈骗财物活动的，处二年以下有期徒刑、拘役或者管制；情节严重的，处二年以上七年以下有期徒刑。"此外，对于以看相、算命、看风水等为生的迷信职业人员，主要是进行教育、规劝和帮助他们劳动谋生、自食其力，不要再从事这类利用迷信骗人的活动，如不遵守，也应当依法取缔。对于群众的一般迷信活动，只能采取教育引导的方法，通过普及科学文化知识，提高他们的思想觉悟，破除迷信观念。

二、佛教

(一)佛教的起源

佛教发源于公元前 6 世纪的古印度，由古印度迦毗罗卫国(今尼泊尔南部)净饭王的儿子释迦牟尼(参见图 2-1)创立。释迦牟尼姓"乔答摩"，名"悉达多"。释迦牟尼是人们对他的尊称。释迦是他的家族名，"牟尼"意为明珠，相当于圣人的意思，因此释迦牟尼的完整意思就是释迦族的圣人。佛教徒则称呼他为"佛"或"佛陀"，是有"醒悟的人"或"启悟的人"的意思，有我们中国文化中"众人皆醉我独醒"的感觉。

图 2-1 释迦牟尼佛像

关于释迦牟尼的生卒年代没有统一的说法，通常认为是生于公元前 624 年，死于公元前 544 年，享年 80 岁。大体上相当于我国春秋时代，与孔子同时。他当时是迦毗罗卫国国王净饭王的长子，母亲名摩耶。由于他从小就比较聪明，父亲希望他将来能继承他的王位，做统一天下的君主。

释迦牟尼幼年常常思考一些诸如生老病死等人生问题，思考如何解除这些苦恼，并认

为未来的王位和书本知识都不能解决这些困惑，进而有出家修行的想法。在 29 岁那年，他感到人生无常，在一天夜深人静的时候，偷偷地离开皇宫，脱去了王子的衣服出了家。他最初与一些苦行的人一起寻求解脱之道，但没有结果。一个人来到菩提迦耶的一棵菩提树下坐禅，经过七天七夜终于战胜魔障，获得了彻底的觉悟。他找来了当初他父亲给他安排的五个随从，向他们说法，从而成立教团，创立佛教。

(二)中国佛教发展概要

佛教虽然发源于印度，但传到中国后与中国的传统文化互相影响、吸收，发展为中国的民族宗教之一，成为中国封建文化的重要组成部分，对中国古代社会历史、哲学、文学、艺术等其他文化，都产生了深远的多方面的影响。

佛教何时传入中国，历史上说法不一。现在大都以西汉袁帝元寿元年(公元前 2 年)，大月氏使臣尹存口授《浮屠经》给博士弟子景卢为佛教传入中国的标志。

佛教能够在东方好多国家广泛流传至今的主要原因之一，是佛教本身的宗教思想与东方文化相吻合。佛教传到中国后，与中国文化的融合发生的变化，实际上是由于语言和文化上的差异。佛教的教义主要是通过佛经的翻译来传达的。古代从事佛经翻译的主要是一些外来的传教僧人，最早的佛经翻译可能是汉明帝时代从大月氏国来的迦叶摩腾、竺法兰，他们在洛阳白马寺译出《四十二章经》。汉桓帝时安息国安世高和月氏国支谶，译佛经数十部，约一二百卷。灵帝时有印度竺佛朗也在洛阳宣讲佛教，并著有《牟子理惑论》，主张佛教思想与中国文化调和。佛经翻译家最著名的是西域名僧鸠摩罗什。

魏晋南北朝时代，佛教逐渐在民间流传开来，另外，其他的一些印度佛教派别也来到中国，如禅宗祖师菩提达摩就是在这个时期来到中国的，达摩在嵩山少林寺隐居面壁九年的故事在中国广泛流传。

到唐朝时(公元 618 年—公元 907 年)，印度的佛教已经发展了几百年了，出现了多种佛教派别。在唐代中国佛教的一件大事，就是在中国妇孺皆知的《西游记》中的唐僧——玄奘大师不远万里去印度留学。他回国后，唐太宗非常重视，安排了数千人参加玄奘大师的佛经翻译事业。因玄奘大师的弘扬，使印度后期佛教哲学和大、小乘佛教的经典，在中国得到广泛地传播，使佛教最终实现中国化。

佛教在中国的发展过程中，特别是在唐代，形成了既符合佛教基本理论，又极具中国文化特点的宗派，主要有天台宗、华严宗、禅宗和唯识宗等。

(三)佛教的基本教义及主要经典

在某种意义上，佛教教义的主要内容可分为两大方面：一是关于善恶因果与修行方面的，这是佛教教义的实践方面、宗教方面、道德说教方面。佛教的善恶因果观与修行法门，既与其他一切宗教、道德说教有共通之处，又自有其殊胜之处。二是关于生命和宇宙的真相方面的，这是佛教教义的理论方面、哲学方面、辩证思维方面。佛教关于生命和宇宙的真相的理论，是建立在佛教修行(主要是禅悟)基础上的成果。当然，从具体内容上看，这两大方面是不可能截然分割开来的。

1．佛教的基本教义

佛教的基本教义主要有缘起、法印、四谛、十二因缘、三界六道、涅槃等。

1）缘起

"缘起"，即"诸法由因缘而起"，意思是说世间的一切事物和现象，都是在相待相持的关系中存在，离开了这些条件，就不能生成任何事物和现象。"因"指一事物或现象产生之主因，"缘"指一事物或现象产生的助因。举例来说，如一张桌子的产生，木料是因，木匠的加工是缘。没有这因缘，就不会有桌子的存在。在《杂阿含经》中，释迦牟尼曾经给"缘起"下了一个这样的定义："此有故彼有，此生故彼生，此无故彼无，此灭故彼灭。"此缘起之理为释迦牟尼悟道成佛之所证悟，为佛教之基本原理。佛教以缘起解释世界、生命及各种现象产生之根源，由此建立起佛教特殊的人生观和世界观。而所谓缘起论，即阐释宇宙万法皆由因缘所生起之相状及其原由等教理的论说。缘起论是佛法的代表，是佛教与世界上其他宗教、古今任何哲学流派相区别的根本特征。所以佛教常说"诸法因缘生，诸法因缘灭，吾师大沙门，常作如是说"。

2）三法印

所谓"法印"，即作为印证是否合乎佛法的标准。而"三法印"，即"一切诸行无常，一切诸行苦，一切诸行无我"。通常作：诸行皆苦，诸行无常，诸法无我。所谓诸行皆苦，依照佛教对人生的根本看法，认为人生从本质上来说就是苦。苦与乐相对，但乐是暂时的，苦却是永恒的。就比如我们喝水解渴，是一种乐，但这种满足带来的乐显然是转瞬即逝的，而对水的需求却是永恒的，这种无限的追求和欲而不得就是苦。所以，佛教的苦从根本上来说是建立在人的欲望上。同时，佛教对苦的理解又建立在对人生的生老病死的认识上。生老病死是人生的基本过程。对于后三者，我们通常也认为是苦，但佛教却认为生也和其他三种一样，也是苦，而这我们通常却认为生是一种乐。具体来说，依佛教理论，母亲十月怀胎，对母亲是苦，对胎儿也是苦，进而，新生命的出生也是一种苦。所谓诸行无常，常是恒常义。由于诸法皆由因缘而生，都受"条件"的限制，所以当条件不存在时，事物也将不存在，故而是刹那生灭的，没有永恒性。所谓诸法无我，是指世间众生没有主体性，而这也与佛教因缘理论直接相关。由于一切存在的事物和现象都是受因缘而生，也因因缘而灭，故而本身是没有主体性的，即不能自我主宰。这样看来，三法印之间是相通的，但从根本上依因缘而立。

3）四谛

四谛，又作四圣谛。谛，意为真理或实在。四谛即：第一，苦谛，指三界六道生死轮回，充满了痛苦烦恼。第二，集谛，集是集合、积聚、感招之意。集谛，说明世间万物都是由因缘集合而成，相互依赖。这就像两根芦苇，相互依偎而不倒。如果去掉其中的任何一方，对方也将不存在。第三，灭谛，指痛苦的寂灭。灭尽三界烦恼业因以及生死轮回果报，到达涅槃寂灭的境界，称为灭。第四，道谛，指通向寂灭的道路，主要指八正道。佛教认为，依照佛法去修行，就能脱离生死轮回的苦海，到达涅槃寂灭的境界。

4) 十二因缘

所谓十二因缘，就是无明、行、识、名色、六入、触、受、爱、取、有、生、老死。这十二个环节一环套一环，顺逆都互相缘生缘灭，故称十二因缘。具体而言：①无明缘行：无明，指众生对佛法真理、对宇宙人生真相的无知状态。正因为无知，由此产生行，即盲目的冲动，亦即意志活动。②行缘识：正因为有意志活动，因而产生心识，识即精神活动，指按照意志活动投生后产生最初的意识。③识缘名色：由于心识活动而形成精神和物质的胎质。名，指概念、精神方面；色，指色质、物质方面的形体。④名色缘六处：六处，又称六入，在此指六根，即眼、耳、鼻、舌、身、意等感官和认识器官。这时，胎质逐渐成熟，即将诞生。⑤六处缘触：触指接触，指胎儿出生后，六种感觉和认识器官与外界相接触。⑥触缘受：受即感受、接受，由于身心逐渐发育，六根与色、声、香、味、触、法六境接触频繁，而产生相应的或苦或乐、或不苦不乐的感受。⑦受缘爱：爱指爱欲、贪爱，随着年龄的增大，在不断感受的基础上产生分别之心，有了爱恶之情。⑧爱缘取：取即执著追求，正因为有了贪爱，到了成年以后，爱欲强盛，开始对外界执著追求。⑨取缘有：这里的有，指思想、行为所产生的难以抹掉的后果，即业，分为善、恶、无记三种性质的业。由于执著，造下了种种业。⑩有缘生：正因为有了业，这种业必然产生未来的果报，使人在死后重新投胎受生，从而导致来世的再生。⑪生缘老死：有了生则必然招致老、死。这样，十二个环节辗转不断地生死轮回，互为因缘，即是十二因缘。由此可见，众生之所以有生死轮回种种痛苦烦恼，根源在于无明，即对生活真实的无知。反之，只要破除无明，就可以灭除生死轮回的痛苦而获得解脱。佛说："无明的起源不可见，不可假定在某一点之前没有无明。"但同时，佛又说："凡是真正见到苦的，必也见到苦的生起，必也见到苦的止息，必也见到导致苦的止息之道。"

十二因缘包含过去、现在、未来三世，有两重因果关系，称为三世两重因果。

5) 三界六道

"三界六道"是佛教业报轮回说的主要内容。佛教认为，众生由惑业之因(贪、瞋、痴等)而招感三界六道之生死轮回的果报，如车轮之回转，永无尽止，故称轮回，或生死轮回、轮回转生。三界，指众生所居住的三种世界，或者说三类生存形态，即欲界、色界、无色界。

欲界，指具有淫欲、情欲、色欲、食欲、睡眠欲等多种欲望的众生所居之世界，其间男女掺杂而居，多诸染欲，故称欲界。欲界众生的苦乐相差很大，包括地狱、饿鬼、畜生、阿修罗、人、六欲天(即欲界六天)。因欲界为六道众生杂居之地，故又称杂居地。

色界，指远离欲界淫、食之欲而仍具有清净色质的众生所居之世界。这里的色，指色质，亦即物质。此界在欲界之上，没有欲染，无男女之别，其众生皆由化生，以光明为食物及语言，其身体及物质环境皆清净美妙。此界依禅定之深浅粗妙而分为四级，即初禅天、二禅天、三禅天、四禅天。其中，初禅、二禅、三禅各有三天，第四禅有九天，共十八天，称色界十八天。

无色界，指超越物质(色)之世界。此界唯有受、想、行、识四种精神现象而没有物质现象(色)。此界众生无身体，亦无物质环境，唯以心识住于深妙之禅定中，故称无色界。

此界在色界之上，分为四天：空无边处天，识无边处天，无所有处天，非想非非想处天，称为无色界四天。

欲界、色界、无色界之果报虽有优劣、苦乐等差别，但都属于生死轮回之迷界，故为圣者所厌弃。

六道，又称六趣，指众生以自己所作的行为(业)而趣向来生的六种生存形态或生存世界，亦即众生生死轮回的六种去处，分别是：天道、人道、阿修罗道、畜生道、饿鬼道、地狱道。其中，天道、人道、阿修罗道被称作三善道，畜生道、饿鬼道、地狱道被称作三恶道。除了天道分为欲界天、色界天、无色界天以外，其余五道皆属于欲界。六道与三界的概念是互相重合的，通常称三界六道。

6)　涅磐

涅磐，意译作灭、寂灭、灭度等，是佛教修行的最终目的和最高境界，一般指破除烦恼、无明后所证得的精神境界，这是一种不生不灭、超越生死、永恒安乐的境界。此外，出现于此世为人的佛(特指释迦牟尼)，其肉体之死，称涅磐(寂灭)、般涅磐(圆寂)。后来，也将佛教高僧大德的死亡，称作涅磐、般涅磐。

小乘佛教将涅磐分为有余依涅磐和无余依涅磐，或略称有余涅磐和无余涅磐。前者虽断烦恼，但肉体(残余之依身)仍然存在；后者是灰身灭智之状态，肉体(残余之依身)已灭，生死之因已尽，众苦永寂。

这样看来，涅磐是一种超越生死轮回之迷界而获得觉悟、解脱的绝对境界，它虽然是修因感果而得，但不是由因缘和合而成，因而是唯一不变的、永恒的。这种境界是佛教追求的终极目标，是一种不可言说、不可思议的超越人天福报的终极存在状态。而且，涅磐境界并不是只有死后才能达到，只要证得这种境界，生与死的分别对证道者而言已经失去了意义，不管是在生还是死后，他都将永远处于没有烦恼、没有迷惑的大自由、大自在中。

2. 主要佛经及其内容概要

俗话说，佛学浩如烟海。两千五百多年以来，三藏十二部各种显密经典可谓汗牛充栋，不胜枚举。在此，我们就其中的主要经典作一个大致的介绍。

1)　阿含经

阿含，意为传承的教说或集结教说的经典，是原始佛教的基本经典。学术界一般认为其基本内容在第一次结集时已经被确定，约公元前 1 世纪时写成文字，为早期佛经的汇集。阿含经由众多小经组成，论述四谛、八正道、十二因缘、生死轮回、善恶报应、营生处世、伦理准则、王法政道及佛陀与其弟子之言行等，亦含有布施、忍辱、济度众生等内容。北传汉译分为《长阿含经》、《中阿含经》、《杂阿含经》、《增一阿含经》四部。

2)　四十二章经

《四十二章经》相传为第一部汉译佛经，后汉迦叶摩腾和竺法兰译，1 卷。译于汉明帝永平十年(公元 67 年)。包括四十二篇短小经文，说善恶因果、人生苦恼、离欲绝爱、布施、持戒、禅定、四沙门果等早期佛教的基本教义，为佛教入门之书。该经言简意赅，流

传较广。

3) 法句经

《法句经》，古印度法救撰，三国时吴国竺将炎和支谦译，2 卷。法句，意为真理的语言。该经系采取散见于早期佛经中的偈颂而分类编成，内容广泛涉及佛教教义的各方面，深入浅出，富于哲理。在古印度被作为初学佛法的入门读物，为南传佛教徒的必读书。

4) 华严经

《华严经》全称《大方广佛华严经》。大方广，即总说一心法界之体用，广大而无边；佛，即证入大方广无尽法界者；华严，即以莲花庄严、严饰之意，喻佛果之万德圆满。此经为中国华严宗所依的根本经典。

5) 金刚经

《金刚经》(参见图 2-2)全称《金刚般若波罗蜜经》，略称《金刚般若经》或《金刚经》，后秦鸠摩罗什译，1 卷。该经称佛对须菩提说诸法无相，菩萨应以无所住心，修布施等六度及一切善法，发愿度尽一切众生，并极言持诵解说此经的功德。我们通常引用的名句"一切有为法，如梦幻泡影，如露亦如电，应作如是观"就是出自此经。在北传佛教界流传甚广，被禅宗奉为根本经典。

6) 心经

《心经》全称《般若波罗蜜多心经》(参见图 2-3)，略称《般若心经》或《心经》，唐玄奘译，1 卷，共 260 字。"心"，喻核心、精要。《心经》被认为是般若经典的提要与精华。该经称观自在菩萨为舍利子(舍利弗)说五蕴皆空，观诸法实相，以无所得而证无上菩提。此经言简意赅，在佛教界广为传诵。我们在日常生活中经常听到的"色不异空，空不异色，色即是空，空即是色"就是来自《心经》。此经有多种异译本。

7) 坛经

《六祖坛经》全称《六祖大师法宝坛经》，简称《坛经》，唐代禅宗六祖慧能(参见图 2-4)述，其弟子法海集。本书是禅宗最主要的思想依据，书中主要强调了"顿悟成佛"、"立地见性"等思想。中国佛教中最有名的两对偈语"身是菩提树，心如明镜台。时时勤拂拭，莫使惹尘埃"和"菩提本无树，明镜亦非台。本来无一物，何处惹尘埃"就是来自此经。此经代表了佛教中国化的最高水平，对后来整个中国文化，特别是宋明时期的思想影响很大。

图 2-2　金刚经　　　图 2-3　玄奘所译的《般若波罗蜜多心经》　　　图 2-4　六祖慧能

三、道教

(一)道教的渊源

道教是我国早期封建时代形成的宗教，其信仰内容具有汉民族古宗教意识的特点，一般认为它形成是在东汉顺帝(公元 126 年—公元 144 年)时代，至今已有一千八百多年的历史。

就其历史渊源来说，道教可以追溯到战国时期，齐燕沿海一带宣扬神仙方术，西汉时托黄帝之名而称神仙之术，托老子之名而称修道养寿的黄老道，以神仙信仰为特征的宗教。在我国流传已有两千多年的历史了。

在中国漫长的封建时代有两大宗教存在，其一就是道教。道教是封建统治阶级的精神支柱之一，对中国政治、经济和文化思想都发生过深刻的影响。

道教内容十分庞杂，从其主体内容来探索其起源来看，它大致在三种原始宗教意识的基础上衍化而来：一是鬼神崇拜，二是神仙之说与方术，三是黄老学说之神秘成分。

1. 鬼神崇拜(鬼——指祖先，神——指上帝)

在公元前 15 世纪的殷商时代，自然崇拜已发展到信仰上帝和天命，建立了以上帝为中心的天神系统，祖先崇拜，如周人所崇拜的鬼神，已形成了天神、人鬼、地祇三个系统，属天神的有上帝及日、月、星斗、风云雷雨诸神。属地祇的有社稷、山川、五岳、四之神。属人鬼的主要是各姓的祖先及崇拜的圣贤。后世道家做法事，如建醮坛、设斋供(即古人祭祀的礼仪)、唱赞词、诵宝诰、上表章、读疏文等。

2. 神仙之说与方士方术

神仙之说，其来甚久，早在春秋战国时期，不仅漱正阳、含朝霞、保神明、入精气等吐纳延寿之术为世人所习慕，彭祖之长寿，三神山之仙阙为世人所向往。神仙说渤海之东很远的地方有一大壑，名曰"归墟"，其中有五座山，一曰岱舆，二曰员峤，三曰方壶，四曰瀛州，五曰蓬莱，仙人居于"归墟"的五个大山上。实际就是八方巨海之中有广洲三岛，十洲为：祖洲、瀛洲、玄洲、炎洲、长洲、元洲、流洲、生洲、风麟洲、聚窟洲。三岛为：昆仑岛、方丈岛、蓬丘岛，也就是道家所说的十大洞天、三十六小洞天、七十二福地。

方术分为四类，即医经、医方、房中、神仙。古代传说的方士有铿(彭祖)容成、西王周素女等，史籍记载，最早的方士则为周灵王(公元前 571 年—公元前 545 年)时的苌弘。战国末朝出了个方士叫驺衍，他将阴阳五形相生相克的原理与社会朝代之兴衰更替相结合，更推而论社会事物之变化。秦始皇时的第一个方士徐市(福)诈骗秦始皇说："蓬莱药可得，但得斋戒与童男、女求之。"于是秦遣徐市发童男女数千人，入海求仙人，结果徐市入海求仙人神药，数年不得。在当时受秦始皇宠信的有燕人卢生和韩终、侯公、石生等，他们为秦求仙人羡门、高誓及不死之药，均归渺茫。

秦始皇之后，最宠信方士的便是汉武帝刘彻。第一个得宠的是方士李少君。汉武帝听了李少君的话，按他的话去找仙人安期生，李病死，汉武帝不说他死了，而说他"化去"，后来，武帝宠信栾大，拜他为五利将军，后栾大以方术不验被诛，又有齐人公孙卿，为武帝至东莱山候神。这时武帝令入海求神仙的方士达数千人，也一概终无所验。自元光二年(公元前 133 年)遣方士求神仙，到征和四年(公元前 89 年)，中间经四十五年之久，此时汉武帝已六十八岁，他对群臣自叹曰："向时愚惑，为方士所欺，天下岂有仙人，尽妖妄耳，节食服药，差可少病而已。"

总之，神仙说，也就是以后道教最基本的信仰和特征。它的方术，如主微行方、祠灶、谷道、却老方、求仙术、候神、望气、导引、祠泰一、夜祀下神方、斗旗方、按摩方、芝菌方、重道延命方、烧炼等，也就是后来道教所信行的方术。道教源出神仙家，方仙道为道家前身，这是历史的事实。

3. 两汉之黄老道

西汉时期，文帝景帝两代(公元前 179 年—公元前 141 年)以黄老"清静无为"之学治理天下，与民休养生息，对于社会的各种生产活动及老百姓的生活，尽量不加干涉，任其自然发展，遂形成了以黄老道家思想为主的政治学说，世称"人君南面之术"，史学界称这一时期为"文景之治"。因此，黄老之学，蔚然而兴。

黄老学大约产生于战国中期的齐国。汉代黄老学的内容比较庞杂，除上述"人君南面之术"外，还有阴阳五行思想和神仙思想。

汉武帝刘彻继位以后，罢黜百家，独尊儒术，但又崇信神仙。这时，方士们更以黄帝附和神仙学说，开始将神仙学与黄老学相结合，言神仙者都托名黄帝。

汉武帝元鼎四年(公元前 113 年)汾阴方士于土中得宝鼎献于帝，谓黄帝当年亦得宝鼎，广事封禅，常与神会；又言黄帝为五城十二楼以候神人；又言黄帝且战且学仙，然后与神通，最后骑龙上天。汉武帝听后十分羡慕，感叹不已地说："嗟呼！诚得如黄帝，吾视去妻子如脱屣耳！"(《资治通鉴·汉纪十二》)[①]这时，帝王臣子业已把黄帝奉之为神明。

到东汉，人们除继续推崇黄帝外，更是尊崇老子，已将老子尊为"道"的化身。到东汉桓帝时(公元 147 年—公元 167 年)，神仙学和黄老学相结合已正式形成黄老道。《后汉书·王涣传》记载："延熹中，桓帝事黄老道，悉毁诸房祀"。汉桓帝虔诚信奉黄老道，于延熹八年(公元 165 年)两次遣人"之苦县祠老子"。次年，又"亲祠老子于濯龙(宫)，设华盖之坐，用郊天乐"。(《后汉书·祭祀中》)[②]这时，老子已成为崇奉的最高神灵。

黄老道继方仙道之后兴起，并由此过渡到道教，是道教产生的重要一环。黄老道所尊崇的黄帝、老子，乃后来道教所信仰的至尊之神。黄老学说亦成为后世道教的理论基础。

---

① (宋)司马光编著. 资治通鉴. 北京：中华书局，2007
② (宋)范晔撰. 后汉书. 北京：中华书局，2005

(二)道教的发展历程

道教的发展一般分为汉魏两晋的起源、唐宋的兴盛、元明期间全真教的出现和清以后的衰落四个时期。

道教的形成是一个缓慢的发展过程。作为道教最终形成的两个标志性事件,一是《太平经》的流传,一是张道陵(参见图 2-5)的五斗米道的出现。东汉顺帝时(公元 126 年—公元 144 年),于吉、宫崇所传的《太平清领书》(即后来所谓《太平经》(参见图 2-6))出世,得到广泛传播。到东汉灵帝时,张角奉《太平清领书》传教,号为太平道,自称大贤良师,信徒遍布天下九州,已是颇有影响。后来张角领导的黄巾起义失败,太平道日趋衰微。同样是在东汉顺帝时,张陵学道于蜀郡鹄鸣山,招徒传教,信道者出米五斗,故称五斗米道。其孙张鲁据有汉中多年,后又与最高统治当局合作,使得五斗米道的影响从西南一隅传播到海内,遂为道教正宗。

图 2-5 张道陵

图 2-6 太平经

两晋南北朝时期,随着炼丹术的盛行和相关理论的深化,道教获得了很大发展。同时道教也吸取了当时风行的玄学,丰富了自己的理论。东晋建武元年,葛洪著《抱朴子》对战国以来的神仙家理论进行了系统的论述,丰富了道教的思想内容。南北朝时,寇谦之在北魏太武帝支持下建立了"北天师道",陆修静建立了"南天师道"。

至唐代,道教的发展愈加隆盛。唐代的历代君主,广建老子庙、道观(参见图 2-7),并于科举考试中加入《道德经》一科。贞观十一年(公元 637 年),太宗下诏将道教置于佛教之上,此种"道先佛后"的政策于是成为唐代一贯的方针。唐高宗(公元 649—公元 683 年在位)以老子为唐代王室的祖先,并封以"太上玄元皇帝"的尊号,令诸州各建道观一所。玄宗(公元 712—公元 756 年在位)之时,更进一步令士庶每家皆藏《老子》一本,推崇玄学,并以《老子》、《庄子》、《列子》等诸典籍为"真经"。唐末五代,杜光庭致力于整理道教典籍,集道教仪礼的大成。吕洞宾以"慈悲度世"为成道途径,又以断除贪、瞋、痴取代对剑术的研习,对北宋道教教理的发展影响颇大。宋真宗(公元 997—公元 1022 年在位)时,敕令王钦若、张君房等人编辑道藏,其中以《云笈七签》一二二卷为代表作,此外也大建道观。宋徽宗(公元 1100—公元 1125 年在位)曾自命"教主道君皇帝",诏令天下访求道教仙经,校定镂板,刊行全藏,又于太学置《道德经》、《庄子》、《列子》等

科之博士，一时道教大盛。明代时，永乐帝朱棣自诩为真武大帝的化身，而对祭祀真武的张三丰及其武当派(参见图 2-8)大力扶持。此时，道教依然在中国的各种宗教中占据着主导的地位。

图 2-7　茅山老子像

图 2-8　武当山

唐宋以后，南北天师道与上清、灵宝、净明各宗派逐渐合流，至元代归并于以符箓为主的"正一派"中。金代大定七年(公元 1167 年)，王重阳在山东宁海创立"全真教"，金元之际又有刘德仁创立"大道教"(后称真大道教)，萧抱珍创立"太一道"，均行于河北，然历时不久，唯有全真教仍盛极一时。在当时，全真教与天师道同为道教的两大主流。王重阳极力调和释、道、儒三教的说法，去除咒术、迷信的要素，强调佛教(尤以禅宗)的教理与出家主义。他的七大弟子称为"七真人"，其中以丘处机尤见重于元太祖(公元 1206—公元 1228 年在位)。元世祖(公元 1260—公元 1294 年在位)时，由《老子化胡经》而引起一场激烈的佛道论争，道教失败，于是在至元十八年(公元 1281 年)诏令禁断道教。因此，道教发展大受打击，教团势力也逐渐衰微。此后，道教正式分为正一、全真两大教派，明代仍继续流传，至清代则渐次式微。在早期，道教势力兴盛时，教团组织与国家权力相互结合，因此形成特殊阶层及专事修道者的宗教；道教逐渐衰微时，则转而注重民众的宗教欲求，处处以民众生活与日常伦理为基础，于是有"民众道教"之称，同时大量的善书与宝卷等也应运而出，这就是所谓民众道。

清代开始，满族统治者信奉藏传佛教，并压制主要为汉族人信仰的道教。道教从此走向了衰落。

(三)道教与道家的区别和联系

"道家"与"道教"二词，常被不加区别地使用。从历史来看，这两个词指称过很多不同的内容，也曾混为一谈；现在也仍然有人主张将二者等同起来。然而，如果将道家理解为由老子、庄子开创，并在魏晋被重新发明的哲学思想流派，将道教理解为于两汉逐渐形成，后又有若干发展分化的宗教，那么，虽然道教在理论上汲取了道家思想的大量因素，甚至奉老子为教主，但是二者还是不能混为一谈，也不能说道教理论就是道家思想。道教作为一种宗教，有其神仙崇拜与信仰，有教徒与组织，有一系列的宗教仪式与活动，其主要派别的传承是大致清楚的。道家作为一个哲学思想流派，其思想流变与代表人物应是它被解说时最重要的内容。魏晋之后道家思想的传承流变，现在看来还是模糊而难以说

清的，但它对历代学者文人的影响却仍是依稀可辨的。从这个角度也可以说，狭义的"道家"指的就是先秦时代以老子、庄子为主要代表人物的哲学思想流派。

道教神学与道家思想的异同，确实一言难尽。试举一例：道教所谓长生不老，成仙通神，老、庄并未言及，也不能视为老、庄思想的合理的引申，甚至可以说，与自然之道亦不无悖逆。

道家是中国春秋战国诸子百家中最重要的思想学派之一，道家思想的起源很早，传说中，轩辕黄帝就有天人合一的思想。一般来说，公认第一个确立道家学说的是春秋时期的老子，老子在他所著的《老子》(《道德经》)中作了详细的阐述。道家思想其他的代表人物还有战国时期的庄周、列御寇、惠施等人。道家倡导自然的世界观和方法论，尊黄帝、老子为创始人，并称黄老。

道家思想的核心是"道"，认为"道"是宇宙的本源，也是统治宇宙中一切运动的法则。老子曾在他的著作中说："有物混成，先天地生。寂兮寥兮！独立而不改，周行而不殆，可以为天地母。吾未知其名，强名之曰道。"(《老子·第二十五章》)

西汉初年，汉文帝、汉景帝以道家思想治国，使人民从秦朝苛政中得以休养生息，历史称为文景之治。其后，儒家学者董仲舒向汉武帝提出"罢黜百家，独尊儒术"的政策，并被后世帝王采纳，道家从此成为非主流思想。虽然道家并未被官方采纳，但继续在中国古代思想的发展中扮演重要角色，宋明理学更是糅合了道学的思想发展而成。

道家思想后来被张鲁的五斗米道等宗教吸收，并演变成中国的重要宗教之一——道教。魏晋风流在清谈玄学时更着重炼丹。

正是因为道家和道教有着上述种种不可分割的联系，因此常被人混淆。

(四)道教的基本观念

道教教义是道学的继承和衍化，同时吸收了某些儒家、佛教的思想，具有明显的中国宗教神学的特点。

道教最根本的信仰是"道"。一切教理教义都是由此衍化而生。道教认为，"道"无所不包，无所不在，是一切的开始。不可言说的"道"，是神秘而难知的本原，因为看不见、摸不着、听不见，人们要认识这一切，不能凭借耳、目、眼等器官，只有"人法地，地法天，天法道，道法自然"，才能把握这个世界。因此，道教学者沿袭了老子"涤除"、"玄览"，作为认识论的核心。摒除内心杂念的干扰，排除感官经验、主观成见，从有限的感觉中解脱出来，

图2-9 道教标志——阴阳鱼

通过理性思维，使认识深刻化，去考察事物本质所蕴含的哲理。道教标志——阴阳鱼，如图2-9所示。

与"道"并提的是"德"，即道之在我者就是德。"德"是对"道"的信仰的衍化，是"道"的法则在人类社会中落实于社会层次的人性、人伦、人情等方面的道德行为规范。《自然径》中说"德言得者，谓得于道果"，道生万物，德育万物，生生不息。人们

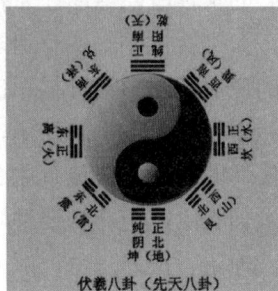

应该效法"天道"，体会天地自然的规律，去除私欲、摒除杂念，顺其自然地把握自己，淡泊宁静，滋养生息，成就完整正直的人生。

道教认为信徒要"修道养德"，并认为"修道"可以使人返本还原，长生久安，生活康乐。所以，道教就是一种以生为乐、重生恶死的宗教，长生久安就是道教的基本教义和信仰。

道教作为一种以生为乐，贵生恶死，追求长生不死的宗教，在早期道教形成之时，便已崇奉贵生的教义。《西升经》云："我命在我，不属天地。"《抱朴子内篇·黄白篇》曰："我命在我不在天。"即谓生命的存亡，年寿的长短，决定于人们自我保护的功效，发挥自我主体能动性，提高生命存在的质量，而不决定于天命。道家和道教主张养生，活动中形神并重、性命双修，强调形体健康与道德修养的双重意义，重在提高与发展人体内在的生存能力与道德精神，这样才是完美的人生。人的长寿是由心理健康和生理健康交互作用而完成的，德行充实必会长寿，这就是道教修德养生的宗旨，也是道教生命哲学教义的主体。由此教义产生了重视静养精神、导引形体、饮食补养、房室卫生等一系列增进健康、延长寿命的锻炼方法，从而构成了在世界医疗保健体系中堪称独树一帜的具有中国传统文化特色的养生体系。

"天道循环，善恶承负"，这一教义，在早期道教经典中已阐述详明。《太平经》卷三十九曰："承者乃谓先人本承天心而行，小小失之不自知，用日积久，相聚为多，今后生人反无辜蒙其过谪，连传被其灾……负者，乃先人负于后生者也。"①意思是说前人的过失由后人承受过责，前人惹祸，后人遭殃，祸福的根源，便循环不已。因此，只有修真道，行善事，积善成仁，后人子孙不受因果报应之苦。这种善恶报应的宗教观念在后世很多道教经典中广泛地得到阐发宣扬，同时出现了许多戒规、法律以及修心、修善、修性、教导世人的修持文典经法。只有广建阴德、济物救世，行种种方便，施无量善行，拯救天下人们的心灵，自己的生命才能发扬光大。这种信念成为道教信仰中最普遍、最渗透人心的宗教道德德性行为教义。

人类自古以来便有追求长生不死、永生人世的愿望。这样的民众心理，在道教神仙长生的生命哲学中充分显示出来。道教神仙信仰，源渊于图腾、灵魂不灭的原始宗教信念；源渊于巫祝、占卜的法术，认为通过修习成仙之道，可以使生命之精魂获得永恒不朽。神仙信仰的教义使信徒解脱了生死的烦恼，但加强了宗教行为的约束、宗教道德的规范。为了求仙长生，道徒们要遵守教规、教戒、教律；要孝敬师长父母、恤孤怜贫、损己利物、助人为乐、扶人之危、解人之厄，以济物救世为己任，广积阴功，才能证道成仙。这无疑发扬了中华民族的美德，净化社会的空气，保持人性的善美。这样，无论死后成仙与否，而对现实社会是具有重要意义的。所以，道教的最基本观点是神仙观念，得道成仙是道教的理想。道教的经典基本上是以肉体成仙为核心，阐扬延年养生之理，宣扬"金丹黄白"是延年大药，提倡"内修外炼"是神仙要道。

同时，道教也主张人类的根本希望在于获得现世的幸运、幸福、长寿、繁荣，为达此

---

① 佚名著，杨寄林译注. 太平经今注今译(上、下). 石家庄：河北人民出版社，2002

理想，积极劝人为善，举行除灾招福、祈祷咒术等的仪式，所以道教信仰特含通俗色彩。因此，不仅其顺应性、适应性的幅度扩展，就是信徒阶级也因此而增广。道教的派别虽多，然一般而言，其基本信仰与教义仍在"道"，认为道乃"虚无之系，造化之根，神明之本，天地之元"，并谓宇宙、阴阳、万物皆由"道"化生。所崇拜的最高神是由"道"人格化之三清尊神，其中"道德天尊"即老子。然宋代以后的民众道教则或为自然星宿的神格化，或为历史人物的神格化，如文昌帝君(学问之神)、吕祖、关圣帝君、北斗神君(北斗七星的神格化)、玄天上帝(北极星的神格化)等。道教修炼的具体方法有：服饵(服用仙药)、导引(一种柔软体操)、胎息(又称服气、行气，是将宇宙的元气吸入体内，以期不老不死的呼吸法)、符箓(符咒等的秘文)、房中术(采阴补阳之法)、辟谷(避食由不纯之气所长成的谷类)、内丹、外丹等。宗教仪式有斋醮、祈祷、诵经、礼忏等。

道教信奉的经典主要有《道德经》。《道藏》(参见图 2-10)是道教经籍的总集。道教经书很多，但一般道士只念诵《玉皇经》、《清静经》、《三官经》等。文化高一些的道士才奉习《道德经》、《南华经》、《黄庭经》以及《悟真篇》、《坐忘论》、《参同契》等。

图 2-10 道教经籍的总集——《道藏》

四、基督教

基督教是以信仰耶稣基督为救世主的宗教。天主教(Roman Catholicism)、新教(Protestant Churchs)、东正教(Easten Orthodoxy)、基督教马龙派等统称基督教，中文中"基督教"往往特指新教(又俗称"耶稣教")，三大教派(天主教、东正教和新教)和基督教马龙派的统称一般用"基督宗教"这个词。目前基督教在全世界有约 21.4 亿信徒，为拥有信徒最多的宗教，以亚洲、非洲的信徒发展最快。

(一)基督教的起源

基督教发源于公元 1 世纪巴勒斯坦的耶路撒冷地区的犹太人社会，并继承了犹太教耶和华上帝和救主弥塞亚(根据希腊文翻译为"基督")等概念，以及希伯莱圣经为基督教圣经旧约全书。

1 至 5 世纪基督教创立，并从以色列传向希腊罗马文化区域。313 年，君士坦丁大帝颁布米兰诏书，基督教成为罗马帝国所允许的宗教。391 年，罗马皇帝狄奥多西一世宣布它为国教。按照基督教经典的说法，基督教的创始人是耶稣(参见图 2-11)，他出生在巴勒斯坦北部的加利利的拿撒勒，母亲名叫玛利亚，父亲叫约瑟。30 岁左右(公元 1 世纪 30 年代)开始在巴勒斯坦地区传教。耶稣声称，他的来临不是要取代犹太人过去记载在旧约圣

图 2-11 耶稣

经的律法，而是要成全它。耶稣思想的中心在于："尽心尽意尽力爱上帝"及"爱人如己"两点。耶稣出来传道，宣讲天国的福音，劝人悔改，转离恶行。他的教训和所行的神迹，在民众中得到极大的回应。这使得罗马帝政下的犹太教的祭司团大受影响，深深感到自己地位不保，所以要把他除之而后快。后来由于门徒犹大告密，罗马帝国驻犹太的总督彼拉多将耶稣逮捕。耶稣受尽打骂侮辱，最后被钉在十字架上而死。但耶稣的心意却是为了要赎世人的罪，甘愿流自己的血。依据他门徒们的见证，耶稣死后第三天，从石窟坟墓中复活了。他的坟墓空了，他又多次向满心疑惑的门徒们显现。他们渐渐确信耶稣真的复活了，是胜过死亡的救主。在耶稣升天超离这世界的时空后，他的门徒们起来热心宣扬耶稣的教训，并且宣告他是复活得胜死亡的主。信徒们组成彼此相爱、奉基督之名敬拜上帝的团体，就是基督教会。耶稣复活的这一天成为后世的复活节(每年春分以后、又逢月圆的第一个星期日)。教会又定了 12 月 25 日为耶稣的生日而成了圣诞节(耶稣出生的确实日子已不可考)。耶稣出生的那一年被后世定为公元纪年的元年(但因计算错误，耶稣实际出生的年份应为公元前 6 年或 4 年)。

(二)基督教的发展

基督教的发展主要有以下三个阶段。

1. 早期基督教

早期的基督教是作为群众运动产生的。相对于传统犹太教强调遵循律法，基督教则强调耶稣救赎的恩典，并认为只要信奉耶稣基督就是旧约圣经里众先知所默示的救世主，愿意接受他为主，并决意以上帝的心意为生活的准则，让耶稣基督为自己承担所犯的过错，就被认为是已悔改，可以借着洗礼被接纳成为教会的一分子。

在基督教早期阶段，基督教会曾实行财产共有，外界视其为一种秘密性的宗教组织。犹太人视教会为离经叛道的异端，常常向罗马当局控告他们。罗马政府认为基督教只是犹太教的一支，起初并不如何逼迫教会。直到尼禄皇帝(公元 54 年—公元 68 年)在位时，教会的人数已增长到不可忽视的程度，从公元 60 年代中期罗马政府的逼害就开始了。当时教徒普遍不分种族及社会阶层，就连当时的奴隶在信主以后亦可即时被接纳为弟兄。

随着基督教的传播，社会各阶层愈来愈多的人加入了教会。教会虽在二、三世纪遭遇多次可怕的大逼迫，许多主教和信徒被烧死，在竞技场中被野兽吃掉，但教会依然继续茁壮成长，直到 313 年颁布的米兰敕令，罗马帝国终于承认了基督教的合法地位。

2. 中世纪的基督教

自公元 476 年西罗马帝国被日耳曼人所灭之后，不少日耳曼人的部族，例如法兰克人，亦开始皈依基督宗教。由于日耳曼人的文化水平比罗马人低，甚至连自己的文字也没有，于是教会便成了中世纪时期西欧的唯一学术权威。因为当时几乎只有教士和修士才能读书识字，所有的学者都是教会人士。

1054 年，基督教分化为公教(在中国称天主教)和正教(在中国称东正教)。天主教以罗马教廷为中心，权力集中于教主身上；东正教以君士坦丁堡为中心，教会最高权力属于东

罗马帝国的皇帝。1096 至 1291 年，天主教以维护基督教为名，展开了 8 次宗教战争(十字军东征)。16 世纪，德国、瑞士、荷兰、北欧和英国等地发生了宗教改革运动，它产生出脱离天主教会的基督教新教教会。领导人物是路德、加尔文等人，他们建立了新教和圣公会，脱离了罗马天主教。中国所称的"基督教"，基本上就是这个时候产生的新教。

3. 现今的基督教

现今基督教主要包括天主教、东正教、新教三大派别，还包括宣称跟其他教会有着不同历史渊源和信念的基督教派。2004 年止，基督教信徒有 20 亿人。其中基督教信徒包括天主教会的 11 亿人、东正教会的 2 亿 1600 万人、边缘教会约 3170 万人、属基督新教各教派约 3 亿 6700 万人和英国教会的 8400 万人，至于独立教会(不隶属于任何主要的宗派)的 4 亿 1400 万人，实际上主要是指在非洲的科普特派。

目前基督宗教乃世界上最大的宗教，但整体上和世界人口成长率比较却是正在萎缩。当世界人口以大约每年 1.25%的成长率增加，基督教却是每年仅成长 1.12%。相较之下，伊斯兰教是以每年 1.76%的成长率增长。不过基督教在特定区域(如非洲、亚洲)和特定的教会族群(如福音派、灵恩派和"独立"教派)却是快速成长。

(三)基督教在中国

唐太宗贞观九年(635 年)，基督教开始传入中国，但当时传入中国的是当年一度被认为是异端的聂斯托利派(中国称景教，现称"基督宗教马龙派")，后来在唐朝会昌五年(845 年)被禁止传播。元朝时基督教(景教和罗马公教)又再次传入中国，称为"也利可温"(蒙古语"有福缘的人")，元朝灭亡后又中断了。明朝万历十年(1582 年)，天主教耶稣会派来利玛窦，他被允许在广东肇庆定居并传教，曾一度成功地使天主教在中国得以立足。

清朝雍正五年(1727 年)，东正教开始在中国传播。1807 年，新教派遣马礼逊来华传教，新教也开始在中国传播。鸦片战争以后，基督教以沿海通商口岸为基地迅速发展。1843 年，洪秀全借助基督教的教义，自称是耶稣的弟弟，建立"拜上帝会"，后来建立太平天国(1851 年—1864 年)。战乱中诞生的《天风》杂志，1945 年 2 月创办于成都，主办机构是基督教联合出版社。1948 年 1 月 1 日以后，改用"天风社"的名义出版，1949 年以后成为中国基督教会的机关刊物，它的命运与中国的时代变化紧密相连。因而可以有效地观察分析一批中国激进基督徒的政治主张与立场，进而探讨时代变革中基督教与政治、基督徒与社会的关联与互动。

(四)基督教教义

基督是"基利斯督"的简称，意思是上帝差遣来的受膏者，为基督宗教对耶稣的专称。基督宗教是信奉耶稣基督为救主的各教派的统称。该教与佛教、伊斯兰教并称世界三大宗教。于公元 1 世纪由巴勒斯坦拿撒勒人耶稣创立。他是上帝的独生子，为圣灵感孕童贞女玛丽亚而生。他曾行过很多神迹，让瞎子复明，跛子行走，死人复活，但是因为犹太公会不满耶稣基督自称为上帝的独生子、唯一的救赎主，把他交给罗马统治者钉死在十字

架上，死后第三天复活，显现于诸位门徒，复活第 40 天后升天，还会于世界末日再度降临人间，拯救人类，审判世界。被 12 使徒中的犹大叛卖并受难，受难日为星期五，最后的晚餐连耶稣有 13 人，所以在西方，13 是人们忌讳的数字，并且与星期五一起视为凶日，基督教标志——十字架。参见图 2-12。

图 2-12　基督教标志——十字架

尽管有三大教派，但是基本教义都是相同的，即上帝创世说，原罪救赎说，天堂地狱说。《圣经》，由《旧约全书》和《新约全书》两部分组成，是基督教的经典。十字架是基督教的标志。他们信奉的"上帝"或"天主"本体上是独一的，但是包括圣父、圣子、圣灵(圣神)三个位格。

(1) 上帝神(God)：基督教信仰圣父、圣子、圣灵三而一的上帝。上帝是三位一体——圣父是万有之源造物之主，圣子是太初之道而降世为人的基督耶稣，圣灵受圣父之差遣运行于万有之中、更受圣父及圣子之差遣而运行于教会之中。但这三者仍是同一位上帝，而非三个上帝，三位格、一本体，简称三位一体。

(2) 创造(Creation)：基督教认为上帝创造了宇宙(时间和空间)万物，包括人类的始祖。

(3) 罪(Sin)：亚当与夏娃在伊甸园中违逆上帝出于爱的命令，偷吃禁果，想要脱离造物主而获得自己的智慧，从此与上帝的生命源头隔绝，致使罪恶与魔鬼缠身，而病痛与死亡则为必然的结局。后世人皆为两人后裔，生而难免犯同样的罪，走上灭亡之路。

(4) 救赎(Redemption)：人生的希望在于信奉耶稣基督为主，因他在十字架上的赎罪，并他在三日后从死里复活，使悔改相信他的人一切的罪皆得赦免，并得到能胜过魔鬼与死亡的永远生命。

(5) 灵魂与永生(Immortality)：人有灵魂，依生前行为，死后受审判，生前信仰基督者，得靠基督进入永生。怙恶不悛者，将受公义的刑罚与灭亡。世界终有毁灭的末日，但在上帝所造的新天新地中，却是永生常存。

小知识

基督教不同教派的教义

天主教：天主教的信仰生活的核心是七项圣事，即圣洗圣事、坚振圣事、修和圣事、圣体圣事(弥撒)、婚配圣事、圣秩圣事、病人傅油圣事。在这其中，弥撒是最重要的。日常生活中，诵经也是天主教信徒经常进行的活动，这些经文大都是一些经过编排好的重要经文的连祷，例如天主经，宗徒信经和《玫瑰经》。

东正教：东正教派的神学和对于经卷的解释都是遵循基督教兴起初期所传下来的典范。他们所有的努力都是为了要继续和延续基督传给他最初使徒，以及使徒传给早期教会僧侣的神学和信仰。从某种意义上说，东正教是最保守的基督教派。

新教：新教具有与天主教和东正教不同的教义，譬如强调"因信称义"，即得以称义

是不需要任何善行，只在乎信；人人皆可为祭司，因为彼得前书 2：9 "惟有你们是被拣选的族类，是有君尊的祭司、是圣洁的国度、是属上帝的子民，要叫你们宣扬那召你们出黑暗入奇妙光明者的美德"；只有圣经为最高的权威，并只承认洗礼和圣餐礼两者为圣礼，这与天主教和东正教注重圣事(即圣礼)的传统截然不同。

小知识

基督教的道德

1. 以色列的伦理传统：《旧约》中的"摩西十诫"。

2. 基督教的伦理：

① "不可杀人"——尊重人的生命。

② "不可奸淫"——尊重异性。

③ "不可离婚"——尊重配偶。

④ "不可起誓"——尊重真理。

⑤ "不可报复"——放下自我。

⑥ "爱仇敌"——多走一里。

3. 基督教道德的核心是爱，原则是爱神与爱人的统一。

"要尽心尽性尽意爱主，你的上帝。这是诫命中第一的，也是最大的。其次也相仿，就是要爱人如爱己。这两条诫命，是律法和先知，一切道理的总纲。"

(五)基督教的节日

基督教主要节日有圣诞节、受难节、复活节、升天节、诸圣日(万圣节)等，天主教和东正教还有圣神降临节、圣母升天节、命名日等节日。

(1) 圣诞节：12 月 25 日。原为罗马神话中太阳神阿波罗的生日。罗马帝国以基督宗教为国教后将此日改为纪念耶稣基督诞辰，但耶稣基督降生的真实日期无人知道。

(2) 受难节：复活节前的礼拜五，纪念耶稣基督被钉死于十字架上。

(3) 复活节：3 月 21 日到 4 月 25 日之间，每年春分月圆后的第一个礼拜日，纪念耶稣基督复活。

(4) 感恩节：(北美洲基督教传统节日，而非普世基督教节日)11 月的第四个礼拜四(美国)，或 10 月的第三个礼拜六(加拿大)。

(六)基督教的教堂

1. 中国基督教教堂

中国著名的天主教教堂和遗迹有：北京南堂和北堂、利玛窦墓；天津老西开教堂；上海徐家汇天主堂、佘山圣母大教堂；广州圣心大教堂。

中国著名东正教教堂有：哈尔滨圣索菲亚教堂；上海圣母大教堂。

中国著名新教教堂有：上海国际礼拜堂、上海沐恩堂、上海圣三一堂、上海景灵堂。

2. 世界其他地方著名教堂

巴黎圣母院(法国巴黎)、科隆大圣马丁教堂(德国科隆)、救世主大教堂(俄罗斯莫斯科)、圣索菲亚大教堂(土耳其伊斯坦布尔)、圣彼得大教堂(梵蒂冈)。

(七)基督教的《圣经》

圣经(参见图 2-13)是亚伯拉罕诸教(包括基督新教、天主教、东正教、犹太教等各宗教)的宗教经典，由旧约全书与新约全书组成，旧约全书是犹太教的经书，新约全书是耶稣基督以及其使徒的言行和故事的记录。

图 2-13　圣经

五、伊斯兰教

(一)伊斯兰教概况

伊斯兰教，中国旧称大食法、大食教度、天方教、清真教、回回教、回教等。伊斯兰(a1-Islam)系阿拉伯语音译，原意为"顺从"、"和平"，指顺从和信仰宇宙独一的最高主宰安拉及其意志，以求得两世的和平与安宁。信奉伊斯兰教的人统称为"穆斯林"(Muslim，意为"顺从者")。它 7 世纪初兴起于阿拉伯半岛，由麦加人穆罕默德(约公元570 年—公元 632 年)所创传。主要传播于亚洲、非洲，以西亚、北非、中亚、南亚次大陆和东南亚最为盛行。20 世纪以来，在西欧、北美和南美一些地区也有不同程度的传播和发展。它自创兴迄今已有 1300 多年的历史，它作为一种宗教信仰、意识形态和一种文化体系，传入世界各地后，与当地传统文化相互影响和融合，在不同的历史条件下，对许多国家和民族的社会发展、政治结构、经济形态、文化风尚、伦理道德、生活方式等都发生了不同程度的影响。据统计，2006 年全世界穆斯林有 13 亿人，占同期世界人口总数 65 亿人的 20%。在亚非 40 多个伊斯兰国家中，穆斯林占全国总人口的大多数，在 30 多个国家中，伊斯兰教被定为国教。在当代，伊斯兰国家和穆斯林人民在国际政治生活中发挥着愈益重要的作用。尽管他们分布于世界各地，国籍、民族、肤色和语言各不相同，却共同恪守着那古老的真谛，即宇宙间只有一个主宰——"安拉"，并且依照各自的理解，遵循着《古兰经》的教义。

伊斯兰教创立不久，就传入了中国。据《闽书》记载，(穆罕默德)有门徒大贤四人，唐武德中来朝，遂传教中国。一贤传教广州，二贤传教扬州，三贤、四贤传教泉州。先知穆罕默德曾经说过："学问，虽远在中国，亦当求之。"他的话鼓舞了广大穆斯林求知的愿望。从公元 7 世纪开始，阿拉伯穆斯林就沿着海陆交通线到达中国，进行贸易或旅行，传播伊斯兰教。

(二)伊斯兰教的创兴历史

伊斯兰教是阿拉伯半岛社会经济、政治和宗教发展演变的必然产物。6世纪末至7世纪初，阿拉伯半岛正处在原始氏族部落解体、阶级社会形成的大变革时期。半岛由于自然环境的差别，社会经济、政治发展极不平衡。居民主要是以游牧为生的贝都因人，逐水草而居，分成许多氏族部落，各氏族部落各据一方，彼此之间经常为争夺牧场、水源、土地而发生战争，血亲复仇盛行。连年战争使社会动荡，生产停滞，氏族内部阶级分化加剧，部落贵族应运而生，他们占有大量绿洲和草地，拥有许多奴隶和牲畜，而大批游牧民濒于破产。半岛沿红海海岸的希贾兹(汉志)地区，自古就是东、西方贸易的重要商业要道。坐落在古商道南北交通中心的麦加，因受过境贸易之利发展为繁荣的商业城镇。麦加古莱什部落的商业贵族执掌着多神崇拜的中心麦加的克尔白神殿的管理大权，每年从克尔白祭祀庙会的集市贸易中，谋取巨额收入，垄断了商业贸易。城镇中的商业贵族伙同游牧部落的贵族，通过经营商队，贩卖奴隶，放高利贷等手段，牟取暴利，对城镇贫民和农牧民进行高利贷盘剥，大批中小商人破产，沦为商业贵族的债务人，造成阶级对立加剧，社会经济危机四起。

外来的侵略和传统商道的改变，加剧了半岛的经济危机和社会矛盾。拜占庭和波斯两大帝国，为争夺和控制阿拉伯商道，对半岛进行了长期的掠夺战争。525年，埃塞俄比亚人在拜占庭的支持下派兵侵占也门。570年埃塞俄比亚驻也门总督亚布拉哈率兵进攻麦加，途中因遭瘟疫而退兵，但战乱破坏了当地的社会生活。575年，波斯出兵逐走埃塞俄比亚人，在也门确立了统治。频繁的战争和掠夺，使阿拉伯南部的社会经济遭到严重破坏，土地荒芜，灌溉工程被毁，道路淹没，商旅不前，人口锐减，使富庶的也门地区迅速衰落。同时，波斯为了垄断东西方贸易，阻断原由也门经半岛西部红海岸到达叙利亚的商路，另辟一条经波斯湾和两河流域到达地中海的商路。商路的改变，造成了半岛南部和西部经济的衰退，麦加、麦地那等城镇的过境贸易急剧衰败，商业贵族收入骤减，许多靠商队谋生的贝都因人和城市居民生路断绝，从而加深了社会危机。

伊斯兰教兴起前，半岛上的阿拉伯人主要信仰原始宗教，相信万物有灵和灵魂不死，盛行对大自然、动植物、祖先、精灵和偶像崇拜等多神信仰。其中拉特(即太阳神)、乌扎(即万能神)和默那(即命运神)三大女神尤受崇拜。麦加城中心的克尔白神殿供奉有360多尊各氏族部落神的偶像，向其祭祀、祈祷、献牲。信奉一神的犹太教和基督教早已传入半岛，在也门地区及一些城镇和农业区流行，其一神观念、经典、传说、礼俗对伊斯兰教有显著影响。因犹太教和基督教不适应阿拉伯社会变革的需要，未能得到广泛传播。在阿拉伯社会变革和一神教观念的影响下，阿拉伯人由多神信仰向一神教信仰过渡，产生了一神倾向的哈尼夫派。他们承认独一神，反对偶像崇拜，相信天命、复活、惩罚和报应，注重个人隐居修炼，过着禁欲的生活。哈尼夫思想成为伊斯兰教思想的先驱和中介。

阿拉伯日益加剧的社会危机，外族的不断入侵，促进了阿拉伯民族的觉醒，社会各阶级都在寻求出路。阿拉伯贵族为维护其统治，企望打破氏族壁垒，夺取新的土地和重新控制商道；广大的下层人民和奴隶要求和平与安宁，渴望摆脱经济剥削和政治压迫，改善自

己的贫困地位。伊斯兰教的兴起，正是阿拉伯半岛各部落要求改变社会经济状况和实现政治统治的愿望在意识形态上的反映。穆罕默德正是顺应了历史发展的需要，创传了伊斯兰教，在宗教革命的旗帜下，领导了阿拉伯的社会变革运动，统一了阿拉伯半岛。

伊斯兰教的创传人穆罕默德(参见图 2-14)是一位伟大而杰出的历史人物，生于麦加城古莱什部落哈希姆家族。自幼父母双亡，由祖父和伯父抚养。早年失学替人放牧，12 岁时跟随伯父及商队，曾到叙利亚、巴勒斯坦和地中海东岸一带经商，并广泛接触和目睹了阿拉伯半岛和叙利亚地区的社会状况，了解到半岛原始宗教、犹太教、基督教的情况，为他后来的传教活动提供了大量社会知识和宗教素材。25 岁时他同雇主麦加富孀赫蒂彻结婚，婚后生活富裕安定，社会地位日益提高。后他受哈尼夫派思想的影响，经常隐居潜修，思索和探求阿拉伯民族摆脱困境的出路。相传，610 年穆罕默德 40 岁时的一天，当他在麦加城郊希

图 2-14　穆罕默德

拉山的山洞潜修冥想时，安拉派天使吉卜利勒向他传达"启示"，使之"受命为圣"。此后，他宣称接受了真主给予的"使命"，便开始了历时 23 年的传播伊斯兰教的活动。起初在麦加是秘密传教，一些至亲密友成为最早的信奉者。612 年，穆罕默德转为公开向麦加一般群众传教。穆罕默德在早期的宣教中，告诫人们放弃多神信仰和偶像崇拜，宣称安拉是宇宙万物的创造者，是唯一的主宰，要求人们信奉独一无二的安拉；谴责多神信仰给阿拉伯人带来的愚昧和社会道德的堕落，宣讲末日审判和死后复活的观念，警告多神教徒如不归顺安拉，将在末日审判时遭到惩罚，堕入火狱，归顺安拉者将在后世得到奖赏，进入天园。他还提出了凡穆斯林不分氏族部落，皆为兄弟，应联合起来，消除血亲复仇，并提出禁止高利贷盘剥，行善施舍赈济贫弱孤寡和善待、释放奴隶等一系列社会改革的主张，受到广大下层群众的拥护，许多人纷纷归信伊斯兰教。由于穆罕默德所传教义从根本上动摇了部落传统多神信仰的地位，触犯了麦加古莱什贵族和富商掌管克尔白神殿的宗教特权和经济利益，因而遭到他们的强烈反对和迫害，使穆罕默德和穆斯林在麦加难以立足。

622 年 9 月，穆罕默德同麦力·穆斯林迁徙麦地那，标志着伊斯兰教进入新的历史发展阶段。穆罕默德领导穆斯林进行了政治、经济、宗教等一系列改革。穆罕默德首先以伊斯兰教作为统一和团结的思想旗帜，号召穆斯林"顺从安拉和使者"，并派弟子出门到麦地那各阿拉伯部落传教，当地绝大多数居民很快归信了伊斯兰教。他制定了作为穆斯林和犹太人在处理内部民事和对外关系中共同遵守的《麦地那宪章》，在信仰自由和结盟的基础上同犹太人各部落达成某些协议，实行和平共处。在实现了麦地那的统一后，以伊斯兰教共同信仰代替部落血缘关系，建立了以"乌玛"(意为"民族")为形式的政教合一的政权，穆罕默德成为麦地那宗教、政治、军事和司法的最高领袖。艾布·伯克尔、欧麦尔、奥斯曼及部分著名的圣门弟子组成上层领导集团。在"凡穆斯林皆兄弟"的号召下，将迁士和辅士团结在乌玛的周围。穆罕默德以安拉"启示"的名义，完成了伊斯兰教义体系及各项制度的创建。他完整地确立了以信奉独一安拉为核心的五大信仰纲领；规定了穆斯林

必须履行的五项天命功课及仪则；制定了包括宗教教规、民事、刑事、商事、军事等方面的法律制度；确定了以止恶扬善为核心的一系列行为规范和社会道德准则。为巩固麦地那政权，穆罕默德组织了穆斯林武装。在"为安拉之道而战"的号召下，于 624 年—627 年间，他领导穆斯林武装同麦加贵族进行了著名的白德尔之战、吴侯德之战和壕沟之战三大战役，打击了麦加贵族的锐气，从此，穆斯林由防御转入战略进攻。628 年，穆罕默德以朝觐为由，率军至麦加近郊，麦加贵族被迫妥协，同穆罕默德签订《侯代比亚和约》，决定双方休战 10 年。穆罕默德利用休战时机，向邻国和半岛上的那些阿拉伯部落派出使节，携带国书，向其国王和部落首领宣传伊斯兰教，以扩大影响，同时派出武装讨伐海巴尔等地聚居的犹太人，以扫除反对势力的侵扰。

630 年，穆罕默德以麦加贵族违背协议为由，率领一万多人的穆斯林大军，进逼麦加城下，以艾布苏·富扬为首的麦加贵族被迫请降，接受伊斯兰教，并承认穆罕默德的先知地位，麦加全城居民宣布归信伊斯兰教。进入麦加后，穆罕默德下令捣毁克尔白殿内全部偶像，只保留黑色陨石，并改克尔白殿为清真寺，宣布克尔白为禁地。从此，麦加克尔白成为世界穆斯林礼拜的朝向和朝觐的中心。631 年末，半岛各部落相继归信伊斯兰教，承认穆罕默德的领袖地位，基本上实现了半岛的政治统一。632 年 3 月，穆罕默德率 10 万穆斯林到麦加进行了一次经过改革的朝觐，史称"辞别朝觐"。穆罕默德亲自确立了朝觐的一系列仪典，成为尔后穆斯林朝觐所遵循的范例。他发表了辞朝演说，以安拉"启示"的名义，宣布伊斯兰教创传的胜利，"我已选择伊斯兰作你们的宗教"，强调穆斯林之间团结和统一的重要性。同年 1 月 8 日穆罕默德在麦地那病逝。至此，伊斯兰教已是半岛占统治地位的宗教，成为阿拉伯民族的精神支柱，揭开了阿拉伯历史的新篇章。图 2-15 所示为伊斯兰教第一圣地——麦加。

图 2-15　伊斯兰教第一圣地——麦加

(三)伊斯兰教的传播与发展

伊斯兰教由阿拉伯地区性单一民族的宗教发展成世界性的多民族信仰的宗教，是阿拉伯伊斯兰国家通过不断对外扩张、经商交往、文化交流、向世界各地派出传教士等多种途径而得到广泛传播的结果。632 年，穆罕默德逝世后，伊斯兰教进入"四大哈里发时期"，随着统一的阿拉伯国家的对外征服，伊斯兰教向半岛以外地区广泛传播，史称"伊斯兰教的开拓时期"。661 年起，伊斯兰教进入阿拉伯帝国时期，历经伍麦叶王朝和阿拔斯王朝，地跨亚、非、欧三大洲，伊斯兰教成为帝国占统治地位的宗教；经济和学术文化得到空前的繁荣和发展，史称"伊斯兰教发展的鼎盛时期"。13 世纪中期随着异族的入侵，帝国境内东、西部诸多地方割据王朝的独立，阿拉伯帝国解体。中世纪晚期，伊斯兰世界并立着奥斯曼、萨法维、莫卧儿三大帝国，其中奥斯曼帝国版图和影响最大，史称"伊斯兰教第三次大传播的时期"。18 世纪中叶以后，西方殖民主义者相继侵入伊斯兰世界，许多国家逐步沦为殖民地和半殖民地。伊斯兰世界各国人民在"圣战"和教派运动的

旗帜下，多次掀起反抗殖民压迫的民族斗争，给殖民主义者以沉重打击。第二次世界大战后，各伊斯兰国家相继独立，大致形成当今伊斯兰世界的格局。

(四)伊斯兰教教义

伊斯兰教基本信条为"万物非主，唯有真主；穆罕默德是主的使者"。这在中国穆斯林中视其为"清真言"，突出了伊斯兰教信仰的核心内容。具体而言又有以下五大信仰之说。

(1) 信安拉：要相信除安拉之外别无神灵，安拉是宇宙间至高无上的主宰。《古兰经》(参见图 2-16)第 112 章称："安拉是真主，是独一的主，他没生产，也没有被生产；没有任何物可以做他的正敌。"据《古兰经》记载，安拉有 99 个美名和 99 种德性，是独一无二、永生永存、无所不知、无所不在、创造一切、主宰所有人命运的无上权威。信安拉是伊斯兰教信仰的核心，体现了其一神论的特点。

(2) 信使者：《古兰经》中曾提到了许多位使者，其中有阿丹、努海、易卜拉欣、穆萨、尔撒(即《圣经》中的亚当、诺亚、亚伯拉罕、摩西、耶稣)，使者中最后一位是穆罕默德，他也是最伟大的先知，是至圣的使者，他是安拉"封印"的使者，负有传布"安拉之道"的重大使命，信安拉的人应服从他的使者。

(3) 信天使：认为天使是安拉用"光"创造的无形妙体，受安拉的差遣管理天国和地狱，并向人间传达安拉的旨意，记录人间的功过。《古兰经》中有四大天使：哲布勒伊来(Jibra'il)、米卡伊来(Mikal)、阿兹拉伊来(Azral)及伊斯拉非来(Israfil)，分别负责传达安拉命令及降示经典、掌管世俗时事、司死亡和吹末日审判的号角。

图 2-16　古兰经

(4) 信经典：认为《古兰经》是安拉启示的一部天经，教徒必须信仰和遵奉，不得诋毁和篡改。伊斯兰教也承认《古兰经》之前安拉曾降示的经典(如《圣经》)，但《古兰经》降世之后，信徒即应依它而行事。

(5) 信末日审判和死后复活：认为在今世和后世之间有一个世界末日，在世界末日来临之际，现世界要毁灭，真主将作"末日审判"，届时，所有的死人都要接受审判，罪人将下地狱，而义人将升入天堂。

此外，伊斯兰教还信仰"前定"，认为世间的一切都是由安拉预先安排好的，任何人都不能变更，唯有顺从和忍耐才符合真主的意愿。

除了这五条主要信条外，各个教派又有自己的特殊信条，最主要的是五功。五功是穆斯林的五项宗教功课，是每个教徒都应遵守的最基本的宗教义务，亦称五大天命。

五功具体为以下五者。

一为念功，就是要念诵清真言，这是穆斯林对自己信仰的表白。阿拉伯语称为舍哈德(意为作证)，其内容是用阿拉伯语念诵："我作证：除阿拉外，再没有神，穆罕默德是阿拉的使者。"只要接受这一证言，一般认为这是接近真主的门路和阶梯。

二为礼功，穆斯林教徒要履行每日五次的时礼，每周一次的聚礼，宗教节日的会礼。每日五次的时礼，第一次称晨礼，在拂晓举行；第二次称晌礼，在中午 1 时至 3 时举行；

第三次称晡礼,在下午 4 时至日落前举行;第四次称昏礼,在日落后或太阳的白光消逝前举行;第五次称宵礼,在入夜至拂晓前进行。聚礼又称主麻日礼拜,是集体的公共祈祷,一般在星期五举行。会礼则在每年的开斋节和古尔邦节举行。礼拜的前提条件是身体清洁,礼拜前必须按规定作大净或小净。

三为斋功,即斋戒。伊斯兰教历的九月为斋月,在斋月期间,教徒要斋戒一月,每天从日出前到日落要止饮禁食,以清心寡欲,专事真主。

四为课功,又称天谭制度。穆斯林个人财产达到一定数量时,就应交纳一种名为天课的宗教税。教义认为,穷人是真主的眷属,把资财施舍给穷人,就等于纳入真主之库,故名为天课。

五为朝功,就是到麦加朝觐天房——克尔白圣殿。伊斯兰教规定,每个穆斯林,只要身体健康、经济条件许可、旅途平安,一生中至少要到麦加朝觐一次。凡去朝觐过的,即被尊称为哈吉。除麦加外,麦地那和耶路撒冷也是伊斯兰教的圣地。

附录 1　中国主要哲学家

老子 (约公元前 600 年—公元前 500 年)

老子(参见图 2-17),春秋时思想家,道家创始人。一说即老聃,姓李名耳,字伯阳,楚国苦县 (今河南鹿邑东)厉乡曲仁里人,做过周朝"守藏室之史"(管理藏书的史官),孔子曾向他问礼,后退隐,著《老子》。一说老子即太史儋,或老莱子。《老子》一书是否为老子所作,历来有争论。老子以"道"解释宇宙万物的演变,认为"道生一,一生二,二生三,三生万物","道"乃"夫莫之命(命令)而常自然",因而"人法地,地法天,天法道,道法自然"。"道"为客观自然规律,同时又具有"独立不改,周行而不殆"的永恒意义。《老子》中包括大量朴素辩证法的观点,如认为一切事物均具有正反两面,"反者道之动",并能由对立而转化,"正复为奇,善复为妖","祸兮福之所倚,福兮祸之所伏"。又认为世间事物均为"有"与"无"之统一,"有、无相生",而"无"为基础,"天下万物生于有,有生于无"。"天之道,损有余而补不足,人之道则不然,损不足以奉有余";"民之饥,以其上食税之多";"民之轻死,以其上求生之厚";"民不畏死,奈何以死惧之?"其学说对中国哲学发展具有深刻影响,其内容主要见《老子》一书。

孔子(约公元前 551 年—公元前 479 年)

孔子(参见图 2-18),春秋末期思想家、政治家、教育家,儒家学说创始者。名丘,字仲尼。鲁国陬邑(今山东曲阜东南)人,先世为宋国贵族。少"贫且贱",及长,曾任"委吏"(司会计)和"乘田"(管畜牧)等事。学无常师,相传曾问礼于老聃,学乐于苌弘,学琴于师襄。聚徒讲学,从事政治活动。年五十,由鲁国中都宰升任司寇,摄行相事。后又曾周游宋、卫、陈、蔡、齐、楚等国,自称"如有用我者,吾其为东周乎?"终为见用。晚年致力教育,整理《诗》、《书》等古代文献,并删修鲁史官所记《春秋》,成为中国第

一部编年体历史著作。相传先后有三千人弟子，其中著名者七十余人(贤人)。其思想以"仁"为核心，认为"仁"即"爱人"，提出"己所不欲，勿施于人"，"己欲立而立人，己欲达而达人"等论点，提倡"忠恕"之道，又认为推行"仁政"应以"礼"为规范，"克己复礼为仁"。对于殷周以来的鬼神宗教迷信，采取存疑态度，认为"未知生，焉知事鬼"，"不知命，无以为君子也"。又注重"学"与"思"的结合，提出"学而不思则罔，思而不学则殆"和"温故而知新"等观点。首创私人讲学，主张因材施教，"有教无类"，"学而不厌，诲人不倦"，强调"君子学道则爱人，小人学道则易使也"。政治上提出"正名"主张，认为"君君、臣臣、父父、子子"，都应实副其"名"，并提出"不患贫而患不均，不患寡而患不安"的观点。自西汉以后，孔子学说成为两千余年封建社会的正统文化，影响极大。现存《论语》一书，记载有孔子与门人的问答，是研究孔子学说的主要资料。

图 2-17 老子

图 2-18 孔子

墨子(约公元前 468 年—公元前 376 年)

墨子(参见图 2-19)，春秋战国时思想家、政治家，墨家创始人，名翟，相传原为宋国人，后长期住在鲁国。曾学习儒术，因不满"礼"之烦琐，另立新说，聚徒讲学，成为儒家的主要反对派。其"天志"、"明鬼"学说，承袭殷周传统思想，但增入"非命"与"兼爱"等内容，反对儒家的"天命"和"爱有差等"说，认为"执有命"是"天下之大害"，力主"兼相爱，交相利"，不应有亲疏贵贱之别。处世奉行"摩顶放踵，利天下为之"精神。其"非攻"思想，反映当时人民反对战争的意向，其"非乐"、"节用"、"节葬"等主张，为反对贵族"繁饰礼乐"和奢侈享乐生活。其又重视生产，强调"赖其力者生，不赖其力者不生"(《墨子·非乐上》)[1]，并提出"尚贤"、"尚同"等政治主张，以为"官无常贵，民无终贱"，"必使饥者得食，寒者得衣，劳者得息，乱则得治"。弟子众多，以"兴天下之利，除天下之害"为教育目的，尤重艰苦实践，服从纪律。墨学于当时对思想界影响很大，与儒家并称"显学"。现存《墨子》五十三篇，是研究墨子和墨家学说的基本材料。

孟子(约公元前 372 年—公元前 289 年)

孟子(参见图 2-20)，战国时期思想家、政治家和教育家，先秦儒家代表人物之一，姓孟名轲，字子舆，邹(今山东邹县东南)人。授业与子思门人，自述私述孔子。游历齐、

---

① 周才珠，齐瑞端译注. 墨子全译. 贵阳：贵阳出版集团，贵阳人民出版社，2009

宋、魏等国，曾任齐宣王客卿。因政治主张"迂阔远于事情"，终不见用。他力辟杨、墨，以好辩著称，继承孔子学说，后世尊"亚圣"，被视为儒家正统，对后来中国思想发展，特别是宋明时期的中国哲学有巨大的影响。基本事迹见《史记·孟子荀卿列传》。《孟子》一书是研究其思想的基本资料。

图 2-19　墨子

图 2-20　孟子

庄周(约公元前 369 年—公元前 286 年)

庄周(参见图 2-21)战国时哲学家，名周，宋国蒙人，曾任蒙地漆园吏。家贫，曾借粟于监河侯(官名)，但拒绝楚威王厚币礼聘。他继承并发展老子"道法自然"的观点，强调事物的自生自化，认为"道"是"先天地生"，"自本自根"、"无所有在"、"道未始有封"(即"道"无界限差别)，而达到"万物皆一也"(即万物齐一无差别)。又认为万物"无动而不变，无时而不移"，"天下莫大于秋毫之末，而反山为小；莫寿乎殇子，而彭祖为夭"[1]，主张齐物我、齐是非、齐大小、齐生死、齐贵贱，提倡"天地与我并生，万物与我为一"的精神境界，安时处顺，逍遥自得。为文汪洋恣肆，想象奇丽，所著有《庄子》。

荀子(约公元前 313 年—公元前 228 年)

荀子(参见图 2-22)战国末思想家、教育家，名况，时人尊其为"卿"。汉人避宣帝讳，曾改称孙卿，赵国人。游学于齐，曾三任祭酒。后赴楚国，春申君任其为兰陵(今山东苍山兰陵镇)令，著书教学以终。韩非、李斯，均为其学生。其学说总结先秦诸子学术思想，对古代唯物主义有所发展，如反对天命、鬼神迷信之说，"天行有常，不为尧存，不为桀亡"，并提出"制天命而用之"的思想。如认为人能通过"天官"(感官)及"天君"(心)之知觉认识客观，并强调思维优于感觉。又认为"凡万物异则莫不相为蔽"，为获得正确认识，必须使"心虚壹而静"。与孟子"性善"说相反，认定人性生来本"恶"，"其善者伪也"，有"师法之化，礼义之道"，才可以为善。其政治观为"礼治"与"法治"相结合，坚持儒家"正名"说，强调尊卑名分，主张"法后王"(效法文、武、周公之道)。其于经济，提倡强本节用、开源节流，"省工贾、众农夫"等观点。为文说理透辟，结构谨严，《赋篇》对汉赋兴起具有影响。所著有《荀子》。

董仲舒(公元前 179 年—公元前 104 年)

董仲舒(参见图 2-23)，西汉哲学家，今经学大师，广川(今河北枣强东)人，专治《春秋

---

① (战国)庄周著，纪琴译注. 庄子. 北京：中国纺织出版社，2007

公羊传》。曾任博士、江都相及胶西王相。汉武帝朝举贤良文学之士，进"天人三策"，建议"诸不在六艺之科、孔子之术者，皆绝其道，勿使并进。"为武帝所采纳，形成"独尊儒术，罢黜百家"的政治格局，为此后两千余年间封建统治者所沿袭。其学以儒家宗法思想为中心，杂以阴阳五行说，将神权、君权、父权、夫权贯穿为一，形成封建神学体系。其说以"天人感应"说为中心，认为"君权神授"，"天"对地上统治者经常用符瑞、灾异等表示愿望或谴责。又将天道和人事牵强比附，以论证其"道之大原出于天，天不变，道亦不变"之观念。还提出"三纲五常"的封建伦理，并宣扬"黑、白、赤三统"循环的历史观。所著有《春秋繁露》(经后人附益修改)及《董子文集》。

图 2-21　庄子

图 2-22　荀子

玄奘(公元 602 年—公元 664 年)

玄奘(参见图 2-24)通称三藏法师，俗称唐僧。唐高僧，佛教学者、旅行家，与鸠摩罗什、真谛并称为中国佛教三大翻译家，唯识宗的创始者之一。本姓陈，名祎，洛州缑氏(今河南偃师缑氏镇)人。出家后遍访佛教名师，因感各派学说分歧，难得定论，便决心至天竺学习佛教。唐太宗贞观三年(公元 629 年，一说贞观元年)，从凉州出玉门关西行，历经艰难抵达天竺。初在那烂陀寺从戒贤受学。后又游学天竺各地，并与当地学者论辩，名震五竺。经十七年，贞观十九年(公元 645 年)回到长安。后组织译经，共译出经、论七十五部，共一千三百三十五卷。所译佛经，多用直译，笔法谨严，丰富了祖国古代文化，并为古印度佛教保存了珍贵典籍，世称"新译"。曾编译《成唯识论》，论证"我"(主体)、"法"不过是"识"的变现，都非真实存在，只有破除"我执"、"法执"，才能达到"成佛"境界。所撰又有《大唐西域记》，为研究印度、尼泊尔、巴基斯坦、孟加拉国以及中亚等地古代历史地理之重要资料。历代民间广泛流传其故事，如元吴昌龄《唐三藏西天取经》杂剧，明吴承恩《西游记》小说等，均由其事迹衍生。

图 2-23　董仲舒

图 2-24　玄奘

周敦颐(1017 年—1073 年)

周敦颐，北宋哲学家，字茂叔，道州营道(今湖南道县)人，曾筑书屋于庐山莲花峰下的小溪畔，并以故居濂溪名之，故世称濂溪先生。宋明道学(理学)的奠基人，程氏兄弟的老师。其思想中关于"无极而太极"和"孔颜乐处"等思想对后世影响很大。主要著作有《通书》、《太极图说》等。

张载(1020 年—1077 年)

张载，北宋哲学家，宋明道学中气学一派的代表人物、关学的创始人，字子厚，凤翔郿县(今陕西眉县)横渠镇人，世称横渠先生。从学弟子多在关中，故其学说称关学。主要观点有"虚空即气"等。主要著作有《正蒙》、《经学理窟》等。

程颢(1032 年—1085 年)

程颢，北宋哲学家，宋明道学中理学一派的代表人物、洛学创始人之一，字伯淳，洛阳(今属河南)人，世称明道先生。与弟程颐同师周敦颐，共创理学，因其为洛阳人氏，故其学说被称为洛学。主要著作有《定性书》、《识仁篇》等。

程颐(1033 年—1107 年)

程颐，北宋哲学家，宋明道学中理学一派的代表人物、洛学创始人之一。字正叔，后世称伊川先生。其思想对朱熹影响很大。主要著作有：《易传注》、《颜子所好何学论》等。与其兄的著作一起编入《二程集》。

朱熹(1130 年—1200 年)

朱熹(参见图 2-25)，南宋哲学家、教育家，理学的集大成者，字元晦、仲晦，号晦安、考亭、紫阳，徽州婺源(今属江西)人，后迁居建阳(今属福建)。因多年一直在福建讲学，故所创学派又称闽学。主要观点在理气关系上，强调理为事物的根本，在方法上强调《大学》中"穷理"和"格物"的重要性等。主要著作有《四书集注》、《朱子语类》等。

陆九渊(1139 年—1193 年)

陆九渊，南宋哲学家，心学代表人，字子静，号存斋，抚州金溪(今属江西)人。因其在家乡贵溪象山筑室讲学，故学者称为象山先生。反对朱熹通过"穷理"和"格物"的外在的工夫路径，主张"发明本心"、"先立其大"等观点。和朱熹就周敦颐的"无极而太极"思想和工夫路径的辩论，对中国思想史有重要意义。其著作收入《陆九渊集》。

王守仁(1472 年—1528 年)

王守仁(参见图 2-26)，明代哲学家，心学的集大成者，字伯安，余姚(今属浙江)人。因其在家乡阳明洞筑室读书，故学者称阳明先生。因反对宦官刘瑾专权，1508 年被贬到贵州龙场(今贵阳修文县)，从而由朱熹的理学转向心学，主要观点为"致良知"、"心外无物"、"心外无理"、"知行合一"和晚年的"四句教"(无善无恶心之体，有善有恶意之动，知善知恶是良知，为善去恶是格物)等。主要著作有《传习录》、《大学问》等。

图 2-25　朱熹

图 2-26　王守仁

刘宗周(1578 年—1645 年)

刘宗周，明末思想家、哲学家，字起东，号念台，浙江山阴人，因讲学于山阴县城北之蕺山，故学者称他为蕺山先生。他从阳明后学的流弊出发，吸收理学和气学等相关思想，建构了一个独特的哲学体系，主要以《大学》的"诚意"和《中庸》的"慎独"观点为主。主要著作有《圣学宗要》、《学言》、《五子联珠》等。

王夫之(1619 年—1692 年)

王夫之(参见图 2-27)，明清之交哲学家，气学的集大成者，字而农，衡阳(今属湖南)人。明亡后隐居湘西石船山，学者称船山先生。明亡后，誓不降清，隐居山中著书四十余年。治学范围广泛，涉及经学、史学、文学、哲学等，是中国历史上最后的高峰。主要著作有《尚书意义》、《读四书大全说》、《张子正蒙注》、《思问录》等，收入《船山遗书》。

图 2-27　王夫之

附录 2　西方哲学发展史上的哲学家

泰勒斯(约前公元 624 年—公元前 547 年)

泰勒斯(参见图 2-28)，被称为西方哲学史上第一位哲学家，他是古希腊米利都学派的创始人，由于他博学多艺，被希腊人称为"七贤"之一。他认为，水是万物的本原，由此开创了为变化的现象寻找同一性的哲学思维方式。

毕达哥拉斯(约前公元 580 年—前公元 500 年)

毕达哥拉斯，古希腊早期的哲学家和数学家，毕达哥拉斯派的创始人。在西方最早提出勾股定理，认为数是万物的本原。他相信"灵魂轮回"，认为肉体是灵魂的牢笼，而灵魂本身是不朽的。

赫拉克利特(约前公元 540 年—前公元 470 年)

赫拉克利特，古希腊著名哲学家，认为火是万物的本原，世界是一团永恒的活火，在一定分寸上燃烧，在一定分寸上熄灭。

巴门尼德(约公元前 515 年—公元前 445 年)

巴门尼德，古希腊著名哲学家，爱利亚学派的创始人，芝诺的老师。他的名言是"存在者存在，非存在者不存在"。在他看来，真理的认识对象是最抽象的，是具有永恒性、不可分性和不动性的存在本身，而不是变化的现象。这种观点对柏拉图的影响很大，只不过在后者那里，理念不像存在那样是"一"而是"多"。

苏格拉底(公元前 468 年—公元前 399 年)

苏格拉底(参见图 2-29)古希腊著名哲学家，雅典人。早年学习过自然哲学，后来转向对人生和人的灵魂的关注。他把从事哲学活动视为自己的神圣使命，整天在市场街头找人谈话，规劝人们追求灵魂的净化。公元前 399 年，因为被人指控败坏青年和亵渎神灵而被判处死刑。虽然朋友们想救他出狱，但他断然拒绝。

图 2-28　泰勒斯

图 2-29　苏格拉底

柏拉图(公元前 427 年—公元前 347 年)

柏拉图古(参见图 2-30)，希腊最伟大的哲学家之一，苏格拉底的学生，亚里士多德的老师。他前后共写作对话 25 篇，大部分都以苏格拉底为主要的对话者。他的最高理想是哲学家应该成为政治家。他认为，哲学家不是躲在象牙塔里的书呆子，而应该学以致用，求诸实践。

亚里士多德(公元前 384 年—公元前 322 年)

亚里士多德(参见图 2-31)，古希腊著名哲学家。17 岁到雅典的柏拉图学院学习，直到 20 年后柏拉图去世才离开。公元前 343 年，他成为马其顿王子亚历山大的老师，公元前 325 年离开马其顿返回雅典，并建立一所学校。公元前 323 年，因亚历山大去世，在反马其顿风暴中受到牵连而被迫离开雅典，逃往加尔西斯，第二年在那里去世。亚里士多德是个百科全书式的哲学家，早年是柏拉图主义者，后来批判柏拉图的"理念论"，建立了自己的哲学体系。他的哲学体系主要由"实体说"、"四因说"和"潜能实现说"构成。

奥古斯丁(354 年—430 年)

奥古斯丁，基督教神学家，拉丁教父的主要代表和教父哲学的完成者。他年轻时曾玩世不恭，后来皈依基督教，著有《忏悔录》，《上帝之城》等，试图从哲学上论证上帝的存在。

图 2-30 柏拉图

图 2-31 亚里士多德

托马斯·阿奎那(约 1225 年—1274 年)

托马斯·阿奎那,中世纪最著名的哲学家,被教会称为"圣徒"和"天使博士"。最经典的理论是关于上帝存在的宇宙论证明,著作有《神学大全》。

笛卡儿(1596 年—1650 年)

笛卡儿法国著名哲学家、数学家和物理学家,出生于一个法官家庭。早年接受传统典籍教育,曾参加过"三十年战争"。他定居荷兰后潜心研究学术 20 年,并撰写许多著作。笛卡儿是近代理性主义哲学的奠基人,他从普遍怀疑出发,得出其哲学体系的第一原理:"我思故我在!"他也是著名的二元论者,认为身体和心灵是相互独立的实体。

斯宾诺莎(1632 年—1677 年)

斯宾诺莎,荷兰哲学家。他批评笛卡儿的二元论,认为神是唯一的实体,思维和广延只是神无限多属性中的两个而已,其思想带有泛神论的色彩。

莱布尼茨(1646 年—1716 年)

莱布尼茨,德国哲学家、科学家。他主张"单子"是构成世界万物的真正元素,而"单子"是没有部分的、单纯的精神实体。

贝克莱(1685 年—1753 年)

贝克莱,爱尔兰籍的英国哲学家,认为"物是观念的集合","存在就是被感知","对象和感觉原是一种东西"。贝克莱在《人类知识原理》的一段话:"我写字用的这张桌子所以存在,只是因为我看见它,摸着它;我在走出书室后,如果还说它存在过,我的意思就是说,我如果还在书室中,我原可以看见它;或者是说,有别的精神当下就真看见它"。①

休谟(1711 年—1776 年)

休谟,18 世纪英国经验论哲学家,是近代怀疑论和不可知论的创始人。他认为,哲学的任务就是要认识人类知识的性质、范围和能力,以免追求那些超越经验、超越知性能力限度的问题。他强调,认识来源于感觉经验,超出感觉经验所作的一切断言和认识都是不

---

① (英)乔治·贝克莱著,关文运译. 人类知识原理. 北京:商务印书馆,1973

可靠的，因为感觉经验范围以外的东西是不可知的。

康德(1724 年—1804 年)

康德(参见图 2-32)，德国著名哲学家，德国古典哲学创始人，出生于东普鲁士。他终生未婚，几十年如一日保持着有规律的生活。他的三大批判——《纯粹理性批判》、《实践理性批判》、《判断力批判》涉及人类生活中最重要的三个方面：真善美，即人类的认知活动、意志活动和情感审美活动，而他本人也是哲学家的典范。康德批判哲学的最高目的，是确立人自身的各种能力的和谐，人与人的和谐以及整个世界的和谐的先决条件。通过对先验的反思，给理性划定界限。康德的"哥白尼革命"并不意味着人的意识可以创造经验对象，也不意味着物自体可以被还原为人的意识构造。先验理念的积极功能，使形而上学成为可能。

黑格尔(1770 年—1831 年)

黑格尔(参见图 2-33)，19 世纪初德国最著名的哲学家，德国古典哲学的集大成者。他最大的哲学成就就是他的辩证法思想。他把整个自然、历史和精神都描述成一个辩证发展的过程，并在此基础上构建了自己的客观唯心主义哲学体系。辩证法的原初含义是在谈话中通过论证进行问答。苏格拉底把它看作通过对对立意见的冲突而揭示真理的一种技巧，看作通过逻辑问答而获得概念的正确定义的方法。后来在黑格尔那里，辩证法成为概念或命题自身沿着正题、反题到合题的方向所作的合乎逻辑的运动。

图 2-32 康德

图 2-33 黑格尔

思考与练习

1. 中国哲学的基本精神和特点。
2. 西方哲学的基本精神和特点。
3. 中西哲学的差异性和共通性。
4. 佛教、道教和基督教的主要观点及其意义。
5. 哲学和宗教的关系及其对人生的意义。

学习参考网站

1．中国儒学网(http://www.confuchina.com/)
2．中国道教网(http://www.djxh.com/temp/)
3．中国佛教(http://www.zgfj.cn/)
4．中国基督教(http://www.chineseprotestantchurch.org/)
5．中国伊斯兰在线(http://www.islamcn.net/)

第三章　文　学　概　述

本章提要

文学是人文教育的重要载体和途径，也是大学生人文知识的重要组成部分。本章主要以时间为序介绍中国文学和外国文学发展历程中不同的文学体裁、风格特征和流派，以及各时期的著名作家作品等基本知识。

学习指南

通过本章的学习，重点掌握中外文学的发展脉络及不同作家作品的体裁、风格和流派特点；了解中外文学的演进历程和发展规律，以及文学艺术在人类生存与发展过程中的价值、地位和作用，汲取文学艺术中丰富而宝贵的精神财富，体悟文学艺术所蕴含的人文精神，感受文学艺术对提升自己人文素养的促进作用。

第一节　中国文学概述

中国文学的历史十分悠久，其起源几乎与中华文明的起源同步。在漫长的文学历史上，曾经产生了许多杰出作家和优秀作品，出现了不同的体裁、题材、风格、流派，形成了多种文学现象、文学思潮和文学理论。文海苍茫、浑浩流转，累世的创作、积淀、发展和演进，留下了美不胜收的文学遗产。

一、中国古代文学

(一)先秦和秦汉文学

我们首先注意到中国文学的各种体裁几乎都孕育于这个时期。散文可以追溯到甲骨卜辞；诗歌可以追溯到《诗经》、《楚辞》和汉乐府；小说可以追溯到神话传说，《左传》、《史记》等历史散文，以及诸子散文中的寓言故事；辞赋可以追溯到《楚辞》；就连戏曲的因素在《九歌》中也已有了萌芽。其次，中国文学的思想基础也是孕育于上古时期的。特别是儒道两家的思想影响着此后几千年作家的世界观、人生观和价值观，影响着整个中国文学的一些观念，如 "诗言志"、"法自然"、"思无邪"、"温柔敦厚"等。在这个阶段，文学的创作主体经历了由群体到个体的演变，《诗经》里的诗歌大都是

群体的歌唱，然后出现了第一位诗人屈原。

上古先秦文学史一方面是巫史不分和文史哲不分，另一方面是诗乐舞结合，这种混沌的状态成为先秦的一大景观。所谓文史哲不分，是就散文这个领域而言，《尚书》、《左传》、《国语》、《战国策》是历史著作，《周易》、《老子》、《论语》、《孟子》、《庄子》等是哲学著作。至于诗歌，最初是和音乐、舞蹈结合在一起的，《吕氏春秋》里记载的葛天氏之乐，以及《尚书·尧曲》里记载的"击石拊石，百兽率舞"，都是例证。《诗经》、《楚辞》中的许多诗歌也和乐舞有很大关系。风、雅、颂的重要区别就是音乐的不同，据《史记·孔子世家》记载，《诗》三百零五篇都可以和乐歌唱。

1.《诗经》

《诗经》是我国第一部诗歌总集，共收入自西周初期(公元前 11 世纪)至春秋中叶(公元前 6 世纪)约五百余年间的诗歌三百零五篇，最初称《诗》，汉代儒者奉为经典，乃称《诗经》。

《诗经》分为《风》、《雅》、《颂》三部分。这些诗篇，就其原来性质而言，是歌曲的歌词。《墨子·公孟》说："颂诗三百，弦诗三百，歌诗三百，舞诗三百。"意谓《诗》三百余篇，均可诵咏、用乐器演奏、歌唱、伴舞。《风》是相对于"王畿"——周王朝直接统治地区而言的，是带有地方色彩的音乐，十五《国风》就是十五个地方的土风歌谣。《雅》是"王畿"之乐，这个地区周人称为"夏"，"雅"和"夏"古代通用。雅又有"正"的意思，当时把王畿之乐看作是正声——典范的音乐。《颂》是专门用于宗庙祭祀的音乐。

汉初传授《诗经》学的共有四家，也就是四个学派：齐之辕固生，鲁之申培，燕之韩婴，赵之毛亨、毛苌，简称齐诗、鲁诗、韩诗；毛诗(前二者取国名，后二者取姓氏)。齐、鲁、韩三家属今文经学，是官方承认的学派；毛诗属古文经学，是民间学派。但到了东汉以后，毛诗反而日渐兴盛，并为官方所承认；前三家则逐渐衰落，到南宋，就完全失传了。今天我们看到的《诗经》，就是毛诗一派的传本。

《诗经》的艺术成就很高，它运用现实主义的创作方法，运用赋、比、兴等表现手法，以四言为主，采用重章叠句，体现其诗歌魅力，并以它所表现的深刻的社会内容和完美的艺术形式启发后代文人重视民歌，以后的楚辞、五言诗、词、曲等都是在民歌的基础上发展而来的。

2. 历史散文和诸子散文

先秦时期，是中国古代散文发展的第一个高峰。这一时期散文主要是两大类：一类是记载历史盛衰的历史散文，另一类是宣传哲学观点与政治主张的诸子散文。

1) 历史散文

《尚书》意为"上古之书"，是中国上古历史文件和部分追述古代事迹作品的汇编。春秋战国时称《书》，到了汉代，才改称《尚书》，儒家尊之为经典，故又称《书经》。

《尚书》包括虞、夏、商、周书。《虞书》、《夏书》非虞夏时所作，是后世儒家根据古代传闻编写的假托之作。《商书》是殷王朝史官所记的誓、命、训、诰。《周书》包

括周初到春秋前期的文献。其中《牧誓》是武王伐纣时的誓师之词，《多士》是周公以王命训告殷遗民之词；《无逸》是周公告诫成王不要贪图享受之词。这些作品叙事清晰，而且能表达出人物的情感口吻。写于春秋前期的《秦誓》，是秦穆公伐晋失败后的悔过自责之词，表达了愧悔、沉痛的感情，文章这样写道："古人有言曰：'民讫自若，是多盘。'责人斯无难，惟受责俾如流，是难艰哉！我心之忧，日月逾迈，若弗云来。……"

《尚书》是我国最古老的文章汇编。其中殷商和周初的部分，所用语言同秦汉时的古汉语已有很大不同，加以年代久远，传写讹误，十分艰涩难读。韩愈谓之"周诰殷盘，佶屈聱牙"[①]（《进学解》）。由于发表那些言辞的人，地位都很高，言语之间，具有居高临下的自信。对于后人来说，古奥是一种特殊的美感，质朴自信，又显示出征服的力度。所以《尚书》的文章，受到很高的推崇。

"春秋"原是先秦时代各国史书的通称，后来仅有鲁国的《春秋》传世，便成为专称。这部原来由鲁国史官所编的《春秋》，相传经过孔子整理、修订，赋予了特殊的意义，因而也成为儒家重要的经典。

《春秋》是我国编年体史书之祖，它以鲁国十二公为序，起自鲁隐公元年（公元前722年），迄于鲁哀公十四年（公元前481）年记载了242年间的历史。它是纲目式的记载，文句极简短，几乎没有描写的成分。但它的语言表达，具有谨严精练的特点，反映了文字技巧的进步。《春秋》最突出的特点就是寓褒贬于记事的"春秋笔法"。相传孔子按照自己的观点对一些历史事件和人物作了评判，并选择他认为恰当的字眼来暗寓褒贬之意，因此《春秋》被后人看作是一部具有"微言大义"的经典，是定名分、制法度的范本。并且，在史书和文学作品的写作上，也对后人产生了很大影响。史学家从中领悟到修史应该有严格而明确的倾向性，文学家往往体会了遣词造句要力求简洁而义蕴深刻。

《左传》原名《左氏春秋》，后人将它配合《春秋》作为解经之书，称《春秋左氏传》，简称《左传》。它与《春秋公羊传》、《春秋谷梁传》合称"春秋三传"。《左传》的作者，相传是鲁太史左丘明。其记事年代大体与《春秋》相当，只是后面多十七年。与《春秋》的大纲形式不同，《左传》相当系统而具体地记述了这一时期各国的政治、军事、外交等方面的重大事件。

作为一部历史著作，《左传》有鲜明的政治与道德倾向。其观念较接近于儒家，强调等级秩序与宗法伦理，重视长幼尊卑之别，同时也表现出"民本"的思想。《左传》虽不是文学著作，但从广义上看，仍应该说是中国第一部大规模的叙事性作品。写得最为出色的，便是春秋时代著名的五大战役。作者善于将每一战役都放在大国争霸的背景下展开，对于战争的远因近因，各国关系的组合变化，战前策划，交锋过程，战争影响，以简练而不乏文采的文笔一一交代清楚。这种叙事能力，无论对后来的历史著作还是文学著作，都是具有极其重要意义的。《左传》所记外文辞令也很精彩，最突出的例子，要数"烛之武退秦师"一节，是世界外交史上运用地缘政治学的一个很早的杰出范例。

《国语》是我国第一部国别史，记事年代起自周穆王，止于鲁悼公（约公元前1000

[①] (唐)韩愈. 韩昌黎文集·进学解. 北京：北京燕山出版社，2009

年—公元前440年)，内容涉及周、鲁、齐、晋、郑、楚、吴、越八国，以记载言论为主，但也有不少记事的成分。

《国语》包含了许多政治经验的总结，《周语·召公谏弭谤》一篇，为记周厉王以肆意残杀为消弭不满言论的佳方，使"国人不敢言，道路以目"，结果被民众驱逐而流亡。文中提出"防民之口，甚于防川"的道理，相当深刻。《国语》的文字质朴，远不如《左传》有文采。但其中也有比较精彩的部分，如《晋语》中记"骊姬之难"的故事。

《战国策》是汇编而成的历史著作，由西汉刘向考订整理后，定名为《战国策》。总共三十三篇，记事年代大致上接《春秋》，下迄秦统一。以策士的游说活动为中心，反映出这一时期各国政治、外交的情况。

《战国策》既体现了时代思想观念的变化，也体现出战国游士、侠士这一类处于统治集团与庶民之间的特殊而较为自由的社会人物的思想特征。《战国策》富于文采，描写人物的性格和活动，更加具体细致，也就更显得生动活泼。著名的《荆轲刺秦王》一篇，易水送别的一节这样描写：

太子及宾客知其事者，皆白衣冠以送之。至易水之上，既祖取道，高渐离击筑，荆轲和而歌，为变徵之声，士皆垂泪涕泣。又前而歌曰："风萧萧兮易水寒，壮士一去兮不复还。"复为羽声慷慨，士皆瞋目，发尽上指冠。于是荆轲遂就车而去，终已不顾。

这段描写力极强。文章大师司马迁作《史记·刺客列传》，对有关荆轲的部分，也大量抄录了《战国策》的原文。"燕赵多慷慨悲歌之士"的美名，也由此传闻天下。

2) 诸子散文

春秋之末，王权衰落，诸侯崛起，天下纷争。与之相应，官失其守，礼崩乐坏，士阶层蔚然勃兴，私学兴起，私家著述相继出现。到战国时，百家争鸣，诸子横议，著书立说，蔚为风尚。所谓"诸子"，是指春秋战国时期诸家学派的代表人物。据《汉书·艺文志》载，当时主要诸子有儒、道、阴阳、法、名、墨、纵横、农、杂、小说家十家。先秦诸子散文指的就是这一时期诸子百家阐述各自对自然对社会不同观点和主张的哲理性著作。

诸子活跃的思想，单纯用诗歌的形式是难以表达的，于是论辩说理的哲理散文就大大发展起来，因此，诸子散文大多是哲学著作，故又称为哲理散文。从文学发展的角度看，诸子散文大致经历了这样几个阶段：语录体阶段，代表作是《论语》、《墨子》，后者在语录体中开始夹杂有朴质的议论；对话体阶段，代表作是《孟子》、《庄子》，前者开始由语录体过渡到对话式的论辩，后者则开始向论点集中的专题论文过渡了；专题论文阶段，代表作是《荀子》、《韩非子》，这些文章篇幅普遍增长，风格也由简朴到开拓。

先秦诸子具有鲜明的特点。思想上，它们都坚持独立思考，各抒己见，放言无惮。如孔子提倡仁义礼乐，墨子主张兼爱尚贤，庄子主张自然无为，韩非子则大倡法术势。与之相应，文风上也各具个性和风格。如《论语》简括平易、迂徐含蓄，《墨子》质朴明快、善于类推，《孟子》气势恢宏、辞锋雄辩，《庄子》汪洋恣肆、文思奇幻，《荀子》浑厚缜密、比喻繁富，《韩非子》严峻峭拔、论辩透辟。语言上，它们都善用比兴，深于取象。如《庄子》"寓言十九"，引物连类，取象之深厚，为诸子之最。在文体发展上，先

秦诸子散文首先确立了论说文的体制。从语录体的有观点无论证，到论点明确、论据充分、逻辑严密、结构完整的专题论说文，显示了我国论说文发展的大致风貌。此外，先秦诸子散文中一些故事叙述，颇类小说，为后世的叙事文学提供了营养。

先秦诸子散文，在思想和创作上，对我国几千年来的政治制度、文化艺术等各方面都产生了极为深远的影响。

首先，影响最大的是儒家。汉代贾谊、晁错的政论文源于孟子、荀卿；唐代韩愈大倡复古，主要是强调学习儒家的思想体系和行文技巧，他与柳宗元一道，掀起了声势浩大的古文运动。从韩柳散文中，我们可以看到诸子的影子。尔后，宋代欧阳修、苏洵、王安石也都一直不遗余力地提倡学习诸子笔法。

儒家散文当首推《论语》，《论语》是孔门后学记录孔子及其门人、时人言行的语录体著作，约成书于战国初年，内容涉及哲学、政治、时事、教育、文学等诸多方面，是儒家的一部重要经典。今存二十篇，主要记载了孔子言行。《论语》的文学价值首先表现在它对孔子及其门人弟子等性格形象的塑造上。其塑造绝大部分并非有意。不过，也正因于此，反倒更真实地反映了说话人原始的性格和风貌。如孔子的思想深沉、举止端方、平易温和及愤怒状、狼狈态，子路的直率、鲁莽、刚烈，颜渊的沉默寡言、安贫乐道及敏而好学等。也有少数篇章较长，经过作者的加工来表现人物性格形象，如《侍坐》，它通过孔子问志、学生言志、孔子评志，将孔子的和蔼平易、子路的坦直、自信而鲁莽、冉求的怯懦谨慎、公西华的察言观色、外谨内恃、曾晳的恬淡洒脱的思想性格，都生动形象地表现了出来。其次，《论语》言简意赅，朴素生动，富有哲理和情感色彩，形成一种平易雅正、隽永含蓄的语言风格。有不少警句成为后人生活、学习、工作的座右铭。如"三人行必有我师焉"、"人无远虑，必有近忧"、"三军可夺帅，匹夫不可夺志"、"岁寒，然后知松柏之后凋"等。另外，作为语录体，《论语》旨在记言，多用口语，通俗浅显。但孔子强调"文质彬彬"，故师徒问语答言皆有物有文，虽润色而似出自然。

孟子是孔子之孙子思的再传弟子，是孔子之后儒家学派的重要代表。《孟子》是记载孟子及其弟子言行的语录体散文，由孟子和其弟子万章等合著。全书七篇，每篇分上、下。《孟子》的文学价值，首先表现在它再现了孟子作为儒家学者济世救民的形象和他作为普通人刚直而富于情感的个性特点。他藐视帝王，有时近于狷介；鄙夷奸佞，有时近乎偏狭；争论文艺，有时近于偏颇；待人诚恳率直，有时近于天真。《孟子》文章雄辩，充满论战性质，但又注意论辩技巧，刚柔相济。或根据不同对象，掌握对方心理，引人入彀，层层紧逼，步步追问，势不可当。或欲擒故纵，诱敌深入，让对方摆出论点，树起批驳的靶子，然后因势利导，层层推进，使对方陷入自相矛盾的境地。或用比喻和寓言说理，形象生动，引人入胜。语言上，《孟子》不仅词彩华赡，痛快流利，而且感情强烈，气势磅礴，富于鼓动性。不少词语如"明察秋毫"、"水深火热"、"出尔反尔"、"出类拔萃"、"心悦诚服"、"一暴十寒"等，都成为成语，至今流传。

荀子是与孟子齐名的儒学大师，其学说以孔子儒学为基础，批判性地吸取诸家之说，最大特征是以礼客法。《荀子》是荀况及其门徒所作，今本 32 篇，大部分为荀子自著，小部分出于他的门徒。《荀子》文章主要是长篇专题性论说文，这些论文大都善于围绕题

目或一定的中心，以类比、引证、比喻、排偶反复说理，层层展开论述，结构绵密严谨，说理透辟，发挥尽致，风格沉着深厚，语言朴素简洁而词彩缤纷，句法整练而富于气势。如《劝学篇》是一篇劝人学习的专论，旁征博引、生动详尽地阐明了学习的重要性，以及学习的态度、途径和方法，结构严谨，说理透彻。尤其论述学习态度一段，一连用了九个比喻，从正反两方面反复论述学习贵在专心致志，想象丰富，形象生动。同时，这些比喻又重迭排列，整齐而流畅，气势充沛，音节铿锵。

其次，影响较大的是道家，主要有《老子》和《庄子》两部著作。

《老子》是一部以政治为中心的哲理著作，也牵涉个人立身处世的准则。但书中把两者和自然性的宇宙本质——"道"联系起来，所以"形而上"的特征很强。在政治方面，《老子》主张"虚静无为"，即反对以人为的手段，包括种种文化礼仪干涉社会生活，尊重生活的"自然"状态；关于人生态度，《老子》也主虚静、退让、柔弱，但这并不像后人所理解的那样消极，因为《老子》所推重的"阴柔"，实是一种长久之道和致胜之道。《老子》的文体，既非如《论语》那样的语录，也非一般意义上的"文章"。全书约五千字，都是一些简短精赅的哲理格言，又押韵脚，特别便于记诵。各章节大致有一定的中心或连贯性，但结构并不严密，前后常见重复。它的语言无所修饰，但所包涵的道理玄奥而深刻，常常揭示出事物向其反面转化、事物之间的关系不断转变的规则，以及从反面取胜的途径，反映出中国先秦时代哲学思想的透彻性。它对于中国文化的发展，具有非常深远的影响。

庄子是战国中期道家学派最重要的代表人物。《庄子》是庄子及其门人后学的著作，原有52篇，现存33篇，分为内篇7，外篇15篇，杂篇11篇。一般认为，内篇是庄子自著，外、杂篇出于其门人、后学之手。《庄子》在诸子散文中艺术成就最高，在诸子散文中算得上是一部真正的文学作品。其思想与艺术对后世文学的影响是极为突出的。首先，它善于通过形象的比喻和情节性强的寓言故事说理，将文学与哲理融为一炉，使深邃的哲理形象生动，充满情趣。如《逍遥游》为说明作者追求"无所待"的绝对自由的思想，全文用了大鹏、学鸠、蜩、斥鴳、朝菌、冥灵等众多形象，或大或小、或高或低、或大年或小年等活动及现象的皆"有所待"比喻在物质世界里没有绝对自由，然后才得出自己的正面意见。至于以寓言说理，更是突出。《庄子》自言寓言占十分之九，现在统计有180余则。这些寓言想象丰富，生动形象，增强了文章的浪漫色彩和说服力、感染力。如"触蛮之争"（《则阳》），借触、蛮争夺蜗角，嘲笑了诸侯间争夺土地的战争，及其给百姓带来的巨大灾难；"庖丁解牛"（《养生主》），以解牛为喻，说明了养生的道理。其次，《庄子》想象丰富，构思奇特，选象组象，大胆夸张，波诡云谲，意境雄阔，具有浓厚的浪漫主义色彩。如《逍遥游》中的大鹏展翅图景写来尤为雄阔。它由"不知其几千里"大的鲲鱼变化而成，振翅而飞，竟"水击三千里，抟扶摇而上者九万里"，其境之壮，其思之奇，前所未有。再次，《庄子》的语言，在诸子中成就也最高。不仅嘻笑怒骂，激情澎湃，气势磅礴，而且语汇丰富，造语新词，如"逍遥"、"浑沌"、"造化"、"志怪"、"小说"、"寓言"、"运斤成风"、"游刃有余"、"邯郸学步"、"东施效颦"等，至今还广为运用。

《墨子》是墨家学派的代表著作，是墨子后学整理先师的言论、笔记而成，小部分是墨子自著，大部分是后学的整理或发挥。原书 71 篇，现存 53 篇。《墨子》反对文采，讲究逻辑性，提出了著名的"三表法"，强调为文立论要上"本之于古者圣王之事"，"下察百姓人民之利"。因而，全书文章风格质朴，较少文采，而逻辑性强，善用归纳法和类比法说理，理论联系实际，有较强的现实意义。其文章的基本结构，大体是先提出问题，然后加以分析，最后做简括总结。文有标题，论点明确，论证充分。如《兼爱》上篇就是这样结构完整、层次清楚的论说文。对墨子形象的表现，是《墨子》较具文学性的一面。《公输》、《鲁问》、《耕柱》等篇在记载墨子言行时，也将他"摩顶放踵"、热心救世的形象展现给了读者，生动感人。此外，《墨子》中大量的排比、对偶、比喻等修辞设法，也使其文朗朗上口，有一定的文学性。

其他各家散文对后世都有一定影响。清章学诚对此曾有精辟的论述："……后世之文，其体皆备于战国……《京都》诸赋，苏、张纵横六国、侈陈形势之遗也。《上林》、《羽猎》，安陵之从田、龙阳之同钓也。《客难》、《解嘲》，屈原之《渔父》、《卜居》，庄周之《惠施》、《问难》也。韩非《储说》，比事征偶，《连珠》之所肇也；而或以为始于傅毅之徒，非其质矣。孟子问齐王之大欲，历举轻暖肥甘、声音采色，《七林》之所启也；而或以为创之枚乘，忘其祖矣。邹阳辨谤于梁王，江淹陈辞于建平，苏案之自解忠信而获罪也。《过秦》、《王命》、《六代》、《辨亡》诸论，抑扬往复，诗人讽谕之旨，孟、荀所以称述先王而儆时君也。"①(《文史通义·诗教·上》)这段话把诸子百家对后世文学的影响，特别是文章的渊源流变关系，讲得十分清楚了。

3. 屈原和楚辞

屈原(约公元前 340 年—约公元前 277 年)名平，字原，是楚国的同姓贵族。他一生经历了楚威王、怀王、顷襄王三个君主统治时期。他在内政上主张修明政治，亲民重民，在外交上主张联齐抗秦，因受怀王宠幸而遭贵族家臣反对、陷害，其政治主张和思想都在他的作品中得到淋漓尽致地体现。屈原的作品，在《史记》本传中提到的有《离骚》、《天问》、《招魂》、《哀郢》、《怀沙》五篇。东汉王逸《楚辞章句》所载是二十五篇，为《离骚》、《九歌》(计作十一篇)、《天问》、《九章》(九篇)、《远游》、《卜居》、《渔父》。

屈原的诗歌在艺术上突出浪漫主义精神，成功运用比兴手法，采用大量的楚地方言，创造了句法参差错落、灵活多样的诗歌形式。

屈原是我国文学史上第一位伟大的诗人。《诗经》中也有许多优美动人的作品，但它基本上是群众性、集体性的创作，个性的表现甚少。而屈原的创作，却是用他的理想、遭遇、痛苦，以他全部生命的热情打上了鲜明的个性烙印。这标志了中国古典文学创作的一个新时代。

---

① (清)章学诚撰，吕思勉评，李永圻，张耕华导读整理. 文史通义. 上海：上海古籍出版社，2008

4．神话小说

神话以故事的形式表现了远古人民对自然、社会现象的认识和愿望，是"通过人民的幻想用一种不自觉的艺术方式加工过的自然和社会形式本身"。[①]

中国的神话小说有以下几类。

1）创世神话

创世神话以盘古故事最为著名，(《艺文类聚》卷一引徐整《三五历纪》)记载：

天地混沌如鸡子，盘古生其中，万八千岁，天地开辟，阳清为天，阴浊为地。盘古在其中，一日九变，神于天，圣于地。天日高一丈，地日厚一丈，盘古日长一丈，如此万八千岁。天数极高，地数极深，盘古极长。后乃有三皇。[②]

这是一则典型的卵生神话，宇宙卵生神话对中国的阴阳太极观念有着极重要的影响。同时，宇宙生成的人格化、意志化过程也反映了先民对人类自身力量的坚定信念。

2）始祖神话

始祖神话首推女娲的故事。女娲补天，显示出她作为宇宙大神的重要地位。《淮南子·览冥训》载：

往古之时，四极废，九州裂。天不兼覆，地不周载。火爁炎而不灭，水浩洋而不息，猛兽食颛民，鸷鸟攫老弱。于是女娲炼五色石以补苍天，断鳌足以立四极，杀黑龙以济冀州，积芦灰以止淫水。[③]

女娲经过辛勤的劳动和奋力的拼搏，重整宇宙，为人类的生存创造了必要的自然条件。女娲不仅有开辟之功，她也是人类的创造者。有关女娲的神话主要应是产生于母系氏族社会，女娲补天和造人的不朽功绩，既反映了人们对女性延续种族作用的肯定，同时也是对女性社会地位的认可。

3）洪水神话

《山海经·海内经》载：

洪水滔天。鲧窃帝之息壤以堙洪水，不待帝命。帝令祝融杀鲧于羽郊。鲧复(腹)生禹，帝乃命禹卒布土以定九州。[④]

鲧为了止住人间水灾，而不惜盗窃天帝的息壤，引起了天帝的震怒而被杀。洪水神话集中反映了先民在同大自然作斗争中所积累的经验和表现出的智慧。

4）战争神话

蚩尤作兵伐黄帝，黄帝乃令应龙攻之冀州之野。应龙蓄水。蚩尤请风伯、雨 师纵大

[①] (德)马克思著. 《政治经济学批判》导言. 马克思恩格斯全集[第三十卷]. 北京：人民出版社，1997

[②] (唐)欧阳询撰. 艺文类聚(上下). 上海：上海古籍出版社，1995

[③] (汉)刘安等编撰. 淮南子. 北京：北京燕山出版社，1995

[④] 佚名原著. 李润英，陈焕良注译. 山海经. 长沙：岳麓书社，2006

风雨。黄帝乃下天女曰魃，雨止，遂杀蚩尤。①(《山海经·大荒北经》)

黄帝与蚩尤战于涿鹿之野。蚩尤作大雾弥三日，军人皆惑，黄帝乃令风后法 斗机作指南车，以别四方，遂擒蚩尤。

除了以上这些类型的神话外，还有一些神话显示了人类英雄突出的个性、勇气，显示了人类对自身不可动摇的信念，如《夸父追日》、《精卫填海》。

5) 汉代诗歌

汉代是由先秦的四言诗和骚体诗向五言诗过渡的时期。汉代诗歌成就最高的是乐府民歌。汉乐府的形式以五言为主。东汉时班固的《咏史》是现存最早的文人五言诗。而文人五言诗的代表首推《古诗十九首》，虽内容比较贫乏，但语言自然流畅，抒情写景叙事相融合，有较高的艺术成就。

6) 汉代骈体文、散文

汉代骈体文兴起，西汉枚乘的《七发》、司马相如的《子虚》和《上林》，东汉张衡的《归田赋》是其代表作。

尤其需要指出的是西汉司马迁的《史记》。司马迁(公元前 145 年—约公元前 87 年)字子长，左冯诩夏阳(今陕西韩城)人。司马迁的《史记》被列为中国第一部"正史"。自此以后，历代"正史"的修撰从未断绝，汇成一条文字记载的历史长河，堪称世界史学史上的奇迹。《史记》是古代第一部由个人独立完成的具有完整体系的著作，全书由本纪、表、书、世家、列传五种体例构成。记述了自黄帝，迄司马迁写作本书的汉武帝太初年间(公元前 104 年—公元前 10 年)，空间包括整个汉王朝版图及其四周作者能够了解的所有地域。它不仅是我国古代三千年间政治、经济、文化等各方面历史的总结，也是司马迁意识中通贯古往今来的人类史、世界史。正如司马迁本人在《报任安书》中所言，他的目标是"究天人之际，通古今之变，成一家之言"。《史记》不是单纯的史实记录，它在史学、文学以及哲学上，都具有极高的成就。

(二)魏晋六朝文学

魏晋南北朝时期，始于东汉建安年代，迄于隋统一，历时约四百年。在中国历史上，这个朝代是分裂时间最长的时代，政权更迭频繁。表现在文学思想上，则是背弃儒教，提倡老庄所谓"自然"哲学的社会思潮，其根本性的内涵即是对个性价值的重视。

1. 诗歌

魏晋南北朝是一个文采风流、诗赋盛行的时代，文人诗歌创作形成高潮。建安文学的代表人物是"三曹"(曹操、曹丕、曹植)和"建安七子"(孔融、王粲、陈琳、徐干、阮瑀、应玚、刘桢)。他们的作品反映了动乱的社会现实，抒发了主人建功立业的抱负，风格慷慨悲凉，被后世称为"建安风骨"。陶渊明是这一时期的文学成就最高的诗人，以田园诗派著称，如《饮酒》和《归园田居》。另外，还有致力于描摹自然山川景象的山水诗派

---

① 佚名原著. 李润英，陈焕良注译. 山海经. 长沙：岳麓书社，2006

的开创者谢灵运。对后世影响最大的则是新体诗派，他们探索古代诗向格律诗的转变，在诗歌形式的变革上取得了初具规模的成就，为唐代律诗的全盛做了必要的准备，代表人物是谢朓和沈约。

2. 散文

建安的散文中，以曹丕的《又与吴质书》、曹植的《洛神赋》、孔融的《记盛孝章书》和诸葛亮的《出师表》为代表。

两晋，骈文兴盛，散文出现新的特色，如陆机的《文赋》、李密的《陈情表》、王羲之的《兰亭集序》，最突出的当推陶渊明，他的《感士不遇赋序》、《归去来辞序》、《桃花源记》、《五柳先生传》等都是脍炙人口的名篇。此外，江淹的《恨赋》、《别赋》，庾信的《哀江南赋序》，孔稚珪的《北山移文》都堪称骈文名篇。

3. 小说

小说在魏晋南北朝也初具规模。习惯上把这一时期的小说分成"志怪"和"志人"二类。志怪小说专记神异鬼怪故事，其中最著名的是东晋干宝的《搜神记》。它的兴盛与当时道教、佛教以及其他神鬼迷信的流行有直接关系。志人小说，现存较完整的著作只有宋代刘义庆编撰的《世说新语》，内容专门记叙汉末以来上层文士的言行，尤详于东晋。它的每一篇都很短小，却能写照传神，刻画出各种人物的精神面貌。其语言以简洁隽永见长。对于了解魏晋时代士族知识分子的思想和生活，这是一本最重要的书。魏晋南北朝小说对后代的小说、戏曲产生了很大影响。

(三)唐代文学

唐代是我国历史上最为辉煌的一个时期，一百多年的开拓发展，国力的强盛，经济的繁荣，思想的兼容并包，文化上的中外融合，创造了对文化发展极为有利的环境；盛世造就的士人的进取精神、开阔胸怀、恢宏气度，极大地丰富了文学的创造力，也给文学带来了昂扬的精神风貌，创造了被后代一再称道的盛唐气象。同时，它也经历过安史之乱这样一场空前战祸，然后是力图中兴而始终未能的振作。多样多彩的生活，为文学的发展准备了丰厚的土壤，为文学家提供了极为丰富的题材。

1. 诗歌

唐代(公元 618 年—公元 907 年)是我国古典诗歌发展的全盛时期。唐诗是我国优秀的文学遗产之一，也是全世界文学宝库中的一颗灿烂的明珠。

唐代的诗人特别多，李白、杜甫、白居易是世界闻名的伟大诗人，除他们之外，还有其他无数的诗人，像满天的星斗一般。他们的作品，保存在《全唐诗》中的也还有四万八千九百多首。唐诗的题材非常广泛，有的从侧面反映当时社会的阶级状况和阶级矛盾，揭露了封建社会的黑暗；有的歌颂正义战争，抒发爱国思想；有的描绘祖国河山的秀丽多娇；此外，还有抒写个人抱负和遭遇的，有表达儿女爱慕之情的，有诉说朋友交情、人生悲欢的，等等。在创作方法上，既有现实主义的流派，也有浪漫主义的流派，而许多伟大

的作品，则又是这两种创作方法相结合的典范，形成了中国古典诗歌的优秀传统。

唐诗的形式是多种多样的。唐代的古体诗，基本上有五言和七言两种。近体诗也有两种，一种叫做绝句，一种叫做律诗。绝句和律诗又各有五言和七言之不同。所以唐诗的基本形式基本上有这样六种：五言古体诗、七言古体诗、五言绝句、七言绝句、五言律诗、七言律诗。古体诗对音韵格律的要求比较宽：一首之中，句数可多可少，篇章可长可短，韵脚可以转换。近体诗对音韵格律的要求比较严：一首诗的句数有限定，即绝句四句，律诗八句，每句诗中用字的平仄声，有一定的规律，韵脚不能转换；律诗还要求中间四句成为对仗。古体诗的风格是前代流传下来的，所以又叫古风。近体诗有严整的格律，所以有人又称它为格律诗。

1) 初唐诗歌

这是唐诗繁荣的准备时期，重要诗人有被称为"初唐四杰"的王勃、杨炯、卢照邻、骆宾王，此外还有陈子昂、沈佺期、宋之问等。唐代建国初的诗歌仍沿着南朝诗歌的惯性发展，柔靡纤弱，毫无生气。"四杰"的出现开始转变了这种风气。他们才气横溢，不满现状，通过自己的诗作抒发愤激不平之情和壮烈的怀抱，拓宽了诗歌题材，如杨炯的《从军行》、陈子昂的《登幽州台歌》等。

2) 盛唐诗歌

到公元 8 世纪初，唐王朝出现了所说的"开元盛世"，经济、文化发展到鼎盛。诗歌创作领域也出现大批优秀诗人，写下内容异常丰富的诗歌。其中田园山水诗和描写边塞战争的诗占相当比重，李白、杜甫也出现在这时。田园山水诗歌最有名的作者首推王维。王维，字摩诘，官至尚书右丞，习惯上又称他王右丞。他受佛教思想影响，厌倦官僚生活，长期隐居于辋川别业，热爱自然，熟悉农村，诗写得恬静闲适，具有一种静态美，如《渭川田家》、《山居秋暝》。与王维齐名的诗人是孟浩然，孟浩然生当盛世，但政治上困顿失意，以隐士终身。孟诗不如王诗境界广阔，但艺术有独特的造诣，《过故人庄》是其代表作品。

在唐代的对外战争中，许多文人参与进去，对边塞和军旅生活有亲身体验，从戎而不投笔，写诗描绘苍凉的边塞风光，赞颂将士们的勇武精神，或诅咒战争带来的灾难，于是有了边塞诗派。著名诗人岑参的《走马川行奉送出师西征》最有代表性，李颀的《古从军行》、王昌龄的《塞下曲》、《出塞》，都是有名的边塞诗。

李白和杜甫是盛唐诗歌的两个大家。李白，字太白，号青莲居士。他喜谈修道成仙，向往行侠仗义，慷慨有大志，性格豪放不羁，李白终生幻想施展抱负，干一番经天纬地的大事业。他的著名诗篇有《上李邕》、《古风五十九首》、《庐山谣寄卢侍御虚舟》、《蜀道难》等，诗歌热情奔放，想象力丰富，浪漫主义风格鲜明。

杜甫(公元 712 年—公元 770 年)字子美，生于河南巩县，出身于富有文化教养的家庭，祖父杜审言是著名诗人。杜甫历经唐帝国由盛转衰——开元盛世、安史之乱，他的《悲陈陶》、"三吏"、"三别"、《赠卫八处士》、《秋兴八首》等诗歌，是那段历史的真实写照。他提高了诗歌的艺术表现力，发展了五、七言律诗的形式。杜诗被后人称为"诗史"。

3) 中晚唐诗歌

唐代中后期，王朝的鼎盛期已过，但诗歌创作仍未衰歇，先后出现了韩愈、柳宗元、张籍、李贺、白居易、元稹、刘禹锡、杜牧、李商隐、温庭筠、杜荀鹤等风格不一的杰出诗人。韩愈的《山石》是其诗歌代表作之一。李贺也是一位有名的诗人。其诗想象丰富，形象怪特，词语瑰丽，常把鬼魅题材写得阴森可怖，被称为"鬼才"。中唐时代成就最高的诗人是白居易。白居易(公元 772 年—公元 846 年)字乐天，半生为官，与好友元稹齐名，被称为"元白"。他熟悉和同情百姓疾苦，他的政治讽喻诗《新乐府》和《秦中吟》都是为民请命的好作品。

李商隐和杜牧是晚唐诗人中的佼佼者。杜牧清新明丽的抒情小诗，广为人知。李商隐擅长律、绝诗，常以歌咏历史题材来讽喻现实，如《隋宫》、《无题》等。

2．散文

唐代散文最重要的现象是"古文运动"的兴起。所谓"古文"是相对于盛行于六朝、在唐代仍占据主导地位的骈体文(故又称"时文")而言，指先秦两汉的不讲究骈偶的散文。以韩愈为代表的古文运动，是古代散文发展的一个高潮，作家蜂起，名作如潮，如韩愈的《进学解》。

3．小说

唐传奇源于六朝志怪，以后渐渐脱离了六朝志怪那种记录奇异传闻的性质，而成为有意识的文学创作，标志着中国古代短篇小说开始进入成熟阶段。它的极盛时期是在中唐。唐传奇的题材是多方面的，小说中的人物也有各种类型，如王度的《古镜记》、沈济的《枕中记》、李公佐的《南柯太守传》、李朝威的《柳毅传》等。其中写文人生活的最为集中，许多优秀作品都牵涉到士子与妓女的爱情纠葛，反映了唐代文人浪漫的生活情调，有时也透露出唐代市井民众的生活气息。

(四)宋代文学

宋代文学基本上是沿着中唐以来的方向发展起来的。韩愈等人发动的古文运动在唐末五代一度衰颓之后，得到宋代作家的热烈响应，他们更加紧密地把道统与文统结合起来，使宋代的古文真正成为具有很强的政治功能而又切于实用的文体。诗歌方面，注重反映社会现实，题材、风格倾向于通俗化，这两种趋势也得到继续发展，最终形成了与唐诗大异其趣的宋诗。词这种新诗体，到宋代达到了巅峰状态。戏弄、说话等通俗文艺在宋代也有迅速的发展，逐渐形成了以话本和诸宫调、杂剧、南戏等戏剧样式为代表的通俗叙事文学，从而改变了中国古代文学长于抒情而短于叙事、重视正统文学而轻视通俗文学的局面，并为后来元、明、清小说、戏曲的发展奠定了基础。

1．诗歌

宋人对唐诗的最初态度，是学习和模仿。从宋初到北宋中叶，人们先后选择白居易、贾岛、李商隐、韩愈、李白、杜甫作为典范，反映出对唐诗的崇拜心理。宋诗在题材方面

较成功的开拓，便是向日常生活的倾斜。琐事细物，都成了宋人笔下的诗料。宋代许多诗人的风格特征，相对于唐诗而言，都是新生的。比如梅尧臣的平淡，王安石的精致，苏轼的畅达，黄庭坚的瘦硬，陈师道的朴拙，杨万里的活泼，都可视为对唐诗风格的陌生化的结果。然而宋代诗坛有一个整体性的风格追求，那就是平淡为美。相对而言，宋诗中的情感内蕴经过理性的节制，比较温和、内敛，不如唐诗那样热烈、外扬；宋诗的艺术外貌平淡瘦劲，不如唐诗那样色泽丰美；宋诗的长处，不在于情韵而在于思想。唐宋诗在美学风格上，既各树一帜，又互相补充。它们是古典诗歌美学的两大范式，对后代诗歌具有深远的影响。

2．词

作为有宋一代文学之胜的是宋词，在词史上，宋词占有无与伦比的巅峰地位。词在晚唐五代尚被视为小道，到宋代才逐渐与五七言诗相提并论。宋词流派众多，名家辈出，自成一家的词人就有几十位，如柳永、张先、苏轼、晏几道、秦观、贺铸、周邦彦、李清照、朱敦儒、张元干、张孝祥、辛弃疾、刘过、姜夔、吴文英、王沂孙、蒋捷、张炎等人，都取得了独特的艺术成就。宋词的总体成就十分突出：首先，完成了词体的建设，艺术手段日益成熟。其次，宋词在题材和风格倾向上，开拓了广阔的领域。此外，经过苏、辛等人的努力，宋词的题材范围，几乎达到了与五七言诗同样广阔的程度，咏物词、咏史词、田园词、爱情词、赠答词、送别词、谐谑词，应有尽有。艺术风格上，也是争奇斗艳，婉约与豪放并存，清新与浓丽相竞。

柳永(约公元 987—公元 1053)，初名三变，字景庄，后改名永，字耆卿，崇安(今福建武夷山市)人。柳永大力创作慢词，从根本上改变了唐五代以来词坛上小令一统天下的格局，使慢词与小令两种体式平分秋色，齐头并进。柳永不仅从音乐体制上改变和发展了词的声腔体式，而且从创作方向上改变了词的审美内涵和审美趣味，即变"雅"为"俗"，着意运用通俗化的语言表现世俗化的市民生活情调，如《望海潮》、《雨霖铃》等。

苏轼(公元 1037—公元 1101)，字子瞻，号东坡居士，眉州眉山(今属四川)人。苏轼继柳永之后，对词体进行了全面的改革，最终突破了词为"艳科"的传统格局，提高了词的文学地位，使词从音乐的附属品转变一种独立的抒情诗体，从根本上改变了词史的发展方向。他将传统的表现女性化的柔情之词为扩展为表现男性化的豪情之词，将传统上只表现爱情之词扩展为表现性情之词，使词像诗一样可以充分表现作者的性情怀抱和人格个性。《江城子·密州出猎》、《念奴娇·赤壁怀古》、《定风波》等都是千古传诵的名篇。

辛弃疾(公元 1140—公元 1207)，字幼安，号稼轩，山东历城(今山东济南)人。辛弃疾既有词人的气质，又有军人的豪情，他的人生理想本来是做统兵将领，在战场上搏取功名，但由于历史的错位，将本该用以建树"弓刀事业"的雄才来建立词史上的丰碑。他的《南乡子》、《永遇乐·京口北固亭怀古》、《水龙吟·登建康赏心亭》等篇历代流传。

3．散文

宋代散文沿着唐代散文的道路而发展，最终的成就却超过了唐文。"唐宋八大家"，而八位古文作家中有六人(欧阳修、苏轼、苏洵、苏辙、王安石、曾巩)出于宋代。苏轼的

《秋声赋》、《赤壁赋》等散文名篇堪称典范，而且北宋的王禹偁、范仲淹、晁补之、李格非、李廌，南宋的胡铨、陆游、吕祖谦、陈亮等人，也都堪称散文名家。

(五)元代文学

在元代，叙事性文学万紫千红，呈现一派兴盛的局面，成为当时创作的主流。元代，中国戏剧艺术走向成熟。戏剧包括杂剧和南戏，其剧本创作的成就，代表了当时文学的最高水平。元杂剧的基本结构形式是以四折，通常外加一段楔子为一本，表演一种剧目，每一折用同一宫调的一套曲子组成，通常限定每一本由正旦或正末两类角色中的一类主唱，元杂剧的角色，可分为旦、末、净、外、杂五大类。仅据《录鬼簿》和《续录鬼簿》所载，有名有姓者二百二十多人。许多剧作家具有高度的文化水平，像"元曲四大家"的关(汉卿)、郑(光祖)、白(朴)、马(致远)，既有丰富的人生阅历，又擅长诗词写作。当他们掌握了戏剧特性，驾驭了世俗喜闻乐见的叙事体裁，便腕挟风雷，笔底生花，写下了不朽的篇章，为文坛揭开了新的一页。当时，剧作家们适应观众的需要，或擅文采，或擅本色，争妍斗艳，使剧坛呈现出繁荣的局面。代表作品如关汉卿的《窦娥冤》、王实甫的《西厢记》、白朴的《墙头马上》、马致远的《汉宫秋》等。

(六)明清文学

1. 明清小说

在宋元话本的基础上，元末明初出现了两部现实主义的巨著：《三国志通俗演义》和《水浒传》，标志着中国古代小说发展到了新的高峰。随后又出现了吴承恩的《西游记》和兰陵笑笑生的《金瓶梅》，这四部著作被称为"明代四大奇书"。明代短篇小说的主要形式是"拟话本"，最著名的是冯梦龙的"三言"，即《喻世明言》、《警世通言》、《醒世恒言》和凌濛初的"二拍"，即《初刻拍案惊奇》、《二刻拍案惊奇》。

清代文学的最高成就在小说，出现了中国古代小说最伟大的成就——曹雪芹的《红楼梦》，长篇小说还有吴敬梓的《儒林外史》，短篇文言小说有蒲松龄的《聊斋志异》。

2. 明清诗文

明清诗文从整体上来说，远不如唐宋。高启、刘基、宋濂被称为"明初诗文三大家"。还出现诸如"茶陵派"、"唐宋派"、"公安派"、"竟陵派"等，以袁宗道、张岱最为出色。"桐城派"是清代出现的一个影响最大、最深远的文派，鼻祖是方苞，刘大櫆继承和发展了方苞的创作理论。

3. 明清戏剧

明代是戏曲的昌盛时期，出现了以汤显祖为代表的传奇作家，其代表作为"临川四梦"：《牡丹亭》、《紫钗记》、《邯郸记》、《南柯记》。清代，传奇创作仍相当活跃，苏州派的李玉是最杰出的作家，其代表作品为《精忠谱》，另有"一人永占"四种传奇，即《一捧雪》、《人兽关》、《永团圆》、《占花魁》。康熙中叶，"南洪北孔"代

表了清代传奇的最高成就，即洪昇的《长生殿》和孔尚任的《桃花扇》将传奇推向了高峰。

二、中国现当代文学

(一)诗歌

中国古典诗歌发展到晚清，其形式已不能适应社会进步的要求。19 世纪末 20 世纪初，梁启超，谭嗣同，夏曾佑等人有过"诗界革命"的呼吁，黄遵宪又首倡"新派诗"，都为随后的"五四"新诗运动起了前导的作用。最初试验并倡导新诗的杂志是《新青年》。这个刊物继发表新月诗社胡适的《文学改良刍议》之后，于 1917 年 2 月(2 卷 6 号)刊出胡适的白话诗 8 首。这是中国诗歌运动中出现的第一批白话诗。

代表新诗创始期最高成就的是创造社的主将，浪漫主义诗人郭沫若。郭沫若的代表作《女神》的大部分诗篇写于 1920 年，《女神》的基本精神在于创造，于旧的毁坏中寻求新我的诞生。继《女神》之后，郭沫若又有《星空》、《前茅》、《恢复》等诗集。

随着自由体新诗的勃兴，新诗体式因不加节制而趋于散漫，便转而要求便于吟诵的格律化。新月派的出现顺应了这种潮流。1926 年北京《晨报》创办《诗镌》，由闻一多、徐志摩、朱湘、饶孟侃、刘梦苇、于赓虞诸人主办，随后又创办《新月》和《诗刊》。其中闻一多的理论最为完整明确，他认为诗应有音乐的美、绘画的美、建筑的美。徐志摩是新月派中最具代表性的诗人，著有诗集《志摩的诗》、《翡冷翠的一夜》等。闻一多是新月派创作和理论全面发展的诗人，著有诗集《红烛》、《死水》。

20 世纪 20 年代后期，象征派诗风兴起，李金发以法国象征主义诗歌为模式，试图把西方象征主义创作方法引进自己诗中，有诗集《微雨》、《为幸福而歌》、《食客与凶年》。他以新奇生涩的形象，表现富于异国情调的感伤气氛。同样受到法国象征派影响的戴望舒，创作始于 20 世纪 20 年代中期。他因发表《雨巷》一诗而被称为"雨巷诗人"。这首诗以悠长的雨巷和带有悲剧色彩的丁香一般的姑娘，构成了一种朦胧的理想化气氛，以象征来暗示飘忽不定的心态。

中国当代诗歌的发展随着共和国的建立呈现出不同的风貌。

1949 年至 1966 年，所谓的"十七年"期间，政治抒情诗及其变体"战歌"大行其道，郭小川和贺敬之是其中的代表诗人。1976 年"文革"结束，伴随着思想解放运动的洪流，以艾青为代表的一大批诗人纷纷复出。1979 年以北岛的《回答》为标志的"朦胧诗"出现，此后，顾城、舒婷、杨炼、江河等一批风格各异而内在气质颇为一致的诗人以反叛者的姿态登上主流诗坛，如舒婷的《致橡树》。

1949 年 10 月中国革命取得全国性胜利，随着时代生活和思想感情的转移，新诗的颂歌题材勃兴，成为 50 年代中国诗歌的主流。如公刘的《黎明的城》和《在北方》，傅仇的《告别林场》，石方禹的《和平的最强音》等。同时，《阿诗玛》、《格萨尔王传》、《嘎达梅林》、《百鸟衣》等民间叙事史诗，得到发掘和整理。

20 世纪五、六十年代之交，以郭小川、贺敬之、闻捷、李季为代表，把诗歌创作推向

到一个新的水平。郭小川被誉为"战士——诗人"，他的诗以思想敏锐、善于思索、富有号召力与鼓动性著称。他最初引起强烈反响的诗集是《致青年公民》，写过《向困难进军》、《春暖花开》、《白雪的赞歌》、《甘蔗林——青纱帐》等。与郭小川奔放豪迈的风格相近的贺敬之也是擅长于抒发革命激情与理想的诗人，他是歌剧《白毛女》的作者之一。

以天安门诗歌为源头，以 1976 年 10 月的胜利为起点，新诗进入了历史性转折的新时期。诗歌的主流恢复和发展了现实主义的战斗传统。它最初以悲欢、喜怒交织的旋律与强烈的真情实感，和人民一同呼号、一同前进。李瑛的《一月的哀思》、艾青的《光的赞歌》、雷抒雁的《小草在歌唱》、白桦的《阳光，谁也不能垄断》、邵燕祥的《中国的汽车呼唤着高速公路》等作品，唤起了千百万人的同声歌唱。

朦胧派是 20 世纪 70 年代末 80 年代初出现的诗派，其代表人物有北岛、舒婷、顾城、江河、杨炼等。作为一个创作群体，"朦胧诗"并没有形成统一的组织形式，也未曾发表宣言，然而却以各自独立又呈现出共性的艺术主张和创作实绩，构成一个"崛起的诗群"。"朦胧诗"精神内涵的三个层面是：一是揭露黑暗和批判社会，二是在黑暗中寻找光明、反思与探求的意识以及浓厚的英雄主义色彩，三是在人道主义基础上建立起来的对"人"的特别关注。

"九叶派"是 20 世纪 40 年代以《中国新诗》等刊物为中心的另一风格趋向的诗人群(又称"中国新诗派")，代表诗人是辛笛、穆旦、郑敏、杜运燮、陈敬容、杭约赫、唐祈、唐湜、袁可嘉等。20 世纪 80 年代出版有他们 9 人的诗歌合集《九叶集》，"九叶派"由此得名。他们大都是校园诗人出身，从战乱中感知人民的需求，重视诗人对社会、历史现象的独特体验。他们深受西方现代主义诗歌的陶冶，力求突破传统的主观抒情的方式，追求现实性、象征性与哲理性的结合，探索诗歌表达的"戏剧性"(主要指诗歌的情思展开以及语言表现都要有矛盾张力，而不是直抒胸臆)，让诗歌更深入表现现代人的思维方式和内心生活的复杂性。

(二)散文

散文是中国现代文学中成熟最早，创作最稳定、收获最丰硕的文类。它同五四新文化运动一起产生，而又与传统散文保持着千丝万缕的精神联系。

五四时期的白话散文创作相当发达，陈独秀、鲁迅、钱玄同因在《新青年》发有随感录，开创了现代杂文的先河。胡适、李大钊、鲁迅是初期散文的重要代表。以首倡"美文"的周作人是现代中国最大散文家之一，他的风格冲淡平和、谈天说地、旁征博引，《吃菜》、《谈酒》、《乌篷船》等是他的名篇。冰心、朱自清、郁达夫、徐志摩等人亦有名篇发表。鲁迅的《野草》、《朝花夕拾》成为现代散文的典范。

20 世纪 30 年代的散文创作取得了长足的发展。李广田、何其芳、丰子恺、林语堂、老舍等的散文或小品文，都有较大的影响。

抗战时期与 20 世纪 40 年代后期的散文创作除弘扬爱国主义以外，以梁实秋的《雅舍散文》为代表的小品文也产生了很大的影响。

新时期以来，贾平凹、张洁、刘心武、周涛、周国平、张承志、张炜等人一直都在进行富有成效的创作。进入 20 世纪 90 年代，散文创作出现了流派化的倾向，一批学者开始创作散文，如季羡林、陈平原等，出现了"学者散文"，余秋雨则以他的《文化苦旅》引出一股"文化散文"的大潮。

(三)小说

1918 年，《新青年》发表鲁迅的《狂人日记》标志着中国现代小说的开端。它是现代文学中的第一篇白话小说。鲁迅以高度成熟的小说创作，开创了中国现代小说的现实主义主潮流，被誉为"中国现代小说之父"。他的小说中体现了一种强烈而清醒的反封建意识。《呐喊》集、《彷徨》集是其代表作。

1921 年文学研究会成立，提出"为人生"口号。代表为冰心的《斯人独憔悴》、《超人》，叶圣陶的《这也是一个人》，俞平伯的《花匠》，庐隐的《海滨故人》，许地山的《缀网劳蛛》等。20 年代中期，以农村生活为题材，具有较浓的乡土气息与地方色彩的小说兴盛起来，延续到 30 年代，即乡土写实小说。代表为废名(冯文炳)、许杰的《赌徒吉顺》、许钦文的《一生》、《疯妇》等。1921 年 7 月，郭沫若、成仿吾、郁达夫、田汉等人发起组织创造社，强调文学必须表现自我、表现作家"自我内心的要求"，代表为郁达夫的《沉沦》。出现于 20 世纪 20 年代末 30 年代初的"革命小说"流派，代表是蒋光慈的《少年漂泊者》。出现于 20 世纪 30 年代初期的社会剖析派以茅盾《子夜》为代表，同时还有"京派小说"、"新感觉派"小说。

20 世纪 40 年代中期至 60 年代中期，"山药蛋派"小说是以赵树理为代表的植根于山西农村的小说流派，形象地展现了农村由封建专制统治向人民当家作主的新时代转变的基本面貌，展示了农村阶级关系、人际关系和部分社会习俗的变革。同时出现的著名作家、作品还有：丁玲的《太阳照在桑干河上》、周立波的《暴风骤雨》、孙犁的《荷花淀》。

抗战和解放战争时期，国统区、沦陷区小说的创作主要有：老舍的《骆驼祥子》、《四世同堂》，巴金的《爱情三部曲》(《雾》、《雨》、《电》)、《激流三部曲》(《家》、《春》、《秋》)，钱钟书的《围城》，张恨水的《啼笑因缘》，张爱玲的《倾城之恋》、《金锁记》以及路翎的《财主的儿女们》等。

建国后十七年小说主要有：革命历史题材的：柳青的《铜墙铁壁》，杜鹏程的《保卫延安》，罗广斌，杨益言的《红岩》，曲波的《林海雪原》，杨沫的《青春之歌》，吴强的《红日》，欧阳山的《三家巷》、《苦斗》，李英儒的《野火春风斗古城》，冯德英的《苦菜花》等；农村题材主要有赵树理的《三里湾》，孙犁的长篇《风云初记》、《铁木前传》，周立波的《山乡巨变》，柳青的《创业史》等。

新时期十年的小说是在批判"四人帮"鼓吹的"瞒和骗"的文学基础上产生的。1977年刘心武的《班主任》的发表拉开了"伤痕文学"的序幕。鲁彦周的《天云山传奇》，王蒙的《布礼》，茹志娟的《剪辑错了的故事》，谌容的《人到中年》，张弦的《被爱情遗忘的角落》，高晓声的《李顺大造屋》、《陈奂生上城》，张贤亮的《男人的一半是女人》等代表了当代的反思文学。

1980 年后出现改革文学，率先面对变革的现实，及时表现"四化"建设中的斗争、挫折、困难和希望。蒋子龙的《乔厂长上任记》，张洁的《沉重的翅膀》、《爱，是不能忘记的》，李存葆的《高山下的花环》，徐怀中的《西线轶事》等是其代表。此后，出现众多流派，如探索小说莫言的《红高粱》，文化小说(寻根文学)贾平凹的《废都》，市井小说汪曾祺的《受戒》，"知青"小说张承志的《绿夜》，女性小说张洁的《爱，是不能忘记的》，新写实主义小说刘恒的《狗日的粮食》、《伏羲伏羲》等。

(四)戏剧

中国现代戏剧(话剧)是在西方戏剧观念的影响下诞生的。1907 年，中国留学生组成的春柳社在日本演出中国现代话剧第一部作品的《黑奴吁天录》，正式宣告中国现代话剧的诞生。"五四"时期的戏剧呈现出强烈的反帝反封建、关注现实的特征，"社会问题剧"的创作成为时代风潮。如胡适的《终身大事》，郭沫若的《三个叛逆的女性》，田汉的《获虎之夜》、欧阳予倩的《泼妇》等。在许多剧团组织中，以田汉为首的"南国社"影响最大。

20 世纪 30 年代是中国现代话剧的成熟时期。此时期"左翼戏剧运动"成为主力，中国左翼戏剧家联盟成立，戏剧思想性、战斗性明显加强，表现民族意识和爱国主义思想的题材很多，如田汉的《顾正红之死》、《梅雨》，洪深的《农村三部曲》，曹禺的《雷雨》、《日出》。

20 世纪 40 年代是中国现代戏剧创作的最高潮。街头剧等小型演出和表现民族思想的历史剧都得到迅速发展，成为抗战时期成绩最显著、社会影响最广泛的一种艺术形式。此外，抗战中孤岛文学中的戏剧创作也表现出顽强与正义的精神品格。如夏衍在抗战时期的代表作品是《法西斯细菌》，郭沫若的历史剧《屈原》，曹禺的《家》、《北京人》等。

建国以后，中国当代戏剧(话剧)创作，取得了令人瞩目的成就。其中包括老舍的《龙须沟》、胡可的《战斗里成长》、夏衍的《考验》以及岳野的《同甘共苦》等优秀作品。另外还有一些优秀历史剧，如田汉的《关汉卿》以及曹禺的《胆剑篇》、郭沫若的《蔡文姬》等。老舍的《茶馆》则成为本时期话剧创作最大的收获，成为具有世界性影响的优秀剧作。

20 世纪 60 年代初随着文艺政策的调整，当代话剧创作再次出现转机。由沈西蒙、漠雁、吕兴臣合作的《霓虹灯下的哨兵》，在十七年戏剧文学史上占有重要地位。

新时期话剧以金振家、王景愚的《枫叶红了的时候》、白桦的《曙光》为发端，相继涌现出宗福先的《于无声处》、苏叔阳的《丹心谱》、崔德志的《报春花》等优秀剧作。新时期话剧在题材上敢于大胆打破禁区，充分显示了创作的丰富性与多样性特征，创作出《王昭君》(曹禺)、《大风歌》(陈白尘)、《报童》(邵冲飞等)、《陈毅出山》(丁一三)、《陈毅市长》(沙叶新)、《血，总是热的》(宗福先、贺国甫)、《左邻右舍》(苏叔阳)等优秀剧作。当代话剧艺术的创作由此进入到一个崭新的多元发展时期。

第二节　外国文学概述

外国文学，是对中国以外的世界各国文学的总称。外国文学内容丰富，源远流长，按照时间的发展顺序，可以分为古代文学、中古文学、文艺复兴文学、17 世纪文学、18 世纪文学、19 世纪文学和 20 世纪文学。对于外国文学，我们必须将特定的文学现象放在其固有的时代中加以考察，做到去其糟粕、取其精华、为我所用。

一、古代文学

(一)古印度文学

古代印度文学(公元前 15—公元 4 世纪) 包括原始社会、奴隶社会和封建社会早期的文学。通用的文化语言为梵语，包括早期的吠陀语和规范化梵语。在古代印度文学中，成就最高、影响最大的有诗歌总集《吠陀》，大约形成于公元前 1000 年前后。《吠陀》是印度文学的最初源头，对后代文学影响很大。史诗《摩诃婆罗多》和《罗摩衍那》是古代印度文学的重大收获，集中地反映了古代印度的社会生活和文学成就。两大史诗对亚洲各国，特别是对东南亚地区有较大影响。古代印度戏剧发达，迦梨陀娑的《沙恭达罗》和首陀罗迦的《小泥车》是印度古典戏剧的典范。

(二)古希腊文学

古希腊文学是整个西方文学的源头，也是欧洲文学的第一个高峰。古希腊文学、古希伯莱文学，不仅是欧洲文学的源头，也是西方文化的源头。它们对西方的影响，不仅是文学母题、神话系统、成语故事、史诗叙述、戏剧模式等的开创，更是人文精神、政治体制、宗教观念等文化基因的初始。其发展可以发为四个时期：荷马时代的希腊文学：主要文学形式是神话和史诗，代表作是《荷马史诗》；奴隶制城邦国家形成时期的希腊文学：主要文学形式是抒情诗，代表作赫希俄德的长篇叙事诗《神谱》以及女诗人萨福的抒情诗；"古典时期"的希腊文学：主要文学形式是戏剧，出现了史称三大悲剧诗人埃斯库罗斯的《被缚的普罗米修斯》，索福克勒斯的《俄狄浦斯王》和欧里庇得斯的《美狄亚》。"希腊化"时期的希腊文学开始由繁荣走向衰落。

二、中古文学

(一)亚非文学

中古时期，亚非各国先后步入封建社会。在近邻交流往来的过程中，逐渐形成了以中国为中心的远东与东南亚文化圈，以印度为中心的南亚次大陆文化圈和以阿拉伯为中心的阿拉伯文化圈。这一时期影响较大的作品有：印度迦梨陀娑的诗剧《沙恭达罗》，朝鲜的

《春香传》，日本紫式部的《源氏物语》和阿拉伯的民间故事集《一千零一夜》。《源氏物语》是世界上最早的一部长篇小说，比欧洲的第一篇长篇小说《巨人传》早了大约五百年。

(二)欧洲文学

从 5 世纪到 15 世纪，欧洲处于封建社会时期，被称为中世纪。欧洲中世纪文学比较沉闷，主要有四大文学板块：教会文学、骑士文学、英雄史诗和城市文学。教会文学无非是一些圣徒传记、赞美诗、警世故事等；骑士文学分为抒情诗(情歌、破晓歌等)和骑士传奇两种；英雄史诗一般是歌颂民族英雄的丰功伟绩和英勇气概的，如法国的《罗兰之歌》，俄罗斯的《伊戈尔远征记》；伴随着欧洲城市的形成应运而生的城市文学，多是民间创作，较为著名的是法国《列那狐的故事》和《玫瑰传奇》。中世纪末期，意大利出现了一位杰出的诗人但丁，他可以说是欧洲文艺复兴的先声。但丁的代表作《神曲》包括《序曲》、《地狱》、《炼狱》、《天堂》四个部分。

三、文艺复兴文学

14 世纪初到 17 世纪初，欧洲出现了文艺复兴运动。文艺复兴是新兴的资产阶级思想家打着恢复古代希腊罗马文化的旗号，在思想文化领域所进行的一场大规模的反封建、反教会的思想文化解放运动。文艺复兴是欧洲历史上的一个特殊阶段，也是人类历史伟大的变革时期。它对欧洲乃至人类社会历史的发展，产生了极其重大而深远的影响。

在意大利，文艺复兴前期出现了"文坛三杰"。彼特拉克是人文主义的鼻祖，被誉为"人文主义之父"。他第一个发出复兴古典文化的号召。彼特拉克主要创作了许多优美的诗篇，代表作是抒情十四行诗诗集《歌集》。薄伽丘是意大利民族文学的奠基者，短篇小说集《十日谈》是他的代表作。

在法国，文艺复兴运动明显地形成两派，一是以"七星诗社"为代表的贵族派，二是以拉伯雷为代表的民主派。拉伯雷是继薄伽丘之后杰出的人文主义作家，是法国文艺复兴民主派的代表。他用 20 年时间创作的《巨人传》是一部现实与幻想交织的现实主义作品，在欧洲文学史和教育史上占有重要地位。

在英国，代表人物有托马斯·莫尔和莎士比亚。托马斯·莫尔是著名的人文主义思想家，也是空想社会主义的奠基人。1516 年他用拉丁文写成的《乌托邦》是空想社会主义的第一部作品。莎士比亚是天才的戏剧家和诗人，他同荷马、但丁、歌德一起，被誉为欧洲划时代的四大作家。他一生共创作 37 部剧本、两首长诗和 154 首十四行诗，其创作分为三个时期：早期、中期和晚期。

早期：代表性喜剧有：《错误的喜剧》、《驯悍记》、《维洛那二绅士》；

代表性悲剧有：《泰特斯安德洛尼克斯》、《罗密欧与朱丽叶》、《裘力斯凯撒》。

中期：代表性喜剧有：《爱的徒劳》、《仲夏夜之梦》、《威尼斯商人》、《无事生

非》、《温莎的风流娘儿们》、《皆大欢喜》、《第十二夜》；

代表性悲剧有：《哈姆雷特》、《奥赛罗》、《李尔王》、《麦克白》、《安东尼与克莉奥佩特拉》、《科利奥兰纳斯》、《雅典的泰门》。

晚期：代表性喜剧有：《特洛伊罗斯和克瑞西达》、《终成眷属》、《一报还一报》。

他的作品结构完整、情节生动、语言丰富精练、人物个性突出，集中地代表了欧洲文艺复兴文学的最高成就，对欧洲现实主义文学的发展有深远的影响。

在西班牙，最杰出的代表人物是塞万提斯和维加。塞万提斯是现实主义作家、戏剧家和诗人。他创作了大量的诗歌、戏剧和小说，其中以长篇讽刺小说《堂·吉诃德》最著名。它对欧洲文学的发展产生了重大影响。维加是戏剧家、小说家和诗人，西班牙民族戏剧的奠基人，被誉为"西班牙戏剧之父"。他是世界上罕见的多产作家，一生共创作了两千多个剧本，留传至今的有 600 多个，有宗教剧、历史剧、神话剧、袍剑剧、牧歌剧等多种形式，深刻反映了西班牙的社会现实，深受广大群众的喜爱。最杰出的代表作是《羊泉村》。

四、17 世纪新古典主义文学

17 世纪的古典主义文学最早出现于法国，是指 17 世纪流行于西欧，特别是法国的一种带有浓厚封建色彩的资产阶级文学思潮。因为它在文艺理论和创作实践上以希腊罗马文学为典范故称"古典主义"。古典主义的哲学基础是笛卡儿的唯理主义。这一时期的代表人物为法国剧作家莫里哀，主要剧作有《伪君子》(1664)、《唐璜》(1665)、《吝啬鬼》(1668)等。

五、18 世纪启蒙主义文学

启蒙主义文学是 18 世纪欧洲文学的主流。启蒙主义文学也和古典主义文学一样强调理性精神，但启蒙文学的"理性"在肯定笛卡儿的理性精神外，又从自然法则的高度，强调人与人之间平等自由的社会法则，肯定人的自我情感的天然合理性。启蒙作家大多都把个性与情感自由强调到了高于理性与秩序的程度。代表作家与作品为歌德的《少年维特之烦恼》和《浮士德》。

六、19 世纪浪漫主义文学和现实主义文学

与现实主义一样，浪漫主义作为一种文学观念和一种文学的表现方式，在世界各民族文学发展的初期，就已经出现了。但是作为一种文学思潮，一种文学表现类型，以及作为一个明确的文学理论概念，却是后来逐渐形成的。浪漫主义文学的发展也经历了一个漫长的历史过程，作为创作方法和风格，浪漫主义在表现现实上，强调主观性与主体性，侧重

表现理想世界，把情感和想象提高到创作的首位，常用热情奔放的语言，超越现实的想象和夸张的手法塑造理想中的形象。代表作家和作品主要有：格林兄弟的童话，英国杰出的浪漫主义诗人拜伦的《恰尔德·哈洛尔德游记》和《唐璜》，法国作家雨果的《巴黎圣母院》、《海上劳工》和《悲惨世界》。

现实主义是 19 世纪 30 年代首先在西欧的法国、英国等地出现的文学思潮，以后波及俄国、北欧和美国等地，成为 19 世纪欧美文学的主流，也造就了近代欧美文学的高峰。由于现实主义文学具有强烈的社会批判性，高尔基称之为"批判现实主义"。法国司汤达的《红与黑》，巴尔扎克的《人间喜剧》，福楼拜的《包法利夫人》；英国狄更斯的《双城记》、哈代的《德伯家的苔丝》；俄国普希金的《别尔金小说集》、列夫·托尔斯泰的《战争与和平》和《安娜·卡列尼娜》；美国诗人惠特曼的《草叶集》等是 19 世纪现实主义的代表作家和代表作品。

七、20 世纪现代主义文学

20 世纪现代主义文学思潮本身具有很复杂的背景，严格地说，现代主义不是一个什么流派，而是由许多具有现代主义创作手法派别汇成的一股文艺思潮(包括美术、音乐、戏剧和建筑等)。现代主义的派别和旗号很多，例如有表现主义、未来主义、象征主义、意象派、意识流、黑色幽默、存在主义、荒诞派戏剧、新体小说、魔幻现实主义等。主要作家有：托·马尔斯曼、卡夫卡、萨特、加谬、贝克特、马尔克斯等。英国的乔伊斯是意识流小说的开创者之一，他的作品《尤利西斯》久负盛名。法国是现代主义文学流派最多的国家，如存在主义的萨特，其作品为《存在与虚无》。美国现代派影响最大的作家是海明威，其主要作品有《老人与海》、《永别了武器》。

20 世纪亚非文学以日本文学和印度文学成就最大，川端康成和泰戈尔是其中著名的文学大师。川端康成，是 20 世纪日本影响最大的作家，一生写了 100 余部作品，主要作品有《伊豆的舞女》、《雪国》等。泰戈尔是印度文学的杰出代表，他一生创作了 50 多部诗集和大量的小说，因诗集《吉檀加利》而成为东方第一个获诺贝尔文学奖的作家。此外，其诗集《新月集》、《园丁集》、《飞鸟集》和批判现实主义小说《沉船》、《戈拉》等都是享誉世界的文学力作。

思考与练习

1. 《论语》的文学性体现在哪些方面？

2. 《诗品》评曹植的诗"骨气奇高，词采华茂"，请结合曹植的作品谈谈你的看法。

3. 试以具体作品为例，比较李白与杜甫诗风的不同。

4. 结合创作实例，试论十七年现实主义创作与新时期现实主义创作的不同。

5. 希腊神话的价值和影响。

6．欧洲文学史上有一系列吝啬鬼形象，试比较老葛朗台和泼留希金这两个吝啬鬼形象的异同。

学习参考网站

1．国学网站：http://www.guoxue.com/
2．国学数典论坛：http://bbs.gxsd.com.cn/
3．诗词在线：http://www.chinapoesy.com/
4．中国文学网：http://www.literature.org.cn/
5．北京大学图书馆：http://www.lib.pku.edu.cn/portal/index.jsp
6．外国文学研究网：http://foreignliterature.cass.cn/chinese/Index.asp

第四章 历史概要

本章提要

忘记历史就等于背叛。在一个以市场经济为中心的时代，作为一名大学生，了解基本的中外历史知识是很有必要的，对提高个人修养和文化素质都具有重要的现实意义。本章以时间发展为线索，对中国历史和世界历史，从人类产生的原始时代到 20 世纪的现代文明作脉络式讲解，并重点介绍了中外历史上的重要事件和文明成果。

学习指南

学习本章，主要掌握中国历史的发展脉络，了解世界历史的内涵及发展线索；了解中外历史上的重要事件、重要人物及文明成果；掌握历史的进步观，对历史事件的评价的正确的立场和观点；了解历史发展中的因果关系，掌握历史的分析方法，能用发展与联系的观点分析历史与现实。

第一节 中国历史概要

一、中国历史发展脉络

(一)原始社会时期

中国是人类文明的发源地之一，中华民族是世界四大文明古国中唯一没有文化历史中断的国家。

中国历史文化悠久，距今约 170 万年前的云南元谋人(参见图 4-1)，是迄今为止我们所知的中国境内最早的原始人类。另外考古发现，除了元谋人之外，还有距今约 80 万年的陕西蓝田人、距今 70—20 万年的北京人等，这些都是目前所知较早的原始人类。北京人已经能够直立行走，能制造简单的工具和使用天然火。

距今约 20—10 万年时，出现了早期智人(古人)，以陕西大荔人、山西丁村人和广东马坝人为代表；之后出现的晚期智人以广西柳江人、四川资阳人为代表。

新石器时代分为母系氏族公社和父系氏族公社两个阶段。距今约 1.8 万年的北京山顶洞人已经进入母系氏族社会，浙江余姚河姆渡氏族和陕西西安的半坡氏族是母系氏族公社的繁荣时期。他们已经会制作和使用磨制石器和骨针，学会了人工取火。河姆渡氏族已经

定居生活，学会了打井、饲养牲畜，并种植水稻，中国是世界上最早种植水稻的国家。半坡氏族学会了制作弓箭、纺织，并在制作的彩陶上刻画人面形、鱼形等花纹(参见图 4-2 和图 4-3)。母系氏族公社实行集体对偶婚，妇女在社会生产生活中起主导作用，氏族成员家属关系按母系血统确定。

图 4-1　元谋人

图 4-2　舞蹈纹彩陶盆

随着农业和畜牧业的不断发展，男子在社会生产生活中逐渐代替妇女起主导作用，中国进入父系氏族公社时期，山东的大汶口文化中晚期是父系氏族公社的典型。父系氏族公社时期，手工业从农业中分离出来，出现贫富差距和私有财产。

中国古代神话传说中的女娲、伏羲、神农(炎帝)、黄帝、尧、舜、禹时代，先后处于母系氏族公社向父系氏族公社过渡、父系氏族公社向阶级社会过渡的阶段。

图 4-3　仰韶文化半坡氏族人面鱼纹彩陶盆

女娲、伏羲、神农被称为"三皇"("三皇"还有燧人、伏羲、神农等其他几种说法)，黄帝、颛顼、帝喾、唐尧、虞舜被列为"五帝"(关于"五帝"还有其他几种说法)。他们都是原始社会末期的部落联盟首领和传说中的英雄。大约 4000 多年前，部落之间发生战争，生活在黄河流域的黄帝与炎帝联盟打败了蚩尤部落，形成了后来华夏族(汉族的前身)的主干，黄帝被称为华夏族的"人文初祖"，中华民族又称为"炎黄子孙"。尧、舜、禹时期，是原始社会向奴隶社会过渡的时期，他们都是通过"禅让"(部落联盟民主推选制度)方式担任联盟首领的。

(二)奴隶社会时期

从公元前 21 世纪夏朝建立到战国结束，是中国的奴隶社会时期，共存在约 1700—1800 年左右。

公元前 2070 年，禹的儿子启在一些富有的部落首领的支持下破坏了禅让制，登上王位，建立了夏王朝。夏王朝是中国最早的奴隶制国家，从此，"家天下"王位传子制度代

替了禅让制。夏王朝的中心地区，在今天河南省西部和山西南部一带，其势力范围和影响达到黄河南北。夏王朝统治 400 多年，夏人已经学会制造青铜器和制作玉器，并创制了中国最早的历法——夏小正。公元前 17 世纪初，夏朝的最后一个王，夏桀统治残暴，被商汤所灭。

商朝自公元前 17 世纪至公元前 11 世纪，经过多次迁都，最后定都于殷(今河南安阳)。商朝的青铜冶炼铸造技术达到了很高的水平，商朝后期制造的司母戊大方鼎重达 875 公斤，是迄今为止发现的世界上最大的青铜器。商朝的文字——"甲骨文"，已经是一种成熟的文字，在殷墟出土的 15 万片甲骨中总字数达到 160 多万，其中单字 4600 多个，已经识别的有 1000 多个。

公元前 11 世纪中期，商纣王统治残暴，周武王率兵经过牧野之战，推翻了商朝，建立周朝，定都镐京(今陕西西安西)，史称"西周"，西周自公元前 11 世纪至公元前 771 年。西周实行分封制和井田制，农业和手工业都取得了重大发展。《诗经》中关于公元前 776 年 9 月 6 日的日食记录，是中国历史上第一次有确切日期的日食记录。公元前 771 年，犬戎攻破镐京，周平王被迫将都城迁往洛伊(今洛阳)，西周结束，东周开始。

东周分为"春秋"、"战国"两个时期。从公元前 770 年到公元前 476 年，是"春秋"时期，由鲁国编年史《春秋》而得名。春秋时期，周王势力削弱，诸侯林立，群雄纷争，先后出现了五位称霸一时的诸侯，史称"春秋五霸"，即齐桓公、宋襄公、晋文公、秦穆公、楚庄王(一说是齐桓公、晋文公、楚庄王、吴王阖闾、越王勾践)。从公元前 475 年到公元前 221 年是战国时期，因七大诸侯国连年征战而得名。这七大诸侯国号称"战国七雄"，分别是齐、楚、秦、燕、赵、魏、韩，七国之间展开了一场旷日持久的"兼天下"、"一宇内"的战争。公元前 356 年，商鞅开始变法，秦国实力不断加强，很快成为七雄中的强国。秦国采用"远交近攻"的策略，各个击破，于公元前 221 年秦王嬴政灭掉其他六国，统一中国，建立秦朝，东周历史结束。

春秋时期铁器在农业和手工业上的使用，促进了生产力的提高；战国时期牛耕得到推广，农业水平提高，战国时期各国都兴修水利，其中以秦国的都江堰和郑国渠最为著名。战国时期商业繁盛，齐国临淄、赵国邯郸、魏国大梁、楚国郢等都是繁荣的商业城市。

春秋战国时期也是中国思想文化最为繁荣的时期之一，涌现出了对后世影响深远的哲学家老子、孔子、墨子、韩非子等，各家各派相互争鸣，战国时期出现了"百家争鸣"的现象。

(三)封建社会时期

1. 秦朝

公元前 221 年，秦王嬴政灭其他六国，统一了全国，定都咸阳，建立了中国历史上第一个中央集权制封建国家——秦。秦王嬴政自称"皇帝"，意谓自己"德过三皇、功高五帝"，为巩固中央集权制度，他采取了一系列措施：在中央实行"三公九卿"的政府机构制度，在地方推行郡县制；统一度(长度)、量(容量)、衡(重量)、轨(车的轮距)，统一货币

为圆形方空半两钱；统一文字为小篆，焚书坑儒统一思想等文化措施。秦始皇还派兵北击匈奴，修筑长城，把长城连为一体，全长达 1 万多里，号称"万里长城"。

由于秦采用法家思想治国，刑法残酷，赋税、兵役徭役沉重，社会矛盾、阶级矛盾尖锐，所以存在时间很短暂。公元前 209 年，陈胜、吴广揭竿而起，发动了推翻暴秦的农民起义，公元前 206 年刘邦攻入关中，秦朝灭亡。

2. 汉朝

公元前 206 年至公元前 202 年，刘邦和项羽之间进行了四年的楚汉之争。公元前 202 年，刘邦围项羽于垓下，项羽自刎，刘邦建立汉朝，定都长安，史称"西汉"。公元 8 年，王莽篡权称帝，改国号为新，西汉灭亡，共存在 210 年。西汉初期，为巩固中央政权，推行了一系列减轻农民负担的措施，文帝、景帝时继续推行休养生息政策，经过汉初六七十年的努力，中国出现了一个政治安定、经济繁荣的时期，史称"文景之治"。汉武帝刘彻是一个有着雄才大略的皇帝，他在位期间，对外开拓疆土，对内颁布"推恩令"，进行政治经济改革，统一思想，"罢黜百家、独尊儒术"，西汉进入鼎盛时期。西汉后期，土地兼并严重，阶级矛盾尖锐，王莽趁机篡夺政权，实行"改制"。后被赤眉、绿林农民起义所灭。图 4-4 所示为西汉时期疆域形势图。

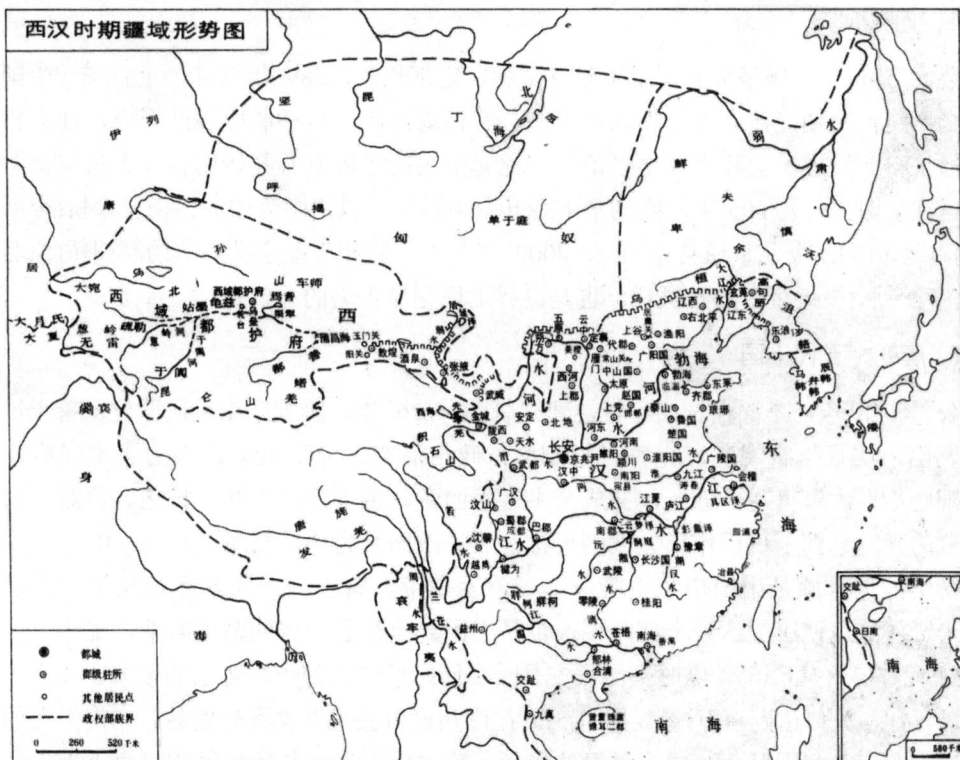

图 4-4　西汉时期疆域形势图

汉族皇室刘秀利用农民起义，于公元 25 年重新建汉，定都洛阳，史称东汉(公元 25—220 年)。东汉初期，社会出现了较为安定的局面，经济得到恢复发展，史称"光武中

兴"。东汉后期豪强地主特权不断增加，外戚、宦官交替专权，政治黑暗，激起黄巾军大起义。

3. 三国两晋南北朝

东汉末年，各地军事割据政权之间战争不断，民不聊生。赤壁之战后，220 年曹丕称帝，定都洛阳，建立魏国，221 年刘备称帝，定都成都，建立蜀国，222 年孙权称帝，定都建业(今南京)，建立吴国，三国鼎立局面形成。

263 年，魏灭蜀，265 年司马炎废魏，建立晋朝，定都洛阳，史称西晋。280 年，晋灭吴，南北统一。316 年匈奴攻占洛阳，西晋灭亡。317 年，司马睿在世家大族的帮助下重建政权，定都建康(今南京)，史称东晋。此后的 100 多年间，北方的匈奴、鲜卑、羯、氐、羌等少数民族建立了前赵、北凉、夏、前燕、后燕、南燕、西秦、南凉、后赵、成汉、前秦、后凉、后秦等国，加上汉族建立的前凉、西凉、北燕等国，史称十六国。此后北方仍是战乱不断。

420 年，刘裕废东晋皇帝自立，建立宋(史称刘宋)。之后又出现了齐、梁、陈三朝，都城都在建康，史称南朝。386 年鲜卑拓跋部建立北魏，逐渐统一黄河流域。此后北魏分裂为东魏和西魏，北齐取代东魏，北周取代西魏。此五朝称为北朝，与南朝合称为南北朝。

4. 隋朝

公元 581 年，杨坚废北周皇帝建立隋朝，定都长安，589 年灭陈，重新统一中国。隋文帝杨坚统治时期，建立"三省六部"制，实行均田制，科举制度逐渐形成，社会相对稳定，经济得到发展，史称"开皇之治"。此时中国的经济重心开始南移，大量粮食财富从南方运往全国。公元 605 年，隋炀帝下令开凿大运河，以洛阳为中心，南至余杭(今浙江杭州市)，北达涿郡(今北京通县)，全长 2000 多公里。隋朝工匠李春营造的赵州桥(原名安济桥)是中国历史上最著名的石拱桥，也是世界上现存最古老的石拱桥。

5. 唐朝、五代十国

公元 618 年，李渊在长安称帝，建立唐朝。626 年，唐太宗李世民即位，善于纳谏、任用贤臣，实行租庸调制，完善科举制度，政治清明、经济繁荣，国力逐步强盛，史称"贞观之治"。唐贞观十五年，文成公主远嫁西藏，带去许多工匠、技艺、典籍、物种，对西藏的开发起到了积极作用。武则天称帝后，改国号为周，执掌政权达 40 余年，社会经济持续发展，她是中国历史上唯一的一位女皇帝。唐玄宗李隆基在开元年间，励精图治，选贤任能，使唐朝达到全盛时期，也是中国封建社会发展的鼎盛时期，史称"开元盛世"(公元 713—741 年)。当时都城长安是一个国际性的大都市，各国的使节、商人、留学生数以万计，人口达到百万(参见图 4-5)。在广州设市舶司专管海外贸易。东南沿海的商人纷纷南下东南亚各国经商，成为最早的华侨，称"唐人"，其居住区称"唐人街"。僧人玄奘只身徒步前往天竺(印度)取经，历时 19 年，行程 5 万华里。鉴真和尚历经 12 年，六渡沧海，为中日文化交流做出了不可磨灭的贡献。

唐玄宗统治后期，因宠爱杨贵妃，沉迷女色，重用奸臣，朝政昏庸，终酿成"安史之乱”，唐朝从此由盛转衰。安史之乱后，宦官专权，朋党之争，藩镇割据，土地兼并日益严重，爆发了王仙芝、黄巢领导的农民大起义。907年朱温废唐自立，建立梁朝，唐朝灭亡。

从公元907年至960年，先后出现后梁、后唐、后晋、后汉、后周五个朝代统治黄河流域。同时，在山西河南等地，先后出现了北汉、前蜀、吴、闽、吴越、楚、南汉、南平、后蜀、南唐十个割据政权，历史上将这一时期称为"五代十国"。

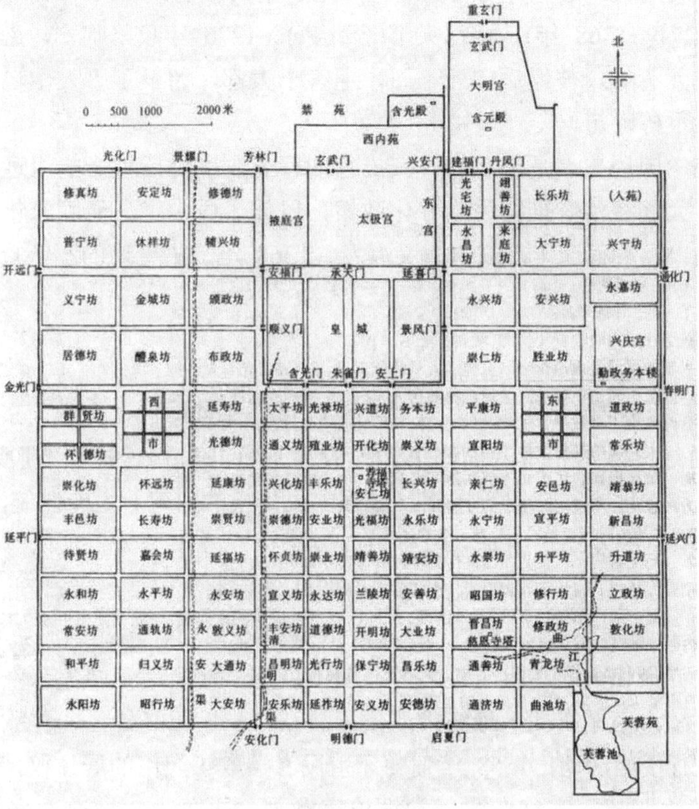

图4-5　唐都城长安平面图

6. 宋元时期

公元960年，赵匡胤在陈桥驿(今河南开封东北)发动兵变，黄袍加身，建立宋朝，史称北宋(960—1127年)，定都开封。经过十几年的时间，北宋消灭了其他割据政权，结束了五代十国分裂的局面。赵匡胤采用宰相赵普的建议，通过"杯酒释兵权"、设转运使、建立禁军、文臣治政等措施，加强中央集权。

北方和西北的契丹族在916年建立契丹国(后改称辽)，党项族在1038年建立西夏，与北宋长期对峙，发生多次战争。"澶渊之盟"后维持了相对和平的局面，但北宋每年要向西夏、辽进贡大量岁币，再加上军费、官俸开支过大，农民负担沉重，政治危机严重。改革家王安石虽然想通过变法改变这种局面，以达到富国强兵的目的，但由于损害了大官僚大地主的利益，遭到他们的强烈反对，最终失败。1115年，东北的女真族建立金国，1125年宋金联合灭辽，1127年金转而攻占东京，北宋灭亡。

北宋灭亡后，赵构逃往南方，建立政权，定都临安(今杭州)，历史上称为南宋(1127—1279 年)。南宋与金长期对峙，岳飞是南宋的抗金名将，他率领"岳家军"北上以收复被金占领的宋朝领土，却被奸臣秦桧以"莫须有"的罪名害死在风波亭。

12 世纪末，北方蒙古首领铁木真统一蒙古各部，1206 年被推举为蒙古大汗，尊称"成吉思汗"，蒙古政权先后灭掉了西夏和金。元朝统治者发动了大规模战争，向西一直打到欧洲的多瑙河流域，对世界历史的进程产生了重大影响。1271 年，成吉思汗的孙子忽必烈建立元朝(1271—1368 年)，定都大都(今北京)。1276 年攻陷临安，南宋灭亡，文天祥是南宋著名的抗元英雄，被俘后宁死不屈，遇害于大都，留下了"人生自古谁无死，留取丹心照汗青"的不朽诗句。

元朝疆域在中国历史上是空前的，其推行的行省制度对后世影响深远。西藏正式成为元朝的行政区。元朝统治者推行民族分化政策，民族矛盾尖锐，元朝末年，政治黑暗，经济崩溃，黄河决口，灾荒连年，红巾起义爆发，1368 年，朱元璋的军队攻占大都，元在全国的统治结束。

7. 明清

1368 年，朱元璋推翻元朝政权，建立明朝(1368—1644 年)，定都南京。明朝建立后，明太祖朱元璋通过废除丞相留六部尚书、设置厂卫特务机构、推行八股取士、兴"文字狱"、严惩贪官和在地方设三司等措施，加强中央集权的封建君主专制统治。1403 年，燕王朱棣(朱元璋第四子)发动"靖难之役"，夺取皇位，改年号为"永乐"，迁都北京。从 1405—1433 年的近 30 年间，明成祖派郑和率船队先后七次出使西洋，到达亚非 30 多个国家和地区，是世界航海史上的一次壮举。为抵御北方瓦剌、鞑靼南犯，明朝不断修筑长城，明长城是世界最伟大的建筑奇迹之一。明中后期，倭寇屡犯中国东南沿海，抗倭名将戚继光联合俞大猷，率军奋战，最终肃清倭患。从 16 世纪开始，一些欧洲殖民者开始到中国沿海地区进行侵略活动，1553 年葡萄牙殖民者攫取了澳门的居住权，之后长期占领澳门。明朝后期统治腐朽，宦官专政，党锢迫害激烈，再加上土地兼并现象严重，连年灾荒，人民不堪忍受官府的压榨剥削，爆发了高迎祥、李自成、张献忠领导的农民起义，1644 年李自成在西安建立大顺政权，同年攻占北京，推翻了明朝统治。

崛起于东北地区的女真族首领努尔哈赤于 1616 年建立金政权(史称后金)，1636 年皇太极称帝，将"女真"改为"满洲"，国号改为"清"。1644 年，驻守山海关的明朝将领吴三桂引清军入关击败李自成，迁都北京，建立了全国性的政权(1644—1911 年)。

1661 年，郑成功率军从荷兰殖民者手中收回台湾，1684 年清政府设台湾府，成为福建省下辖的一个府；1724 年，清廷确立了西藏宗教和政治领袖达赖和班禅必须经过中央政府册封的制度；1727 年，清朝廷开始在西藏设立驻藏大臣，同达赖和班禅共同管理西藏。康熙、雍正、乾隆三朝，社会经济呈现繁荣景象，史称"康乾盛世"。但同时清统治者把封建君主专制发展到顶峰，大兴"文字狱"，实行思想文化专制。

随着近代资本主义的发展，欧洲国家急于打开世界市场，清政府在近代采取的是一种闭关锁国的外交和贸易政策。英国政府为了扭转对中国贸易中的逆差，掠夺中国财富，打

开中国市场，疯狂向中国展开了走私鸦片的罪恶行径。1839 年，林则徐奉命将缴获的英、美走私商的 230 多万斤鸦片在广东虎门海滩当众销毁，史称"虎门销烟"。

1840 年，英国对中国发动了第一次鸦片战争，1842 年 8 月，中英《南京条约》签订，标志着中国进入了半殖民半封建社会。

(四)半殖民地半封建社会时期

为了攫取更多的利益，1856 年至 1860 年，英、法等国对中国又发动了第二次鸦片战争；1883 年至 1885 年的中法战争，1894 年的中日甲午战争，1900 年八国联军入侵北京，侵略者通过《北京条约》、《中法新约》、《马关条约》、《辛丑条约》等一系列不平等的条约，从腐败无能的清政府手中掠夺了大量财富和领土，使中国社会的半殖民地化大大加深。

在民族生死存亡的关头，中国人民奋起反抗，反击帝国主义的侵略和抵抗腐败的清政府。先后有广州三元里人民抗英运动、太平天国农民起义、义和团运动等反帝爱国运动。与此同时，一批民族精英、仁人志士开始觉醒，探索救国之路。林则徐、魏源提出"师夷长技以制夷"的主张，魏源编写的《海国图志》是中国近代第一部详尽介绍西方的著作；统治阶级内部出现了"自强"、"求富"的洋务运动，代表人物有弈 、曾国藩、张之洞、李鸿章、左宗棠等人，开办军事和民用工厂，学习西方的科学技术。1898 年，光绪帝任用康有为、梁启超、谭嗣同进行维新变法，最终以失败告终。

在孙中山的领导下，开始了旨在推翻清政府、建立共和国的革命。1911 年辛亥革命爆发，1912 年中华民国建立，清朝政府宣告结束，结束了中国两千多年的帝制。

1915 年新文化运动提倡民主和科学，从文化上寻求救国之路，代表人物有鲁迅、胡适等，新文化运动促成了马克思主义在中国的传播，陈独秀、李大钊不遗余力地在中国宣传马克思主义。1919 年五四运动爆发，文化革命走向政治革命，标志着中国旧民主主义革命的结束和新民主主义革命的开始。

1921 年中国共产党成立，1924 年共产党和孙中山领导下的国民党实现了第一次合作，取得北伐的胜利。1927 年国民党发动"四一二"、"七一五"反革命政变，大革命失败。1927 年 8 月 1 日，中国共产党发动南昌起义，是中国共产党开始掌握军队的开始。之后又举行了秋收起义、广州起义等，开始创建井冈山革命根据地和其他革命根据地。1931年"九一八"事变，日本侵占中国东北，1937 年"七七事变"，日本全面侵华开始。在这危急关头，国共两党实现第二次合作，抗日战争开始。经过八年浴血奋战，1945 年日本宣布无条件投降，抗日战争结束。1946 年 6 月，国民党军队向解放区发动进攻，国共全面内战爆发，经过 3 年国内战争，共产党取得了辽沈、淮海、平津和渡江战役的胜利，国民党败退台湾。

1949 年 10 月 1 日，中华人民共和国在北京宣告成立，新民主主义革命结束，中国历史进入了一个新的历史发展阶段。

二、重大历史人物与事件

(一)汤武革命

公元前 16 世纪商汤灭夏和公元前 11 世纪周武王灭商的两次行动，后世史学家将其合称为"汤武革命"。

夏朝是中国历史上第一个朝代，也是中国奴隶社会的开端。夏朝建立于公元前 21 世纪，共传 14 代、17 王、400 多年。桀即位后，统治残暴，被人们所痛恨。商部落原是居住在黄河下游的夏朝的一个属国，其始祖为契，到了汤已经是第 14 世。汤即位后，任用伊尹和仲虺为相，国力日益强大。为了灭夏，汤积极做好准备，他采取逐个剪除夏桀羽翼，逐步削弱夏桀统治，最后取而代之的策略。汤先灭掉附近的葛(今河南宁陵北)，接着又连续灭掉韦(今河南滑县东)、顾(今山东范县东北)、昆吾(今河南濮阳市郊)，使夏桀失去最亲近的依靠力量和东部屏障。夏桀想挽救他垂危的统治，号召属国联合攻汤。但没想到有缗氏带头叛夏，使夏桀众叛亲离，陷于孤立。汤立刻下令伐桀，夏、商会战于鸣条(今山西运城安邑镇北)，桀战败南逃，死在南巢(今安徽巢县东南)。汤占领夏朝的统治中心，夏朝灭亡，商朝建立。

商朝末年，纣王穷兵黩武、好酒淫乐、恣意奢靡，社会矛盾日益尖锐。周族是居住在今陕西渭水中游的一个古老的农业民族，相传是黄帝的后裔。武王姬发即位后，迁都于镐京，任用姜尚主持军务，其弟周公旦主持政务。经过几年的准备和努力，于武王九年，率师会盟诸侯于孟津(今河南孟县)，与纣王军队决战于牧野(今河南淇县南)，纣王兵败而亡。武王建立周朝，史称西周。

(二)周召共和

周召共和又称"共和行政"。西周时期，周厉王专制残暴，禁止国人谈论国事，违者杀戮。国人忍无可忍，于公元前 841 年发动暴动，厉王出奔，周定公和召穆公共同摄政，代理国事，史称周召共和。公元前 828 年，厉王死于彘地，太子静被周定公、召穆公立为周王，为周宣王。

共和元年，即公元前 841 年是中国历史有确切纪年的开始。

(三)秦始皇统一全国

秦朝是中国历史上第一个统一的中央集权制封建帝国，其开创者是有着雄才大略的秦始皇嬴政。嬴政生于公元前 259 年，秦庄襄王之子。秦国自商鞅变法之后，国力逐步强盛。公元前 246 年，年仅 13 岁的嬴政继承王位。公元前 238 年，22 岁的嬴政临朝亲政，任用尉缭和李斯。秦国采用远交近攻、各个击破的连横政策，从公元前 230 年灭韩国开始，用了 12 年的时间，到公元前 221 年灭掉齐国，最终完成了统一六国的大业。

秦朝建立后，秦王嬴政为自己创造了一个新的名号"皇帝"，取"德过三皇，功高五

帝"之意，从此皇帝就成为历代最高统治者的名称。秦始皇自称"始皇帝"，认为他的统治会世世代代延续下去，直到千秋万代。

秦始皇统一全国后，采取中央集权的政体，在政治上首先废除分封制，推行郡县制，将全国分为 36 郡，郡下设县；中央和地方的官吏均由皇帝亲自选拔和任免，不得世袭。为了加强中央集权的统治，他还统一了法律、度量衡、文字和货币。为了防止六国贵族叛乱，秦始皇下令收缴天下兵器，运到咸阳集中销毁，并将六国贵族和富豪迁到咸阳附近居住，便于控制和监督。

为了加强思想上的专制统治，公元前 213 年，秦始皇下令烧毁除史官所藏《秦史》以外的别国史籍、儒家经典、诸子之书；第二年，因方士、儒生为秦始皇求仙药而不得，下令追究方士、儒生的罪行，于咸阳坑杀方士、儒生 480 余人，史称"焚书坑儒"。

秦始皇统一全国后，大兴土木，劳民伤财，耗巨资修建阿房宫和骊山陵墓。暴政统治使国家危机四伏，一触即发。公元前 210 年，秦始皇出巡途中死于沙丘。秦二世继位不久，就爆发了陈胜、吴广的农民起义。

(四)罢黜百家、独尊儒术

罢黜百家、独尊儒术是汉武帝实行的封建思想统治政策。

西汉初年，由于社会经济遭到严重破坏，急需恢复生产，稳定统治秩序。因此在政治上主张无为而治，经济上实行轻徭薄赋。在思想上，主张清静无为和刑名之学的黄老学说受到重视。当时儒家思想在政治上并未得到重用。

汉武帝即位后，社会经济已经得到很大的恢复和发展，从政治和经济上进一步强化专制主义中央集权制度已经成为统治阶级的迫切需要。在这种情况下，主张清静无为的黄老思想已不能满足上述政治需要，更与汉武帝的好大喜功相抵触，而儒家的春秋大一统、仁义思想和君臣伦理观念显然与汉武帝所面临的形势和任务相适应。

远光元年(公元前 134 年)，武帝召集各地贤良方正文学之士到长安亲自策问。董仲舒在对策中指出，春秋大一统是"天地之常经，古今之通谊"，现在师异道，人异论，百家之言宗旨各不相同，使统治思想不一致，法制数变，百家无所适从。他建议"诸不在六艺之科孔子之术者，皆绝其道，勿使并也。"董仲舒的建议很受汉武帝赏识，此后儒家思想就成为封建王朝的统治思想，而道家等其他诸子学说在政治上则遭到贬黜。

汉武帝"罢黜百家、独尊儒术"有其时代特点，他推崇的儒术，已吸收了法家、道家、阴阳家等各种不同学派的思想，与孔孟为代表的先秦儒家思想有所不同。

(五)张骞出使西域

西汉时期，人们把甘肃敦煌以西、巴尔喀什湖以东以南及中亚一带，统称为"西域"。

张骞(？—公元前 114 年)，汉中成固(今陕西城固)人，西汉著名的外交家、探险家、旅行家、丝绸之路的开拓者。他是中国最早出使西域的人。西汉前期，经常受到居于中国北方游牧民族匈奴的侵扰。汉武帝为彻底消除匈奴的威胁，决定联合大月氏共同对付匈奴。

大月氏原来居住在今甘肃西北一带，匈奴人曾杀死大月氏，并以其头颅为饮器，大月氏被迫迁往西域，他们时刻想着报仇雪恨。公元前 139 年，张骞以匈奴人堂邑父为助手，率领一百多人，从长安出发，出使西域的大月氏国。

张骞等人从陇西(今甘肃)往妫水(今阿姆河一带)流域出发，中途遭匈奴俘虏，扣留 10 年之久，还让他娶了匈奴女人为妻，甚至还生了几个孩子。但张骞并没有忘记自己的使节身份，始终保留着使节的象征——"汉节"。公元前 129 年，张骞和随从堂邑父逃出匈奴，率部越过葱岭(今帕米尔高原)到达大宛(今乌兹别克斯坦境内)。在这里，他们看到了汗血马，大宛国王欢迎中国的使节，并派人做向导，帮助张骞等人到达了大月氏人所在地——妫水流域的康居(今巴尔喀什湖和咸海之间)。此时的大月氏已经在妫水定居，不愿再同匈奴打仗。张骞没有达到目的，一年后回国。途中又被匈奴扣留了 1 年多，后趁匈奴内乱才得以脱身，于公元前 126 年回到长安。张骞此次出使西域，前后共用了 13 年时间，出发时 100 多人，回来时只剩下他和堂邑父二人。

公元前 119 年，汉朝对匈奴发动 3 次进攻，将匈奴赶到大沙漠以北。为了防止匈奴势力再起，汉武帝又任命张骞为中郎将，再次出使西域，目的是劝说乌孙重返故地，与汉朝共同对付匈奴。张骞率领随行人员 300 多人，牛羊万计，丝绸、漆器、玉器和铜器等贵重物品来到乌孙。乌孙王昆莫欢迎张骞的到来，但当时乌孙国内部混乱，王位争斗不休，无意东归。公元前 115 年，乌孙王派使者随同张骞回到长安。

张骞的两次出使西域，虽然都没有达到预期的目的，但其意义和影响却远远超出他的直接使命。张骞出使西域，经过中国新疆地区到达西亚的通道，开辟了举世闻名的"丝绸之路"，加强了汉朝与西域各国政治、经济、文化等方面的联系，对中国统一的多民族封建国家的形成和发展，起到了重要作用。

(六)贞观之治

贞观是唐太宗李世民的年号，从公元 627 年—公元 649 年共计 23 年。"贞观之治"是对唐太宗贞观年间，封建统治比较稳定，生产得到较快发展，民族融洽，社会升平局面的赞誉。

唐太宗李世民以隋朝灭亡为鉴戒，时刻以"水能载舟亦能覆舟"来警戒自己，任用魏征、房玄龄、杜如晦等人，积极纳谏，在政治上励精图治，实行了一系列开明政策和措施。使社会秩序安定，阶级矛盾缓和，社会经济得到迅速回复，呈现出一片繁荣景象，出现了"马牛布野，户外不闭"的现象。"贞观之治"是中国历史上可与汉代"文景之治"相媲美的盛世。

(七)玄奘西游

玄奘(公元 602—664 年)，俗名陈祎，祖籍河南洛州缑氏县(今河南省偃师县境内)，唐朝著名的高僧、佛学家，人称三藏法师。13 岁出家为僧，法名玄奘，贞观元年(公元 627 年)，玄奘来到长安，拜名师为僧，继续钻研各派佛法，很快就穷尽各家学说，备受称赞，誉满京师。在学习过程中，他发现佛教各派说法不一，佛经翻译也存在很多谬误，于是决

心到天竺(古印度)求佛法。

贞观 3 年(公元 629 年)，玄奘只身一人离开长安，从凉州出玉门关，途径西域 16 国，历经千辛万苦，冒着生命危险，以惊人的毅力，行程 5 万里，历时 4 年才到达天竺。玄奘在天竺十多年，认真研习各派佛法，走遍五天竺访问名僧，贯通了天竺佛教的要义。公元 642 年，天竺戒日王在曲女城设大法会，玄奘的讲述博得了与会者的一致称赞，他将自己所著的佛学著作《制恶见论》按古天竺的习惯挂在门口，征求质疑。此会举行 18 天，竟无一人敢于问难。学识渊博的玄奘被各派僧侣一致推荐，大乘和小乘僧人称他为"大乘天"，在天竺成为公认的一流学者，赢得很高的声誉。

公元 643 年，玄奘自天竺带回梵文佛经 657 部和舍利佛像回国，645 年回到长安，受到唐太宗的接见。玄奘回长安后主要居于慈恩寺，专门从事佛经翻译工作。经过 19 年的翻译工作，共译出佛经 75 部，1335 卷。

公元 646 年，玄奘还将自己的沿途经历写成了《大唐西域记》，对所到国家的历史沿革、风土民情、宗教信仰、地理位置、山川形势、生产情况进行了详细的记述，成为研究中古时期中亚、印度半岛等各国历史、地理和中西交通、文化交流的宝贵资料。

(八)靖康之变

靖康之变，又称靖康之难、靖康之祸、靖康之耻，是指 1126 年金国攻陷北宋都城汴京，北宋灭亡，宋徽宗、宋钦宗被俘的事件，因是宋钦宗靖康年间而得名。

北宋与金长期处于对峙，宣和七年(1125 年)，金军分东、西两路南下攻宋，东路军破燕京，过黄河，南下汴京。宋徽宗见形势危急，乃禅位于太子赵桓，赵桓在哭哭啼啼中登上皇位，就是宋钦宗。靖康元年(1126 年)正月，宗翰率金兵东路军进至汴京城下，逼宋议和，金人要求五百万两黄金及五千万两银币，并割让中山、河间、太原三镇。同年八月，金军又两路攻宋；闰十一月，金军攻克汴京。靖康二年(1127 年)，金太宗下诏废宋徽宗、宋钦宗二帝，贬为庶人，强行脱去二帝龙袍。三月，金军在大肆搜掠后，立张邦昌为帝，国号"大楚"，驱掳宋徽宗、宋钦宗、郑皇后及亲王、皇孙、驸马、公主、妃嫔一行数千人，携文籍舆图、宝器法物北返，史称"靖康之耻"。又因靖康元年为丙午年，此事件又称为"丙午之耻"。后徽钦二帝死于五国城(今黑龙江依兰县)。

(九)郑和下西洋

郑和(参见图 4-6)本姓马，云南昆阳人(今云南晋宁)，回族，自幼入宫，改姓郑，为宫内太监。从 1405 年到 1433 年，郑和率船队 7 次出海，进行大规模的远洋航行，总共到过南洋、印度洋的 30 多个国家和地区。最南到爪哇，西北到波斯湾和红海，最西到非洲东海岸，加深了明帝国和南海、东非的友好关系，史称"郑和下西洋"。郑和下西洋是世界航海史上的一次壮举。

图 4-6 郑和

公元 1405 年 7 月 11 日(明永乐三年)，明成祖命郑和率领拥有 62 艘大海船、2.9 万余人组成的庞大船队出航，由苏州浏家港出发，经太仓出海。其中最

大的船，长 100 多米，宽几十米，可容纳 1000 多人，船上有航海图、罗盘针，永乐五年九月初二(1407 年 10 月 2 日)回国。途径占城、爪哇、归港、苏门答腊、满剌加、锡兰、古里等国家。

郑和船队给所经过的国家带去了大量的中国瓷器、铜器、铁器、金银和各种精美的丝绸、罗纱、锦绮、紵丝，换回了其他国家的特产如胡椒、象牙、宝石、染料、药材、硫磺、香料、椰子以及长颈鹿、狮子、鸵鸟、金钱豹等稀有珍贵动物。郑和下西洋促进了中国和亚非国家的经济交流。图 4-7 所示为郑和下西洋航线图。

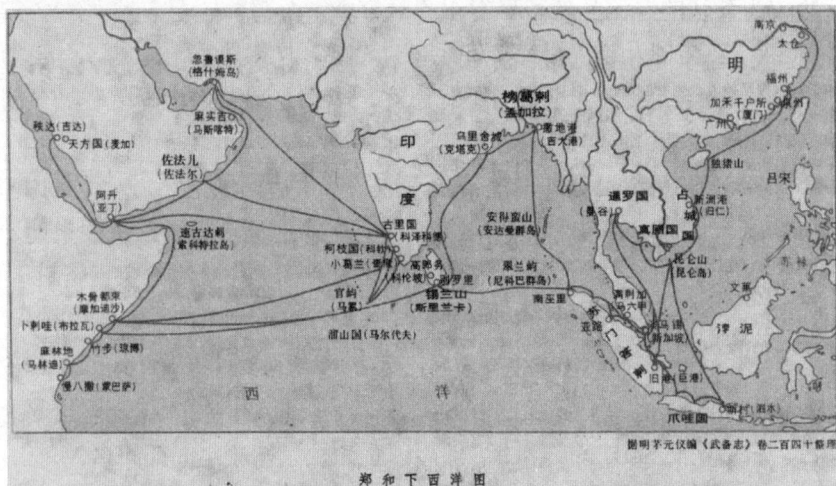

图 4-7 郑和下西洋航线图

关于郑和下西洋的目的，史学界有着不同的看法，主要有以下几种：永乐帝为捉拿惠帝和大批叛军；为宣扬大明王朝的海军实力和外交；儒家士大夫和回民郑和的朝廷斗争；回民郑和为"神"阿拉，向马来群岛小国的军民宣扬伊斯兰教等。无论当时的主观目的如何，在客观上郑和下西洋是中国历史上一次伟大的航海壮举，前后历时 30 年，其时间之早、规模之大，都是后来的哥伦布、麦哲伦无法相比的。它比哥伦布发现新大陆早 87 年，比麦哲伦到达菲律宾早 116 年。郑和下西洋，大大加强了中国与南洋的关系，航路畅通，贸易发展，在世界航海史上写下了极其光辉的一页。

(十)康乾盛世

所谓"康乾盛世"，指的是从康熙二十年(1681 年)平定三藩之乱后开始，到雍正、乾隆年间，清朝的国力达到鼎盛。这段时间，跨度 110 多年，是清朝统治的高峰，故一些中国历史学家称其为"康乾盛世"。他们认为，国家统一的最终完成，社会经济的高度繁荣，学术文化的集大成是"康乾盛世"最显著的历史特征。

"康乾盛世"最主要地表现在人口的增长上，康熙六十一年(1722 年)，中国的人口突破 1 亿，乾隆五十五年(1790 年)突破 3 亿，而且生活基本上比较稳定。同时，清朝的领土几经扩张，大大超过了前朝。乾隆二十年，平定新疆，整个大清帝国版图达到空前扩张，北起自外兴安岭以南，东北至北海，东含库页岛，西至巴尔喀什湖以西，形成了空前大一

统的多民族国家(参见图4-8)。

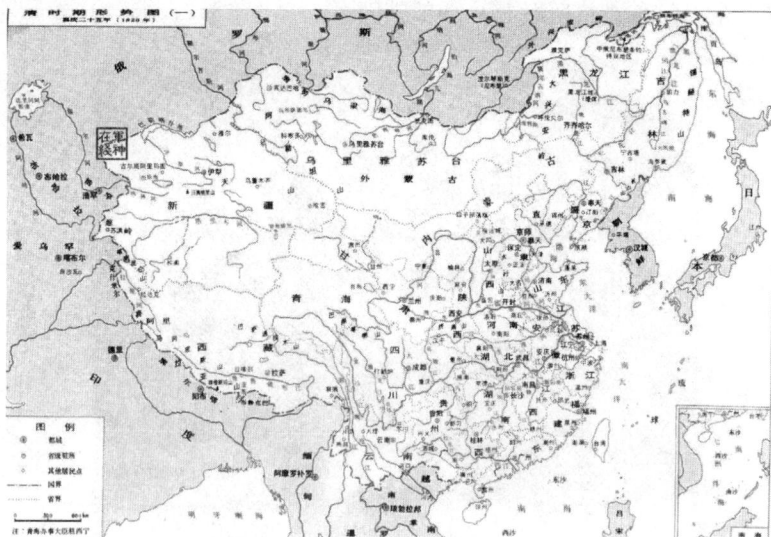

图4-8 清朝疆域图

这个时期在文化艺术、史学、哲学、数学、天文学、医学等各个领域，都出现了很高的成就。《红楼梦》、《聊斋志异》、《儒林外史》等文学作品产生于此时期，编成了当时世界最大的类书——《古今图书集成》，世界最大的丛书——《四库全书》，这些都成为大清盛世的文化标志。

康乾盛世是中国历史上最后一次封建盛世的绝唱，但也出现了不同的观点。一些学者就指出：闭关锁国、重农轻商、禁锢思想、轻视科学，这些消极的因素都存在于所谓的康乾盛世之中。特别是雍正、乾隆年间的"文字狱"盛行压制了人民的思想，造成了科学技术、思想与文化艺术的停滞甚至倒退；闭关锁国的政策中止了明末开始的西学东渐。这些都阻碍了中国的进步与发展，"康乾盛世"并非真正的"盛世"。

(十一)虎门销烟

虎门销烟(参见图 4-9)是指 1839 年 6 月，清政府委派钦差大臣林则徐在广东虎门集中销毁收缴的英国走私鸦片的历史事件，此事件成为第一次鸦片战争的导火线，也是中国人民反对殖民侵略的一次伟大战争。

19 世纪初期，英国为了改变中英贸易之间的逆差状况，在印度大量种植鸦片，然后走私贩卖给中国，造成了中国白银外流及种种严重的社会问题。在这种背景下，道光帝任命林则徐为钦差大臣，到广东主持禁烟。1839 年 3 月 10 日，林则徐来到广州，他一方面在两广总督邓廷桢、广东水师提督关天培的配合下，整顿海防，缉拿烟贩；一方面于 3 月 18 日通知外国烟贩，限期 3 天，将所存鸦片造具清册，尽数缴官，并要保证以后决不再携带、走私、贩卖鸦片，不再进行鸦片贸易。英国驻华商务监督义律破坏禁烟，唆使英商拒交鸦片。3 月 24 日，林则徐下令封锁十三行，义律无奈只得命令英商缴烟。1839 年 5 月

18 日，烟贩缴烟完毕，共收 19187 箱又 2119 袋，约 237 万余斤。从 6 月 3 日至 25 日，林则徐亲自主持，在虎门海滩将所缴鸦片全部销毁。

图 4-9　虎门销烟

虎门销烟是禁烟运动的伟大胜利，沉重打击了英国侵略者。

(十二)戊戌变法

戊戌变法又名百日维新、戊戌维新、维新变法，是清朝光绪二十四年(公元 1898 年 6 月 11 日—9 月 21 日)的一次资产阶级改良性质的运动。这次变法由光绪皇帝亲自领导，目的是要中国走上君主立宪的现代化道路，由于遭到以慈禧太后为首的清朝内部保守势力的反对，最终失败，中国损失了一批热心于国家改革的精英和支持者，将中国推向了革命的道路。

1840 年第一次鸦片战争开始，由于国力的衰弱和清政府的腐败无能，中国屡遭外辱。1895 年甲午战争中国战败，与日本签署了丧权辱国的《马关条约》，举国震惊。康有为、梁启超在北京发动各省举人 1300 多人，联名上书反对签订《马关条约》，视为"公车上书"。在上书中提出了迁都、变法、练兵等救亡图存的主张，之后形成了以康有为、梁启超、谭嗣同为主要代表人物的维新派。1898 年，光绪帝接受了维新派的改革方案，于 6 月 11 日宣布"定国是诏"，启用维新人士，宣布维新变法，并相继颁布维新法令。维新内容主要涵盖了教育、军事、经济、政治等方面的改革措施，具体有以下四点。

(1) 教育改革：改革科举制度、废除八股、改试策论；设立学堂，提倡西学，开办京师大学堂；设立译书局，翻译外国新书，允许创立报馆、学会，鼓励私人开办学堂；派人出国留学。

(2) 经济改革：设立铁路矿务局、农工商局，提倡兴办实业，在各地设立工厂；举办新式邮政；在各省设立商务局、商会，保护商务。

(3) 军事改革：用西洋方法训练海陆军，裁撤旧军，实行团练。

（4）政治改革：裁汰冗员；开放新闻自由；广开言路，官民皆可上书言事。其政治改革措施中，并没有提出最重要的政治制度改革措施，如"君主立宪"、"三权分立"等，主要还是当时政治环境的不允许。

变法措施有利于民族资本主义经济的发展和资产阶级文化思想的传播，但却触怒了以慈禧太后为代表的封建顽固势力，双方展开了激烈的争斗。保守派在 9 月 21 日发动政变，幽禁光绪帝，杀害了谭嗣同等六位维新派志士，史称"戊戌六君子"。康有为、梁启超出逃，戊戌变法失败。

(十三)辛亥革命

辛亥革命是指发生在 1911 年(清宣统三年)，旨在推翻中国五千年来的封建帝制、建立共和政体的革命，因为 1911 年是农历辛亥年，故称"辛亥革命"。

狭义的辛亥革命是指从 1911 年 10 月 10 日夜里爆发的武昌起义，到 1912 年元旦孙中山(参见图 4-10)就职中华民国临时大总统这一段时间的历史。广义的辛亥革命，是指自清末开始在中国出现的连续的革命运动，直到辛亥年成功推翻清朝统治结束为止。

鸦片战争之后，由于清朝政府的腐败无能和外国侵略者的步步紧逼，中国社会一步步沦为了半殖民地半封建社会。一批资产阶级仁人志士思考救国救民之路，1894 年孙中山在檀香山创立了兴中会，是中国第一个资产阶级革命团体。1895 年香港兴中会成立，开始了反清武装斗争。1905 年，孙中山联合华兴会、光复会、兴中会等团体，在日本东京成立了中国革命同盟会，确定了"驱除鞑房、恢复中华、建立民国、平均地权"的资产阶级革命纲领。之后发动了多次武装反清起义，虽没有

图 4-10　孙中山

成功，但促成了中国革命高潮的到来。1911 年清政府出卖铁路修筑权，遭到全国人民的反对，川、鄂、湘、粤等省的保路运动成为了辛亥革命的导火索。1911 年 10 月 10 日晚，武昌部分新军在两湖革命党人的发动下武装起义，一夜激战后占领武昌，次日成立湖北军政府。在武昌起义的鼓舞下，各省纷纷宣布独立，清政府政权实际上已经土崩瓦解。1912 年 1 月 1 日，中华民国临时政府在南京成立，选举孙中山为临时大总统，并组织临时参议院，颁布具有资产阶级共和国宪法性质的《中华民国临时约法》。2 月 12 日，清帝宣告退位。由于资产阶级的软弱和妥协性，在帝国主义和封建势力的双重压迫下，1912 年 4 月孙中山被迫解除临时总统职务，袁世凯窃夺政权，辛亥革命失败。

虽然辛亥革命的成果被北洋军阀窃取，平均地权的革命目标也没有实现，但辛亥革命成功推翻了清朝统治，结束了中国长达五千多年的封建帝制，开启了民主共和的新纪元，使共和观念深入人心，对中国近现代史的发展有着重要的意义。

第二节 世界历史概要

一、世界历史的发展进程

(一)史前文明的发展

世界古代史从大约二三百万年前的地球上出现人类开始,到 1640 年英国资产阶级革命前夕结束。其间经历了原始社会、奴隶社会和封建社会三个社会发展时期。

约 3500 万年前,地球上出现了最早的猿类。现在所知的最早的古猿是原上猿。1966—1967 年,在法雍发现了埃及古猿。比埃及古猿更晚的化石古猿是森林古猿。原上猿、埃及古猿和森林古猿都是林栖动物。它们用四肢行走并能臂悬行动,在攀援时前肢和后肢已经出现了不同的用途,为手脚的分化创造了条件。人类学者认为,它们是人类和现代类人猿的共同祖先。

距今约 300—270 万年前,早期猿人出现。早期猿人也称能人,1972 年,在东非肯尼亚发现的"KNM-ER1470 号头骨"是目前公认的早期猿人的典型代表。

距今约 155—30 万年,晚期猿人出现。晚期猿人又称"直立人",直立人身高平均为160 厘米,其下肢结构与人类已基本相似,说明原始人类发展到这一阶段其直立行走的姿势已很完善。印度尼西亚的爪哇猿人、德国的海德堡猿人、中国的蓝田猿人、北京猿人都是人类进化过程中比较典型的晚期猿人。

早期智人生活在距今约 25 万年前,是旧石器时代中期的古人类。1856 年在德国杜塞尔多夫城附近尼安德特河谷的一个洞穴中发现的尼安德特人,是迄今发现的最早的早期智人化石。早期智人的化石分布很广,欧洲、北非、西南亚、中国等许多地方都发现了早期智人生活的痕迹。早期智人处于人类社会发展史上的原始公社时代。

晚期智人又称新人,1868 年在法国的克罗马农洞窟里发现的克罗马农人是迄今发现最早的晚期智人。晚期智人生活的时代大约距今 4—5 万年前,此时人类的分布范围更为广阔。与此同时,人类种族开始形成,黄种人是旧石器时代晚期在中亚和东亚的干燥草原和半沙漠地带形成的,白种人最早在南欧、北非和西南亚地区形成,而黑种人起源于非洲东北部,后扩展到非洲其他地区。

按照人类使用和制造工具的进化历史,人类史前时期又可以分为旧石器时代和新石器时代。旧石器时代从约 270 万年前—15000 年前,在地质年代上属于更新时期。这个时代极其漫长,几乎占据了全部人类历史的 99.6%。旧石器时代可分为早、中、晚三个时期。

旧石器时代早期始于完全形成的人类出现阶段。当时石器制造方法简单,加工粗糙,形状简陋。旧石器时代中期,石器的制作技术有所进步,已经出现了小型的尖状利器和刮削器,还出现了用于远距离攻击野兽的投矛器和投石器,并能够认识、使用和掌握火。由于生存的需要,人类发明了弓箭,弓箭的发明促进了渔猎的发展,使渔猎成为普通的生产部门之一,生产生活中开始出现了简单的分工。

旧石器时代晚期始于约 5 万年前，到大约 15000 年前。此时期，除了石器制作更加规整、美观、适用外，骨器和角器也广泛流行。人类发明了骨针，缝制兽皮作为衣服御寒。

在旧石器时代中晚期，渔猎、采集经济是生活的主要来源，妇女在生产生活中起主导作用，人类处于母系氏族公社时期。

距今约 1 万年前，人类历史进入新石器时代。这一时期生产工具的主要特征是磨光石器的广泛使用和陶器的制造。制陶术的发明是新石器时代的重要标志。原始农业和畜牧业随着采集和狩猎的发展而产生。男子从事的犁耕农业和畜牧业成为主要的生产部门，男子在经济生活和公共事务中逐渐取代了妇女的主导地位，人类进入父系氏族阶段。

父系氏族公社后期，随着生产力的提高，家庭出现，生产由集体劳动变为以家庭为单位进行，私有观念开始产生。生产的个体化，剩余产品的增多和交换的发展，氏族内部贫富差距加剧，以血缘为纽带的氏族公社逐渐解体而形成以地域关系为基础的农村公社。贫富分化加剧的结果，出现了奴隶和奴隶主两个对立阶级，人类开始进入文明阶段。

(二)古代文明的出现

最初的文明产生于幼发拉底河和底格里斯河流域的美索不达米亚的南部——苏美尔地区。在尼罗河流域，约公元前 3000 年出现了统一的奴隶主阶级专政国家——埃及，同一时期印度达罗毗荼人也进入奴隶社会。公元前 21 世纪，中国历史上第一个奴隶制国家夏朝建立。公元前 19 世纪，古巴比伦王国建立。这四个国家是世界文明的发源地。

之后的亚非地区又出现了一些奴隶制国家。在亚洲，公元前 6 世纪，波斯帝国兴起，继而向外扩张，成为疆域辽阔的大帝国；公元前后朝鲜先后出现了高句丽、百济、新罗等国；公元 2 世纪末，日本出现了奴隶制国家。在非洲，公元前 1000 年左右，东非努比亚建立了奴隶制国家；公元后非洲兴起的奴隶制国家还有阿克苏姆、加纳、津巴布韦、刚果、马里和桑海。

(三)古典文明——希腊、罗马时期

古希腊是欧洲文明的发源地，从公元前 800 年至公元前 146 年，古希腊的历史持续了约 650 年。古希腊的地理范围，除了现在的希腊半岛外，还包括整个爱琴海区域和北面的马其顿和色雷斯、亚平宁半岛和小亚细亚等地。古希腊是一个城邦林立的国家，斯巴达是其中较早的一个，是由少数奴隶主贵族统治的城邦，斯巴达的整个社会组织如同一个军营，有组织的娱乐活动、集体进餐、公众事物、军事训练和执勤占据了每个人的日常事务，一切都得服从军事需要，体弱多病的婴孩被遗弃旷野等死，只有体质好的婴孩才可抚养，男孩从 7 岁起就住到兵营训练，所有不满 60 岁的男子都要受到军纪约束，这些社会制度造就了整个希腊最强大的陆军。另一个强大的城邦是雅典，雅典最初也实行奴隶主贵族统治，公元 594 年，梭伦为了缓和阶级矛盾，开始进行改革，准许没有财产的平民参加公民大会，设立陪审法庭分解贵族最高法院的一部分权力，梭伦的改革在组织上为以后建立的著名的雅典民主奠定了基础。希波战争后，雅典成为希腊城邦中最强大的霸主，公元前 5 世纪，伯利克里执政，改革进一步扩大了平民的权利，雅典奴隶主民主政治得到发

展，这一时期被誉为"伯利克里的黄金时代"、"希腊的奇迹"、"希腊的光荣"，希腊的哲学、宗教、文化艺术、自然科学都取得重要成就。公元前 5 世纪后半期之后，希腊各城市国家由于长期争夺霸权战争和奴隶不断起义，逐渐衰落，公元前 338 年以后被马其顿征服。

罗马共和国大约建立于公元前 509 年，是贵族专政的奴隶制国家。公元前 27 年建立的奴隶制军事帝国代替了奴隶制共和国，开始大肆扩张，成为地跨欧、亚、非三洲的大帝国。日耳曼人的入侵加速了罗马帝国的灭亡，公元前 395 年，罗马分裂为东西两部分，公元 476 年西罗马帝国灭亡，西欧奴隶制度崩溃。

(四)中世纪文明

中世纪是欧洲历史上的一个时代(主要是西欧)，由西罗马帝国灭亡开始，直至东罗马帝国灭亡，民族国家抬头的时期为止。"中世纪"一词是从 15 世纪后期的人文主义者开始使用的。这个时期的欧洲没有一个强而有力的政权来统治，封建割据带来频繁的斗争和科技与生产力的落后，人们生活痛苦无望，宗教对人们的思想控制严酷，所以中世纪或者中世纪早期在欧美普遍被称为"黑暗时代"，传统上认为是欧洲文明史上发展比较缓慢的时期。

西罗马灭亡后，日耳曼人在其废墟上建立了许多封建国家，先后有法兰克、伦巴第、奥多亚克、勃艮第等，王国之间战争不断，其中盎格鲁——撒克逊和法兰克王国存在时间较长。法兰克王国也是其中最强大的帝国，其疆域不断扩张，到 9 世纪初形成为查理曼帝国。843 年，查理曼的三个孙子缔结凡尔登条约，三分帝国，这次分割奠定了后来法、德、意三国的基础。盎格鲁——撒克逊人在 5 世纪中叶进入不列颠半岛，建立了七个王国，829 年，威塞克斯王国吞并了其他六个王国，形成了统一的英吉利王国。西欧的主要封建国家基本形成。

中世纪的经济形式主要是封建制的庄园式自然经济。西罗马奴隶制帝国的崩溃，扫清了新的生产关系发展的障碍，封建制度得以发展。法兰克国王征服高卢后，将西罗马帝国的土地重新分配，国王、贵族和教会成为新的土地所有者，他们将土地分给奴隶耕种，收取佃租，新的封建地主阶级形成。8 世纪中期，法兰克王国实行采邑制，采邑是连同土地上的农民一起分封的，因而加强了农民对封建主的依附关系。到了 9 世纪，采邑变成了世袭的领土，封建地主土地所有制占据统治地位，自由农民几乎全部沦为农奴，封建制度在西欧确立。与奴隶相比，农奴有一定的生产工具和微薄产业，对生产有一定的兴趣，因而封建社会的生产力比奴隶社会有了更进一步的发展。封建主把土地划成庄园经营，庄园经济是一种自给自足的经济，封建庄园是西欧封建社会的基层组织，农奴是封建庄园的劳动者，受世俗和教会封建主的剥削，被剥夺一切政治权利，处于社会最底层。

随着生产力的提高，手工业发展与农业分离，商品交换活跃，以工商业为中心的城市经济逐渐兴起，出现了一批经济繁荣的商业城市：巴黎、里昂、马赛、科隆、特里尔、汉堡、威尼斯、热那亚等，形成了一个以地中海为中心的贸易区。

14—16 世纪，西欧的生产力进一步发展，资本主义萌芽开始出现。意大利最早出现资

本主义萌芽，其标志是工场手工业的兴起，如佛罗伦萨就是以工场手工业发展起来的城市，手工工场主、城市富商和银行家成为新兴的资产阶级。这种经济模式加速了贸易，引起西欧各国对开拓海外市场和掠夺财富的兴趣，出现了地理大发现，发现了美洲新大陆，开辟了新航路。西班牙、葡萄牙、英国、法国等国相继在海外进行殖民开发，新航路的开辟使欧洲的商路和贸易中心从地中海地区转移到大西洋沿岸，促进了英国工商业的发展。英国的圈地运动如火如荼，使农民丧失土地，大批农民破产，被迫涌入城市，为英国资本主义经济发展提供了雇佣劳动力。

中世纪时期，基督教会垄断了文化教育和人们的精神，教会统治非常严厉，教士不能结婚，主张禁欲，要求人们将一切奉献给上帝。宣扬三位一体、原罪说的宗教哲学，严格控制科学思想的发展，并设立了宗教裁判所惩罚异端，学校教育也是为神学服务，阻碍了科学的发展。为了对抗中东地区的伊斯兰教国家，夺回天主教圣地耶路撒冷，罗马教皇于1096年—1291年先后发动了八次十字军东征。数次大规模军事战争使西欧各国人民损失惨重，几十万十字军死亡，并使日后东方伊斯兰教世界与西方基督教世界相互对立，封建主和教廷却取得了大量财富。另一方面，十字军东征在客观上使东西方文明发生碰撞交流，带回了大量东方的进步文明，加速了西欧手工业、商业的发展，为后来文艺复兴的出现和近代资产阶级商业文明的发展奠定了基础。

基督教文化占据了中世纪文化的主导地位，泥金装饰手抄本、格里高利圣咏和哥特式建筑是中世纪文化的代表。

(五)近代世界的孕育发展

1. 文艺复兴与宗教革命

随着工场手工业和商品经济的发展，资本主义生产关系在欧洲封建制度内部逐渐形成。政治上的封建割据引起普遍不满，各州各国大众表现了要求民族统一、经济解放的强烈愿望。于是14世纪至16世纪在欧洲兴起了一场有关艺术、文学、自然科学和建筑等各方面的思想文化运动，历史上称为"文艺复兴"。文艺复兴发源于14世纪的意大利，以后扩展到欧洲各国，16世纪达到鼎盛。新兴的资产阶级认为中世纪文化是一种倒退，而希腊、罗马古典文化是优秀的文化，他们力图复兴古典文化，实际上这种"复兴"是对知识和精神的空前解放和创造。文艺复兴时期的文学作品，体现了浓厚的人文主义思想，主张个性解放，反对中世纪的禁欲主义和宗教观念；提倡科学文化，反对蒙昧主义，要求摆脱教会对人们思想的束缚，肯定人权，反对神权，摒弃作为神学和经院哲学基础的一切权威和传统教条；拥护中央集权，反

图 4-11 但丁的《神曲》

对封建割据。但丁的《神曲》(参见图 4-11)、薄伽丘的《十日谈》、马基雅维利的《君主

论》、拉伯雷的《巨人传》等作品都是这种思想的体现。15 世纪初期，马丁路德在德国推动的宗教改革运动，强调信徒不必通过教会，就可以直接和上帝沟通，只有《圣经》才是信仰的权威，得到了欧洲各基督教国家的响应，随之形成了基督教新教，并间接导致了德国的农民战争。

文艺复兴是中世纪"黑暗时代"和近代的分水岭，是资产阶级革命的舆论前提，预示着资产阶级革命的到来。

2. 殖民扩张与商业革命

随着航海技术的发展和一些海外探险家带来的东方文明的信息，刺激了许多国家海外探索和殖民扩张。1492 年哥伦布发现美洲大陆，葡萄牙在地理大发现中独占鳌头，紧随其后的是西班牙、法国、英国、荷兰和俄国。在接下来的几个世纪中，殖民扩张不断进行，西班牙控制了北美的一部分和大部分中南美洲、加勒比海和菲律宾；英国获得整个澳大利亚和新西兰、印度的绝大部分以及非洲和北美的许多地区；法国获得加拿大的一部分和印度、印度支那、非洲的许多地区和加勒比群岛；荷兰取得东印度群岛；葡萄牙获得巴西等。欧洲国家的海外殖民扩张，从殖民地地区掠夺了大量财富和原材料，海外市场的扩展，从而使商品交换的规模不断扩大，进而引发了金融、保险、投资方面的改革，出现了新的经济理论，重商主义盛行，强调积累金银货币和对外贸易的重要性，认为财富的真正源泉是对外贸易。重商主义主张在国家的支持下发展对外贸易，此后商品经济逐步取代自然经济成为社会经济的主导。商业革命促进了资本主义的兴起、银行业、信贷业、新兴手工业的出现和商业组织的变化。

3. 科学革命

随着西欧国家商业和工业的迅速发展，欧洲各国之间的贸易随着远东、东印度群岛、非洲和南北美洲的新的海外市场的出现而大幅度的增长，工业也取得了显著收益。这些经济上的进步导致技术上的进步，促进了科学的发展并受到科学发展的促进。

科学革命开始于 14 世纪，尽管科学革命的具体时间仍有争议，但公认的是在 14 至 19 世纪之间，物理学、天文学以及生物学思想发生根本性的变化。它不仅是科学与宇宙观的革命，而且也是一种文化的革命。

波兰天文学家哥白尼在 1543 年出版了《天体运行论》(参见图 4-12)，推翻了托勒密地球是宇宙中心的假设，提出太阳是宇宙的中心，地球和其他行星一样，在圆形的轨道上绕太阳运动，同时地球还在自己的轴心上自转。伽利略继承了这一学说，与天主教会的宇宙观念产生争斗，从此人们的宇宙观开始发生变化。

在学问方法的改革上，培根批评当时的学校毫无生气，极力提倡实验的方法，培根和笛卡儿共同将科学提到了一个很高的位置，让人们意识到科学的重要性，并在学问方法上提出了改革性意见。

牛顿(1642—1727 年，参见图 4-13)的物理学被认为是科学革命的巅峰，他在《自然哲学的数学原理》一书中阐述了万有引力定律，并提出了一套体系完整的宇宙论与物理论。

图 4-12 哥白尼的《天体运行论》

图 4-13 牛顿

18 世纪的生物学取得了重要成就，约翰雷编著了《植物史》、《昆虫史》以及关于动物、鸟类、爬行动物和鱼类的著作。法国贵族布丰(1707—1788 年)编写了 36 卷的巨著《自然史》，试图把有关各门自然科学的所有可得到的知识都编到这部著作中去。

18 世纪后期开始，由于蒸汽机的发明，工业革命与科技革命相互促进，工业革命影响了科学革命，并转而受到科学革命的影响。与 17 世纪以前相比，此时的科学与工业更加接近，可以说，18 世纪后期和 19 世纪初叶的大部分科学进步不是像 17 世纪那样来自牛津、剑桥和伦敦，而是来自利兹、格拉斯哥、爱丁堡、曼彻斯特，尤其是伯明翰。出现了被后世尊为"化学之父"的法国化学家和生物学家拉瓦锡，他创立了氧化说以解释燃烧等实验现象，倡导并改进定量分析方法并用其证明了质量守恒定律，提出了规范的化学命名法，并撰写了第一部真正意义上的化学教科书，这些划时代的贡献使得他成为历史上最伟大的化学家之一。其他还有约翰·道尔顿提出了原子论，有机化学开始出现等。

19 世纪科学方面最伟大的人物非查尔斯·达尔文(1809—1882 年，参见图 4-14)莫属。他是英国著名的生物学家和博物学家，1859 年出版的《物种起源》提出了"自然选择"和"生物进化"的理论，成为现代生物学的基础。

图 4-14 达尔文

从 14 世纪开始的科学革命，创造了全新的工业，不仅深深影响了西方人的生活方式，而且深深影响了他们的思维方式，由于科学革命主要发生在欧洲，所以为近代欧洲世界霸权的形成起了决定性作用。

4. 工业革命

工业革命又称产业革命，是指资本主义工业化的早期历程，即资本主义生产完成了从工场手工业向机器大工业过渡的阶段，工业革命以机器取代人力，以大规模工厂化生产取代个体工场手工业生产。

18 世纪 60 年代，工业革命首先在英国开始，瓦特改良蒸汽机后，由一系列技术革命

引起了手工劳动向动力机器生产转变的重大飞跃，到 19 世纪 30 至 40 年代，英国工业革命基本完成。法国、美国、俄国、德国等资本主义发展较早的国家也相继进行了工业革命。一般认为，蒸汽机、煤、铁和钢是促成工业革命技术加速发展的四项主要因素。工业革命以机器生产代替手工劳动，极大地提高了生产力，使人类社会发生了巨大的变革，对人类的现代化进程起到了不可替代的推动作用，把人类推向了崭新的蒸汽时代。

工业革命也是社会关系的革命，大量人口进入城市成为无产阶级，由于自由经济主义的兴起，人民对民主政治的参与面扩大，工人悲惨的生活及工作环境激起了他们的反抗，整个社会日益分裂为工业无产阶级和工业资产阶级，资本主义的剥削也引起了无产阶级的反抗，工人运动出现，马克思、恩格斯通过长期的革命与实践，创立了科学共产主义理论。1848 年《共产党宣言》(参见图 4-15)的发表，标志着马克思主义的诞生。从此，工人运动和社会主义运动作为新的历史潮流发展起来。第一国际的成立，标志着工人阶级走向世界范围的联合，1871 年巴黎公社的建立，是无产阶级推翻资产阶级统治，建立无产阶级政权的伟大尝试。

19 世纪 70 年代起至 20 世纪初，第二次工业革命在主要资本主义国家迅速展开。第二次工业革命的主要特征是：电力的广泛应用，把人类从蒸汽时代推进到了电气时代。1870 年以后，科学技术突飞猛进，各种新技术、新发明层出不穷，并被迅速应用于工业生产，大大促进了经济的发展，当时科学技术的突出发展主要表现在四个方面：电力的广泛应用，内燃机和新交通工具的创制，新通讯手段的发明和化学工业的建立。

5. 政治革命

文艺复兴和宗教改革运动为资本主义的发展解除了精神枷锁，殖民扩张和商业革命为资本主义的发展奠定了经济基础，这些都促成了资产阶级革命的发生。一般认为，17 世纪的英国革命标志着政治革命的开始，随后的美国革命和法国革命标志着其进一步的发展，19 世纪影响了整个欧洲，20 世纪则影响了整个世界。自由主义、社会主义和民族主义是欧洲政治革命的主要成分。

图 4-15　马克思和恩格斯的《共产党宣言》

16 世纪，尼德兰爆发了资产阶级革命，建立了独立的荷兰，资产阶级取得了政权。之后英国通过光荣革命，以改良的形式建立资产阶级国家，法国于 1789 年的大革命推翻了封建制度和君主制；美国 1776 年摆脱英国的统治，1865 年通过南北战争，结束了南方的农奴制度，初步确立了资本主义制度，推动了生产力的发展。俄、普、奥等国进行的改革，客观上也促进了资本主义的发展。

美国独立战争赢得了民族独立，拉开了美洲民族解放运动的序幕。在资产阶级革命潮流的推动下，拉美人民进行了反对西班牙、葡萄牙殖民统治的斗争，最终取得独立，基本形成了今天拉美的政治格局。

欧洲殖民国家之间竞争也很激烈。英国先后打败了西班牙、荷兰和法国，在 18 世纪建立了世界殖民霸权。法国在美国独立战争中援美抗英，英俄等国组成的"反法同盟"和拿破仑的对外战争，都体现了欧洲争霸的特点。

(六)世界现代发展进程

世界现代发展进程或可称为 20 世纪的世界发展史。整个 20 世纪里，世界格局在不断发生变化，矛盾与冲突，合作与发展，成为两个前后交替但又不断交织在一起的世界主题。

1. 第一次世界大战

1914 年至 1918 年的第一次世界大战和 1939 年至 1945 年的第二次世界大战的主战场都在欧洲，破坏了欧洲内部的平衡与经济发展，摧毁了欧洲古老的君主政体，削弱了法国和英国。第一次世界大战的导火索是 1914 年 6 月的萨拉热窝事件，主要有三个战线，东线(俄国对德奥作战)、西线(英法对德作战)和南线(又称巴尔干战线，塞尔维亚对奥匈帝国作战)，其中西线最为惨烈，著名的战役有马恩河战役、凡尔登战役和索姆河战役。第一次世界大战持续了四年，大约有 6500 万人参战，1000 万人失去了生命，2000 万人受伤。

第一次世界大战，大大削弱了资本主义国家的力量，造成了资本主义国家新的不平衡。英、法遭到削弱，美、日势力大长，美国掌握了世界经济霸权，形成了新的国际关系格局：凡尔赛——华盛顿体系，重新调整了战后帝国主义在东西方的关系。

2. 一战后国际形势

20 世纪 20 年代各国处于相对稳定时期，经济出现了恢复和发展。30 年代所爆发的空前经济危机和政治危机，沉重打击了资本主义制度，资产阶级民主政体受到严重冲击。为摆脱危机，德、日走上了法西斯道路，意大利强化了法西斯专政。罗斯福新政为战后国家干预和国家垄断资本主义的发展开了先河。英、美、法等有民主传统的国家，采用国家干预政策。两者的目的都是维护垄断资本主义的统治。法西斯国家挑起世界大战后，英、法、美等国被卷入战争，各国进入战时体制。大战对资本主义经济造成了严重破坏，摧毁了法西斯主义，沉重打击了帝国主义。

由于经济危机的爆发和战争策源地的形成，导致了凡尔赛——华盛顿体系在 30 年代中期的解体。围绕主要矛盾的变化和法西斯的威胁，各国形成了错综复杂的关系。在大战前，美、英、法推行绥靖政策；苏联出于自保，与英、美、德等国进行周旋；法西斯国家则加快了联合的步伐。在法西斯与反法西斯这一主要矛盾的制约下，法西斯国家结成了轴心国——法西斯集团；而资本主义与共产主义也暂时放弃了意识形态上的对抗，结成同盟关系，建立起广泛的反法西斯同盟，共同抗击法西斯。"二战"中，通过一系列国家会议，进一步协调了反法西斯同盟的关系，从而为反法西斯战争提供了保障，也为"二战"后更加错综复杂的关系埋下了伏笔。

十月社会主义革命的爆发，使社会主义的理论变为现实，建立了新的社会制度。随着苏维埃政权的巩固，从而形成了世界无产阶级革命的中心。在此影响下，战后西方各国爆

发了无产阶级革命高潮；国际共产主义有了新发展，各国共产党纷纷建立，共产国际诞生。苏联在 1936 年建立了社会主义制度，但也形成了高度集中的政治经济体制，出现了国民经济比例失调等问题。共产国际作为世界无产阶级革命斗争的中心，在指导各国共产党的活动，推动各国革命发展等方面起过重要作用，特别是在法西斯威胁面前，提出了建立反法西斯统一战线的策略，推动了各国的反法西斯斗争。但也出现了不少失误，给各国的革命和国际共产主义运动造成了一定影响。

3. 第二次世界大战

第二次世界大战(1939 年—1945 年)是迄今为止，人类社会所进行的规模最大，伤亡最惨重，破坏性最大的全球性战争。交战双方是以美国、英国、法国、苏联、中国等组成的同盟国和以纳粹德国、日本、意大利组成的轴心国集团。战争最高潮时，全球有 61 个国家和地区参战，19 亿以上的人口被卷入战争，战火遍及欧洲、亚洲、美洲、非洲及大洋洲五大洲，交战双方同时也在大西洋、太平洋、印度洋和北冰洋四大洋展开战斗。最后，以同盟国的胜利结束。

第二次世界大战总共导致了全球约 5000 万人的死亡。在这场血腥的战争中，无辜平民的伤亡极其惨重，其中包括了纳粹德国针对犹太人和其他东欧人种的大屠杀，日本对无数中国与朝鲜平民的屠杀，以及战争末期美军对德国、日本的大轰炸造成大量平民死亡等。这场战争也是首次平民死亡人数大大超过作战人员死亡人数的战争。

第一次世界大战摧毁了欧洲古老的君主政体，削弱了法国和英国。第二次世界大战见证了军国主义在欧洲的兴起和毁灭以及共产主义在东欧和亚洲的崛起。紧接着是持续四十年以美苏为首，以及他们各自盟友间的冷战。

4. 二战后国际发展局势

二战后，欧亚出现了一系列社会主义国家，出现了社会主义阵营，国际社会主义力量空前壮大，各自都仿照苏联，建成了高度集中的政治、经济体制。这种体制，对各国的社会主义建设一度起过积极作用。但后来，其弊端日益暴露，各国相继开始了探索社会主义发展道路的改革。由于受政治、经济体制的制约，各国的改革历经曲折的过程。由于苏联推行大国沙文主义和霸权主义，苏联控制与反对控制的斗争日益激烈，苏联与南斯拉夫关系恶化，中苏反目，社会主义阵营出现了分裂。

这一时期，垄断资本主义有了进一步发展，罗斯福新政奠定的国家干预经济的模式被广泛借鉴，资本主义发展到国家垄断资本主义阶段。经过战后短暂恢复后，借助于第三次科技革命的成果和国家垄断资本主义的发展，资本主义经济在 20 世纪 50 年代到 70 年代初，进入相对稳定的高速发展时期，被称为"黄金时期"。美国凭借其最雄厚的工业实力和货币制度的优势，成为资本主义世界头号强国。日本和联邦德国在 50 年代至 70 年代中，经济发展尤为突出。西欧国家加快合作步伐，逐渐开始了向美国霸主地位的挑战。

5. 和平与发展成为世界历史发展的主题

自 20 世纪 80 年代中期，苏联和东欧各国在改革过程中出现了重大挫折，出现了严峻

的政治、经济局势，进而导致了连续的政治动荡。各种矛盾进一步激化，终于导致了苏联剧变，出现了社会主义制度向资本主义制度的转型，社会主义运动受到重大挫折。而中国开始了探索具有中国特色的社会主义市场经济发展的道路，社会主义运动统一的模式被打破，从而开始了适应本国国情的模式的探索。

在国际关系方面，出现了由美苏两极格局向世界多极化演变的趋势。在美苏争霸斗争中，互有攻守，但总的趋势是苏联处于守势和劣势。苏东剧变后，美苏两极格局和冷战结束，雅尔塔体系瓦解。美国成为世界唯一大国，美、日、西欧、中、俄间相互竞争、依存，成为一强多极的状态。在经济方面，区域集团化向全球一体化方向发展。综合国力的竞争成为国际竞争的中心，和平与发展是国际生活的重大问题。

二、世界古代文明

(一)古埃及文明

古埃及文明指的是在尼罗河第一瀑布至三角洲地区，时间段限为公元前 5000 年的塔撒文化到公元 641 年阿拉伯人征服埃及的历史。专家们实际探讨古埃及文化的时间范围，是公元前 4245 年埃及南、北王朝首次联合，到公元 332 年马其顿王国亚历山大占领埃及，托勒密王朝灭亡，即通常所说的历时三千多年的法老王朝。

古埃及文明的产生与发展与尼罗河密不可分，古希腊历史学家希罗多德曾说："埃及是尼罗河的赠礼。"古埃及时，尼罗河几乎年年泛滥，淹没农田，但同时也使被淹没的土地成为肥沃的耕地。尼罗河为古埃及人提供了便利的交通，让人们可以较轻易地来往于河畔的各个城市之间，同时也有与外部世界相对隔绝的地理环境，北面和东面分别是地中海和红海，西面则是沙漠，南部是一系列大瀑布，只有东北部有一个通道通往西亚。这样的地理位置，使外族入侵略者难以进入埃及，从而保证了古埃及文明的延续性。

公元前 4000 年以后，居住在尼罗河流域的古埃及人由 40 多个诺姆(洲)兼并为上埃及(河谷地带)和下埃及(三角洲区)两个王国。

1. 早王朝时期

大约在公元前 3100 年左右，上埃及提尼斯洲的统治者美尼斯逐渐强大起来，打败了下埃及，建立起古埃及历史上的第一个王朝——提尼斯王朝。从第一王朝开始，古代埃及的历史进入了一个新的时期，即早王朝时期。这一王朝持续了近 400 年，第一王朝第五个国王登基时，第一次正式采用双冠(两个权力的合一)，可以看作是上、下埃及归于统一的标志。

2. 古王国时期

但古埃及真正的统一是在古王国时代，古王国时期又被称为金字塔时期，包括第三至第六王朝，建都于孟菲斯。古王国时期农业、畜牧业有了相应的发展，手工业达到了相当高的水平，商业贸易日益发展，海外贸易远达爱琴海。在古王国时期，埃及确立了以法老

(国王)为首的中央专制政体，大举进攻邻近地区，并大规模地修建金字塔，为埃及人民带来了深重的灾难。到公元前 23 世纪到公元前 21 世纪时，王国分裂，政权动荡，第六王朝后地方势力强大，中央权力有名无实，国家陷入分裂，一直到十一王朝才重新统一，进入了中王国时代。

3．中王国时期

第十二王朝迁都底比斯(今埃及卢克索)，开始使用青铜器，扩建了美里多沃湖水利工程，使农业和城市经济有所发展。

十三王朝时，喜克索人占领埃及北部的大部分地区，建立了长达 100 多年的"太阳神无处不在的统治"。第十七王朝的阿赫摩斯一世最终将喜克索人驱逐出埃及，重新统一了埃及，进入十八王朝。

4．新王国时期

到公元前 15 世纪，埃及进入新王国时代，十八王朝国力强盛，对外频繁发动战争，从努比亚、叙利亚掠夺了大片的领土和数不清的财富和奴隶。十九王朝开始，国内经常处于动荡不安中，法老拉美西斯二世即位后，赫梯的势力已严重威胁到埃及的利益，双方经历了长达 16 年的卡迭石战役，双方损失惨重，最终在约公元前 1258 年缔结了有史以来第一份被记载的合约。此时的埃及成为了一个大帝国，其统治范围北起叙利亚，南到尼罗河第四瀑布，横跨北非和西亚。第二十王朝后，一系列奴隶起义导致国力衰竭，先后被波斯帝国、希腊马其顿征服。公元前 30 年，古埃及并入罗马版图。至 7 世纪，又成为阿拉伯帝国的一部分，古埃及人逐渐同阿拉伯人融合，结束了延续 3000 年的法老时代。

5．古埃及文明

古埃及文明是四大古文明之一。约在公元前 4000 年，他们就创制了一种被称为圣书体的象形文字，这种文字是人类最古老的书写文字之一，多刻在古埃及人的墓穴、纪念碑、庙宇的墙壁或石块上。1799 年，在尼罗河三角洲的港口城市罗塞塔发现了"罗塞塔碑"，上面刻有三种文字，分别是圣书体、世俗体和古希腊文，成为后人解读所有埃及象形文字的关键线索，对后来的腓尼基字母影响很大，希腊字母是在腓尼基字母的基础上创建的。

古埃及一直是一种专制的中央集权的国家，法老是最高统治者，一切权力包括司法、行政、立法、宗教等都归法老，法老的王权被神化，称为神王。管理诸神祭祀的祭司称为维西尔，其权力仅次于法老，下设司法部、财务部和军事部等部门。

金字塔(参见图 4-16)是利用大石建成的大三角形建筑物，是法老的墓穴。这源于埃及宗教信仰对来世的相信，法老的死并不是重点，所以在法老死后用香料等药物涂尸防腐，制成木乃伊，后将尸体和食物及其他必需品一起放入巨大的墓穴即金字塔中。从公元前 2700—1800 年，古埃及人共建造了超过 80 座金字塔。金字塔中以第四王朝法老胡夫的金字塔规模最大，称为大金字塔，塔底占地 13 英亩，塔高 481 英尺，全塔约用 230 万块巨石砌成，平均每块重约 2.5 吨。古埃及人在大金字塔附近建造了一座"狮身人面像"，至

今仍然没有人知道建造这座由"狮身"与"人面"组成的巨大石雕的原因。金字塔的建造充分体现了古埃及人的智慧和勤劳，成了古埃及文明的象征。

图 4-16　金字塔

古埃及人根据尼罗河泛滥的周期，创制了最早的太阳历，一年 365 天，每年 12 个月，一个月 30 天，剩余 5 天作为节日，古埃及使用太阳历是世界上最早的。此外，古埃及在数学、几何学、建筑技术、造船技术等方面都有很大的成就，古埃及文明对西亚和欧洲产生了重大影响，为世界文明的发展做出了重大贡献。

(二)古巴比伦文明

人类最早的文明之光，出现于底格里斯河和幼发拉底河流域的一片荒原——美索不达米亚平原，"美索不达米亚"是古希腊语，意为"两条河中间的地方"，又称两河流域，大致位于现在的伊拉克境内，南邻波斯湾，由若干的小平原组成。约公元前 3500 年，一些已经改进生产技术，正在耕种这片干旱的荒原的农业公社，成功地完成了从新石器时代的部落文化到文明的过渡。

美索不达米亚文明的创建者是苏美尔人，他们在美索不达米亚南部开掘沟渠，利用底格里斯河和幼发拉底河的河水灌溉农业，创建了第一个文明。公元前 3000 年，苏美尔地区已出现了 12 个独立的城市国家。后来，闪米特人在其领袖萨尔贡一世的率领下征服了整个苏美尔地区，建立了一个从波斯湾到地中海的庞大帝国——阿卡德帝国。之后由于来自伊朗的入侵者，阿卡德王国灭亡，苏美尔城邦一度独立，直到乌尔城邦崛起，建立了一个纯粹的苏美尔人的帝国。公元前 2007 年，阿莫里特人入侵两河流域，在他们的著名统治者汉穆拉比带领下，经过长期征战，于公元前 1894 年左右，建立了巴比伦帝国。

图 4-17　汉穆拉比法典

古巴比伦王国时期是两河流域历史上最辉煌的时期之一，出现了一位著名的君主——汉穆拉比。汉穆拉比用武力统一了两河流域后，建立了一个中央集权专制的国家。他个人集宗教、军事、行政、司法和水利建设等各种大权于一身。为了更有效地统治国家，他颁布了著名的《汉穆拉比法典》(参见图 4-17)。法典共 282 条，刻在一块高 2.25 米的黑色玄

武岩石柱上，是迄今发现的最早、最完备的成文法典，后来成为闪米特人和其他各族人如亚述人、迦勒底人和希伯来人制定法律的基础。

古巴比伦王国在汉穆拉比统治时期达到鼎盛，汉穆拉比死后，帝国逐渐衰落，先后受到赫梯人、喀西特人的入侵，公元前729年被亚述帝国吞并。公元前612年，迦勒底人联合米底人推翻了亚述帝国，建立了"新巴比伦王国"，仍以巴比伦为都城。尼布甲尼撒统治时期达到鼎盛，曾两次攻陷耶路撒冷，毁灭犹太王国，把大批犹太人当奴隶押往巴比伦，这就是圣经上提到的"巴比伦之囚"。尼布甲尼撒下令重建巴比伦城，在城内建造了被誉为世界七大奇迹之一的"空中花园"，巴比伦也成为当时世界上最壮丽和繁华的城市之一。

公元前538年，新巴比伦王国被波斯帝国灭掉，此后的两河流域，就再也没有出现过独立完整的国家。

两河流域是世界文明的发源地之一。公元前4000年，他们就创造了楔形文字，他们用削成三角尖头的芦苇杆当笔，刻写在泥板上，然后将泥板烘干，以便于保存。苏美尔人不仅发展了文字，而且还发展了数学和其他一些学科，他们采用六十进位法计算周天、度数和计时，至今仍为全世界沿用；早在公元前3000年时，他们就在仔细地观察和记录天体的运动，制定了立法，规定了七天为一个星期，并用日、月、火、水、木、金、土七个星球的名称对应称呼从星期日到星期六的七天。

巴比伦的城市建筑文化也有着突出的成就。公元前18世纪前半期，古巴比伦国王汉穆拉比在此建都。新巴比伦国王尼布甲尼撒二世在位时(公元前605—公元前562年)，该城达到鼎盛，公元前604年，尼布甲尼撒二世重新修建巴比伦城市，整座城市由砖砌和油漆浇注而成，长22千米的城墙上可供四马并行。城内多有浮雕和塑像，彩石铺成街道，有大神庙和寺塔。尼布甲尼撒二世为其患思乡病的王妃安美依迪丝修建的"空中花园"，被誉为世界七大奇迹之一，据说采用立体造园手法，将花园放在四层平台上，由沥青和砖块建成，平台由25米高的柱子支撑，并且有灌溉系统，园内种植各种花草树木，远看犹如花园悬在半空中。巴比伦城当时世界各国商贾云集，是当时西亚著名的商业和文化中心，被誉为"上天的门户"。

(三)古印度文明

人们对古印度文明的认识要远远晚于其他文明，直到20世纪一些重大的考古发现才改变了这种状况。考古研究表明，印度在旧石器时代时期就已经成为人类的定居之所，在雅利安人入侵之前，就已经拥有了高度发达的文化。目前已知的最古老的印度文明是公元前3000年的印度河流域文明，又称为哈拉帕文化，到公元前2500年与公元前2000年之间达到鼎盛。哈拉帕文化已经进入青铜时代，居民的主要生产活动是农业，畜牧业和手工业也很发达，考古专家在印度河流域发现的两个古代城市遗址——摩亨佐——达罗和哈拉帕中，发现了大量石器、青铜器和农作物遗迹，同时出土了大量印章，估计城市人口都已在4万以上。哈拉帕文化的衰落以及消失至今仍是一个谜。

取代哈拉帕文化的是由西北方进入印度的雅利安人带来的新文化体系，称为吠陀文

化，起源年代大致在公元前 2000 年至公元前 800 年。在吠陀时代晚期，雅利安人进入恒河流域地区，种姓制度在这时出现，雅利安人把自己描述成出身高贵的人，而把被征服的土著居民当成奴隶。这个时期，由于社会的不断分化，出现了等级制度，把人分为四等：婆罗门、刹帝利、吠舍和首陀罗。各等级之间界限分明，社会地位、权利、义务、生活方式等都有着严格的区别，不能相互通婚。

后来雅利安人之间又相互分裂、频繁战争，出现了许多奴隶制小国，到公元前 600 年，这种国家已经不下 20 个，吠陀时代结束，进入到列国时期。列国时代印度精神生活十分活跃，出现了许多哲学和宗教流派，佛教即产生于这个时代。

公元前 6 世纪末期，波斯国王大流士一世征服了印度西北地区的印度河流域，这是有记载的印度雅利安人社会与其他发达文明的第一次政治接触，波斯人统治印度河流域近两个世纪之久，直到公元前 4 世纪，马其顿国王亚历山大大帝征服印度河流域。旃陀罗笈多领导了反马其顿起义，在驱逐侵略后统一北印度，不久又推翻了摩揭陀国的难陀王朝，建立起了古代印度最为强盛的孔雀王朝。

孔雀王朝在阿育王时期达到顶峰，经过多年征战，孔雀王朝的版图扩展到了除印度半岛最南端以外的整个印度。阿育王还大力支持佛教，广泛进行传教活动。但孔雀王朝在强盛的阿育王去世后就宣告终止，印度再次陷入分裂。公元前 187 年，孔雀王朝被推翻，从此印度半岛就再也没有统一过。

古印度文明为人类作出的伟大贡献是多方面的，特别是体现在哲学、宗教、文学和自然科学方面。古印度的文字称为梵文，文学方面创作了不朽的史诗《摩诃婆罗多》(参见图 4-18)和《罗摩衍那》(参见图 4-19)；哲学方面创立了"因名学"；创立于公元前 6 世纪的佛教更是对世界的影响巨大，现在是世界三大宗教之一；著名的阿旃陀石窟是建筑和雕塑的杰作。古印度最杰出的贡献是发明了目前世界通用的计数法，创造了包括"0"在内的 10 个数字符号。

图 4-18　《摩诃婆罗多》

图 4-19　《罗摩衍那》

(四)古希腊罗马文明

古希腊持续了约 650 年(公元前 800 年—公元前 146 年)，古希腊的地理范围，除了现在的希腊半岛外，还包括整个爱琴海区域和北面的马其顿和色雷斯、亚平宁半岛和小亚细

亚等地。公元前 5、6 世纪，特别是希波战争以后，经济生活高度繁荣，产生了光辉灿烂的希腊文化，对后世有深远的影响。古希腊人在文学、戏剧、雕塑、建筑、哲学等诸多方面都有很深的造诣。古希腊文明在古希腊灭亡后，又被古罗马延续下去，从而成为整个西方文明的精神源泉。

早在古希腊文明兴起之前约 800 年，爱琴海地区就孕育了灿烂的克里特文明和迈锡尼文明。大约在公元前 1200 年，多利亚的入侵毁灭了迈锡尼文明，希拉历史进入所谓的"黑暗时代"。因为对这一时期的历史了解主要来源于《荷马史诗》，所以又称"荷马时代"。荷马时代晚期，铁器得到推广，取代了青铜器；海上贸易发达，新的城邦国家纷纷建立。希腊人使用腓尼基字母创造了自己的文字，并于公元前 776 年召开了第一次奥林匹克运动会。奥林匹克运动会的召开标志着古希腊文明进入了兴盛时期。公元前 750 年左右，随着人口的增长，希腊人开始向外殖民扩张，在此后的 250 年间，希腊城邦遍及包括小亚细亚和北非在内的地中海沿岸。在所有城邦中，最强大的是斯巴达和雅典。

公元前 5 世纪上半叶，希腊城邦结盟通过两次希波战争，打败了西亚的波斯帝国的入侵。希波战争后，雅典成为希腊的霸主，雅典海军在希腊各城邦中成为最强大的军事力量，雅典的民主制在伯利克里执政时期达到黄金时代。以雅典为首的提洛同盟和以斯巴达为首的伯罗奔尼撒同盟之间的矛盾越来越激化。公元前 5 世纪下半叶，爆发了两个同盟之间的伯罗奔尼撒战争，雅典战败。但斯巴达的霸权也没能长久，很快希腊各城邦陷入混战之中。公元前 4 世纪，巴尔干半岛的马其顿王国南下，开始统治希腊诸邦。公元前 146 年，东扩的罗马攻陷科林斯，希腊被并入罗马版图。

古希腊创造了丰富多彩的文化，成为后来西方文明的源头，孕育了柏拉图、苏格拉底等著名哲学家。文学方面，荷马编著的希腊史诗《伊里亚特》(参见图 4-20)和《奥德赛》(参见图 4-21)，《伊里亚特》记载了特洛伊的战争，《奥德赛》记述了英雄奥德赛自特洛伊回来流浪的故事，均有很高的文学价值，抒情诗和希腊悲剧、喜剧也取得了重大成就。希腊的历史学家希罗多德被誉为"历史之父"，所著的《历史》主要叙述了波斯人和希腊人数之间的战争，是第一部关注自己国家之外历史的世界史著作；修昔底德则是科学历史的奠基者。希腊的艺术以雕塑和建筑最为著名，菲迪亚斯的作品达到了希腊雕刻发展的顶峰，他的代表作是巴特农神庙里的雅典娜像和奥林匹亚庙里的宙斯像，另外还有梅龙的"掷铁饼者"，普拉克西特勒斯的"赫尔美抱着小孩奥尼苏"雕像。古希腊人重视军事教育、审美教育，崇尚健康与美，他们在公元前 776 年举办了第一次奥林匹克运动会，成为现代奥林匹克运动会的前身。古希腊的医学也有一定的成就，西方医学之父波克拉特斯行医前的一段誓言，甚至在 1948 年被世界医协大会修改为《日内瓦宣言》，成为国际义务道德规范。

古希腊灭亡后，古希腊文明被古罗马人破坏性地延续下来。古罗马是以罗马城为中心发展起来的一个地中海地区的奴隶制帝国，分为罗马共和国和罗马帝国时期。罗马共和国建立在公元前 509 年，此时罗马所在地意大利半岛基本统一，元老院掌握实权。公元前 3 世纪中叶至 2 世纪中叶，罗马通过多次战争征服迦太基(北非)、西班牙大部和马其顿、希腊、西亚等地区，成为一个横跨欧、亚、非的地中海大国。这一时期经济迅速发展，但也

激化了社会矛盾，公元前 2 世纪 30 年代至公元前 1 世纪 30 年代，先后爆发了西西里奴隶起义和斯巴达克起义，形成了破产农民和大地主之间、无权者和当权者之间和骑士派与元老派之间的斗争。后经过苏拉独裁，克拉苏、凯撒、庞培前三头同盟，凯撒独裁，安东尼、雷必达、屋大维后三头同盟时期，屋大维打败了安东尼和雷必达，于公元前 27 年元老院授予屋大维"奥古斯都"尊号，建立元首制，屋大维成为实际的皇帝，古罗马进入罗马帝国时代。

　　罗马帝国又分为前期帝国(公元前 27 年—284 年)和后期帝国(284—476 年)两个阶段，前期帝国到安敦尼王朝达到鼎盛，国家稳定、社会繁荣，被称为罗马的黄金时期。后期帝国自戴克里开始公开实行君主制，至君士坦丁在位时，统治中心移至拜占庭(改名君士坦丁堡，即今土耳其伊斯坦布尔)。公元 395 年，罗马帝国分为东西两部分，西部在内忧外患中衰落，在公元 476 年奥多亚克废黜最后一个西罗马帝国皇帝，西罗马帝国灭亡，被认为是西欧古代奴隶制终结的标志。东罗马帝国直到 1453 年为土耳其所灭。

　　在希腊化罗马时期，科学获得了巨大成就。天文学家亚里斯塔克推出了地球和其他行星都绕日飞行的结论，被称为"希腊化时代的哥白尼"，托勒密著有《天文集》13 卷，集古代希腊罗马天文学之大成。地理学方面斯特拉波的《地理学》，内容设计欧洲、西亚和北非，老普林尼的《自然史》，内容包括当时科学的各个方面，涉及天文、地理、生物、医学、农业、矿物等，是古代极其少见的百科全书式著作。史学方面有屋大维时期的史学家李维编著的《罗马史》，塔西陀的《历史》12 卷，凯撒的《高卢战记》等。法律方面有"十二铜表法"，是维护奴隶制的第一部正式的罗马立法。文学方面有屋大维时期的维吉尔晚年创作的《埃涅阿斯纪》12 卷，描写罗马神话中英雄埃涅阿斯如何逃出特洛伊来到意大利称王的故事；奥维德以情诗文明，成名作《恋歌》是一部情诗集。罗马建筑艺术更为精妙，罗马大竞技场建于弗拉维王朝时期，有三层拱门，可容纳数万人，是举行角斗表演的地方，是建筑史上的奇迹；另有大剧院、凯旋门、城市水道、广场建筑与雕塑等，为后来人留下了丰富的文化遗产。

图 4-20　《伊里亚特》

图 4-21　《奥德赛》

思考与练习

1．秦始皇统一六国后，为加强中央集权采取了哪些措施？你如何看待这些措施？

2．郑和下西洋是世界航海史上的壮举，与哥伦布发现新大陆、麦哲伦环球航行相比较，谈谈你对郑和下西洋的历史意义与价值的看法。

3．什么是文艺复兴运动，它对世界历史发展进程起到了什么样的作用？

4．"以史为鉴，可以开创未来"，两次世界大战给全人类带来了巨大的创伤和灾难。结合两次世界大战发生的世界局势，提出你对人类应如何追求和平与发展的建议。

学习参考网站

1．北京大学历史学系：http://www.history.pku.edu.cn/

2．中国世界古代史研究网：http://www.cawhi.com/

3．中国史学网：http://www.chinahis.com/

4．中国历史地图：http://huhai.diy.myrice.com/

第五章　审　美　人　生

本章提要

本章对美的本质、美的来源等基本问题进行了初步的探讨。举例说明了美感在不同时代、不同民族、不同阶级以及不同个体上所体现出来的差异性；对自然美、社会美和艺术美这三种美的基本存在形态，以现实生活为视角，从其产生过程、特征、价值、意义等各个方面进行了详细的阐述，以期进一步深化对美的认识；提出了实施审美教育对于素质教育的重要意义及进行审美教育的具体措施。

学习指南

通过本章的学习，了解美的本质，体会美的内涵，认识美对于现实生活的重要意义，提高自身审美水平和审美修养，按照美的规律来认识生活、把握生活，完善自我，创造美好人生。

美，千姿百态，无处不在。无论是巍峨险峻的高山，还是潺潺而流的溪水，或是波澜壮阔的江河湖海；无论是阳春三月的草长莺飞，还是深秋时节的萧瑟凋敝，或是隆冬季节的皑皑白雪；无论是震撼人心的文学悲剧，还是令人捧腹的喜剧电影，或是发人深省的寓言故事……，丰富多彩的社会生活，展现出千变万化的美，以其独特的魅力感染着我们的情绪，陶冶着我们的心灵，改变着我们的生活。可以说，美是人类社会生活中一个亘古不变的话题。一切美的存在，都是形式和内容的独特统一体。我们用感官感知着美的外在形式，用心灵体味着美的深刻内涵。

第一节　美　之　初　探

我们讨论美，有一个基本的问题自然就摆到了我们的面前——美是什么？这是一个关于美的本质的问题，对这个问题的解答是我们探讨美的前提和基础，它直接关系到美的欣赏与创造，关系到整个社会与人生的美化。

(一)美的根源在于社会实践

我们首先应该肯定的是：美是一种社会性的存在，它是一种社会现象。虽然给我们带来美的感受的诸多事物如山川河流、日月星辰都是先于人类而存在的，但是在人类出现之前，它们不过仅仅是一种纯粹的自然物罢了。它们按照自身的规律发展变化，无所谓美丑，无所谓真伪，无所谓善恶。只有当它们进入人类的视野，与人的社会生活产生千丝万缕的联系，才取得了美的社会价值和属性。美绝不单纯地取决于事物的自然属性，而取决于它的自然属性与人的社会生活的关系，取决于这种自然属性适应人类社会生活需要的程度与性质。离开了人类社会，就不存在区分美丑的标准。所以，我们说美的根源在于社会实践。

人类的社会实践包括生产劳动、社会斗争、科学研究、艺术创造等。而生产劳动是人获取生活资料的基本手段，是社会历史不断向前发展的基本动力。恩格斯在《在马克思墓前的讲话》中曾经说过："人们首先必须吃、喝、住、穿，然后才能从事政治、科学、艺术、宗教等"。人的其他活动都要以生产劳动为基础，审美活动自然也不例外。在原始社会的早期，人们还处于蒙昧无知的状态。为了生存，人们必须同恶劣的自然环境作斗争，获取生活资料。于是，在长期的生产过程中，人们扩大了视野，积累了一定的生活经验，对自身以及外部世界逐渐有了一个清晰的认识，其生产劳动也有了明确的主体意识和目的性。人根据自己的目的进行生产，对外部世界进行改造，使其符合自己的生产需要，达到自己的生产目的。而生产出来的产品，由于符合人的目的要求，自然会引起人的一种满足的喜悦。这种完全功利性的心理感受，正是美感产生的基础。人们对自己的劳动产品进行观照，可以复现自己的劳动过程。除了满足于产品的实用性之外，还可以通过联想、想象和回忆看到自己在劳动过程中体现出来的智慧、才能以及力量，对自己能力的确认使得人们产生了一种区别于功利目的的精神性的愉悦。例如，原始人喜欢用打猎过程中获得的野兽的牙齿、骨头、羽毛来装饰自己，喜欢在原始壁画以及各种陶制品上用简单的线条来记载狩猎、耕作等劳动场景，其实都是这种心理状态的具体表现。当纯粹功利性的生产实践逐渐具备越来越多的精神因素的时候，人们的审美心灵开始成熟，原始艺术作为一种精神性的创造也就应运而生。

(二)美是自由的感性显现

我们说美的根源在于社会实践，实践创造了美，但这并不能说明美的本质问题。实践本身并不是目的，美也不与实践本身发生直接的关系，人们进行社会实践的目的在于获取自由，而这种实践过程中产生的"自由"，才是美的真正内涵。我们认为：美是自由的感性显现。

我们这里所说的"自由"有以下两个层面的含义。

首先是实践自由。如前所述，在人类社会的初期，由于认识能力的低下，人类的生活完全受到自然地恣意摆布。风雷雨雪、山崩地裂，给人们带来巨大的灾难，自然完全主宰着人类的命运。随着人类实践能力的增强，人们通过对实践经验的积累，对实践过程进行

理解和反思，逐渐认识和把握了外部世界的规律性，并且根据自己的实践目的，对外部世界进行改造，使改造过的外部世界既合乎客观规律又合乎主观目的，获得了实践自由。当人们意识到自己已经获得自由的时候，便会产生喜悦之情。这种让人获得了自由感、喜悦感的实践活动的感性成果，即是一种美的存在。如四川岷江在远古时期曾经经常洪水泛滥，给当地人民的生活带来极大的损害，造成"江河横溢，人或为鱼鳖"①的悲惨景象。但是，2000 多年前，秦国蜀守李冰父子带领四川人民对它进行治理，建成了闻名遐迩的都江堰，使岷江造福于人民之后，岷江在人们的眼中便不再是灾难的象征。面对岷江，人们从中体会到了征服自然之后的自由，曾经泛滥成灾的岷江成了美的存在。

其次是精神自由。精神自由是在实践自由的基础上产生的超越现实必然性的主体自由观念。具体表现为自由想象、自由创造以及与之相伴的情感和精神的愉悦。我们不能狭隘地将这种精神自由理解为个人的虚无幻想，因为它是与人类整体的对幸福美好的追求紧密相连的。精神自由引导着人们冲破现实的局限和物质的束缚，获得精神的解放，是一种奔向未来，把人类带向幸福明天的精神指向。例如，在封建社会里，青年男女没有追求自由爱情与婚姻的权利，往往成为封建包办婚姻的牺牲品。但是，对美好爱情、婚姻的自由追求又是人最为本质的需求，当这种愿望和理想通过某种艺术形式表现出来的时候，人们便可从中看到美的存在。中国古典文学名著《红楼梦》中贾宝玉和林黛玉之间的爱情悲剧之所以震撼人心，就是因为我们从中可以感受到他们对封建婚姻制和家长制的血泪控诉！感受到了他们对自由爱情的渴望与向往！

美是内容与形式的统一体。自由是美的内涵，而这种内涵又必然要通过一定的感性形式表现出来。无论是自然美、社会美还是艺术美，都是内容与形式的有机结合。其内容要通过一定的物质材料或者物质符号表现出来。譬如我们欣赏一幅油画，不论这幅油画体现的是怎样一种思想内涵和情感，它都是通过色彩、形状和线条表现出来的，离开了这些物质符号以及画布、颜料和画笔等物质材料，它所表达的思想内涵就无以依附而成了一个抽象的概念，美就无从谈起；一部文学作品，如果只是宣扬某种政治思想或者道德观念，而没有用文字刻画出鲜明独特的人物形象和让人身临其境的生活场景，那么，无论它想要表达的思想观念是如何正确、深刻，我们也不能称之为美。真正的美，总是通过具体、感性的形象直接诉诸于人的感官，进而感染人的情绪，激发人的情感，让人在精神上获得极大的愉悦和满足。

(三)美感

什么是美感？我们说美是自由的感性显现，是指美是一种能体现人的实践自由和精神自由的感性存在。但是，在审美主体的心理活动参与进来之前，它还只能是一种潜在的审美对象。只有当人类对其进行观照，与之产生交流，从中体会到精神的愉悦而产生共鸣的时候，它才能成为现实的美的对象。人类在对审美对象进行观照的这一过程中所获得的精神愉悦就是美感。我们说美是自由的感性显现，是指美在本质上是统一的。在实际的审美

---

① 毛泽东《念奴娇·昆仑》，见臧克家主编《毛泽东诗词鉴赏》. 石家庄：河北人民出版社，2003

活动中，人们所获得的美感是千差万别的。审美主体所处的地域、时代、阶级、文化氛围以及审美对象在感性形式及具体内涵上的差异都会在一定程度上影响美感的形成。理解美感的差异性，可以让我们更好地认识美、发现美。

1. 美感的阶级差异性

在阶级社会中，处于不同阶级的人由于经济地位和生活方式上的巨大差异，对美的认识和评价也是截然不同的。俄国美学家车尔尼雪夫斯基就曾具体地分析过乡下农民和上流社会的人评价"美人"的两种不同的标准。他说："青年农民或农家少女都有非常鲜嫩红润的面色，这照普通人民的理解，就是美的第一个条件。丰衣足食而又辛勤劳动，因此农家少女体格强壮，长得很结实，这也是乡下美人的必要条件。'弱不经风'的上流社会美人在乡下人看来，是断然'不漂亮的'，甚至给他不愉快的印象，因他一向认为'消瘦'不是疾病就是'苦命'的结果。"与此相反，上流社会的人却认为病态、柔弱、萎顿、庸倦，在他们的心目中也有美的价值"[1]。可见，不同阶级的美感是不同的。美感的阶级差异还强烈地表现在艺术作品中。《水浒》这部小说所描写的梁山英雄好汉不畏强暴、劫富济贫的光辉形象，深受人民的喜爱，李自成等曾以他们为榜样进行了起义。正因为如此，封建统治阶级对这部书恨得要死，诬蔑它是"诲盗"之书，认为它妖言惑众，明朝崇祯十五年下令查禁它，清朝也多次下令查禁。这说明在艺术美中也是带有阶级性的，不同的阶级因其立场不同而产生不同的审美感受。鲁迅先生曾经说过："饥区的灾民，大约总不去种兰花，像阔人家的老大爷一样，贾府上的焦大，也不爱林妹妹的。"[2]阶级地位和生活条件决定了穷人和富人在生活情趣和审美观念上的差异，这也就是美感的阶级差异。

2. 美感的时代差异性

美源自社会实践。在不同的历史时期，社会实践的内容也是不同的。因此，从产生根源上讲，人们对美的认识必然要随着社会实践的发展和时代的进步而不断地丰富、进步，从而使美感具有了时代差异性。

普列汉诺夫在他的《艺术与社会生活》一书中，分析了《米洛的维纳斯》这座希腊雕刻(参见图 5-1)在西欧历史发展的不同阶段上的遭遇，可以说是美感的时代差异性的一个典型例子。这座女神雕像的面部具有希腊妇女的典型特征：直鼻、椭圆脸、窄额和丰满的下巴。她那安详矜持的眼睛，自然含笑的嘴唇，典雅大方的容貌，丰腴饱满的身体，体现着温柔、秀雅、青春和健美的美，集中地体现了 2000 多年前希腊奴隶社会中占主导地位的审美理想。到了封建中世纪，人们的思想被严格地禁锢在基督教信仰的范围内，拒绝世俗之美，维纳斯这一美的典型因此遭到了基督教徒的猛烈攻击。他们斥其为女妖，将其深埋于地下达千年之

图 5-1　维纳斯雕像

---

① 曹葆华译. 普列汉诺夫美学论文集. 北京：人民出版社，2009 年

② 鲁迅. 鲁迅全集. 北京：人民文学出版社，2006 年

久，直到文艺复兴时期，维纳斯才得以重见天日，重获人们的喜爱与赞美。时代发展到今天，维纳斯已成为艺术与美的集中体现。列夫·托尔斯泰说："在任何一个时代和任何一个人类社会里，总有这样一个社会里的一切的人们所共有的关于什么是好和什么是坏的宗教意识，这一宗教意识就决定了艺术所表达的感情的价值"[①]。可见，美感总是受到某一时代的社会主导思想的影响，而显现出不同于其他时代的特点。

需要指出的是：一些时代所崇尚的美，实则是一种丑的表现，它经不起时间的考验。例如在中国的封建时代，女子脚的大小是衡量其美丑的一个重要标准，人们以小脚为美，要求女子缠足，并且美其名曰"三寸金莲"。但究其实质，这其实是一种病态的审美情趣，是封建制度对女子身心的摧残。对于此种以丑为美的东西，我们当然坚决地抵制，并予以摒弃。正如鲁迅先生所言："无益社会国家于人生将来又毫无意义的行为，现在已经失去了存在的生命和价值的东西，必须割舍扬弃。"[②]

3. 美感的民族差异性

民族是历史上形成的一个有共同的地域、语言、经济生活、文化传统及心理素质的稳定的共同体。这种地域、语言、经济生活、文化传统及心理素质上的差异形成了各民族对美的不同认识。中国是个多民族的大家庭，这种美感的差异性表现得尤为明显。每个民族又都有其独特的民族文化，民族风俗和习惯上很大的差异性导致了审美情趣的不同。民族服饰就是一个印证，如蒙族人喜欢穿褐色或绿色的大袍，汉、满族妇女以穿旗袍为美，藏族同胞喜穿黄色藏服，朝鲜族却以粉色或白色长裙为美。从大范围上看，中国人以眉清目秀为美，而非洲人却喜黑色；我们以唇红齿白为美，而马来半岛上的人却认为白色的牙齿是可耻的，认为白色的牙齿和狗的牙齿无异；我们以鸭蛋脸型为美，而"哥伦比亚之野蛮人以扁头为美"[③]，暹罗人以"具小鼻、鼻孔远离、阔口、厚唇、面庞甚大、颧骨高而阔"[④]的妇女为美。对此，格罗塞在《艺术的起源》中也有具体材料说明，他说："正像白色的妇女要用粉或白色来增加白的美趣一样，黑人总是用炭粉和油质来增加他们黑的魅力。这些现象，很好地说明不同民族在人体上的不同的审美要求。"

各民族不同的审美差异表现在艺术上，便形成了各民族艺术的民族特点。如中国的国画和西方的油画，中国的民族舞蹈和西方的芭蕾舞，中国的民乐与西方的管弦乐等，不论在内容上还是风格上都有很大的差异。以中国的各民族的舞蹈来说，风格就大不一样，蒙古族的豪放，朝鲜族的典雅、柔美，维吾尔族的活泼……马克思说："古往今来，每个民族都在某些方面优越于其他民族。"[⑤]每个民族在文化艺术方面都各有所长。我们在发扬中华民族优良传统的同时，也要学习世界各民族的长处，来丰富我们的民族艺术。

---

① 曹葆华译. 普列汉诺夫美学论文集. 北京：人民出版社，2009 年

② 鲁迅. 鲁迅全集. 北京：人民文学出版社，2006 年

③ 达尔文著，马君武译. 人类原始及类择. 北京：商务印书馆，2009 年

④ 达尔文著，马君武译. 人类原始及类择. 北京：商务印书馆，2009 年

⑤ 中共中央马克思恩格斯列宁斯大林著作编译局. 马克思恩格斯全集. 北京：人民出版社，2008 年

4．美感的个体差异性

美感在本质上是相通的，但是，由于审美主体的性格、爱好、兴趣、习惯、情感、心境、经验、知识、才能等诸多因素的差异，即便是面对同一个审美对象，也可能产生完全不同的审美评价。例如，读唐诗宋词，有一定古典文化修养的人很快会被那些优美凝练的词句所征服，陶醉在文字所创造的审美意境之中。但是对一个没有文学功底的人来说，可能他根本不能理解文意而对其无动于衷，美感就更是无从谈起了。即便是同一个人，在不同的阶段，因生活经验的不断丰富、文化知识的不断增长、道德品质的不断改善、思想情感的不断变化，面对同一审美对象，其审美感受也有所不同。郭沫若说过："同是一部《离骚》，在童稚时我们不曾感得什么，然到目前我们能称屈原是中国文学史上第一个有天才的作者。"[①]这说明随着一个人审美能力和文化艺术修养的不断提高，对同一个文学作品的欣赏感受也有所不同。

导致个体美感产生差异性的因素，可以分为先天和后天两个方面。先天的因素如生理素质、神经类型、气质、禀赋等，是构成审美个性的自然条件。巴甫洛夫把人的高级神经活动分为艺术型、思维型和中间型。艺术型的人对现实的感知具有完整性、充分性和主动性，想象力发达，情绪容易受到感染；思维型的人长于分解现实，抽象思维能力比较发达；介于两者之间教育平衡的人属于中间型。在这三种人当中，艺术型的人的审美感知能力相对而言要强得多，在面对审美对象的时候，更容易进入情境，所获得的美感也会更深刻。由此可见，先天的生理因素是形成审美个性的重要因素。一个先天官能有缺陷的人，对美的感知能力必然会受到影响而有别于常人，"内部官能有许多不时产生的毛病，会妨碍或者减弱我们对美丑的感受"[②]，但先天生理因素并不是决定性的因素。一个先天有缺陷的人，如果后天训练得当，仍然能够获得丰富的审美感受。美国作家海伦凯勒，集盲、聋、哑于一身，但是通过启蒙教师的精心训练，她仍然获得了较强的审美能力，写出了许多感人至深的文学作品。可见，对于美感的个体差异性，真正起到决定性作用的是个体后天的个人经历、文化水平、职业环境等。桑塔耶那认为，思想单纯和天真朴素的人往往只喜爱鲜艳和耀眼的色彩，而具有一定文化素养的人则不同，他们的思想趋向于复杂，常常偏爱那些与自己的内在心理结构相适应的对象。总之，人都是个体存在，后天的诸多社会因素在塑造人的心灵过程中产生影响，使人的心灵得到成长。"正是由于历史的发展、文化的发展、自然人化的深入，人的气质、禀赋的特点、差异和各种潜在的可能性，才得以充分发展出来，从而形成极其丰富多样的现实的个性。"[③]

---

① 童庆炳．文学活动审美阐释．西安：陕西人民出版社，1989 年
② 休谟著，杨适译．人性的高贵与卑劣——休谟散文集．上海：三联书店，1988 年
③ 李泽厚．李泽厚哲学美学文选．长沙：湖南人民出版社，1985 年

第二节 美 的 形 态

美的本质是相通的，美的形态却是千差万别的，它以其感性的存在、具体的形象吸引着人们的注意力。美存在于自然领域，为自然美；美存在于社会领域，为社会美；美存在于艺术领域，为艺术美。

一、自然美

自然美就是客观自然界中的事物所具有的美。自然美的范围很广阔，江河湖海，日月星辰，草木鱼虫皆可纳入自然美的范畴。自然美是一种浑然天成、不事雕琢的美，有着极高的审美价值和巨大的感染力量。古往今来的文人墨客们，以自然美为吟咏对象，写下了许许多多脍炙人口的佳句。

(一)自然美的特征

自然美有以下三个特征。

1. 自然美以自然属性为其产生的重要条件

自然物的自然属性是形成自然美的重要条件。这是因为：自然物不是人类带着主观目的性创造出来的产品，它自然生成，通过自己的物质属性独立于人类世界而存在。随着人类实践活动的丰富和实践能力不断增强，人类逐步掌握了自然的规律，懂得按照自然的规律去创造，人和自然才渐渐消除了对立性，越来越多的自然物进入人们的视域，与人类的生活发生这样那样的联系，自然物这才取得了一定的社会意义，体现出一定的审美价值。但是，这一切都要依赖于自然物的自然属性，失去了自然属性，自然物不仅失去了存在的基础，更失去了与人类产生审美联系的纽带。比如，黄山松(参见图 5-2)是黄山的一道亮丽的风景。黄山松在任何恶劣的条件下都能生根立足，经受着风霜雨雪的历练！在浮动的云海中，一棵棵黄山松在悬崖峭壁昂首挺立，如迎风招展的战旗，让我们看到了一种顶峰傲雪的自强精神和百折不挠的进取精神！如果不是黄山松这种傲然屹立、抗寒抗旱、不畏艰难的外在形象和自然属性激发了我们的想象，它的审美内涵就没有了生长的土壤。

图 5-2　黄山松

2. 自然美侧重于形式

我们曾经说过，美是形式与内容的统一体。但是，在不同的美的事物中，形式与内容统一的程度也是有差别的。艺术美强调内容与形式的高度统一，社会美倾向于内容，自然

美则强调其形式，感性的一面更为突出。人们在欣赏自然美的时候，更多的是关注自然物丰富多彩的形式，而不是去思考对象所蕴含的思想内容。比如说河边的一株垂柳，我们被它那柔美的姿态所打动，产生一种淡淡的忧伤。但若是要问这株垂柳到底蕴含着什么样的思想内容，就未必能立刻答得上来了，只有到了某种特殊的情景中，具备了一定的条件，其内涵才能够凸显出来。但这并不等于我们仅仅是欣赏美的形式，这些自然的形式之所以能够引起人们的美感，按照格式塔美学的代表人物阿恩海姆的说法，是因为形式本身就具有表现性，他在《艺术与视知觉》中说："一棵垂柳之所以看上去是悲伤的，并不是因为它看上去象一个悲伤的人，而是因为垂柳枝条的形状、方向和柔软性本身就传递了一种被动下垂的感受；而将垂柳的结构与一个悲伤的人或者悲伤的心理结构进行比较，却是在知觉到垂柳的表现性之后才进行的事情"。自然通过形式直接将一种思想、一种内容、一种感受传递给人，所以人们在对它们进行审美感知时，无需思考其内容就能获得强烈的美感。

3. 自然美具有多义性

自然物的自然属性是多方面的，它与人的社会生活的联系也是非常广泛的。同一自然物，其不同的侧面会在不同的条件下各自得以展示，人们在对其进行欣赏的时候，也会获得不同的美感。比如月亮，或圆满如玉盘，给人以恬静柔和之美，美满团圆之意；或弯曲如吴钩，给人以残缺幽远之境，孤单忧伤之情。"人有悲欢离合，月有阴晴圆缺"[①]，月亮的这种自然形式的变化，带给人丰富的审美感受，激发人的无限情思；又如一座大山，"横看成岭侧成峰"[②]，我们从不同的角度来欣赏它，所体会到的美也是不同的。高耸入云的山峰给我们以奇崛俊秀、出类超群的感受；绵延的山脉又能让我们体会到它博大的胸怀。每一个自然对象总是以其独特的形式，同人们的社会生活发生着这样或者那样的联系，人们就可以从自然界与人类社会生活种种类似的地方，看到人，看到自己的生活形象。正如歌德在《拉伐戴骨相学著作札记》中所说："人从广阔的世界给自己划出一个小天地，这个小天地就贴满了他自己的形象。"

(二)自然美的意义

自然美的意义有如下三点。

1. 调节情绪，悦志愉情

在生活中，我们总是会不可避免地遇到来自学业、工作、恋爱、婚姻、家庭等各个方面的问题，给我们带来很大的困扰和压力，使我们长期处于烦躁、焦虑的情绪中，对我们的身心造成了极大的伤害。所以，我们必须要学会调整自己的心态，调节自己的情绪，生活才能变得更加美好。走进大自然，欣赏自然美，就是我们陶冶性情、调节情绪的一种有效途径。自然美具有悦志愉情的作用，亲近自然，能够使我们扩宽眼界，开阔胸襟，走出

---

① 孔凡礼，刘尚荣选注．苏轼诗词选．北京：中华书局，2005 年
② 孔凡礼，刘尚荣选注．苏轼诗词选．北京：中华书局，2005 年

一种狭窄、封闭的生活状态。在欣赏自然的过程中，人和自然产生交流，在对美的感受中与自然融为一体，自然以它的和谐之美影响人内在心理的和谐，使人紧张激动的情绪得到调节，恢复了心理平衡。这样，我们才能够以平和的心态去积极地面对生活。

2. 解悟人生，把握生活

自然在空间上具有无限性，在时间上具有永恒性。与自然万物相比，人生何其短暂？人又何其渺小？我们在现实生活中往往会迷失了自我，只有在面对巍峨的高山、宽阔的海洋等自然景观时，才能清醒地认识自己，解悟人生，抛弃不切实际的幻想，把握生活的正确航向。生活在安宁幸福环境中的当代大学生，都不同程度地存在着妄自尊大的毛病，好高骛远，事事都想一步登天。但是又不能够脚踏实地做事，不能够真正积极地对待工作和生活，稍稍遇到一点挫折便牢骚满腹，不从自身寻找问题根源，而总是认为自己大材小用，怀才不遇，继而怨天尤人。一个人既要有远大的理想和抱负，又要有安心做事的定力。对自己的人生定位过高，轻视平凡的工作，就是一种"狂傲症"的表现。我们认为，引导青少年去观赏大自然，是陶冶其性情、疗治其"狂傲症"的有效途径。

3. 培养想象力，丰富生活

自然美能够培养人的想象力。在心理学中，想象指在知觉材料即表象的基础上，经过新的配合而创造出新形象的心理过程。想象的基础是内化在头脑中的知觉表象，头脑中积累的表象越丰富，人的想象能力就越强。人的直觉表象来自生活中的方方面面，大自然中丰富的形象在人的知觉表象体系中占有重要的地位。大自然以其丰富的外在形态，为人们展示了一个广阔的审美天地。无论是山水、天象，还是动物、植物，都能够以其感性形态使人获得审美感受，同时内化为人的知觉表象，为想象提供材料，促进想象力的发展。比如中国唐代伟大的诗人李白，一生纵情山水，大自然多姿多彩的形象既为他的诗歌创作提供了大量丰富的素材，又培养了他超越常人的想象力，这才有了《蜀道难》、《梦游天姥吟留别》等充满神奇想象名篇的问世。

二、社会美

社会美产生于人类的社会实践活动，是美的本质最直接的体现，它表现在社会实践活动的主体——人的方面，也表现在社会实践活动的过程之中，同时还表现在社会实践活动的成果——劳动产品方面。人是社会实践的主体，所以人的美是社会美最为重要的内容。

(一)社会美的特点

社会美有以下两大特点。

1. 实践性

社会美与社会实践有着密切联系。我们说美的根源在于社会实践，但是，各种形态的美，与社会实践的关系有着直接或间接、显性或隐性的差别。以自然美为例，自然万物本

是先于人类而存在，人们的生产实践活动使人与自然产生了联系，并在一定程度上改善了人与自然对立的关系。在这样的条件下，自然美得以显现。所以，自然美与社会实践的关系，相对来说比较间接。但社会美与社会实践的关系就非常直接和明显了。马克思说过："人的本质并不是单个人所固有的抽象物。在其现实性上，是一切社会关系的总和。"[1]社会美是人们在一定的社会关系中构成的美，而一定的社会关系如果脱离了社会实践就不可能存在。人的社会实践一旦停止，社会关系也就随之消失，美也将不复存在。

2. 功利性

社会美产生于社会实践活动，而社会实践活动是在遵循客观规律的前提下，根据人的主观意愿进行的，带有明确的目的性。所以，社会美也不可避免地带有社会功利性。对于社会实践活动而言，美以善为前提，以实际需求、以有用性为前提。我们说生产劳动的过程是美的，但是这种美不能违背高产、优质、低耗的原则；劳动产品也是美的，但是这个产品如果不能达到其生产目的，美也就无从谈起。比如一栋建筑，在开工之前，人们首先要对整个建筑进行设计，然后再由工人根据设计蓝图进行施工，在整个过程中体现出来的人的智慧和勤劳是一种美的表现。完工之后，建筑物的外部特征会呈现出一种形式上的美，它合理的功能设置也会带给人们美的享受。但是，如果这栋建筑浪费了大量的财力人力，投入与产出不成正比，或者是在施工过程中出现了事故，甚至在完工之后发现了严重的质量问题，这个时候，人们眼中的美恐怕就早已变质了。

(二)人的美

人是"宇宙之精华，万物之灵长"，是社会实践的主体和核心，没有人就没有社会生活。通过社会实践，人类不仅改变了外部世界的面貌，同时也按照美的规律改变着自身，使自己的心灵性格和外在的形体都得到发展。人的美，包括外在的形体美和内在的心灵美两个方面。

1. 形体美

在漫长的历史过程中，人类对自身的美一直具有浓厚的兴趣，并通过各种各样的方式表达出来。古今中外的艺术作品，以人体为表现对象的，不计其数，对人体美的赞叹之声从来不曾断绝过。如"手如柔荑，肤如凝脂，领如蝤蛴，齿如瓠犀。螓首蛾眉，巧笑倩兮，美目盼兮。"[2]如"两弯似蹙非蹙笼烟眉，一双似喜非喜含情目。态生两靥之愁，娇袭一身之病。泪光点点，娇喘微微。闲静似娇花照水，行动如弱柳扶风。"[3]人的形体美主要通过人体的自然性因素表现出来，自然性因素是形体美的基础。但是，以自然属性因素为基础构成的形体美，也是社会实践的产物。众所周知，人类的祖先是类人猿。它们满身是毛，长着尖尖的耳朵，和今天的人的形象有着天壤之别。现代人的肢体不仅在形象上

---

① 中共中央马克思恩格斯列宁斯大林著作编译局. 马克思恩格斯全集. 北京：人民出版社，2008 年

② 金启华译注. 诗经全译. 南京：凤凰出版社，1984 年

③ 曹雪芹，高鹗著. 红楼梦. 北京：人民文学出版社，1996 年

更具有美感，也更为灵活。这种肢体上的进化和发展，正是劳动实践的结果，人类正是在长期的劳动中形成了形体之美。

那么，究竟什么样的形体才算是美的呢？我们认为，形体美必须具备以下几个条件。

首先是健康。曾经有学者对 200 多个具有不同文化背景的部落进行了调查①，发现尽管不同部落的人对形体美在看法上有着很大的差异，但是对健康的要求却是趋于一致的——身体干净、无病痛、强壮。在古希腊，人们一向把健康强壮作为形体美的一个重要条件。谁的身体最矫健、最灵活有力，谁就最美，将受到大众的赞誉，获得社会声誉。健康意味着更强的生理机能，意味着更加活跃和旺盛的生命力。美国学者乔希•菲斯曼在《爱情生理学》中说到："在两性关系中，只有爱上健康的个体，我们通过子女把基因留传下去的机会才更大"。

其次是身体比例的协调。古希腊的医学家噶伦说："身体美确实在于各部分之间的比例关系"②。比例协调是人体正常发育的体现。人的肚脐上下的最佳比例为 1：1.618，被称之为"黄金分割比"。科学家通过对众多生物体的考察，认为这是生物生长和发育的最优比例结构。人体比例协调，要符合人体自然发育的规律，即符合"真"，"真"是美产生的前提和基础。

最后是理想的肤色。意大利哲学家托马斯阿奎那说："人体美在于四肢五官端正匀称，再加上鲜明的色泽"③。那么，什么样的肤色才能称得上鲜明？对此，不同的民族有不同的标准，文化习俗决定了这种审美观念的差异性。黑色人种崇尚黑色的皮肤，因为在他们眼中，黑色就是健康的象征；中国人以白为美，中国有一句俗话叫做"一白遮百丑"，在形容一个女人的美丽时，白嫩的皮肤总是一个显著的特征。这种审美追求与人们对健康的追求是分不开的。中国人是黄色人种，如果黄色过重，会给人一种病态感。只有白里透红的皮肤，才能体现一种生命活力。可见，尽管各民族对于理想的肤色有着不同的理解，但是总体上都是和健康的观念联系在一起的。

上述三点是构成形体美的先天因素。在现实生活中，我们还可以通过人工的修饰，掩盖不足，放大优点，增强美的效果。人工修饰主要包括服饰、发型以及化妆等几个方面。服饰的选择要考虑到人的年龄、性格、气质、身份，同时要注意服饰本身的整体协调性，并根据自身的体形特征来选择合适的款式。比如大腿粗壮的人对紧身裤就应该避而远之，长裙或者剪裁得体的阔腿裤则是较为明智的选择；身材修长、腰肢纤细的人穿连衣裙则会显得更加高挑、飘逸、柔美。发型的选择对人的脸部影响较大，恰当的发型可以弥补人在脸型上的缺点。而化妆可以遮盖皮肤的瑕疵，可以让稀疏的眉毛看上去更为浓密，让干涩的嘴唇变得红润。总之，服饰、发型、化妆是否有利于形体美的表现，关键一点在于适度、协调，凡事物极必反，过分的修饰只会弄巧成拙。

---

① (转引自)吴俊. 美学理论与美育实践. 贵阳：贵州人民出版社，2001 年
② 北京大学哲学系美学教研室编. 西方美学家论美和美感. 北京：商务印书馆，1980 年
③ 北京大学哲学系美学教研室编. 西方美学家论美和美感. 北京：商务印书馆，1980 年

2．心灵美

人的美不仅体现在外在形体上，更重要的是表现在内在心灵上。"身体的美，若不与聪明才智相结合，是某种动物性的东西"[①]。内在的心灵美虽然属于精神美的范畴，但是它制约和支配着一个人的行为举止，在人的美中占有极其重要的位置。

心灵美表现在以下几个方面。

1） 智慧闪耀心灵之美

在《三国演义》中，诸葛亮是智慧的化身，他曾联络东吴在赤壁之战中大破曹军，曾用计谋七擒孟获，曾设置空城计化险为夷。他高超的智慧，闪耀着一种理性的光辉，让人赞叹不已。一个人的智慧，与先天的智商有关，但主要是在后天的社会实践中培养起来的。人在社会实践中，认识和把握了客观事物的属性及规律，积累了丰富的经验和知识，在实践的过程中才能够根据自己的目的更为灵活地进行创造，启迪智慧，增长才干。但是，人的聪明才智要能够体现"善"，能够符合人类的积极、正义的目的要求，才能称之为美。狡猾也是机智的表现，但它是一种邪恶的智慧。中国历史上著名的奸臣秦桧，不能不说他是一个很聪明的人，挖空心思绞尽脑汁来陷害忠良。但是，他的智慧并不为人所欣赏，反倒引来一身骂名，遭到人们的厌恶和唾弃。其原因就在于它背离了"善"，对人类有害，所以不能给人以美感。可见，"善"是心灵智慧美的基础。

2） 爱的奉献体现心灵之美

有爱之人，心灵亦美。爱是人对于对象的一种亲近、依恋、疼惜之感。无论是个人对祖国的热爱，还是父母对子女的疼爱，或是男女之间的两性之爱，其本质应该是一种付出，一种奉献，而不是索取和占有。战国时期的爱国诗人屈原，把自己的命运与祖国的命运紧密联系在一起，当自己的国家被强大的秦国占领，他怀着满腔的赤诚投河殉国。在他的灵魂深处，跳动着一颗追求至真、至善、至美的爱国之心。父母之爱是世界上最平凡最伟大的爱，其显著的特点就是对孩子无私、无怨、无悔的付出以及无微不至的关心和爱护，不求回报，感人至深。奉献是爱的真谛，人只有在奉献中才能摆脱物质和私欲的束缚，感到充实、自由和美。

3） 高尚的道德情操体现心灵之美

高尚的道德情操也是心灵美的表现之一。人的道德情操取决于他的人生观，人生观是一个人对待生活的基本价值观念，是一个人行为的内在根据和动因。我们的社会生活非常复杂，真善美与假恶丑共生并存，什么是美？什么是丑？什么是好？什么是坏？什么是应该做的？什么是应该坚决抵制的？现实往往会让我们感到困惑，需要我们去进行判断。这时候，我们的人生价值观就会发挥作用，成为我们衡量是非善恶的一把标尺，帮助我们作出判断，并通过言行举止表现出来，成为一种比较稳定的、具有系统性的习惯情绪，这就是道德情操。一个具有积极向上的人生观的人才会具备高尚的道德情操。热爱祖国、诚实守信、遵纪守法、勤劳勇敢、乐观积极、自尊自强、尊老爱幼、乐于助人、明辨是非以及

---

① 北京大学哲学系美学教研室编. 西方美学家论美和美感. 北京：商务印书馆，1980 年

富有正义精神、对待本职工作高度的责任感等，都是闪耀着心灵美的高尚道德情操的具体表现。身残志坚的张海迪、乐于助人的雷锋、一心为民的焦裕禄、长年累月驻守边关的战士、还有千千万万在平凡的工作岗位上默默奉献的人们，他们都是美的使者，美的化身，他们让我们看到了人性的美好！看到了生活的希望！

人的外在形体美和内在心灵美在实际生活中不可能总是完全统一的。有貌若天仙心如蛇蝎之人，如《红楼梦》里的王熙凤；有面容奇丑却心存大美之人，如《巴黎圣母院》中的敲钟人卡西莫多；当然也有心灵美与形体美完美统一的典型，如刘三姐，年轻貌美、聪明伶俐、能歌善舞且敢于和恶势力作斗争。要让自己成为一个"美"的人，我们必须内外兼修，既要通过锻炼、修饰来提升自己的外部形象，更要注重加强内在修养，形成积极向上的人生观和价值观，提高自己的道德素养，培养健康的生活情趣。而且人的内在修养有助于外部形象的提升，人们常说"腹有诗书气自华"，就是这个道理。在人的一生中，心灵美比形体美更重要。青春易逝，红颜易老，姣美的容颜会随着岁月的流逝而黯淡，唯有心灵的光辉可以永恒。

三、艺术美

艺术是按照美的规律创造出来的能表现人类普遍情感的美的形式，它是人类审美意识和审美对象最为集中的体现。根据艺术各自的存在方式，我们可以将艺术分为空间艺术和时间艺术两种不同的形态。空间艺术包括建筑、雕塑、绘画、摄影等形式，时间艺术则包括了音乐、戏剧、舞蹈、文学、影视等形式。艺术美存在于各种形式的艺术作品中，是艺术家对客观世界审美反映和审美创造凝聚并显现于特定物质符号形态中的美。

(一)艺术美的特点

艺术美有以下特点。

1．集中性

自然界和社会生活中的美，虽然是千姿百态，但往往是分散孤立的。艺术家在进行艺术创造的时候，把这些散落在人间的美的碎片集中起来，进行艺术的典型化，创造出美的意象。所以，艺术美比现实美更为集中，美感更为强烈，具有更为普遍的审美意义。譬如姣好的面容、柔美的身段、温柔的性格、勤劳的品质，这些都是女性所具备的种种优点。但是在现实生活中，这些优点是很难集中在一个人身上的。而在艺术创作中，艺术家完全可以通过一定的情节设置，合乎情理地把这些优点统一到一个形象之中，使之成为艺术典型。曾在中国热播的电视连续剧《渴望》中的女主人公刘慧芳就是这样一个典型，在她身上，集中体现了中国传统女性的美丽、善良、贤淑和勤劳，为人们所爱慕。

2．纯粹性

在现实当中，美与不美往往并存于一体，使得现实中的美显得粗糙。而艺术家在进行创作的过程中，总是要对现实材料进行加工改造，去掉其不美的部分，并使之在形式上更

符合美的规律。黑格尔说："艺术要把被偶然性和外在形状玷污的事物还原到它与它的真正概念的和谐，它就要把现象中凡是不符合这一概念的东西一起抛开，只有通过这种清洗，才能把理想表现出来。"[①]这里所说的"理想"，就是艺术之美，经过"清洗"，艺术变得更加纯粹和精致。

3．永恒性

现实美一般总是处于活动状态，所以很不稳固，容易消逝。比如人体美，美丽的面容和青春的身体随着岁月的流逝都会渐渐枯萎。而艺术美是艺术家在对客观现实审美反映的基础上进行审美创造的舞台化形式，现实美经过艺术家运用艺术手段的再度创造和美化，进入更高的审美境界和层次。因此，存在于物态化的精神产品之中的艺术美，一旦被创造出来之后，就可能超越时间和空间的限制，获得永恒之美。譬如我们前面所提到的《米洛的维纳斯》这座希腊雕塑，尽管几千年过去了，她的美依旧光彩依然，同样能给我们以美的享受。

(二)艺术美的价值

艺术美的价值有以下两点。

1．艺术美可以提高人的审美能力

艺术所能发挥的作用，是和艺术欣赏者的感受能力成正比的。欣赏者的审美能力越高，他从艺术品中所感受到的美就越多，艺术所发挥的作用就越大。而人们的欣赏能力的提高，又不能离开艺术美的熏陶。艺术是通过表现情感来唤起感情的，表现创造主体的感情，正是为了唤起欣赏主体同样的感情。欣赏者在情感被唤起的过程中，审美能力得到提高；另一方面，艺术的目的就是为了追求美，表现美，这种追求体现在内容和形式两个方面。人们通过对艺术中的美的感受，不但提高了艺术品位，而且也提高了对艺术的理解能力，提高了欣赏水平。由于艺术美源于现实生活，所以，人们在提高了对艺术美的认识的同时，必然也提高了对现实美的认识，促使人们去追求更高层次的美。

2．艺术具有教化作用

艺术美使欣赏者的灵魂受到陶冶的过程，也就是受到教育的过程。亚里士多德就曾经论述过悲剧的净化作用，他在《诗学》中说："悲剧激起哀怜和恐惧，从而导致人的情绪的净化"。悲剧(包括其他的艺术形式)诱导欣赏者在心理上经历主人公的遭遇，在真善美与假恶丑的冲突中唤起人的正义感，在给人以强烈道德震撼的时候，激发起人的意志，提高人的品格，具有深刻的道德教化作用。这种教化作用往往会在欣赏者心头燃烧起为实现理想而斗争的火焰，使其采取实际行动，最终促进了人和社会的全面发展。

---

① 黑格尔著，朱光潜译. 美学. 北京：商务印书馆，1981 年

(三)艺术美的创造

现实生活是艺术创造的源泉，在审美理想的烛照之下，艺术家将自己从现实生活和生存实践中获得的审美体验物态化为艺术作品，完成艺术创造，使艺术美得以体现。艺术美的创造主要包括三个环节：审美体验、艺术构思和艺术传达。

1. 审美体验

一切艺术美的创造，都是以艺术家在现实生活中获得的审美体验为其发端的。钟嵘说："气之动物，物之感人，故摇荡性情，形诸舞咏。"[①]没有审美体验，艺术美创造这个环节就难以形成。审美体验是感知、想象、情感、思维几种功能相互交融的复杂的心理过程。它离不开对感性事物的直接观照，但是它又渗透着理解，是拌和着感情表象又包含着理性因素的审美直觉，这就使得审美感受有别于一般的感觉，从而具有了整个艺术创作活动开端的意义，称为艺术创作的基础性环节。

审美体验是一种初级的审美意识，是呈分散状并存于人的头脑中的局部性感受，当然不可能直接物态化为艺术作品。但是，正是这些点滴感受的积累促使艺术家在联想和想象中，循着特定的情感脉络逐步深入到审美体验的层次之中。高尔基为了写作《福玛·高尔捷耶夫》，曾观察了几十个对自己父亲的工作和生活感到不满的商人的儿子，正是在对这一个又一个"商人的儿子"的观察中，高尔基获取了丰富的审美体验，并在审美理想的指引下提炼和创造出福玛·高尔捷耶夫这一艺术典型来。

审美体验的一个重要特征是伴随着紧张、剧烈的心理活动以及外部行为。审美活动由审美感知开始，经审美想象，审美情感的交融，进入审美体验与体悟，始终伴随着一种亢奋、热烈的情绪，奔涌着一股强大的生命之流，这种状况常常使艺术家陶醉。郭沫若创作《女神》时，处于一种极度颤抖、不能控制的状态之中；巴尔扎克时常情不自禁地嚎啕大哭，与作品中的人物同悲共喜，情感大起大落……在这种融入了主体心灵创造因素的审美体验中，审美活动再也不只是纯客观的复现审美物象了，而是在以往的记忆意象、当前的感知意象和未来理想的碰撞和融通中并发出来的审美体悟与发现，这种在生存体验的基础上所获得的对人类活动有限中的无限、刹那中的永恒的体验，被艺术家遵循艺术规律、运用相应的艺术形式转化为审美意象，便是艺术美的创造。

2. 艺术构思

艺术构思就是艺术家以审美体验为基础，经过反复酝酿和深入思考，最后完成再现或表现未来作品的总体构建及细部描画的全面设计与实施方案的过程。艺术家从生活中获得的审美体验，对一部完整的艺术作品来说是分散而零碎的。要将其构建成一部完整的艺术作品，必须通过选择、提炼、改造和生发，并且要初步设定这一意象的表达方式。艺术构思是在审美体验的基础上逐步发展深化的，但它毕竟是由客观世界引起的一种精神性活动，不可能脱离思维而存在，我们通常把艺术创作活动中的思维活动，称为审美思维或者

---

① (南朝梁)钟嵘著. 徐达译注. 诗品全译. 贵阳：贵州人民出版社，2008 年

形象思维。

　　审美思维有别于一般的思维方式，它的对象是社会人生。社会生活中的审美对象，在审美思维中引起的不仅仅是理性认识，而是渗透着理性认识因素的审美评价。由审美感受经审美体验向审美意象飞跃的审美思维，并不像抽象思维那样以数据为基础，而是着力于对审美意蕴和审美价值的热烈追求和深入把握。在这里，主观情感因素具有巨大的潜在能量，制约和推动着理性因素的发展和想象的进行，这便在审美思维中形成了无形的情感逻辑，并且常常起着决定性的作用。审美思维具体表现为想象、情感和灵感。

　　想象作为审美思维的主要方式，在艺术构思中得到了充分的运用，它对创造具有特殊审美价值的意象，完成作品的艺术构思，有着突出的作用。丰富的生活现象，会引起艺术家复杂多样的审美感知，有相近相似的，也有截然相反的，有的甚至毫无牵连。但是，通过想象，艺术家可以把记忆中的各种素材重新组合起来，使之获得全新的意义。

　　情感是审美思维的重要方式，在艺术构思中具有举足轻重的地位。艺术家在进行艺术构思时是沉浸在情感的漩涡之中的，只有在情感活动的驱动之下，艺术家的想象力才能那样活跃和富有创造性，一旦情感停止活动，想象就失去了飞翔的翅膀。艺术家从饱含情感品味人生关系，经过深切体验跃入理性领悟，再化为审美评价融入艺术构思，情感因素是具有特殊意义的有机成分。大到意象体系的安排和意境的创造，小到艺术细节的提炼和安排，都不可避免地受到情感的影响和支配。

　　灵感则是审美思维中的一种特殊现象。在艺术构思的过程中，艺术家往往会在苦苦思索而不得的情况下，突然出现一种精神亢奋、情绪飞扬、茅塞顿开的心理状态，使创作达到出神入化的境界，这就是灵感现象。现代心理学研究告诉我们，人的心理活动包括意识和无意识两个部分，无意识虽然被压制在心灵深处，但是它依然会在人的心理活动中留下痕迹，并通过心理积淀的方式不断丰富人的心理结构，扩大人的心理容量，并时时刻刻不自觉地调节着人的意志和情感，在某种外部因素的诱发下，就会浮现到意识的层面上来。艺术家正是凭借着异常丰厚的审美意识的积累，以及潜藏于意识深处的一片辽阔的无意识海洋，两者相互转化和渗透，使艺术家在高度集中地进行审美创造的艺术构思阶段如鱼得水、游刃有余。

3．艺术传达

　　艺术传达是一种把精神活动转化为物态化形式的实践活动。它的任务就是把经过艺术构思浮现于艺术家头脑中的审美意象体系外化为物态化形式的艺术品。因此，艺术传达必须借助一定的物质材料，如绘画艺术的水墨、颜料及纸张，音乐艺术的音响、节奏和旋律，雕塑艺术的泥、石或者青铜，以及语言艺术的语言符号等。

　　艺术传达活动是艺术创作中一个与艺术构思密不可分的环节。当我们以语言、色彩、声音或者诸如此类的东西表现我们自己时，我们并不是先想好自己将要表现什么，然后再决定用什么方式来表现。在实际的创作过程中，意象的产生总是与传达方式的构想同步进行的。画家在想象人物模样和作品构图时，必定连同线条、颜色、光彩一起构思；诗人构想意境时，更是离不开语句的选择、推敲。但是，就其审美创造的本质而言，艺术传达绝

不只是把艺术从内心意象移植为外在形态的搬运工，它所包含的也绝不仅仅是技术、技艺、技巧等纯形式的东西。它既在审美理想的烛照下以潜在心态与艺术构思渗透，又在艺术创作的物态化阶段以显性形态与艺术构思相交融。同时，艺术传达作为审美创造的物态化实践活动，还兼负有一项重要任务，就是对艺术构思的意象化成果加以检验，并进行修正、深化和完善。这是因为，在审美意象物态化为成品的创作实践过程中，总会发现主观设想与客观实际不相符合的地方，需要加以调整，而且主体的认识也是在实践过程中不断地发展和深入的。因此，艺术传达在艺术创作的过程中，是一个极富创造力的阶段。

艺术传达，必须遵循艺术规律。任何艺术门类，都要按照某些共同的规律来创作。同时，各种不同的艺术门类，由于构建意象的方式和运用的物质材料各不相同，在艺术传达上需遵循各自特殊的规律，并将这些规律转化为自己能够自由驾驭的纯熟技巧。如歌唱家过硬的嗓音，作曲家对节奏、旋律的娴熟把握，雕塑家巧夺天工的操刀绝技，文学家遣词造句的特有功力，都是艺术家进行艺术传达时所必须具备的技术条件。艺术技巧的高低，决定了艺术表现能力的强弱。因此，艺术之美，艺术之魅力，在很大程度上与艺术技巧的高低是分不开的。

第三节　审美教育

美的创造，既美化着人的外部世界，也美化着创造的主体，即人类自身。人自身的美化，可以自发进行，也可以自觉进行。如果有意识地设定一系列的审美活动，进行美的欣赏和美的创造，对人的性情施以积极影响，促成健全人格的建构，变审美活动为教育过程，那就是审美教育，我们简称其为美育。简言之，美育是以审美活动为中介，积极塑造人格的特定教育活动，它是美的创造的延伸，也是美学研究的现实意义所在。

美育这一概念，是德国启蒙主义时期的浪漫主义作家和美学家席勒在其《审美教育书简》中首次提出来的，这一名称虽然出现得较晚，但是人类的审美教育实践活动，却是古已有之，当人类开始与客观世界发生审美关系时，审美教育活动便以其简单朴素的方式相应地产生了。在中国，早在两千多年前，著名思想家和教育家孔子就提出礼、乐、射、御、书和数，学校教育科目的"六艺"。他十分重视对"诗"和"乐"的学习，认为规范社会政治制度及伦理观念的"礼"和可以安上治民，而进行艺术审美教育的"乐"可以移风易俗。要治理好一个国家，礼、乐相辅相成，缺一不可。更指出诗教、乐教和礼教相互配合，可以造就完善的人格，即所谓"兴于诗，立于礼，成于乐"[①]；在西方，古希腊哲学家柏拉图在《理想国》中提出，我们"应该寻找一些有本领的艺术家，把自然的优美方面描绘出来，使我们的青年像住在风和日暖的地带一样，四周一切都对他健康有益，天天耳濡目染于优美的作品，像从一种清幽境界呼吸一阵清风，来呼吸它们的好影响，使他们不知不觉地从小就培养起对于美的爱好，并且培养起融美于心灵的习惯。"此后，随着社会物质文明和精神文明的发展，随着人类主体意识的不断提高，美育活动日趋成熟，其内

---

① 徐志刚译注. 论语通译. 北京：人民文学出版社，1997 年

容也不断得到充实与丰富。

一、美育的作用

美育可以全面提高人的基本素质，促进人的身心全面和谐的发展，培养和造就具有完整和谐性格和创造能力的人。

(一)美育能够培养人的道德感

一个和谐完整的人，不仅要有健全的体魄，聪慧的头脑，丰富健康的情感，顽强的意志，而且最重要的，还要有高尚的道德品质。当代社会，人们过分追求物质，拜金主义、享乐主义、个人主义滋长，一些青少年放弃了崇高的理想和社会责任感，张扬利己主义、个人主义，一味追求物质享受，导致了人格的缺失和道德的沦丧，在这样的情形下，倡导美德教育迫在眉睫。

美与德是两个不同的范畴，美涉及情感，德关乎意志，但两者又是紧密相联的。朱光潜先生在《谈美感教育》一文中说："美与善(道德的体现)不但不相冲突，而且到了最高境界，根本是一回事，他们的必有条件是和谐与秩序。从伦理观点看，美是一种善，从美感观点看，善也是一种美。"在人类历史上，那些为了实现崇高的理想而艰苦奋斗锐意进取的人，都是美德的直接体现者，他们的言行不仅对人的道德意志产生影响，而且还能够陶冶人的情操，净化人的心灵，给人以美的愉悦。美与德的关系既然如此密切，我们就可以通过审美教育来实现人的道德的回归，使人摆脱平庸，放弃私利，人们在自由感受到的审美情境中通过情感活动实现道德自由。当人的审美情感与道德认识相契合而形成崇高的理想信念时，审美情感也就自然地内化为一种行为动力，驱动道德信念向道德行为转化。这种道德行为一旦成为定势，那么人的美德便建立起来了，因此我们说，审美教育可以提高人的道德品质，也正是在这个意义上，高尔基认为"美学是未来的伦理学"。

(二)美育能够促进人的智力和创造力的发展

科学研究证明：人脑的两半球在功能上具有高度的专门化：左半球负责抽象思维，具有言语的、分析的、连续的和计算的能力；右半球负责形象思维，与人的形象思维能力、知觉以及空间有关，具有对音乐、图形、整体性映像和几何空间的鉴别能力。人的智力因素，既包括抽象思维，又包括形象思维，缺少任何一个，都不能称之为发达的智力，真正有创造力的人，其形象思维能力和抽象逻辑思维能力是同样强健的。美育是美感形象教育，它对培养人的形象思维能力，促进智力发展，有着重要的作用，主要体现在以下几个方面。

1. 培养敏锐的感知力

培养感知力的重要途径是引导人去体验和感受自然世界和艺术世界。美育是审美形态教育，它向人们展示的是丰富的、形象鲜明的自然形态和艺术形态。我们通过对这些形态

的长期感知，一定能使自己的感知力变得敏锐。例如音乐家莫扎特生长在一个音乐之家，从小接受音乐教育，他能辨别远处传来的音符，并且能在钢琴上弹奏出来。在生活中，我们如果能够时常自觉地对各种审美形象进行感知，那我们的视听等感官能力定会得到有效的训练。

2. 培养形象记忆力

在人的认识能力中，记忆力是非常重要的因素，如果没有记忆力，大脑就不会留下任何信息，智力也就不可能得到发展。美育是一种轻松愉快的形象教育，它提供的审美形象，既鲜明生动，又带有浓烈的情感色彩。心理学界认为，被情感浸染过的一切内容，都会长久地保存在人的记忆里。美育向我们展示的是各种各样的视听形象，一幅色彩鲜明的画面、一段优美动人的旋律、一首激荡人心的诗歌，它们饱含着情感，因而易于引起我们的感知兴趣，并牢固地留在我们的记忆里。如果我们长期不断地接受审美教育，就能培养我们对图像、色彩、音调、旋律等方面的记忆，在大脑中贮存大量的表象，为想象提供材料，为文艺创作和科学发明奠定基础。

3. 培养丰富的想象力

想象力是创造力最本质的内涵，没有想象就没有人的创造。审美教育是培养想象力的最佳途径。一方面，在审美教育的过程中，大量的饱含着审美情感的形象涌入主体的心灵，内化为表象，为想象提供材料，同时情感的累积又为想象提供动力；另一方面，审美的世界是一个充满想象的世界，主体面对这个世界其想象力空前活跃，正如刘勰《文心雕龙》所言："寂然凝虑，思接千载；悄然动容，视通万里；吟咏之间，吐纳珠玉之声；眉睫之间，卷舒风云之色。"[①]在自由的运动中建构一个全新的世界，一个合规律性与合目的性的充满创造力的世界。

4. 促进直觉思维的发展

直觉是创造性思维的一种基本形式，它从整体上把握事物，并具有直观透视、瞬间判断的特点。由于直觉能够洞察事物的本质，因而它就能使人在短暂的时间内，从多种可能性中做出选择，得出有价值的预见和设想。美育在促进直觉思维的发展方面具有独特的作用。美育是美感教育，美感作为自由感受具有直觉的特点，一幅绘画作品或者一首乐曲，用直觉感受比用理性去理解判断更有效。一个善于审美的人，其直觉判断能力往往比较强，在学习过程中，如果我们能给自己提供更多的审美机会，那么，我们就可能受审美直觉判断的影响，逐渐改变凡事都要进行例行分析的思维定势，逐步建立起高效的直觉思维。

(三)美育能够促进体育活动的开展

毛泽东同志说过，身体是载思想之车船，一个人如果没有强健的体魄，将是无所作为的。一个国家，如果其国民的身体素质普遍低下，它就不可能立于世界民族之林。近现代

---

① 周振甫. 文心雕龙今译. 北京：中华书局，1986 年

的西方各国，都非常重视国民身体素质的培养，把强健、灵活的身体当成是挑战未来的先决条件。在中国，体育这一科目并没有受到足够的重视，没有发挥其应有的功效。我们认为：应该把美育与体育结合起来，使美育在增强我们身体素质方面发挥其特殊的作用。美育在体育中的作用主要表现在以下几个方面。

1．美育能够调动我们的爱美之心

常言道，爱美之心人皆有之，无论在什么地方，人都是希望自己的生活中处处充满美。通过体育锻炼，一方面可以使我们身体健康，肢体协调、匀称，符合美的要求；另一方面又能够磨练我们吃苦耐劳和顽强拼搏的意志，塑造美的心灵。因此，在体育活动中，如果我们能够重视体育锻炼在塑造人的形体美、心灵美方面的作用，就能够使我们逐步建立起自觉参加体育活动的主体意识。

2．美育能够引导我们进行体育审美鉴赏

体育锻炼不应该只局限在运动场上，有时候为了增强学生的体育锻炼的兴趣，应该进行多种形式的体育审美活动，如观看体操表演、花样滑冰、跳水等。通过观赏这些表演，学生既可以学到一些体育运动技巧，又能获得美的享受，既陶冶了情感，又坚定了学生强身健体的信念。

3．舞蹈和音乐能够增强体育运动的效果

舞蹈和音乐虽然属于艺术门类，但它们也可以和体育结合起来，丰富体育活动的内涵，促进体育活动的发展。舞蹈既是一种造型艺术，也是一种体育运动，我们通过舞蹈的练习、表演，不仅能够练出优美的体态，而且能够使自己的情感得到熏陶；而音乐作为一种表现艺术，它的旋律、节奏对人的生理机能和心理情绪有刺激和治疗的作用，如激昂的音乐能激发情绪，促进血液循环，而舒缓的音乐能够使人身心松弛，情绪平缓。在体育运动中，我们可以根据动作的刚柔，用与之相适应的乐曲加以伴奏，定能收到调理身心的极佳效果。

二、美育的实施

(一)美育以艺术教育为主要手段

审美教育包括美的形式的教育和审美理想教育。美的各种形态如形式美、自然美、社会美、艺术美等都具有形式教育或者理想教育的功能，但艺术无疑是审美教育最重要和最主要的手段，是审美教育的核心内容和主体部分。艺术教育的内容主要有以下几个方面：

1．表演艺术的教育

表演艺术是指通过人的演奏和演唱以及形体动作来完成作品的艺术，主要指的是音乐和舞蹈。音乐和舞蹈都是长于抒情的艺术，因而具有强烈的情绪感染力和情感陶冶的功能。在所有的艺术形式中，音乐最能够直接打动人的心弦，迅速唤起人的情感反应。舞蹈

则能够最大限度地调动人们的想象力，想象舞蹈家抽象的形体动作所象征和表现的情感。音乐和舞蹈都有着鲜明的节奏性，有助于节奏感的训练和培养。节奏是指客观现象有规律性的变化，如四时更替，日升月沉。而节奏又是音乐的基本要素，指的是音响运动的轻重缓急，音符时值的长短和相互之间的比例等。在舞蹈中，节奏则主要指形体动作力度的强弱、速度的快慢和能量的大小。节奏在音乐和舞蹈中都是重要的情感表现手段，由于人的智力、情绪和体能都具有一定的生理节奏，因此，音乐和舞蹈的教育对人的身心健康有着积极的影响。

2. 造型艺术的教育

广义的造型艺术指的是所有塑造二维或者三维空间的静态视觉形象的艺术，因而又被称为空间艺术或者视觉艺术。狭义的造型艺术主要指的是绘画和雕塑。造型艺术是审美教育中形式教育的主要手段。造型艺术需要运用特定的物质材料来塑造可视的具体形象，通过点、线、面、色彩、明暗和形体等形式因素来构成视觉形象，所以，造型艺术教育是培养对形式美的感受力的最佳方式。从另一个方面来讲，真正的艺术创造不是以模仿为目的，而是要创造出具有个性的新的艺术形象，需要调动艺术家的各种能力，尤其是形象记忆的能力，这就需要以对对象的细致观察为基础，造型艺术有着鲜明的直观性，所以是培养和提高观察能力以及形象记忆能力的方式之一。

3. 语言艺术的教育

语言艺术又称为文学，是以语言为物质媒介来塑造形象、表达情感的艺术形式。它以抽象的语言符号为创造媒介，不能像造型艺术那样把艺术形象直接呈现给受众，欣赏者必须经由对语言符号的解读和理解，并同时借助于想象才能完成对文学作品的审美活动，才能把握文学作品的思想内涵。语言艺术的教育以语言文字的教育为基础，重点在于培养把抽象的语言符号转换为审美意象的能力。而且，文学通过语言媒介可以突破时空的限制，展现出最为广阔的社会图景，亦可以深入人的灵魂深处，因此，语言艺术还具有重要的认识价值，正确地认识现实乃是理想区别于幻想的关键，所以，对于审美理想教育而言，语言艺术也是一个重要的教育手段。

(二)学校美育是审美教育的主要途径

中国近代教育学家蔡元培提出，审美教育的实施途径包括三个方面：家庭美育、学校美育和社会美育[①]。从家庭美育的角度来看，蔡元培提出要建立公共的胎教院和育婴院，这是美育的起点，让孕妇和儿童能生活在由自然美和艺术美构成的环境之中，用和谐幽雅的品格影响孕妇和儿童的心灵；关于学校美育，他要求在学校中以各种美育的形式进行教育和学术活动，使学生在学习专业知识的同时可以受到美的熏陶，并且学校的建筑和一切陈列品多要符合美育的要求；至于社会美育，他则认为应该建立美育的机关如美术馆、博

---

① 蔡元培. 美育实施的方法. 上海：商务印书馆，1925 年

物馆，又要美化我们的社会生活环境，使人们能够时时刻刻都接触到美，处处得到美的教育。在这三种途径之中，学校审美教育无疑是最重要也是最主要的一种。

学校是从家庭到社会的中间环节，它对学生施行有计划、有组织的系统教育，因此，比起家庭美育和社会美育来，学校美育的时间更有保证、条件更加优越、美育更加系统、效果更加明显。尤其是当前，美育已经成为学校素质教育的重要内容，我们的教育方针也已经明确地将美育增列其中，就是要培养德、智、体、美全面发展的人才。各级各类学校纷纷把美育与艺术教育纳入素质教育之中，列入教学计划，作为学校教育的重要内容。2002 年教育部颁发的我国第一部《学校艺术教育工作规程》明确规定："艺术教育是学校实施美育的重要途径和内容，是素质教育的有机组成部分。"通过美育和艺术教育，"使学生了解我国优秀的民族艺术文化传统和外国的优秀艺术成果，提高文化艺术素养，增强爱国主义精神；培养感受美、表现美、鉴赏美、创造美的能力，树立正确的审美观念，抵制不良文化的影响；陶冶情操，发展个性，启迪智慧，激发创新意识和创造能力，促进学生全面发展。"

学校美育的途径和方式，包括课堂教学的美育、课外活动的美育、校园环境的美育等三个方面。课堂教学的美育应当是学校美育的核心，因为学校教育主要是通过教学活动来完成的，课堂教学自然也是学校美育的主要方式。学校美育在课堂教学中主要包括两个方面：一方面是艺术类课程的教学，如音乐、美术、书法和艺术欣赏，以及各种艺术类公共选修课或通识课程等。另一方面是在非艺术类课程，如语文、历史、地理等课程中，融入语言美、意境美、人文美、自然美的因素；在数学、物理、化学等课程中，融入形式美、科学美、技术美等因素，将美育贯穿到课堂教学的各个方面。正如蔡元培先生所说："凡是学校所有的课程，都没有与美育无关的。"[①]课外活动的美育，形式多样，丰富多彩，深受广大青年学生的喜爱。课外活动是课堂教学的补充，是校园文化生活的重要组成部分，也是实施学校美育的重要形式。大学生可以每年定期举行文化节、艺术节，以及各种文学艺术专题讲座，聘请社会上著名的艺术家或艺术院团到学校演出，也应当组织学生合唱团、舞蹈团、交响乐团、民乐团、戏剧社、文学社、书画社、影视协会等，让同学们根据各自的兴趣爱好自由参加，丰富学生的课外生活。校园环境的美育，也是学校美育的重要方面。校园建筑要有艺术性，校园环境要美化、绿化，根据学校条件，还应有美术馆、音乐厅等文化设施，以及假山、凉亭、湖泊等，营造优美的育人环境。如北京大学的未名湖，武汉大学依傍珞珈山与东湖，厦门大学毗邻大海等，使得这些大学校园显得格外美丽。

实践证明，越是高深的学问，越是深刻地反映客观世界的内在规律，就越是与美的规律相契合。但是，在高校教育中实施审美教育，既要注重如何把美的方式方法运用到课程教学中去，又要重视学科本身的审美教育特性和功能。

1. 人文专业中的审美教育

人文科学包括文学、历史、哲学等学科，范围广泛，凡是致力于人性的完善及完美的

---

① 蔡元培. 蔡元培美学文选. 北京：北京大学出版社，1983 年

教育我们都可以称之为人文教育。因此，人文学科与审美教育的关系是最为密切的，它们都以促进人的全面发展和个性的整体完善为共同目标。人文学科中的审美教育功能体现在各个方面：文学本身就是审美教育的主要手段，其美育功能不言自明；哲学可以使人明智；历史可以让我们以古鉴今，历史上的某些人物和历史事件是理想教育的最佳材料。

2. 理工专业中的审美教育

理科主要是指以数学为基本手段进行研究的自然科学，包括数学、物理学、化学、地理学和生物等基础学科，也包括电子学、计算机这样的应用学科；工科指的是工程技术类的专业，如机械制造、建筑、水利水电、工业设计等专业。理工科专业美育功能的共同之处就在于可以培养学生对形式、对形体的感受能力。理科和工科所运用的各种公式定律，多半是符合形式美的基本法则的。理科是对自然现象和事物规律的把握，规律是必然性的反映，是可以预期的一种变化，因而也是符合形式美的基本法则的，理科专业的学习应能使我们充分享受到理解和掌握自然规律的一种愉悦，而不是单纯增加学习负担的记忆式劳动；而工科专业有大量的技术性课程，对技术的纯熟掌握也是一种美的享受，庖丁解牛所达到的"游刃有余"的境界也是工科技术学习所应该追求的最高境界。

3. 医学、农科专业中的审美教育

医学以人体为主要研究对象，农学则以植物为主要研究对象，而人体和植物都是非常重要的审美对象。尽管医学、农学本身的内容与审美无关，但是因为它们的研究对象具有审美特性，因此，在医学和农科专业中进行审美教育就要充分利用审美对象的这种审美特性。譬如，在医学专业的学习中要注意培养我们对生命的热爱和珍惜之情，培养对人生不幸的同情之心，否则会由于过多地接触患者而对别人的病痛无动于衷，麻木冷漠，把活生生的人当成无生命的解剖对象。在农科专业的学习中则应该激发我们对大自然的热爱之情，从而为我们立志献身于造福人类的事业注入永不枯竭的精神动力。

综上所述，审美教育的价值意义及其实施途径并不仅仅局限于上述内容。我们讨论美与审美、美育与人生的问题，从终极意义上来说，目的是帮助我们发展全面健康的人格，形成积极健康向上的人生态度，提升我们的人生境界。这一目的的实现，严格说来，只有当美育取得自觉的形式，进入自我美育阶段才有可能。它不是一次性的，而是贯穿整个人生的持久过程。漫漫人生，有风和日丽，也有凄风苦雨，难免遭遇各种挫折和困境，如果我们能在逆境中也保持一种审美的心境，坚持对美尤其是人格美的追求，以超越现实利害关系的态度对待人生，那就一定能体现我们人生的最高价值。

思考与练习

1. 结合本章内容，谈谈你对美的本质的认识。
2. 自然美有什么特征？如何理解人的实践活动与自然美的关系？
3. 人的形体美和心灵美是什么样的关系？

4．艺术美有什么特点和价值？艺术美的创造包括哪几个阶段？

5．如何认识实施审美教育的重要意义？

学习参考网站

1. 北大美学网：http://www.aeschina.cn
2. 教育美学网：http://luke100.anyp.cn
3. 当代美学网：http://www.cnmxw.net
4. 中国美学国际网站：http://www.mayixing.com/w.htm

第六章　艺术与欣赏

本章提要

本章主要介绍了音乐、舞蹈、绘画、书法艺术的基本知识。学习本章不仅在于了解这些艺术形式，更主要的是领会这些艺术是怎样提高我们的文化素质和人生品位的。

学习指南

了解中国民族音乐中的主要乐器和名曲；了解舞蹈、绘画艺术的基本类型与发展概况；区分中西方雕塑艺术的异同；熟悉中国书法的书体及著名的代表作品。

第一节　音　乐　艺　术

一、音乐艺术欣赏

(一)音乐艺术概论

音乐艺术，是艺术的一种，是指通过有组织的乐音组合来创造艺术形象，借以抒发人们的思想感情，反映社会现实生活，并给社会以广泛的影响。音乐艺术必须通过演唱和演奏，才能为听众所感受而产生艺术效果。音乐的基本表现手段为旋律和节奏，其他重要表现手段有和声、复调、曲式、调式、调性等。其中旋律称得上是音乐最主要的表现手段，它把高低、长短不同的乐音按照一定的节奏、节拍以及调式、调性关系等组织起来，塑造音乐形象，表现特定的内容和情感。

音乐的好处是很多的，它不仅可以陶冶人的情操，培养人乐观向上的精神，而且能发人深思，唤起无穷的想象，甚至于挖掘出人们身上蕴藏已久的巨大的创造力。提高大学生的音乐欣赏能力，是促进其人文素质不断提高的一个重要方面。

(二)音乐艺术分类

音乐的种类相当多，有各种不同的分类方法。从大的方面讲，可将音乐作品分为声乐与器乐两大类。声乐是指用人声歌唱为主的音乐，器乐是指用乐器来演奏的音乐。

声乐的演唱类型主要有男、女声独唱，男、女声二重唱，男、女声四重唱，男、女声小合唱、大合唱、对唱、轮唱、领唱及无伴奏合唱等。

器乐的划分方法也很多，根据器乐的不同种类和演奏方法，可以分为弦乐、管乐、弹拨乐和打击乐四大类。根据演奏方式的不同，器乐又可以分为独奏、重奏、齐奏、伴奏、合奏等多种形式。从体裁形式来划分，器乐又可以分为序曲、夜曲、叙事曲、协奏曲、幻想曲、随想曲和狂想曲、谐谑曲、幽默曲、舞曲、交响音画等等。

二、中国民族音乐

(一)中国主要民族乐器介绍

1. 二胡

二胡(参见图 6-1)是由唐代的轧筝与中国东北地区西喇木伦河一带的奚族乐器——奚琴演变而成的。最初以竹片轧之，音色铿锵，到了宋代才演变为用弓拉奏。至民国时期，经过民族音乐家刘天华在演奏技巧方面的开发，至今二胡已发展成音色甜美、具有高难度技巧、表现力丰富的乐器，并成为民族乐器中的主奏乐器和独奏乐器。著名独奏乐曲有《二泉映月》、《良宵》，协奏曲有《长城随想》等。

2. 琵琶

琵琶(参见图 6-2)在隋唐之前，是对抱弹乐器的统称。向前弹出称琵，向后挑进称琶。《随书·乐志》记："今曲项琵琶筌篌之徒，并出自西域。"受中国阮咸的启发，由四弦四柱增加柱位，至今已有六相、二十四品，并由唐代时的木拨弹，改良为手指弹奏，具有丰富的表现色彩和高难度的演奏技巧。著名独奏乐曲有《春江花月夜》、《阳春白雪》、《十面埋伏》等。

图 6-1　二胡

图 6-2　琵琶

3. 扬琴

扬琴(参见图 6-3)又名蝴蝶琴、扇面琴、打琴，原流传于波斯、阿拉伯一带，约明末传入中国，先在广东一带流行，后流传于全国。几百年以来，扬琴成为中国民间说唱音乐、戏曲音乐的重要伴奏乐器，特别在民间器乐合奏中，如广东音乐、潮州弦诗、江南丝竹、客家汉乐等，发挥着重要的作用。

扬琴因其具有清脆的音色、宽广的音域，又可同时奏出和音及快速琶音，功用甚广，故常用于合奏及伴奏。传统乐曲有《龙船》、《苏武》、《将军令》等。

4. 筝

筝(参见图 6-4)在战国时期已开始流行，而于秦国(陕西一带)大盛，故称秦筝。传统上，筝主要用作器乐合奏或伴奏民间说唱音乐等。筝因弦线不同(丝弦、金属弦)，音色有纯朴、典雅和清脆、明快之分，汉晋以前为十二弦，唐宋以后为十三弦，近代改革后多为二十一弦，另有二十五弦的转调筝等。筝的表现层次独特而丰富，从古典优雅至激烈高亢的风格都善于表达，技巧多样，韵味浓郁。著名独奏乐曲有《渔舟唱晚》、《寒鸦戏水》、《庆丰年》及《战台风》等。

图 6-3　扬琴

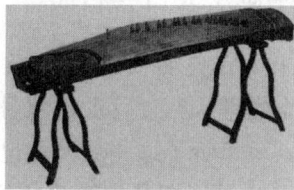

图 6-4　筝

5. 笛子

笛子(参见图 6-5)古称横吹、横笛，原流行于西北少数民族地区。公元前一世纪末汉武帝时，笛称之为横吹，在鼓吹乐中占有重要地位。笛在中国分布很广，类型与品种繁多，渐渐分出曲笛、梆笛两种。明清以来多用于戏曲音乐伴奏。

梆笛(短膜笛)主要流传于北方，用于戏曲梆子腔音乐的伴奏及北方各地民间器乐合奏。梆笛比曲笛管身略短，管径亦比曲笛略小。梆笛演奏风格为音调高亢明亮，节奏活泼跳动，演奏上以用舌的技巧为特长。著名独奏曲有《五梆子》、《喜相逢》、《荫中鸟》等。

曲笛(长膜笛)主要流传于南方，用于昆曲伴奏及南方各地民间器乐合奏。曲笛演奏风格为音调浑厚圆润，柔美流畅。旋律进行往往呈波浪起伏，节奏平稳舒展，在演奏上以用气的技巧为特长。著名独奏曲有《鹧鸪飞》、《三五七》、《姑苏行》等。

6. 唢呐

唢呐(参见图 6-6)是中国各民族中广为流传的吹管乐器之一。唢呐源于波斯(今伊朗)、阿拉伯一带，唢呐又名苏尔奈，其名出自阿拉伯语 surna 的音译。约在金元时期传入中国，先为军中之乐，后辗转传入民间。

图 6-5　笛子

图 6-6　唢呐

现今的唢呐一般有三种，低音唢呐音色苍劲肃穆；中音唢呐音色挺拔宏亮；高音唢呐音色尖锐高亢。

在民间中，唢呐常用于节庆、佳日、婚、丧、嫁、娶、寺庙祭典等做主奏乐器。在现代民族管弦乐团中，唢呐经不断的发展和改良后，目前已有加键高音、加键中音、加键次中音、加键低音等唢呐。它既是一种具有丰富表现力、浓郁民间色彩的独奏乐器，又能在合奏中制造出气势磅礴的效果。著名独奏曲有《百鸟朝凤》、《小开门》、《一支花》、《凤阳歌绞八板》、《婚礼曲》和《小放牛》等。

(二)中国十大古典名曲

中国十大古典名曲《高山流水》、《春江花月夜》、《梅花三弄》、《胡笳十八拍》、《十面埋伏》、《汉宫秋月》、《广陵散》、《阳春白雪》、《渔樵问答》、《平沙落雁》。单单听了这些名字就已经神为之夺，中国韵味之美，由此可见一斑。俞伯牙在江边抚琴，唯钟子期从中听懂山之雄浑、水之幽深；春江明月初升，一叶扁舟，一点渔火，在月下随水漂浮；寒梅迎霜傲雪，疏影弄月，暗香轻度，清奇挺拔；离乡背井的凄凉中夹杂着离别后的思念，如泣如诉；身陷十面埋伏，耳听四面楚歌，空有拔山之力，可惜英雄气短，别姬自刎，痛何如哉；秋月秋风秋夜长，孑影徘徊思故乡，如此寂寞，卿何以堪；自稽康辞世，从此而绝的广陵散再现了当年聂政刺王的侠肝义胆。

1. 《高山流水》

传说先秦的琴师伯牙一次在荒山野地弹琴，樵夫钟子期竟能领会这是描绘"巍巍乎志在高山"和"洋洋乎志在流水"。伯牙惊曰："善哉，子之心与吾同。"子期死后，伯牙痛失知音，摔琴断弦，终身不操，故有高山流水之曲。

2. 《春江花月夜》

《春江花月夜》原名《夕阳萧鼓》，意境深远，乐音悠长。后取意唐诗名篇《春江花月夜》而更名。《夕阳箫鼓》是一首著名的琵琶传统大套文曲，在明清早期已流传。

3. 《梅花三弄》

《梅花三弄》是一首古琴曲，由笛曲改编而来，曲中泛音曲调在不同徽位上重复了三次，故称"三弄"，全曲表现了梅花洁白，傲雪凌霜的高尚品性。相传晋桓伊作笛《梅花三弄》，后人移值为琴曲。乐曲通过歌颂梅花不畏寒霜、迎风斗雪的顽强性格，来赞誉具有高尚情操的人。

4. 《十面埋伏》

《十面埋伏》是著名琵琶传统大套武曲，前身是明代的《楚汉》，描写公元前 202 年楚汉战争在垓下最后决战的情景，项羽自刎于乌江，刘邦取得胜利。

5. 《汉宫秋月》

《汉宫秋月》原为崇明派琵琶曲，现流传有多种谱本，由一种乐器曲谱演变成不同谱

本，且运用各自的艺术手段再创造，以塑造不同的音乐形象，这是民间器乐在流传中常见的情况。《汉宫秋月》现流传的演奏形式有二胡曲、琵琶曲、古筝曲、江南丝竹等，主要表达的是古代宫女哀怨悲愁的情绪及一种无可奈何、寂寥清冷的生命意境。

6.《阳春白雪》

《阳春白雪》是由民间器乐曲牌仪《八板》(或《六板》)的多个变体组成的琵琶套曲，相传为春秋时期的晋国师旷或齐国刘涓子所作。"阳春"取万物知春，和风荡涤之意，"白雪"取懔然清洁，雪竹琳琅之音。

7.《渔樵问答》

《渔樵问答》是一首流传了几百年的古琴名曲，"古今兴废有若反掌，青山绿水则固无恙。千载得失是非，尽付渔樵一话而已"。此曲反映的是一种隐逸之士对渔樵生活的向往，希望摆脱俗尘凡事的羁绊。音乐形象生动、精确。

8.《胡笳十八拍》

《胡笳十八拍》原是一首琴歌，据传为蔡文姬作，是由 18 首歌曲组合成的声乐套曲，由琴伴唱，表现了文姬思乡、离子的凄楚和浩然怨气。现以琴曲流传最为广泛。

9.《广陵散》

《广陵散》，古琴曲，又名《广陵止息》。据《战国策》及《史记》中记载：韩国大臣严仲子与宰相侠累有宿仇，而聂政与严仲子交好，他为严仲子而刺杀韩相，体现了一种"士为知己者死"的情操。这是一种比较普遍的看法，《神奇秘谱》关于此曲的标题就是源于这个故事。

据《琴操》记载：聂政是战国时期韩国人，其父因为韩王铸剑，违了期限，被韩王所杀。聂政为父报仇行刺失败，但他知道韩王好乐后，遂毁容，入深山，苦学琴艺 10 余年。身怀绝技返韩时，已无人相识。于是，找机会进宫为韩王弹琴时，从琴腹内抽出匕首刺死韩王，他自己当然也是壮烈身亡。

10.《平沙落雁》

《平沙落雁》是一首古琴曲，曲调悠扬流畅，通过时隐时现的雁鸣，描写雁群降落前在天空盘旋顾盼的情景。

三、世界著名音乐家

(一)巴赫(1685—1750 年)

巴赫(参见图 6-7)是德国最伟大的古典作曲家、音乐大师。他出生于一个音乐之家，将近两百年，他的祖先一直是德国(爱森那赫市)艾斯纳克镇的著名音乐家。据说，他的老曾祖父是个非常快活的磨坊主，当水车一圈圈的磨着谷粒的时候，他常坐在磨坊门口，弹着

齐特拉琴唱起歌来。约翰的父亲在他 10 岁时去世了，于是他就跟他的音乐家哥哥一起生活。那个时候要想得到乐谱是很困难的，年轻的巴赫常常在月光下抄他哥哥的谱子。他常步行好几里路到汉堡去听音乐会，有时候连饭也吃不上。18 岁起任多处教堂和宫廷乐长及管风琴师。他的创作突破了当时教会音乐的规范，具有丰富的情感和创新精神。他的作品以复调手法为主，集 16 世纪以来西欧各国音乐之大成，对欧洲近代音乐的发展具有深远的影响。主要作品有《B 小调弥撒曲》、《平均律钢琴曲集》、《创意曲集》及《勃兰登堡协奏曲》六首等。

(二)弗雷德里克·肖邦(1810—1849 年)

肖邦(参见图 6-8)1810 年生于波兰离华沙六里的一个村庄。他父亲是从南西来的一个法国人，国家警卫队的一个队长。他母亲是一个波兰人，他非常爱她。在母亲的鼓励下，他很小就开始学音乐，进步很快。

图 6-7　巴赫

图 6-8　肖邦

1831 年，肖邦到巴黎定居。在巴黎法国贵族客厅中，以他奇妙的演奏迷住了听众，赢得了"钢琴诗人"的称号。他的健康状况一直不好，在他生命的最后几年，演奏、教学、社会活动的沉重压力终于搞垮了他虚弱的身体。他逝世于巴黎，时年 39 岁。

(三)海顿(1732—1809 年)

海顿(参见图 6-9)1732 年生于奥地利的罗劳，他幼年时就以音乐的天资引人注目。他常被称为"器乐之父"。海顿 30 岁出头时，富有的艾斯特哈齐亲王聘请他并成了他的好朋友。他在匈牙利度过了很长时间。在那里，他对匈牙利的吉普赛音乐产生了强烈的兴趣。海顿的作品都具有单纯、精致、精练的乐句和严密的构思等特点。他的主要作品有 76 部弦乐四重奏《云雀》等，清唱剧《创世纪》、《四季》和一些歌剧、歌曲等。

(四)莫扎特(1756—1791 年)

莫扎特(参见图 6-10)是著名的奥地利作曲家，其父(L. 莫扎特)是一个宫廷乐师。在父亲的辛勤教育下，幼小的莫扎特显示出了惊人的音乐才能，4 岁学会弹琴，5 岁能够作曲，6 岁开始到欧洲各国旅行演出，获得多次成功，被人们称为"神童"。

图 6-9 海顿

图 6-10 莫扎特

在他不满 36 岁的生命历程中，充满了贫穷和凄苦，不断受到封建贵族和统治者的歧视和迫害。但这一切并不能使莫扎特屈服，他用音乐表达了对自由和对幸福、美好生活的渴望。他在短短的一生中，创作了大量的歌剧、交响曲以及包含钢琴和小提琴在内的各种器乐曲，许多作品充满了乐观、明朗的风格和情绪。歌剧《费加罗的婚礼》、《魔笛》和第 39、40、41 交响曲都是莫扎特的优秀之作。他的作品旋律优美，对后世的音乐产生很大的影响。

(五)贝多芬(1770—1827 年)

贝多芬(参见图 6-11)是近代最伟大的音乐家之一。1770 年 12 月 17 日贝多芬生于德国莱茵河畔波恩的一个平民家庭。他的父亲是村合唱团的男高音歌手，性情暴躁，有时贝多芬没练琴就打他。他的母亲很慈祥，在他 17 岁时他母亲就去世了。他始终没有忘记失去母亲的悲痛。他从小就显露出音乐的天才，8 岁时就登台演出，当他还是个孩子时，就在大教堂担任助理风琴师，他还在剧院的乐队中担任第二中音提琴手。这个职务一直保持到 1792 年。后到维也纳深造。当他访问维也纳时，有一天他遇到了莫扎特，贝多芬的演奏给莫扎特留下了深刻的印象。当时莫扎特惊呼：他将给予这个世界一些值得倾听的东西。

他的作品受资产阶级"自由、平等、博爱"思想影响，具有鲜明的个性，反映了当时的社会进步思想。贝多芬喜欢在阴凉的森林中漫步，倾听大自然的声音，并在这样的环境中创作。他的创作涉及了当时所有的音乐体裁，他大大提高了钢琴的表现能力，使交响曲成为当时直接反映社会变革的重要音乐形式，他集古典音乐精华，开辟了浪漫主义音乐的道路。30 岁那年，他开始聋了，到晚年，他甚至听不见自己的作品。贝多芬的主要作品有《钢琴奏鸣曲》32 首、《钢琴协奏曲》5 首、《小提琴协奏曲》1 首、9 部交响曲。

(六)李斯特(1811—1886 年)

李斯特(参见图 6-12)是著名的匈牙利作曲家、钢琴家、指挥家和音乐活动家，浪漫主义音乐的主要代表人物之一。6 岁前他是一个体弱多病的孩子，6 岁后有一天，他父亲在钢琴上弹一首协奏曲，小李斯特走到父亲面前，一再要求父亲反复最后一个乐章。父亲点燃了烟斗，问他：你长大想做什么样的人？孩子指着贝多芬的画像说：那个人。

图 6-11　贝多芬

图 6-12　李斯特

李斯特所创作的 19 首钢琴曲——《匈牙利狂想曲》，在他的钢琴作品中占有特殊重要的地位。这些作品不但充分发挥了钢琴的音乐表现力，而且，为狂想曲这个音乐体裁创作树立了杰出的音乐典范。这些作品是以匈牙利吉普赛人的民歌和民间舞曲为基础，进行艺术加工和发展而成的，因而都具有鲜明的民族色彩。

他是最早把匈牙利民族音乐提高到世界水平的民族音乐家，他有爱国思想和民主思想，有积极要求变革生活的热情，也有怀疑和失望的消极情绪，但占主要地位的常常是前者而不是后者。

李斯特创造了交响诗的形式，一共创作了 13 首交响诗，又是现代钢琴技术的创造者之一。

李斯特最重要的作品有《浮士德交响曲》、《但丁交响曲》、《匈牙利狂想曲》、交响诗《前奏曲》、《马捷帕》、4 首《钢琴协奏曲》、《B 小调钢琴奏鸣曲》、12 首《超技练习曲》和《旅行岁月》等。

(七)乔治·比捷(1838—1875 年)

乔治·比捷(参见图 6-13)法国作曲家，4 岁时，他母亲教他基本乐理。不到 9 岁他入巴黎音乐学院学习作曲，19 岁时他获得罗马奖。在意大利学习期间，他提交的不是规定的《弥撒曲》，而是受到高度赞扬的一部歌剧。虽然他没有公开演出，但是他是一个卓越的钢琴家。主要作品有歌剧《卡门》、《采珍珠者》，管弦乐组曲《阿莱城姑娘》等。比捷把富有表现力的交响音乐手法同法国歌剧传统熔于一炉，创造了十九世纪法国歌剧的最高成就。他的声誉位于现代法国作曲家的前列。

(八)柴科夫斯基(1840—1893 年)

柴科夫斯基(参见图 6-14)是 19 世纪伟大的俄罗斯浪漫乐派作曲家，俄罗斯民族乐派的代表人物，也是全世界最受欢迎的古典作曲家。他出生于乌拉尔的伏特金斯克城，自幼便已显示出非凡的音乐才能。柴科夫斯基是一位涉及范围广泛的作曲大师。他在交响曲、歌剧、舞剧、协奏曲、音乐会序曲、室内乐以及声乐浪漫曲等方面都留下了大量名作。其中交响曲有 g 小调第一交响曲《冬日浮想》、c 小调第二交响曲《乌克兰》、D 大调第三交

响曲《波兰》、f 小调第四交响曲、曼弗雷德交响曲等；芭蕾舞剧有《天鹅湖》、《睡美人》、《胡桃夹子》；歌剧有《叶甫盖尼·奥涅金》、《奥尔良少女》、《马采巴》、《瑟西女巫》、《黑桃皇后》等。

图 6-13　乔治·比捷

图 6-14　柴科夫斯基

柴科夫斯基的创作深刻地反映了 19 世纪下半叶处在腐朽的沙皇专制制度下，俄国知识分子对光明的向往，对黑暗现实的苦闷、压抑的感受。他善于在矛盾冲突中捕捉人物的思想感情，深入揭示人物的内心体验，又注意吸取西欧音乐文化发展的经验，重视向民间音乐学习，他把高度的专业创作技巧和俄罗斯民族音乐传统很好地结合起来，把清晰而感人的旋律，强烈的戏剧性冲突和浓郁的民族风格富于独创性地融合在他的作品中，为俄国音乐文化和世界音乐文化作出了宝贵的贡献。

第二节　舞蹈艺术

舞蹈是一种人体动作的艺术。但是，这个人体动作，必须是经过提炼、组织和美化了的人体动作——舞蹈化了的人体动作。另外，属于人体动作范畴的艺术也有许多种，如杂技、哑剧、人体雕塑、韵律操等。所以，舞蹈不同于别的人体动作艺术的主要方面是：它是以舞蹈动作为主要艺术表现手段，着重表现语言文字或其他艺术表现手段所难以表现的人们的内在深层的精神世界。细腻的情感、深刻的思想、鲜明的性格和人与自然、人与社会、人与人之间以及人自身内部的矛盾冲突，创造出可被人感知的舞蹈形象，以表达舞蹈作者(舞蹈编导和舞蹈演员)的审美情感、审美理想，反映生活的审美属性。另外，由于人体动作不停顿地流动变化的特点，它必须在一定的空间(舞台或广场)和一定的时间中存在。而在舞蹈活动中，一般都要有音乐的伴奏，要穿特定的服装，有的舞蹈还要手持各种道具，如果是在舞台上表演，灯光和布景也是不可缺少的。所以，也可以说舞蹈是一种空间性、时间性和综合性的动态造型艺术。

一、舞蹈的分类

从总体上说，舞蹈可以分为以下几种类型。

(一)生活舞蹈

生活舞蹈，是指与人们各种生活有着直接紧密联系，功利目的性比较明确，人人都可以参加的、具有广泛群众性的舞蹈活动，包括习俗舞蹈、宗教舞蹈、祭祀舞蹈、社交舞蹈、自娱舞蹈、体育舞蹈、教育舞蹈等。

习俗舞蹈，又可称为节庆、仪式舞蹈，是中国许多民族在婚配、丧葬、种植、收获及其他一些喜庆节日所举行的各种群众性的舞蹈活动。在这些舞蹈活动中，表现了各个民族的风俗习惯、社会风貌、文化传统和民族性格等。如彝族《喜背新娘》，维吾尔族的《刁羊》，土家族的《跳丧舞》，广东、广西、湖南、云南的《跳春牛》，朝鲜族的《农乐舞》。

宗教祭祀舞蹈是进行宗教和祭祀活动的舞蹈形式。宗教舞蹈是对超自然、超人间的神秘力量——神灵的一种形象化的再现，使无形之神成为可以被感知的有形之身，是神秘力量的人格化，主要用以祈求神灵庇佑、除灾去病、逢凶化吉、人畜兴旺、五谷丰登，或是答谢神灵的恩赐。祭祀舞蹈，是祭祀先祖、神祇的一种礼仪性的舞蹈形式。过去人们用以表示对先祖的怀念或是希望先祖和神佛对自己的保佑和赐福。如民间的巫舞、师公舞、傩舞(参见图 6-15)，佛教的"打鬼"、萨满教的"跳神"，满族的《腰铃舞》、《单鼓舞》。

社交舞蹈是人们进行社会交往、增进友谊、联络感情的舞蹈活动。一般多指在舞会中跳的各种交际舞。另外，中国许多少数民族在各种节日所进行的群众性舞蹈活动，多是青年男女进行社交活动、自由选择配偶的交际活动，因此，也可以说是各民族的社交舞蹈。如彝族的"火把节"、苗族的"芦笙节"、黎族的"三月三"、布依族的"六月六"、哈尼族的"苦扎扎节"、傣族的"泼水节"等节日中所进行的群众性舞蹈活动。

外国的社交舞蹈又名"交际舞"或"交谊舞"，由民间舞蹈演变而成，多为男女对舞的舞蹈形式。国际流行的主要有"华尔兹"、"维也纳华尔兹"、"布鲁斯"、"狐步"、"快步舞"、"探戈"、"伦巴"、"桑巴"等。

自娱舞蹈，是人们以自娱自乐为唯一目的的舞蹈活动。用舞蹈来抒发和宣泄自己内在的情感冲动，从而获得审美愉悦的充分满足。《拉手舞》(参见图 6-16)是高山族在节日、婚礼时的自娱性舞蹈。《拉手舞》 在 1000 多年前《北史·流球传》中就有："歌呼踏蹄，一人唱，众人相合，音颇哀怨，扶女子上膊，摇手而舞"的记载。《拉手舞》形式自由 3～5 人即可作舞，几十上百人也不算多。舞蹈分为人们与左右相邻者一般连手的"小拉手"式和相隔一人交叉拉手的"大拉手"式两种围圈形式，但也可以单排和双排等 队形进行舞蹈。人们在一位歌手的带领下，相附相随进行歌唱，歌词多为赞扬祖先与英雄业绩、赞美家乡和丰收年景等内容。

图6-15　傩舞

图6-16　拉手舞

体育舞蹈是体育和舞蹈相结合的具有锻炼、竞技和审美作用的一种新的舞蹈体裁，也是一种体育性较强的舞蹈。如冰上芭蕾、水上舞蹈、艺术体操(参见图 6-17)、大型歌舞团体操，以及中国传统的形意拳、五禽戏、舞刀、舞剑等均属此类。体育舞蹈也和其他舞蹈艺术一样，反映生活和人的思想感情，不过它侧重于表现人的健美、勇敢向上、朝气蓬勃的精神面貌。交谊舞的起源可以追溯到公元 10 世纪前，它从古老的民间舞发展演变而成，部落成员最初跳集体舞，且男女同性别的合在一起跳舞，以后逐渐发展为男女圈舞，即男跳外圈、女跳内圈的转圈集体舞，在男女求偶、婚礼喜庆等活动中，逐渐发展为男女拍手舞、异性对舞。

图6-17　艺术体操

教育舞蹈，是指学校、幼儿园等进行审美教育的舞蹈活动，以及开设的舞蹈课程，对陶冶和美化人的思想感情、道德情操，培养人的团结友爱、加强礼仪，以及增进身心健康，都能起到潜移默化的作用。

(二)艺术舞蹈

艺术舞蹈由专业或业余舞蹈家通过对社会生活的观察、体验、分析、集中、概括和想象，进行艺术创造，从而产生出主题思想鲜明、情感丰富、形式完整，具有典型的艺术形象，由少数人在舞台或广场表演给广大群众观赏的舞蹈作品。根据舞蹈表现形式的特点来区分，可分为独舞、双人舞、三人舞、群舞、组舞、歌舞、歌舞剧、舞剧等八种。

独舞，又叫单人舞，是由一个人表演，完成一个主题的舞蹈。多用来直接抒发人物的思想感情和提示人物的内心世界。独舞可分为两大类：一类为结构完整的独立的舞蹈作

品。如《春江花月夜》、《水》、《希望》、《敦煌彩塑》、《海浪》等。另一类是在舞剧和大型舞蹈中，常用独舞形式突出、刻画人物性格和思想感情，在集体舞中的独舞一般称为领舞。

双人舞，由两个人表演，共同完成一个主题的舞蹈。多用来表现人物之间思想感情的交流和展现人物关系，是作品中人物对话的一种表现形式。双人舞可分为两类：一类为结构完整的独立的舞蹈作品，如《再见吧！妈妈》、《小俩口赶集》、《啊，明天》、《小萝卜头》等；另一类为大型舞剧和舞蹈中的重要组成部分。在古典芭蕾中的双人舞，大多使用一套固定的程式：先是男、女主人公共舞，其次男、女各跳一段独舞，最后是合在一起的共舞。在男、女单独的舞蹈中，多是技巧性的表演，在合舞中一般都要使用托举技巧。

三人舞：由三个人合作表演完成一个主题的舞蹈。可分为两类：一类为结构完整的独立的舞蹈作品；另一类为大型舞剧和舞蹈的组成部分。三人舞，根据内容又可以分为表现单一情绪(如《瀑布》、《节日的金钹》、《快开、快快开》、舞剧"天鹅湖"中的《三只大天鹅舞》)和表现一定情节(如《金山战鼓》)以及表现人物之间的戏剧矛盾冲突内容(如《惊变》)等三种不同的类别。

群舞，凡四人以上的舞蹈均可称为群舞。一般多为表现某种概括的情绪或塑造群体的形象。通过舞蹈队形、画面的更迭、变化和不同速度、不同力度、不同幅度的舞蹈动作、姿态、造型的发展，能够创造出深邃的意境，具有强大的艺术感染力。大型舞剧中的群舞，常用来烘托艺术气氛，展示民族风格和地方特色，有时也用其作为独舞或双人舞的陪衬，为塑造人物服务。如《荷花舞》、《孔雀舞》、《快乐的啰嗦》、《战马嘶鸣》、《难忘的泼水节》等。图 6-18 所示为群舞《飞天》

组舞，由若干段舞蹈组成的比较大型的舞蹈作品。其中各个舞蹈具有相对的独立性，但它们又都统一在共同的主题和完整的艺术构思之中。

(三)民间舞

民间舞泛指产生并流传于民间、受民俗文化制约、即兴表演但风格相对稳定、以自娱为主要功能的舞蹈形式，具有强烈的民族风格和鲜明的地方色彩，在表演技巧和风格上，不同的民族、地区有着十分明显的差异。民间舞朴实无华、形式多样、内容丰富、形象生动，历来都是古典舞、宫廷舞和专业舞蹈创作不可或缺的素材来源。

中国的民间舞蹈源远流长，十分丰富，一般分为汉族民间舞和少数民族民间舞两类。

舞蹈活动是汉族人民生活中的重要内容，不管是农闲时节，还是在婚丧嫁娶、迎神赛会之时，人们都要举行歌舞活动，尤其在春节、灯节等传统节日里，按各地习惯的不同，把民间舞蹈活动分别称为"走会"、"出会"、"赶会"、"灯会"、"闹秧歌"(参见图 6-19)、"扮社火"等。组织表演民间舞蹈活动，主要是爱好民间舞蹈的民间艺人。它的内容题材十分广泛，有反映人民劳动生活的，如采茶舞、跳春牛、绣花舞等；有表现男女之间爱情的，如秧歌和花鼓灯的小场子等；有反映民间风俗的，如伴嫁舞、坐歌堂等；还有具有宗教祭祀色彩的各类巫舞、傩舞等。此外，有许多以自然景物、动植物为题材的舞蹈，如《云灯舞》、《荷花舞》、《腊梅舞》、《鹤舞》、《蝶舞》等。

图 6-18 群舞《飞天》

图 6-19 陕北秧歌

中国五十多个少数民族，更是以能歌善舞著称。少数民族民间舞种类繁多、丰富多彩，各民族几乎都有自己的传统舞蹈形式。其中，傣族最具有代表性的民间舞蹈是孔雀舞。壮族的舞蹈形式多样，属自然崇拜遗存的有"蟆拐舞"、"铜鼓舞"、"擂鼓舞"、"闹锣"；反映劳动生活的有"捞虾舞"、"绣球舞"、"扁担舞"、"舂米舞"；与汉族相似的有"龙舞"、"狮舞"、"蚌舞"、"麒麟舞"、"采茶舞"；根据本民族爱鸟古风编创的有"凤凰舞"、"翡翠鸟舞"、"斑鸠舞"；由女巫表演的有"天琴舞"、"铜链舞"等。此外，还有瑶族的"铜铃舞"、藏族的"锅庄舞"、苗族的"芦笙舞"、彝族的"阿细跳月"等，均有各自的独到之处。众多的汉族民间舞和少数民族民间舞，共同组成了中国绚丽多彩的民间舞蹈。

(四)芭蕾

"芭蕾"起源于意大利，兴盛于法国，"芭蕾"一词是法语"ballet"的英译，意为"跳"或"跳舞"。芭蕾最初是欧洲的一种群众自娱或广场表演的舞蹈，在发展进程中形成了严格的规范和结构形式，其主要特征是女演员要穿上特制的足尖鞋，立起脚尖起舞。作为一门综合性的舞台艺术，芭蕾 17 世纪在法国宫廷形成。1661 年，法国国王路易十四下令在巴黎创办了世界第一所皇家舞蹈学校，确立了芭蕾的五个基本脚位和七个手位，使芭蕾有了一套完整的动作和体系，这五个基本脚位一直沿用至今。芭蕾舞是用音乐，舞蹈和哑剧手法来表演戏剧情节。

女演员舞蹈时常用脚趾尖点地。舞蹈者无论在练功教室还是在舞台，穿的都是专门设计的服装练功服。虽然某些服装可能会随时尚变换样式，但对舞蹈者来说，练功服绝不仅仅是为了好看，它们中每一件都有其切实的作用。紧身衣和紧身裤袜是舞蹈者最基本的练习服。在古典芭蕾领域，女孩子通常穿黑色紧身衣，配上粉色的紧身裤袜，有的学校则喜欢让他们的姑娘穿短裙和各种带色的紧身衣。发式也是舞蹈服饰的一部分。古典芭蕾的姑娘们爱把她们半长的头发在脑后挽成一个髻，这样脖子和头部的线条就显得十分清晰。女孩子穿粉色的芭蕾舞鞋，男孩子穿黑色或白色，鞋子须以较紧的包住脚为宜。

芭蕾结构形式有独舞、双人舞、三人舞、四人舞、群舞等，编导运用古典舞、性格舞(舞台化的民族舞蹈和民间舞蹈)、现代舞等，按上述形式可以编出多幕芭蕾(分场或不分场，如《天鹅湖》(参见图 6-20))、独幕芭蕾(如《仙女们》)、芭蕾小品(如《天鹅之死》)

等。芭蕾的这种结构形式在 19 世纪后期发展到高度规范化和程式化，以致影响和限制了芭蕾的发展。在 20 世纪编导创作的大量芭蕾作品中，这些规范和程式已被大大突破，不断出现新的探索和创造。

图 6-20　芭蕾舞《天鹅湖》

二、舞蹈作品艺术的审美鉴赏

(一)傣族孔雀舞

傣族孔雀舞是中国傣族民间舞中最负盛名的传统表演性舞蹈，流行于云南省德宏傣族景颇族自治州的瑞丽、潞西及西双版纳、孟定、孟达、景谷、沧源等傣族聚居区，其中以云南西部瑞丽市的孔雀舞(傣语为"嘎洛勇")最具代表性。相传一千多年前傣族领袖召麻栗杰数模仿孔雀的优美姿态而学舞，后经历代民间艺人加工成型，流传下来，形成孔雀舞(参见图 6-21)。

在傣族人民心目中，"圣鸟"孔雀是幸福吉祥的象征。孔雀舞是傣族人们最喜爱的民间舞蹈，在傣族聚居的坝区，几乎月月有"摆"(节日)，年年有歌舞。在傣族一年一度的"泼水节"、"关门节"、"开门节"、"赶摆"等民俗节日，只要是尽兴欢乐的场所，傣族人民都会聚集在一起，敲响大锣，打起象脚鼓，跳起姿态优美的"孔雀舞"，歌舞声中呈现出丰收的喜庆气氛和民族团结的美好景象。瑞丽傣族孔雀舞以单人舞为主，也有双人孔雀舞。孔雀舞的内容，多为表现孔雀飞跑下山、漫步森林、饮泉戏水、追逐嬉戏、拖翅、晒翅、展翅、抖翅、开屏、飞翔等等。孔雀舞有丰富多样的手形动作和跳、转等技巧，四肢和躯干的各个关节要重拍向下屈伸，全身均匀颤动，形成优美的"三道弯"舞姿。孔雀舞的舞蹈语汇尤为丰富，有"飞跑下山"、"林中窥看"、"漫步森林"、"抖翅"、"点水"等惟妙惟肖模拟孔雀神态的动作，感情内在含蓄，舞蹈语汇丰富，舞姿富于雕塑性。

孔雀舞风格轻盈灵秀，情感表达细腻，舞姿婀娜优美，是傣族人民智慧的结晶，有较高的审美价值。它不只在重要热闹的民族节庆中单独表演，也常常融合在集体舞"嘎光"中。孔雀舞具有维系民族团结的意义，其代表性使它成为傣族最有文化认同感的舞蹈。

(二)东北二人转

东北二人转(参见图 6-22)亦称"蹦蹦"，是在东北地区喜闻乐见，具有浓郁地方色彩的民间艺术，至今已有三百多年的发展历史。长期以来深受东北群众尤其是广大农民的喜爱。它的唱本语言通俗易懂，幽默风趣，充满生活气息。最初的二人转，是由白天扭秧歌的艺人在晚间演唱东北民歌小调(俗称"小秧歌")，后来，随着关内居民的增多，加上长期以来各地文化的交流，大大丰富了二人转的内涵。在原来的东北秧歌、东北民歌的基础上，又吸收了莲花落、东北大鼓、太平鼓、霸王鞭、河北梆子、驴皮影以及民间笑话等多种艺术形式逐渐演变而成，因此表演形式与唱腔非常丰富。在民间中流传着"宁舍一顿饭，不舍二人转"的说法，可见"二人转"在群众中的影响之深。可以说，二人转最能体现东北劳动人民对艺术美的追求。

图 6-21　孔雀舞

图 6-22　东北二人转

二人转的表演手段大致可分为三种。一种是二人化装成一丑一旦的对唱形式，边说边唱，边唱边舞，这是名副其实的"二人转"；一种是一人且唱且舞，称为"单出头"；一种是演员以各种角色在舞台上唱戏，这种形式称"拉场戏"。

二人转的音乐唱腔极为丰富，素有"九腔十八调，七十二嗨嗨"之称。其结构为曲牌联缀体，积累的曲牌约有三百多支，比较常见的有五十六支，其中包括胡胡腔、喇叭牌子、红柳子、抱板、三节板、文嗨嗨、武嗨嗨、大鼓调、大救驾、小翻车、哭糜子、大悲调、五字锦、压巴生、靠山调等。二人转代表作有《包公断后》、《二大妈探病》、《回杯记》、《连心曲》、《马前泼水》、《梁赛花擀面》、《皇亲梦》、《攀亲家》、《老汉背妻》、《单出头》、《包公赔情》、《孙二娘开店》、《张郎休妻》、《禅宇寺》、《双赶集》、《送鸡还鸡》等。

第三节　绘画艺术

一、绘画概说

人们形容风景美，喜欢用"风景如画"来比喻；形容人长得漂亮，说"像从画上走下来的"；形容文学作品场面描写得生动宏阔，说它像"壮丽的画卷"。绘画，已经成了美

的象征。绘画的历史很悠久，和歌谣、舞蹈一样可以追溯到遥远的原始社会。西班牙、法国的洞窟壁画出现在距今两三万年前的旧石器时代，中国也发现了距现在八千多年的新石器时代的彩陶图案。

绘画是运用线条、形体、色彩、明暗、笔触等造型语言在二度平面上塑造艺术形象，以表达人的思想感情的艺术。绘画是在二度平面上创造三度空间的艺术，可以称为视觉空间的艺术，它反映的是瞬间的生活。运用色彩使艺术家广泛地反映可以看得见的事物，表达生活中色调鲜艳的多种多样的事物。

绘画可以从不同的角度进行分类。按工具材料可分为：油画、水墨画、水彩水粉画、版画、壁画；按绘画的内容可分为：人物画、历史画、肖像画、风景(山水)画 。常见的有以下几种。

1．油画

油画是用快干性的植物油(亚麻仁油、罂粟油、核桃油等)调和颜料，在画布、亚麻布、纸板或木板上进行制作的一个画种。油画的颜料可以层层重叠，因此可以传达出物象的质感、量感，以及所处空间的光线、色调和气氛，具有很高的写实性。作画时使用的稀释剂为挥发性的松节油和干性的亚麻仁油等。画面所附着的颜料有较强的硬度，当画面干燥后，能长期保持光泽。凭借颜料的遮盖力和透明性能较充分地表现描绘对象，色彩丰富、立体质感强。油画是西洋画的主要画种之一。油画还要加上外框，把观众的视野集中到画面上。油画是西方绘画史中的主体绘画方式，现在存世的西方绘画作品主要是油画作品。绝大部分壁画作品也是用油画颜料和创作方式制作的。19 世纪以前的油画主要是写实性的，又称为古典油画。19 世纪以后呈现多样化，其中最著名的就是《蒙娜丽莎》(参见图 6-23)。清代中叶油画传入中国。

2．中国画

中国画是中国传统绘画的统称，通常称水墨画或彩墨画，具有鲜明的艺术特色、强烈的民族风格，所采用的工具材料为中国特有的笔、墨、纸(绢)、砚等为工具材料，其中工笔重彩画用熟宣纸(不吸水)作画，水墨写意画用生宣纸(很吸水)作画。用线条的粗细和墨色的虚实变化来表达意境，注重形象的内在神韵，内容主要有山水、花鸟、人物等。图 6-24 所示为徐悲鸿的《奔马图》。

图 6-23　蒙娜丽莎　　　　　　　　图 6-24　徐悲鸿的《奔马图》

3. 壁画

以绘制、雕塑或其他造型手段在天然或人工壁面上制作的画，所用绘制的颜料比较多样。作为建筑物的附属部分，它的装饰和美化功能使它成为环境艺术的一个重要方面。壁画为人类历史上最早的绘画形式之一，其特征是场景恢弘、形象丰富、色泽鲜明。现存史前绘画多为洞窟和摩崖壁画，最早的距今已约 2 万年。唐代形成壁画兴盛期，如敦煌壁画(参见图 6-25)、克孜尔石窟等，为当时壁画艺术的高峰。宋代以后，壁画逐渐衰落。1949年后，壁画得到恢复与发展。

4. 水粉画

水粉画是西洋画的一种，指用水粉笔、水彩笔、油画笔、国画笔等画的美术作品，用水调合粉质颜料描绘出来的图画。水粉颜色一般不透明，有较强的覆盖能力，可进行深细致的刻画。水粉画兼有水彩画与油画的性能，既可以轻快描绘，也可以层层加颜料，适用于宣传画和广告画。基本绘画技法有干画和湿画两种。水粉画是以水作为媒介，这一点，它与水彩画是相同的。所以，水粉画也可以画出水彩画一样的酣畅淋漓的效果。但是，它没有水彩画透明。它和油画也有相同点，就是它也有一定的覆盖能力。而与油画不同的是，油画是以油来作媒介，颜色的干湿几乎没有变化。而水粉画则不然，由于水粉画是以水加粉的形式来出现的，干湿变化很大。所以，它的表现力介于油画和水彩画之间。水粉画的表现特点是处在不透明和半透明之间。图 6-26 所示水粉画《江南》。

图 6-25　敦煌壁画

图 6-26　水粉画《江南》

5. 版画

版画是在不同材料的版面上，通过手工制版先雕刻出形象，再印制而成的绘画，可有限制地复印出多份不影响其艺术价值的原作。中外最早的版画的形式是木刻复制版画，如中国唐代咸通九年(868 年)刻制的《金刚经》扉页画《说法图》等，系由技工根据画家画稿刻印的版画。18 世纪起才开始有画家自己绘稿、自己制版、自己印刷的创作版画。作为造型艺术的版画，是指创作版画。由于版材受墨部位、版材性质与制版印刷方法等的不同，可分为木刻、石版、铜版等不同的品种。其特点是造型概括洗练，风格明快单纯。图 6-27所示为黑白版画。

6. 素描

素描一般指"单色画"，是一种用单色绘画材料描绘生活事物的绘画形式，通常用于

学习美术技巧，探索造型规律，培养专业习惯的绘画训练过程，是写实性绘画的造型基础，优秀的素描作品同样具有独立的艺术价值。其使用材料有干性与湿性两大类，其中干性材料如铅笔、炭笔、粉笔、粉彩笔、蜡笔、炭精笔、银笔等，而湿性如水墨、钢笔、签字笔、苇笔、翮笔、竹笔、圆珠笔等。习惯上素描是以单色画为主，但在美术辞典中，水彩画也属于素描。图6-28所示为素描《静物》。

图6-27　黑白版画

图6-28　素描《静物》

二、中国绘画名家

(一)顾恺之(约345—406年)

顾恺之东晋画家，绘画理论家，诗人。字长康，小字虎头，无锡人。多才艺，工诗赋、书法，尤精绘画，多作人物肖像及神仙、佛像、禽兽、山水等。画人注重点睛，自云传神写照，正在阿堵(即这个，指眼珠)中。曾为裴楷画像，颊上添三毛，而益觉有神。在建康瓦棺寺绘《维摩诘像》壁画，光彩耀目，轰动一时。后人论述他作画：意存笔先，画尽意在；笔迹周密，紧劲连绵如春蚕吐丝。著有《论画》、《魏晋胜流画赞》、《画云台山记》，其中迁想妙得、以形写神等论点，对中国画的发展有很大影响。存世的《图》，传是早期的摹本，内容绘写西晋张华所撰约束宫廷嫔妃的教诫。他曾被当时人称为"才绝"、"画绝"、"痴绝"。顾恺之的绘画在当时享有极高的声誉，谢安曾惊叹他的艺术是"苍生以来未之有也！"

(二)阎立本(约601—673年)

阎立本字立本，唐初著名画家。阎立本的绘画艺术，先承家学，后师张僧繇、郑法士。据传他在荆州见到张僧繇的壁画，在画下留宿十余日，坐卧观赏，舍不得离去。后人说他师法僧繇，人物、车马、台阁都达到很高水平。

阎立本具有多方面的才能。他善画道释、人物、山水、鞍马，尤以道释人物画著称，曾在长安慈恩寺两廊画壁，颇受称誉，《宣和画谱》所载宋代内府收藏阎氏作品，道释题材占半数以上。他又工写真，下少肖像画是为了表彰功臣勋业而创作的。武德九年(626年)所绘《秦府十八学士图》系表现秦王李世民属下的房玄龄、杜如晦等18位文人谋士的肖像，都是按人写真，图其形貌，画卷中对每个人的身材、相貌、服饰、年龄及神情等特征

都有生动而具体的刻画。阎立本在艺术上继承南北朝的优秀传统，认真切磋加以吸收和发展。他的作品所显示的刚劲的铁线描，较之前朝具有丰富的表现力，古雅的设色沉着而有变化，人物的精神状态有着细致的刻画，都超过了南北朝和隋的水平，因而被誉为"丹青神化"而为"天下取则"，在绘画史上具有重要地位。

(三)张择端

张择端生卒年不详，字正道，又字文友，东武(今山东省诸城县)人。北宋(公元 12 世纪)末年杰出的现实主义画家，擅长于画车马、市街、桥梁、城郭等。张择端小时候喜欢读书，早年游学于汴京(今河南开封)，后习绘画，宋徽宗赵佶朝(1101—1125 年)为宫廷翰林图画院待诏。明王梦端《书画传习录》谓其"性习绘事，工于界画，尤嗜于舟车、市桥、郭径、别成家数也"。其作品大都失传，存世《清明上河图》、《金明池争标图》、《烟雨风雪图》，为中国古代的艺术珍品。

《清明上河图》，绢本，设色，是中国古代城市风俗画中具有重要历史价值和艺术价值之不朽杰作，在美术史上具有划时代的重要意义。描写北宋都城汴京(今河南开封)清明节时，从郊野到城内街市繁华热闹的市俗生活景象。画面全长 528.7 厘米，宽 24.8 厘米，是一幅写实生动的长卷风俗画。它以规模宏大、结构严谨的全景式构图，广阔而详尽地展示了当时社会各阶层人物的生活和动态，包括经济状况、城乡关系、民情风俗等。《清明上河图》自问世以来，历代都有临摹本，且大小繁简不同。各地方的公私藏家手中有许多摹本和伪造本，外国博物馆所藏也有好几卷。据统计，目前国内外公私所藏的《清明上河图》摹本有 30 幅。

第四节 雕 塑 艺 术

雕塑艺术，是造型艺术的一种，又称雕刻，是雕、刻、塑三种创制方法的总称，指用各种可塑材料(如石膏、树脂、粘土等)或可雕、可刻的硬质材料(如木材、石头、金属、玉块、玛瑙等)，创造出具有一定空间的可视、可触的艺术形象，借以反映社会生活、表达艺术家的审美感受、审美情感、审美理想的艺术。

一、雕塑艺术的产生与成熟

(一)中国雕塑艺术的产生与成熟

在悠久的历史进程中，我们的祖先创造了许多精美的雕塑艺术作品。中国雕塑艺术是中国社会生活的反映，最初起源于对石器的雕削磨制和陶器的捏塑烧制。在陶器上附加人物或动物的形象以作装饰，从而使以实用为目的的陶器具有了雕塑的性质。

商、周时期的青铜器与原始陶塑的性质一样，也并非实际意义上的雕塑，是用于祭祀、生活、乐器、兵器、工具等方面的实用器物。历史学家将夏、商、周称为"青铜时

代"。另外，在这个时期还有用石、玉、陶等材料制成的雕塑作品，其中以玉雕最为突出。秦代由于中央集权的国家的建立，在雕塑方面有着重大发展，最引人注目的就是大型陶兵马俑和铜车马。秦始皇吞并六国以后，建立秦王朝，统一货币、文字、度量衡等。秦代的雕塑题材更加贴近生活，从功能上看，也逐步走向独立。秦代承袭了春秋战国的朴实，作品趋于写实。秦代兵马俑的出土，有着不可估量的价值。它显示出中国在两千多年以前就有了很高的雕塑艺术水平。汉代雕刻以陵墓石刻为主，咸阳霍去病墓前的石刻为汉代代表作品，这些卧马、跃马、猛虎吃羊等石刻已有 2000 多年历史，其中马踏匈奴最为著名。秦汉时期的雕塑风格总体比较恢宏，强调力度和气势。

六朝、隋、唐、五代是中国雕塑艺术大发展时期。佛教的盛行促使佛像艺术蓬勃发展，改变了中国雕塑史的面貌，人物雕塑更加成熟，石窟艺术得到大力发展。著名的有敦煌的莫高窟、天水的麦积山、山西大同的云冈等。唐代的陵墓雕刻规模宏大，胜过六朝，石刻群气魄雄伟，苍劲有力。纪念性雕刻有《昭陵六骏》。

宋代雕塑艺术承唐之余绪，宗教造像活动仍很兴盛，但已转向南方。元代统治者对汉民族采取不信任的态度，但对宗教文化却很尊重，对多种宗教能采取兼容的态度，因此元代的佛教造像出现"汉式"和"梵式"并立的局面。

明清时代的雕塑产生了仿古、追求精致两种风格。宗教雕塑到明清已走向没落，除在寺院中少数造像颇具特色外，其他的水平都不高。

(二)西方雕塑艺术的产生与成熟

古埃及的雕塑艺术大约始于公元前 4000 年。受古代神话和宗教信仰的支配，雕塑艺术在创作中严格遵守"正面律"。

古希腊的艺术相当广泛，音乐、诗歌、戏剧、绘画几乎无一不精，而雕塑艺术是那个时期灿烂文化的一个最主要方面。其题材主要取材于神话和世俗生活中的体育竞技者、将士等，所表现的美化了的人体，多为健壮优美的男性和妩媚典雅的女性。如米隆的《掷铁饼者》，它表现一位运动员弯腰、旋转着身子将铁饼飞掷出去的瞬间，给人一种冲动的印象。罗马的雕塑在很大程度上继承了希腊雕塑的遗产，在肖像雕塑方面有很大的贡献。罗马雕塑侧重于表现现实，其形象主要来源是家族生活中的头面人物、权利的拥有者及其他名人。《奥古斯都·渥大维》属于罗马雕塑中典型帝王风格的作品，人物面部和躯干用写实的方法做特征描写，同时也加入了理想化、英雄化的夸张渲染。

欧洲中世纪的雕塑主要是为基督教服务，雕塑作品充满了宗教内容，许多优秀雕塑家从事建筑风格的装饰雕塑和圆雕的教学工作，真正属于人民大众的好作品较少。文艺复兴时期、西方的雕塑艺术人才辈出，主要集中在佛罗伦萨。米开朗基罗是文艺复兴时期伟大的雕刻家，他的出现标志着文艺复兴时期的雕刻艺术达到了最高峰，代表作有《大卫》、《哀悼基督》和《巴尔扎克像》等。

18、19 世纪法国成为欧洲艺术发展的中心，涌现了一大批伟大的雕刻家，创作了许多不朽的作品，杰出代表有吕德、罗丹等。其中声誉最高、影响最大的是罗丹，被誉为"近代雕塑之父"，他的雕塑通过人物的神态、动作来表现人的精神境界和感情冲突，具有深

刻而丰富的内涵和感人的力量,重要代表作有《思想者》(参见图 6-29)、《青铜时代》、《思》等。

图 6-29 罗丹的《思想者》

20 世纪世界雕塑艺术流派纷呈,归纳起来可分为两大体系:现实主义和现代主义。现实主义雕塑不再是古代雕塑的模仿,从内容、形式到表现手法都有所改变,具有鲜明的社会批判性和民主倾向,它的特点是真实性、典型性和思想性,代表人物有穆希娜、夏达尔。现代主义雕塑表现形式多样,有的是各类材料的不规则堆积,有的通过夸张变形表现自我,有的以几何体构成,共同的特点是反具体和反写实,否定内容对形式的决定作用,代表雕塑家有摩尔。

二、雕塑作品欣赏

(一)秦始皇陵兵马俑(参见第八章,中国的世界遗产)

(二)敦煌莫高窟(参见第八章,中国的世界遗产)

(三)《大卫》

《大卫》(参见图 6-30)是杰出雕塑家米开朗基罗用四年时间创作的不朽巨作,也是他的雕塑成名作。米开朗基罗生活在意大利社会动荡的年代,颠沛流离的生活使他对所生活的时代产生了怀疑。痛苦失望之余,他在艺术创作中倾注着自己的思想,同时也在寻找着自己的理想,并创造了一系列如巨人般体格雄伟、坚强勇猛的英雄形象。《大卫》就是这种思想最杰出的代表。作品主人公是一个肌肉发达、体格匀称的青年壮士形象。他充满自信地站立着,英姿飒爽,左手抓住投石带,右手下垂,头向左侧转动着,面容英俊,炯炯有神的双眼凝视着远方,仿佛正在向地平线的远处搜索着敌人,随时准备投入一场新的战斗。大卫体格雄伟健美,神态勇敢坚强,身体、脸部和肌肉紧张而饱满,体现着外在的和内在的全部理想化的男性美。这位少年英雄怒目直视着前方,表情中充满了全神贯注的紧张情绪和坚强的意志,身体中积蓄的伟大力量似乎随时可以爆发出来。与前人表现战斗结束后情景的习惯不同,米开朗基罗在这里塑造的是人物产生激情之前的瞬间,使作品在艺术上显得更加具有感染力。这尊雕像被认为是西方美术史上最值得夸耀的男性人体雕像之

一。雕塑家借大卫寄托了自己的理想，使大卫成为人类力量和正义的象征，作品也显示出米开朗基罗雄健有力的雕刻风格。

(四)《巴尔扎克像》

罗丹是 19 世纪最伟大的雕塑家，他以卓越的艺术成就成为世界美术史上继米开朗基罗之后的又一巨匠，其代表作《巴尔扎克像》(参见图 6-31)，备受关注。巴尔扎克是法国 19 世纪文坛巨星，他的作品具有浪漫主义激情和批判现实主义的精神。罗丹对他非常敬慕，十分乐意为他塑像。所以 1891 年法国文学家协会委托罗丹雕塑一尊巴尔扎克像时，他当即表示："我要做一番非同寻常的事业。"在形象的塑造上，他阅读巴尔扎克的作品，造访巴尔扎克的故乡，进行了广泛的考察和研究，前后作了四十多件形象习作，着意刻画一代文豪的外貌和精神特征。雕刻家认为，创造形似的巴尔扎克不是主要的，"我考虑的是他的热情工作，他的艰难生活，他的不息的战斗，他的伟大的胆略和精神，我企图表现所有这一切"。罗丹塑造的巴尔扎克是个夜间漫步的形象。文豪习惯于夜间穿着睡衣工作，所以罗丹让他披着睡衣在星空下沉思，那宽大的睡衣包裹着屹立的巨人。据说原来作的小稿中，巴尔扎克有一双智慧的手。罗丹在征求他的助手布尔德尔的意见时，布尔德尔赞美地说："他这双手雕得太好了！"罗丹听后毫不犹豫地拿起锤子就砸掉了这双手，因为他怕这双手过分突出而让人忽略了主要的部分。现在人们看到的巴尔扎克昂着头，头发蓬松，没有手，没有脚，面部精神被突现了出来，在月光下好像独自整夜在行走、思考。这尊巴尔扎克像花费了罗丹 6 年的时间，作品完成后，出人意料的是委托人拒绝接受，甚至指责这尊雕像像一只企鹅、一个雪人、一堆煤、一个怪胎、不成形的幼体动物。有人甚至嘲笑雕像是"麻布袋里装着的癞蛤蟆"，还有人认为巴尔扎克像是 19 世纪末颓废风气和精神错乱的象征。法国文学家协会决定废除合同，理由是他们在"粗制滥造的草稿"中很难认出巴尔扎克的形象。面对这一切批评、指责，罗丹却说："我的巴尔扎克像，他的动态和模样使人联想到他的生活、思想和社会环境，他与社会生活是不可分离的，他是个真实的活生生的人。"他还认为："《巴尔扎克像》是我一生的顶峰，是我全部生命奋斗的成果，我的美学理想的集中体现"。

图 6-30　大卫

图 6-31　巴尔扎克像

后来，越来越多的人发现，别人的作品虽然"形似"方面做得很好，却不能体现巴尔扎克高傲的气势和动人的风采。罗丹的作品采用了中国画"大写意"的手法，在一定"形似"基础上加以夸张、取舍后达到了更高的"神似"——他正是人们心目中那个披着睡衣彻夜不眠、面对黑暗而怒火中烧的文学巨匠巴尔扎克。

罗丹最终胜利了。现在，《巴尔扎克像》早被铸成铜像，矗立在巴黎拉斯巴依大道，受到后人的礼赞。

第五节　书法艺术

书法，又称"中国书法"，是中国特有的一种传统艺术。中国汉字是劳动人民创造的，开始以图画记事，经过几千年的发展，演变成了当今的文字，又因祖先发明了用毛笔书写，便产生了书法，古往今来，均以毛笔书写汉字为主，至于其他书写形式，如硬笔、楷书等，其书写规律与毛笔书写规律相比，并非迥然不同，而是基本相通的。

书法，是一门有法度的高级艺术，重在"法度"，有"法"无"法"，就是书匠和书法家的区别。书法是指用毛笔书写篆、隶、正、行、草各体汉字的艺术。技法上讲究执笔、用笔、点画、结构、章法等，与中国传统绘画、篆刻艺术关系密切，有 3000 多年历史，以商周的金文为萌芽；其后秦篆、汉隶、晋草、魏碑、唐楷、宋行，各擅其胜。

书法是汉字的书写艺术。它不仅是中华民族的文化瑰宝，而且在世界文化艺术宝库中独放异彩。汉字在其漫长的演变发展的历史长河中，一方面起着思想交流、文化继承等重要的社会作用，另一方面它本身又形成了一种独特的造型艺术。近代经过考证，关于中国文字起源，一般认为在距今约 5000—6000 年中国黄河中游的"仰韶文化时期"，已经创造了文字。仰韶文化因 1921 年首先在河南渑池仰韶村发现而得名的。近 40 余年，又陆续有许多发现。

世界上各民族的文字，概括起来有三大类型，即表形文字、表意文字、表音文字。汉字则是典型的在表形文字基础上发展起来的表意文字。象形的造字方法即是把实物画出来，不过画图更趋于简单化、抽象化，成为突出实物特点的一种符号，代表一定的意义，有一定的读音。我们的汉字，从图画、符号到创造、定型，由古文大篆到小篆，由篆而隶、楷、行、草，各种形体逐渐形成。在书写应用汉字的过程中，逐渐产生了世界各民族文字中独一的，可以独立门类的书法艺术。

一、书法发展史

(一)开创先河的秦代书法

春秋战国时期，各国文字差异很大，是发展经济文化的一大障碍。秦始皇统一国家后，丞相李斯主持统一全国文字，这在中国文化史上是一伟大功绩。秦统一后的文字称为秦篆，又叫小篆，是在金文和石鼓文的基础上删繁就简而来的。著名书法家李斯主持整理

出了小篆。《绎山石刻》、《泰山石刻》、《琅琊石刻》、《会稽石刻》即为李斯所书，历代都有极高的评价。秦代是继承与创新的变革时期。《说文解字序》说："秦书有八体，一曰大篆，二曰小篆，三曰刻符，四曰虫书，五曰摹印，六曰署书，七曰书，八曰隶书。"基本概括了此时字体的面貌。秦代除以上书法杰作外，尚有诏版、权量、瓦当、货币等文字，风格各异。秦代书法，在中国书法史上留下了辉煌灿烂的一页，气魄宏大，堪称开创先河。

(二)两汉书法

两汉书法有两大表现形式，一为主流系统的汉石刻；一为次流系统的瓦当玺印文和简帛盟书墨迹。后汉以来，碑碣云起，是汉隶成熟的标记。在摩崖石刻中(刻在山崖上的文字)尤以《石门颂》为最著名，书法家视为"神品"。而碑刻是体现时代度与韵的最主要的艺术形式，其中以《封龙山》、《西狭颂》、《孔宙》、《乙瑛》、《史晨》、《张迁》、《曹全》诸碑尤为后人称道仿效。北书雄丽，南书朴古，体现了"士"、"庶"阶层的不同美学追求。至于瓦当玺印、简帛盟书则体现了艺术性与实用性的联姻。

书法艺术的繁荣期，是从东汉开始的。东汉时期出现了专门的书法理论著作，最早的书法理论提出者是东西汉之交的杨雄。第一部书法理论专著是东汉时期崔瑗的《草书势》。汉代著名书法家有蔡邕、杜度、崔瑗、张芝，其中张芝被后人称之为"草圣"。

(三)魏晋南北朝书法艺术

1. 三国时期

三国时期，隶书开始由汉代的高峰地位降落衍变出楷书，楷书成为书法艺术的又一主体。楷书又名正书、真书，由钟繇所创。正是在三国时期，楷书进入刻石的历史。三国(魏)时期的《荐季直表》、《宣示表》等成了雄视百代的珍品。

2. 两晋时期

晋时，书法大家辈出，简牍为二王(王羲之、王献之)。妍放疏妙的艺术品味迎合了士大夫们的需求，人们愈发认识到，书写文字，还有一种审美价值。最能代表魏晋精神、在书法史上最具影响力的书法家当属王羲之，人称"书圣"。王羲之的行书《兰亭序》被誉为"天下第一行书"，论者称其笔势以为飘若浮云，矫若惊龙，其子王献之的《洛神赋》字法端劲，所创"破体"与"一笔书"为书法史一大贡献。此外，还有著名书法家陆机、卫瑾、索靖、王导、谢安、鉴亮等。

3. 南北朝时期

南北朝时期，中国书法艺术进入北碑南帖时代。

北朝碑刻书法，以北魏、东魏最精，风格亦多姿多彩。代表作有《张猛龙碑》、《敬使君碑》。碑帖之中代表作有《真草千子文》。北朝褒扬先世，显露家业，刻石为多。北魏《郑文公碑》可谓南北双星，北派书写者多为庶人，书不具名。

(四)隋唐五代书法

隋结束南北朝的混乱局面,统一中国和之后的唐都是较为安定的时期,南帖北碑发展至隋而混合同流,正式完成楷书之形式,居于书史承先启后之地位。隋楷上承两晋南北朝沿革,下开唐代规范的新局。

唐代文化博大精深、辉煌灿烂,达到了中国封建文化的最高峰,可谓"书至初唐而极盛"。整个唐代书法,对前代既有继承又有革新。楷书、行书、草书发展到唐代都跨入了一个新的境地,时代特点十分突出,对后代的影响远远超过了以前任何一个时代。

唐初国力强盛,书法从六朝遗法中蝉脱而出楷书,大家以欧阳询、虞世南、褚遂良、薛稷四家为书法主流。总特点为结构严谨整洁,故后代论书有"唐重间架"之说。至盛唐张旭、怀素以癫狂醉态将草书表现形式推向极致。到晚唐五代,国势转衰,柳公权再变楷法,以瘦劲露骨自矜,进一步丰富了唐楷之法。唐代书法家和书法理论家名家辈出,如欧阳询、虞世南、颜真卿、柳公权等,都是书法大家。

(五)宋朝的书法

宋朝书法尚意,此乃朱大倡理学所致,意之内涵包含有四点:一重哲理性,二重书卷气,三重风格化,四重意境表现,同时表现书法创作中的个性化和独创性。到了宋代,书法开始以一种尚意抒情的新面目出现在世人面前,这就要求书法家除了具有"天然"、"工夫"两个层次外,还需具有"学识",即"书卷气"。

无论是天资极高的蔡襄和自出新意的苏东坡,还是高视古人的黄庭坚和萧散奇险的米芾,都在力图表现自己书法风貌的同时,凸现出一种标新立异的姿态,使学问之气郁郁芊芊发于笔墨之间,并给人以一种新的审美意境。宋代书法家代表人物是苏轼、黄庭坚、米、蔡襄。

(六)元代书法艺术

元初书法崇尚复古,宗法晋、唐而少创新。虽然在政治上元朝是异族统治,然而在文化上却被汉文化所同化,元朝之意表现为刻意求工开式美的追求。元朝书坛的核心人物是赵孟頫,他的书法对王派书法的精之处颇有独到的领悟,表现为"温润闲雅"、"秀研飘逸"的风格面貌,他的审美观趋向飘逸的超然之态和他信佛教有一定联系。在元朝书坛享有盛名的还有鲜于枢、邓文原,他们主张书画同法,注重字的体态。

(七)明朝书法艺术

明初书法"一字万同"、"台阁体"盛行。明初书法家有擅行草书的刘基、工小楷的宋濂、精篆隶的宋遂和名满天下的章草名家朱克。

明中期吴中四家崛起,书法开始朝尚态方向发展。祝允明、文徵明、唐寅、王宠四子依赵孟而上通晋唐,取法弥高,笔调亦绝代,这和当时思想观念的开拓解放有关,书法开

始迈入倡导个性化的新境域。

晚明书坛兴起一股批判思潮，书法上追求大尺幅，震荡的视觉效果，侧锋取势，横涂竖抹，满纸烟云，使书法原先的秩序开始瓦解。这些代表书家有张瑞图、黄道周、王铎、倪元璐等。

(八)清代书法

清代书法的总体倾向是尚质，分为帖学与碑学两大发展时期。

清朝，金石出土日多，士大夫从热衷于尺牍转而从事金石考据之学，一时朝野内外，学碑才趋之若，最后成为清朝书坛的主流，加之阮元、包世臣、康有为大力张扬，碑学作为一种与帖学相抗衡的书学系统而存在。当时著名的书法家如金农、邓石如、何绍基、赵之谦、吴昌硕、张裕钊、康有为等纷纷用碑意写字作画，达到了尽性尽理。

二、各种书法体简介

(一)篆书

篆书是大篆、小篆的统称。大篆指甲骨文、金文、籀文、六国文字，它们保存着古代象形文字的明显特点。小篆也称"秦篆"，是秦国的通用文字，是公元前 221 年(秦始皇统一六国，废除六国异体字)由秦丞相李斯负责统一全国文字，为大篆的简化字体，是古文字发展的最后阶段，其特点是形体匀逼齐整、略长而整齐、笔画圆匀秀美、字体较籀文容易书写。在汉文字发展史上，它是大篆由隶、楷之间的过渡。

(二)隶书

隶书基本是由篆书演化来的，也叫"隶字"、"古书"，隶书起源于秦朝，在东汉时期达到顶峰，书法界有"汉隶唐楷"之称，也有说法称隶书起源于战国时期。隶书是在篆书基础上，为适应书写便捷需要而产生的字体。将小篆加以简化，主要把圆转的笔划改为方折，书写速度更快。它分"秦隶"(也叫"古隶")和"汉隶"(也叫"今隶")，隶书的出现，是古代文字与书法的一大变革。

隶书是汉字中常见的一种庄重的字体，书写效果略微宽扁，横画长而直画短，讲究"蚕头雁尾"、"一波三折"。

(三)楷书

楷书又称正书，或真书，也叫正楷，始于东汉，盛行于魏晋，唐代达到鼎盛阶段。楷书就是现在通行的汉字手写正体字，它是由隶书演变来的，更趋于简化，字形由扁改方，笔画中省简了汉隶的波势，其特点是形体方正，笔画平直，可作楷模，故名"楷书"。楷书的名家很多，如"欧体"(欧阳询)、"虞体"(虞世南)、"颜体"(颜真卿)、"柳体"(柳公权)、"赵体"(赵孟頫)等。楷书仍是现代汉字手写体的参考标准，也发展出另一种手写

体——钢笔字。

(四)行书

行书，是介于楷书与草书之间的一种书体。偏于楷书者，称为"行楷"；偏于草书者，称为"行草"。可以说是楷书的草化或草书的楷化，是为了弥补楷书的书写速度太慢和草书的难于辨认而产生的，笔势不像草书那样潦草，也不要求楷书那样端正，具有很强的普及性，因而成为五大书体中最广泛的使用书体。所以唐代孙过庭在《书谱》中说："加以趋变适时，行书为要。"

(五)草书

草书形成于汉代，为了书写简便在隶书的基础上演变而来，其特点是结构简省、笔画连绵，有章草、今草、狂草之分。章草字字独立，接近于行草，笔划省变有章法可循，但对难写之字简化不多，书写不变，代表作如三国吴皇象《急就章》的松江本。今草即楷书草书，不拘章法，写字迅速，往往上下字连写，末笔与起笔相呼应，每个字一般也有简化的规律，但不太熟悉的人有时不易辨认，代表作如晋代王羲之的《初月》、《得示》等帖。狂草出现于唐代，作为传递信息工具的功能已经减弱，已成为一种艺术作品，讲究间架、纸的黑白布置，笔势狂放不羁。以唐代的张旭、怀素为代表。张旭被称为"草圣"，代表作有《肚痛》等帖，怀素的《自叙帖》，都是现存的珍品。

三、著名书法家

(一)王羲之

王羲之(303—361 年)，字逸少，号澹(dān)，身长七尺有余(约为 1.83 米)，原籍琅琊(今属山东临沂)，后迁居山阴(今浙江绍兴)，是东晋伟大的书法家。他的儿子王献之书法也很好，人们称他们两为"二王"，另一个儿子王凝之官至左将军，因曾任右军将军，世称"王右军"、"王会稽"。王羲之的代表作品有楷书《乐毅论》、《黄庭经》，草书《十七帖》，行书《姨母帖》、《快雪时晴帖》、《丧乱帖》，行楷《兰亭序》(参见图 6-32)等。王羲之精研体势，心摹手追，广采众长，冶于一炉，创造出"天质自然，丰神盖代"的行书，被后人誉为"书圣"。其中，王羲之书写的《兰亭序》为书家所敬仰，《兰亭序》总计 324 字，共 28 行，

图 6-32 王羲之书法《兰亭序》

整帖点画方圆，笔力雄劲，因笔法、章法俱美，被称作"天下第一行书"。王羲之对真书、草、行主体书法造诣都很深。今人刘铎对王羲之的书法曾称赞道："好字唯之(之，即

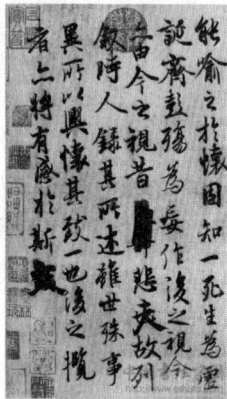

王羲之)。"

(二)颜真卿

颜真卿(709—785 年),字清臣,祖籍唐琅琊(今山东临沂),世称颜鲁公。中唐时期的书法创新代表人物,其楷书端庄雄伟,气势开张。颜真卿少时家贫缺纸笔,用笔醮黄土水在墙上练字。其书初学张旭,初唐四家,后兼收篆隶和北魏笔意,自成一格,一反初唐书风,化瘦硬为丰腴雄浑,结体宽博而气势恢宏,骨力遒劲而朴拙雄浑,人称"颜体",奠定了他在楷书千百年来不朽的地位,颜真卿是中国书史上最富有影响力的书法大师之一,对后世影响巨大。他的"颜体",与柳公权并称"颜柳",有"颜筋柳骨"之誉。他的书迹作品,据说有 138 种。楷书有《多宝塔碑》、《麻姑仙坛记》等,是极具个性的书体,如"荆卿按剑,樊哙拥盾,金刚嗔目,力士挥拳"。行草书有《祭侄文稿》(参见图 6-33)、《争座位帖》、《裴将军帖》、《自书告身》等,其中《祭侄文稿》是在极其悲愤的心情下进入的最高艺术境界,被称为"天下第二行书"。米芾《书史》曰:"《争座位帖》有篆籀气,为颜书第一,字相连属,诡异飞动,得于意外。"

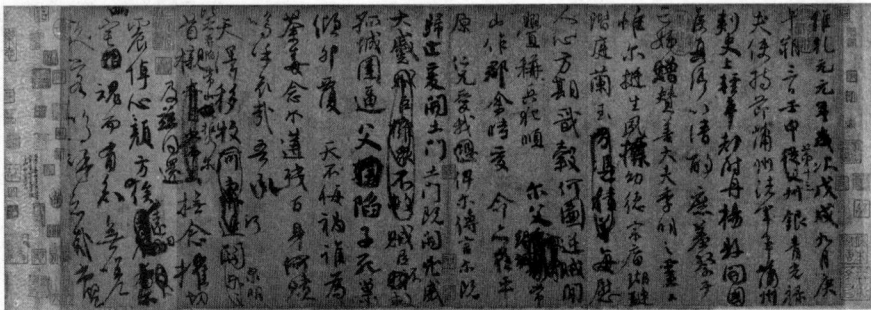

图 6-33　颜真卿书法《祭侄文稿》

思考与练习

1. 我国著名的书法家有哪些?
2. 谈谈你对音乐的认识。
3. 简述我国书法发展的历史。
4. 按绘画的类别分类,可以分为哪几个种类,请分别加以说明。

学习参考网站

1. 中国艺术网:http://www.chinaartsweb.com/
2. 中国艺术:http://www.chinarts.net/
3. 世纪在线中国艺术网:http://www.cl2000.com/
4. 华夏艺术网:http://www.artsweb.cn/

第七章　中国民间文化

本章提要

本章主要介绍了汉族和部分少数民族的民俗及主要传统节日，讲述了人生礼仪的基本习俗以及神话、传说等体裁的民间作品；介绍了中国的饮食文化常识。

学习指南

了解汉族及部分少数民族的民俗及主要传统节日；了解人生礼仪的习俗文化；熟悉神话、传说等体裁的民间作品；了解并掌握中国菜系文化的内容及特点。

第一节　中国的民族民俗

中国自古就是一个多民族的国家，五十六个民族组成了中华民族大家庭，各兄弟民族之间不断交流，共同发展，创造了光辉灿烂的中华文化。由于客观环境的差异和社会发展的不平衡性，五十六个民族在人口分布、语言文字、风俗习惯和宗教信仰等方面既有共同性也有差异性。

一、汉民族民俗

汉族是中国人口最多、分布最广的民族，也是世界上人口最多的民族。汉族主要源于黄炎、东夷等部落联盟，同时吸收了周围和部分苗蛮、百越、戎狄等部落联盟而逐渐形成。其先民经过夏、商、周三代，至春秋战国形成了以"华"、"夏"的单称或"华夏"联称的族体。秦始皇统一中国后，华夏民族完成了统一。至汉朝时，华夏民族成为统一的多民族国家中人口最多的民族。汉以后，周边各族也以"汉人"称呼中原人，汉族因汉王朝而得名，逐渐地汉族成为中国主体民族的族称。汉族经过四千年的发展，创造了辉煌的古代文明。

汉族有自己的语言和文字，汉族的语言通称为汉语，属汉藏语系。

汉族自古对多种宗教采取兼容并蓄的态度，天命崇拜是汉族的主要传统观念。道教是汉族历史上形成的宗教。汉代以后，佛教传入。几千年来，汉族提倡以"仁"为中心，重视伦理教育，由孔孟思想体系形成的儒家学说对汉族有着深远的影响。

汉族人热情好客，讲究礼貌，尊老爱幼，乐于助人。

中国素有"烹饪王国"的美称，这与汉民族高超的烹调技术和酿造技术是分不开的。中国北方的汉族一般以面食为主，如馒头、包子、面条、烙饼，南方的汉族以大米为主食。菜有荤、素两类，以筷子进食。一般来说，四川、湖南喜辣，广东、江浙一带喜甜，西北喜酸，华北喜咸，都有饮酒喝茶的习俗，并出现了海内外闻名的四大菜系、八大菜系。

汉族悠久的历史孕育了多姿多彩的节日文化。汉族的节日很多，主要有春节、清明节、端午节、中秋节等。

(一)春节

春节俗称"新年"，是中华民族最隆重的节日，流行于全国各地。春节起源于原始社会的腊祭。中国古代民族在岁尾年初之际用一年的收获物来祭祀众神和祖先，并歌舞戏耍，举行各种娱乐活动。

春节活动从腊月二十三过小年开始，经过除夕、春节直到正月十五元宵节结束，其中从除夕至正月初三为高潮。

春节的活动内容丰富多彩，因时因地不同而有所不同，但通常都有以下主要内容：采买年货、做新衣、祭祀、吃团圆饭、守岁、贴春联和年画等，节日期间人们还互相拜年、放炮竹、吃年糕、饺子、元宵、舞狮子、龙灯、扭秧歌等。

春联，起源于桃符，原为驱鬼而用，后逐渐演变为表达人们辞旧迎新的喜悦心情。

除夕之夜，即年三十晚上，家家团聚，吃团圆饭，闭门团坐，拉扯家常，通宵不睡，直到天亮，谓之守岁，表达了人们对旧岁的留恋之意和对新年的希冀之情。

拜年是中国民间的传统习俗，早在汉代就十分盛行，拜年时互相道贺，从初一一直延续到十五，且拜年时每至一家必须燃放炮竹，整个春节期间炮竹声不绝于耳，家家户户充满了喜庆热闹的气氛。

(二)清明节

清明是中国二十四节气之一，故清明节既是一个农事节日，又是一个祭祖节日、娱乐节日，又称"踏青节"。节期在农历三月间，即公历 4 月 5 日前后。相传此节为纪念春秋时期的介子推而设立。清明节到，大地回暖，万物复苏，正是农耕开始的大好季节，从此进入农忙期。

清明节的民俗活动主要有扫墓、插柳、射柳、踏青、放风筝、荡秋千等。其中扫墓以前已有，唐代成为定俗，宋代得到沿袭，一直持续至今。踏青又叫春游，古时叫探春，起源于唐代，荡秋千习俗盛行于唐代。

清明节从 2008 年起定为国家法定节假日。

(三)端午节

端午节又名端阳节、五月节等，每年农历五月初五举行，是汉族民间传统节日，流行

于全国大多数地区。端午节这一天必不可少的活动逐渐演变为吃粽子，赛龙舟，挂菖蒲、艾叶，薰苍术、白芷，喝雄黄酒。除大人喝雄黄酒外，还用来给孩子擦鼻子和耳朵，有的将酒倒在地上，以起消毒作用。据说，吃粽子和赛龙舟，是为了纪念屈原，所以新中国成立后曾把端午节定名为"诗人节"，以纪念屈原。粽子古称粮、角黍、筒粽等，起源于古代投五花粽子于汨罗江，是为了赶开蛟龙。唐宋以来，便成为端午节的节令食品。

时至今日，端午节仍是中国人中一个十分盛行的隆重节日。端午节从 2008 年起定为国家法定节假日。国家非常重视非物质文化遗产的保护，2006 年 5 月 20 日，该民俗经国务院批准列入第一批国家级非物质文化遗产名录。

(四)中秋节

中秋节又名"八月节"、"仲秋节"、"团圆节"、"玩月节"，是中国的传统佳节，是一个象征团圆的传统佳节。

据史籍记载，古代帝王有春天祭日、秋天祭月的礼制，节期为农历八月十五，时日恰逢三秋之半，故名"中秋节"。此夜月亮又圆又亮，民间以合家欢聚赏月为主要内容，寓意团圆美满。

中秋节的起源与古代秋祀、对月的崇拜及月下歌舞觅偶的习俗有关。主要活动有祭月、赏月、赏桂、吃月饼、吃团圆饭等活动。祭月赏月始于周代，北宋始定为中秋节，南宋成为普遍的活动，明清以来盛行不衰。

中秋节从 2008 年起定为国家法定节假日，2006 年 5 月 20 日，该节日经国务院批准列入第一批国家级非物质文化遗产名录。

二、中国北方部分少数民族民俗

(一)蒙古族

中国的蒙古族人口为 581 万人[①]，在中国少数民族人口总数里排名第六，主要聚居在内蒙古自治区，少数分布在东北、西北和西南地区。

蒙古族有自己的语言文字，蒙古语属阿尔泰语系蒙古语族。

蒙古族是中国北方古老的游牧民族，长期以来主要从事畜牧业，被称为"马背民族"，现在也兼营农业。牧民多住帐篷，农区多住汉式平房。蒙古族以能歌善舞、喜摔跤、爱赛马著称，表现了游牧民族的特色。

蒙古族服饰由首饰、长袍、腰带和靴子组成(参见图 7-1)。

蒙古族的饮食分为粮食、奶食和肉食三类。农区以粮食为主，

图 7-1 蒙古族服饰

---

① 据 2000 年中国人口普查统计。

牧区则以奶食和肉食为主。手抓羊肉是蒙古族待客的特色菜。忌讳吃虾、蟹、鱼、海味等食物。

蒙古族早期信奉萨满教，自17世纪初开始信奉藏传佛教。

丧葬大体有野葬(也叫天葬)、火葬和土葬(无坟)三种。

蒙古族的传统节日除春节外，主要是"那达慕"大会。"那达慕"是蒙古语音译，意为"游戏"、"娱乐"，流行于内蒙古、甘肃、青海等蒙古族地区。一年一次，每次一至数日，多在夏秋牧畜肥壮的季节择日举行。"那达慕"大会起源于古代的祭敖包。届时，男女老少身着盛装，带上蒙古包赶来参加。"那达慕"大会早期只有赛马、摔跤、射箭、俗称"男子三项那达慕"，后渐有说书、歌舞、下棋。

蒙古族的禁忌：蒙古族崇拜火、火神和灶神，认为火、火神或灶神是驱妖避邪的圣洁物。所以进入蒙古包后，禁忌在火炉上烤脚，不得跨越炉灶，在炉灶上磕烟袋、摔东西、扔脏物，不能用刀子挑火、将刀子插入火中，或用刀子从锅中取肉。蒙古族认为水是纯洁的神灵，忌讳在河流中洗手或沐浴，将不干净的东西投入河中。蒙古族对守门的狗和猎犬很爱护，禁止外人打骂，否则即被认为是对主人的不礼貌。

(二)满族

满族人口为 1068 万人[①]，主要集中分布在辽宁省，超过全国满族人口的半数，其他的分布在河北、吉林、内蒙古、黑龙江等省市自治区。

满族的先祖是两千多年前的肃慎人，其后裔称女真。12世纪初，完颜阿骨打建立了全国性的政权——金。1636年，皇太极即位称帝，改国号为清，1644年清军入关统一全国，1911年，清亡。

满族有自己的语言文字，满语来源于古代女真语，属阿尔泰语系满－通古斯语族满语支。满文是16世纪借用蒙古字母创制的新型文字。

早期满族先民以游猎和采集为主要谋生手段，后主要从事农业。

满族的住房，过去一般院内有一影壁，立有供神用的"索伦杆"。满洲族传统住房一般为西、中、东三间，大门朝南开，西间称西上屋，中间称堂屋，东间称东下屋。

满族男子头顶后半部留发，束辫垂于脑后，穿马蹄袖袍褂；女穿直统旗袍，着高底花鞋(参见图 7-2)。

满族过去以高粱米为主食，现以大米和面粉为主食。手扒肉、白煮猪肉、"萨其玛"是满族中的特色饮食。

满族人去世后一般实行土葬。

图 7-2　满族服饰

满族的禁忌较多，最突出的是不准杀狗、不吃狗肉，不戴狗皮帽子；在满族人家里做客，不能当着主人的面赶狗，说狗的坏话。满族人有尊祖敬老的习俗，以西为上，忌讳一

---

① 据 2000 年中国人口普查统计。

般人，尤其是年轻人坐西炕。祭祖时大门口挂放的谷草是为祖先的马匹准备的，忌与孕妇、寡妇、戴狗皮帽子的人接触。

三、中国中南地区少数民族民俗

(一)壮族

壮族，1617.8 万人①，主要分布在广西、云南、广东、湖南、贵州等省区，以广西最多，是少数民族中人口最多的一个民族。壮族有本民族的语言和文字。

壮族人民主要从事农业。居住在坝区和城镇附近的壮族，其房屋多为砖木结构，居住在边远山区的壮族，其村落房舍则多数是土木结构的瓦房。

壮族服饰(参见图 7-3)主要有蓝、黑、棕三种颜色。男子多穿对襟上衣，妇女多穿无领、斜襟、绣花滚边的上衣，腰间束绣花围腰，头上缠着各式方巾。

图 7-3　壮族服装

壮族的主食是大米、玉米，喜食腌制食品，妇女喜嚼槟榔。节日喜庆时，喜欢做五色饭，色、香、味俱佳。

壮族的宗教信仰主要是自然崇拜和祖先崇拜，信仰多神，佛、道、基督教都对其产生过一定影响。壮族实行土葬。

壮族忌讳：禁止用脚踩踏火塘上的三脚架以及灶台。妇女生孩子的头三天(有的是头七天)忌讳外人入内；壮族青年结婚，忌讳怀孕妇女参加，怀孕妇女尤其不能看新娘。家有产妇，要在门上悬挂袖子枝条或插一把刀，以示禁忌。忌在家里吹口哨。

(二)土家族

土家族，802.8 万人②，自称"毕兹卡"(意为本地人)，主要居住在湖南、湖北、四川、贵州四省，有自己的语言，土家语属汉藏语系藏缅语族，接近彝语支。大多数人通汉语，目前只有为数不多的几个聚居区还保留着土家语。没有本民族文字，通用汉文。

土家族主要从事农业，住吊脚楼，多依山傍水而建，是典型的干栏式建筑。土家族日常主食除米饭外，以包谷饭最为常见。土家族菜肴以酸辣为其主要特点。家家都有酸菜缸，用以腌泡酸菜。辣椒不仅是一种菜肴，也是每餐不离的调味品。善于酿酒和饮酒。

土家族女装为短衣大袖，左衽开襟，滚镶 2、3 层花边，镶边筒裤；男装为对襟短衫。织绣艺术是土家族妇女的传统工艺，土家族的传统工艺还有雕刻、绘画、剪纸、蜡染等。土家织锦又称"西兰卡普"，是中国三大名锦之一。

---

① 据 2000 年中国人口普查统计。

② 据 2000 年中国人口普查统计。

土家族爱唱山歌，山歌有情歌、哭嫁歌、摆手歌、劳动歌、盘歌等。传统舞蹈有"摆手舞"、"八宝铜铃舞"及"茅古斯"。乐器有唢呐、木叶、"咚咚喹"、"打家伙"等。

礼仪主要有：见面要互相问候，家有来客，必盛情款待。若是逢年节到土家人家里做客，主人还会拿出雪白的糍粑去烤，待烤得两面金黄开花时，吹拍干净，往里灌白糖或蜂蜜，双手捧给客人。有的地方给客人吃糍粑还有些讲究，即把烤好的糍粑给客人后，客人不得吹拍火灰，要接过就咬，这时主人会抢回去吹打拍净，蘸上糖再给客人。

土家族崇拜祖先，信仰多神，尊崇土老师(巫师)。土家族实行土葬。

土家族的禁忌：忌随意移动火堂中的三角架，不准用脚踩踏。忌在家里吹口哨，忌在清晨讲鬼、蛇、虎等不吉利的事物。图7-4所示为土家姑娘哭嫁图。

图7-4 土家姑娘哭嫁图

四、中国西南地区少数民族民俗

(一)藏族

藏族，541.6万人[①]，是一个以快乐性情和轻松节奏面对人生的祥和的民族，主要聚居在西藏自治区，还分散居住在青海、甘肃、四川、云南等省。藏族有自己的语言和文字，属汉藏语系藏缅语族藏语支。藏族大部分从事畜牧业，少数从事农业，盛产青稞和奶油。

藏族最具代表性的民居是碉房。碉房多为石木结构，一般分两层，以柱计算房间数。底层为牧畜圈和贮藏室，二层为居住层。若有第三层，则多作经堂和晒台之用。因外观很像碉堡，故称为碉房。

图7-5 藏族服装

藏族服饰(参见图7-5)的特点是长袖、宽腰、大襟。妇女冬穿长袖长袍，夏着无袖长袍，内穿各种颜色与花纹的衬衣，腰前系一块彩色花纹的围裙。藏族同胞特别喜爱"哈达"，把它看作是最珍贵的礼物。"哈达"是雪白的织品，一般宽约二三十厘米，长约一至两米，用纱或丝绸织成，每有喜庆之事，或远客来临，或拜会尊长，或远行送别，都要献"哈达"以示敬意。

藏族喜食酥油茶、奶茶、酸奶和奶渣，喜饮青稞酒，一般以糌粑为主食，食用时，要拌上浓茶。藏族人民热情开朗、豪爽奔放。他们一般以歌舞为伴，自由地生活。藏族民歌抑扬顿挫，合辙贴韵，悦耳动听，唱时还伴以各种舞蹈。舞姿优美，节奏明快。其中踢踏舞、锅庄舞、弦子舞最为广泛流传。

---

① 据2000年中国人口普查统计。

藏族信仰佛教。公元七世纪佛教从印度传入西藏，至今已有 1300 多年的历史。

藏族的禁忌较多，接待客人时，让客人或长者为先，忌讳直呼其名，不能东张西望接受礼品，要双手去接赠送礼品，并躬腰双手高举过头。敬酒时，客人须先用无名指蘸一点酒弹向空中，连续三次，以示祭天、地和祖先。行路遇到寺院、玛尼堆、佛塔等宗教设施，必须从左往右绕行，不得跨越法器、火盆、经筒，经轮不得逆转。

(二)苗族

苗族，894 万人[①]，主要分布在贵州、湖南、云南等省，呈大杂居、小聚居的特点。苗族有本民族的语言和文字。

苗族主要从事农业，以大米为主食，喜吃糯食，常将糯米做成粑粑，嗜好酸辣，一些地区"无辣不成菜"。酸食有酸辣椒、酸菜、酸汤和酸汤鱼等。

苗族的民居多为三开间的平房或楼房，以木结构为主，是典型的干栏式建筑。建筑在山区的吊脚楼，顺地势分为三层，下层养牲畜，中层住人，顶层堆放杂物。

苗族妇女的服装有上百种样式，色彩鲜艳。上身一般穿窄袖大领的对襟长短衣，下身穿百褶裙。

图 7-6　苗族服装

苗族的宗教信仰主要是自然崇拜和祖先崇拜，也有人信仰天主教和基督教。图 7-6 所示为典型的苗族服装。

苗族的传统节日有苗年、四月八、吃新节和芦笙节等。苗族同胞能歌善舞。青年男女婚姻比较自由，他们通过"游方"、"跳月"等社交活动，自由对歌、恋爱成婚。

苗族的禁忌主要有：忌在灶上煮狗肉、蛇肉，忌刀口向上、凶器指人，忌在夜间吹口哨等。

第二节　人生礼仪习俗文化

人生仪礼，又称个人生活仪礼，是指人的一生中几个重要阶段所经历的具有一定仪式的行为过程。人生仪礼是普遍存在的一种民俗现象，任何人一生，不论古今中外，都要用相应的各阶段民俗礼仪来度过。在人的一生中，各阶段所标志出的仪礼，就是人生仪礼。诞生礼、成年礼、婚礼和葬礼，是人类生活中的四大礼仪。

一、诞生礼

诞生礼作为人生的开端仪礼，具有持续时间长、仪式隆重等特点。诞生礼一般标志着一个新的生命的孕育期的结束，社会成员对继承者的出生给予肯定。中国传统社会特别重

---

① 据 2000 年中国人口普查统计。

视子嗣承续，婴儿的降生受到父母乃至整个家庭、家族的重视。从妇女未孕时的求子到婴儿周岁，一切礼仪都围绕着长命的主题。诞生礼自古就有重男轻女的倾向，历来以生男的仪式为重，生女后的仪式一切从简。

诞生礼包括"三朝"、"满月"、"百日"、"周岁"等。"三朝"是婴儿降生三日时接受各方面的贺礼。多有外婆家里送来红鸡蛋、十全果祝诞生，后来又产生了"洗三"仪式。北方多用艾叶、花椒等草药热汤洗婴儿，边洗边祝辞，以驱灾避瘟。

"满月"在婴儿满一个月时剃胎发，剃头仪式在旧式礼仪中比较隆重，主要由外婆家赠礼，请全福人抱婴儿坐中间，由剃头匠人剃胎发，胎发多收藏起来，剃头后婴儿穿新衣，亲友赠礼聚餐。

"百日"，婴儿降生百日所举行的庆贺仪式，古称"百晬"，俗以长命百岁为吉，故演为"百岁"。此日庆贺，多赠"长命百岁"锁，谓之"过百岁"、"做百日"。

"周岁"时行抓周礼，以预测小儿一生命运、事业吉凶。"抓周"预测属于占卜一类，本不可靠，但作为一种仪式或娱乐方式反映出家长和长辈们望子成龙的心情。《红楼梦》介绍贾宝玉抓周抓了些脂粉，其父亲贾政便认为他是女儿行中人，加以约束。

周岁之后，小孩每年过一次生日，有的地方叫"爬门坎"，父母煮鸡蛋和面条给孩子吃，其用意是让他岁岁平安，逐渐长大成人。

二、成年礼

成年礼标志着儿童进入生理的成熟期，社会群体正式承认他为正式成员，享有成人的权利和义务。

在汉族历史上有男子 20 岁行冠礼，女子 15 岁行笄礼的规定。这种古礼是指男子 20 岁时加冠转入成年阶段的仪礼。据《礼记·冠义》中记载，仪式非常隆重，士阶层的冠礼过程由主持仪式者给冠者戴三次帽子，称"缁弁"、"皮弁"、"爵弁"，分别象征着冠者从此具有了治人的权利、服兵役的资格和参加祭祀活动的资格。同时，冠礼也是为以后的婚礼做基础。而女子的笄礼规模要小一些，主要是由女性家长为行笄礼者改变发式，将头发绾成一个髻，插上簪子(即笄)，表示从此结束少女时代，可以嫁人了。

目前，中国各少数民族中有的还保留着古老的成年仪礼，如拔牙、染牙、穿裙、穿裤、盘发髻等仪式都是进入成年的标志。如云南纳西族摩梭人女孩的"穿裙礼"和男孩的"穿裤子礼"，俗称为"踩猪膘"。这个传统礼仪一般在大年初一为家中满 13 岁的孩子举行。女孩的穿裙仪式由母亲或属相相符的女人来操作，男孩的穿裤仪式由舅父来完成。礼毕，意味着他们有了接交"阿注"的权利，并可以公开参加各种青年社交活动了。

三、婚礼

中国古代称婚礼为昏礼，多在黄昏举行。婚礼，是人的一生中十分重要的转折点，这意味着一个人进入了建立个体家庭的重要阶段，民族社会多了一个新的生产单位，是社会

发展必需的仪礼。因此，各民族都非常重视这一仪礼。

古代婚礼制度的"六礼"，对中国历代婚礼的演变始终起着重要作用。"六礼"是指从议婚至完婚过程中的六种礼节，即：纳采、问名、纳吉、纳征、请期、亲迎。这一娶亲程式，周代即已确立。纳采为"六礼"之首，即男方家请媒人去女方家提亲，女方家答应议婚后，男方家备礼前去求婚。问名，即男方家请媒人问女方的名字和出生年月日。纳吉，即男方家卜得吉兆后，备礼通知女方家，决定缔结婚姻。

纳征，亦称纳币，即男方家以聘礼送给女方家。请期，即男家择定婚期，备礼告知女方家，求其同意。亲迎，是新郎亲往女家迎娶新娘的仪式，亲迎礼是古今婚礼中最为繁缛琐细的仪式。

少数民族的婚礼过程仪式也是隆重而多样的。傣族婚礼最富特色的是"拴线仪式"，新郎、新娘被一根线一拴，就意味着两个人的魂就被拴在一起了，两颗心也被拴到了一块。

婚礼是人生的狂欢时刻，是人一生最快意美满的时刻，在仪礼形式上讲究表演性、追求和谐的形式。

四、葬礼

死亡是人生历程的终点。葬礼是人结束了一生后，由亲属、邻里、好友等进行哀悼、纪念、评价的仪式，同时也是殓殡祭奠的仪式。中国古代有"生有所养，死有所葬"的原则，把处理死者看作重大、庄严的事情。几千年来形成的丧死习俗，是既要让死者满意，也要让活着的人安宁。在传统葬礼发展过程中，其习俗一般包括：停尸、招魂、吊丧、殡仪、送葬。在人生各项礼仪中，葬礼的内容最为复杂多样，因为丧葬习俗中的社会生活成分几乎被信仰成分所淹没，一方面有对死者一生事业、贡献、社会影响的总评和追念，一方面又对死者进入信仰中的另一个世界表示各种祝福。

从婴儿诞生开始，社会的习俗与信仰的习俗便交织在一起，经过连续不断的过渡礼仪，把一生中重大的阶段仪式串联在一起，直至离开人间，任何人的一生都不能脱离生活仪礼的习俗。

第三节 中国民间文学

民间文学是民众精神文化的重要组成部分，与作家书面文学存在很大的差异，民间文学与俗文学、作家文学共同构成了一个国家或民族的文学传统。民间文学是人民大众集体创作、口耳相传的语言艺术，是广大人民长期社会生活的产物。它运用口头语言，创造各种艺术形象，表现了高尚的审美趣味和深刻的理性认识，其口传特点使这种文学天然地具备了表演娱乐的性质，这是民间口头文学区别于其他民俗事象的艺术特征。民间文学作为文学的一个分支，它除了具有文学的基本特征，如形象性、情感性、审美性等外，同时，同通俗文学和作家文学相比，民间文学仍具有其独特之处，具有集体性、口头性、变异性

和传承性这四大不同于其他文学类别的独特特征。民间文学，包括神话、民间传说、民间故事、叙事诗、史诗、歌谣、谚语等体裁的民间作品。

一、神话

神话是一种古老的文学体裁，是人类最早的幻想性口头散文作品，人类童年时期的产物，文学的先河。神话产生的基础是远古时代生产力水平低下和人们为争取生存、提高生产能力而产生的认识自然、支配自然的积极要求。"神话"一词源于古希腊语，意思是"关于神祇和英雄的传说和故事"。而在英语中，神话的词形是"Myth"，意为想象的或虚构的故事。在现代学术术语中，神话就是神或者半人半神的英雄故事，是人们对于所崇拜的神或半人半神的英雄事迹的严肃叙述。总的来说，神话的研究历来有"狭义神话"和"广义神话"之分，"狭义神话"指产生于原始社会末期的关于神的故事和传说。

随着 20 世纪世界学术思想的发展，以及学术研究视野和学术研究方法的更新，许多人认为，神话没有消失的时候，今天也有新神话产生。故"广义神话"指人们直至现代社会所创造的一切关于神的故事和传说。在中国学者中，持广义神话观的代表人物是神话学家袁珂先生。

在远古时代人类把神灵视为整个世界和人类生活的决定力量，神灵的意志决定着人类的生活方式。古代希腊神话中以宙斯为首的奥林匹斯众神、古代中国神话中以天帝为中心的诸神都曾经是人民普遍崇拜的对象。神话最主要的特质是对自然现象和社会文化现象起源的解释，既是原始初民的知识体系，又是他们的信仰体系，内容广泛涉及宗教、哲学、艺术、习俗、历史、心理等，表达了人类试图探索世界、解释世界、征服世界的愿望。

根据神话的内容与特点，神话可分为以下几类。

(一)开辟神话

开辟神话反映的是原始人的宇宙观，用来解释天地是如何形成的，人类万物是如何产生的。原始人对自己生活的自然界充满着好奇，并凭借想象对它进行了深入的探索，从而形成了流传世界各地的开辟神话。几乎每一个民族都会有这一类的神话，甚至有些还有不少有趣的相似性。譬如说关于造人，《女娲创造人类》、《世界最初的七天》、普罗米修斯分别是中国、希伯来民族和古希腊的造人神话。有意思的是，它们都认为人类是神用泥土造出来的，不同的仅是造人的神，在中国是女娲，希伯来则是他们信奉的耶和华上帝，古希腊神话中则是普罗米修斯。他们都是对人类充满慈爱和关怀的神。

(二)自然神话

自然神话，是对自然界各种现象的解释，流传最广的是关于日、月的神话，神话中大多把日、月人格化。彝族中有动植物和人类都是由雪变成的雪子十二支神话。《女娲补天》、《精卫填海》、《大熊星和小熊星》、《蜘蛛和蜘蛛网》、《太阳和月亮为什么住在天空》等神话，对日月星辰、山川草木、风雨雷电、虫鱼鸟兽，乃至回声这样的自然现

象是怎么产生的，做了很美丽的解释。

(三)洪水神话

洪水神话讲述的是人类历史上遭受洪水灾难几乎灭绝而重新繁衍的经历，是一种世界性的神话。它包括两个互相关联的情节：洪水的起因、结果，以及子嗣的繁衍。在神话中洪水是人类诞生后的一次重大灾难，经过这次灾难后，人类社会才真正延续下来。很多民族都有洪水神话，如苗族的《洪水朝天》、瑶族的《伏羲和女娲》、纳西族的《创世纪》等。多数神话认为，洪水泛滥成灾的原因是人类得罪了天神或雷神，洪水之前必有大旱。兄妹婚是洪水神话中十分普遍的神话母题，洪水后，只有兄妹二人存活下来，于是二人结成夫妻繁衍人类。

(四)图腾神话

原始先民把某些动物、植物或虚拟的物质看成是自己的祖先，或认为与自己的祖先有血缘关系加以崇拜，叫图腾崇拜。图腾神话主要讲述图腾物与氏族的亲缘关系。见于古代文献的盘瓠神话，在瑶族、畲族、苗族中仍有流传，并保持着犬图腾崇拜的习俗。社会进一步发展，图腾渐渐被视为保护神，出现虚拟的图腾神物如龙、凤之类，一些半人半兽的神祇有了图腾的性质。彝族有一个广为流传的《九隆神话》，可以说是图腾神话的典型代表。神话中说到，哀牢山住着一位名叫沙壹的妇女，她在河中因触摸到一段沉木而有孕在身，生下了十个男孩儿。后来，沉木变成了龙，这十个男孩儿其实就是龙的儿子，他们子孙后代的身上都刻有龙一样的花纹，衣服上也带有尾巴，表示他们是龙的子孙。

(五)文化起源神话

关于人类社会早期文化现象的起源，神话大多归功于动物，其中鸟取火种和狗取谷种的故事在少数民族中很常见。怒族、傈僳族等民族把谷种来源与狗联系在一起，所以有吃新米先喂狗的习俗。文化创制的神话，其主人公可以是神灵，也可以是半人半神的文化英雄或远古圣贤。古代中国以农业为本，神农一直备受崇拜。传说神农尝百草，一日之内遇到毒物 70 次，教导百姓种植五谷。伏羲和黄帝是中国文化创制最多的人物。

文化起源神话是论证人类文化生活方式合理性并指导生活的一种工具。

二、民间传说

在中国的各种民间叙事文学中，流传最为广泛、数量最为丰富的就是传说。传说是古时产生的一种叙述形式，是劳动人民所创作的，与一定的历史人物、历史事件相关，或解释一定地方风物、社会习俗的口头故事。《牛郎织女》、《孟姜女》、《白蛇传》、《梁祝》是中国著名的四大传说。根据传说的内容和解释的对象，可分为以下几类。

(一)人物传说

人物传说是指关于历史上著名人物的传说，如帝王将相、清官、民族英雄、各行各业的祖师等，以人物为中心，叙述其生平事迹，也包括一部分虚拟人物，如菩萨、神仙之类的。如作品《包公拷问青石板》，讲述包公利用油花漂在水面上的道理，找出了偷走卖油糕小孩铜钱的小偷。

(二)史事传说

史事传说是以历史上的真实事件为中心展开叙事，反映了人民对历史事件的态度和看法，寄予了人民大众的社会愿望和理想。如历代农民起义、抗击外敌入侵、王朝更替都有口头传说，如陈胜、吴广起义的传说，三元里抗英的传说。其中有些作品偏重于叙述事件本身，也有很多作品是事件中特定人物的故事，与人物传说相融合。

(三)风物传说

风物传说以土特产、动植物、岁时节日、风俗习惯、民间工艺等事物的由来为叙事中心，解释其名称来历及特征，具有很强的知识性。这类传说在中国流传最为广泛，数量极为丰富。如北京烤鸭的传说、湘妃竹的传说、傣族泼水节的传说以及风筝传说等。

(四)地方传说

地方传说是指那些与各地特定山川名胜、地方古迹、江、河、泉、石有关的传说故事。故事本身常常涉及古代神祇、历史名人、能工巧匠及普通劳动人民的生活遗迹等。如云南昆明的《金马碧鸡》、《西山睡美人》传说，著名的大理四景，即"下关风"、"上关花"、"苍山雪"、"洱海月"也用四个有趣的传说来解释。

三、民间故事

民间故事，是指神话和传说以外的民间叙事性的口头作品。民间故事不像神话所述的故事较为严肃，以神或神性人物为主人公，也不像传说那样与实在的历史、人物、山川、风物联系在一起，对事物作出评价。民间故事所讲的内容多带有娱乐性，是虚构故事体裁的总称，它所讲的事件、人物大多具有不确定性，常常以"很久很久以前"、"在一个很远的地方"、"有这么一家子"，将故事中所讲述的时间、地点、人物一带而过。

(一)幻想故事

幻想故事也称为民间童话、神奇故事，是以超自然的事物与事件构成故事主干，把神奇的幻想成分与现实生活交织在一起，以娱乐为讲述旨趣的民间口头叙事。其主人公多是普通劳动者，或是陷入了某种魔法或遇上某种难题的王子或公主。幻想故事的内容主要有神奇的婚姻、神奇的历险、神奇的人物、神奇的精灵以及神奇的法术与宝物等等。如纳西

族的《青蛙骑手》、傣族的《孔雀公主》等。

(二)动物故事

动物故事是解释性的故事，以现实的动物为主角，这些动物没有神奇的能力，但都可以讲话，并具有一定的性格特征。动物故事表现动物之间的纷争，此纷争对人民生活有着一定的象征及暗示意义。其中教训意义明显的故事，和寓言十分接近，很多寓言就是由动物故事发展而来的。如汉族的《龟兔赛跑》讲述骄傲的兔子在赛跑中却输给了乌龟，告诉人们"虚心使人进步，骄傲使有落后"的道理；独龙族的《老虎同火赛跑》，讲狂妄自大的老虎要同火赛跑，结果却被火烧死了。

(三)生活故事

生活故事又称为世俗故事，一般没有幻想故事中那些神奇的成分，是指那些现实性较强，按生活本身所具有的形式来反映生活的故事。这类故事内容丰富，现实性很强，大多洋溢着乐观欢快的气氛，表现一定的生活情趣和哲理。例如巧女的故事、呆女婿的故事、机智人物的故事等；如彝族的花围腰的故事，歌颂了聪明美丽的巧媳妇。生活故事真实地再现了人民的生活风貌，直接表达了人民对自己生活境遇的态度和评价。

四、叙事诗和史诗

叙事诗是流传于人民口头上或职业歌手演唱中的叙事体韵文，它以讲述生动曲折的故事为主，塑造鲜明的人物形象，表达深刻的社会问题，结合了民间叙事文学(如神话，故事等)、抒情诗歌的优点，形成了一种比较成熟的文学样式。傣族据说有 500 多部叙事长诗，著名的有《召树屯》、《娥并与桑洛》、《线秀》等；彝族叙事长诗，如《阿诗玛》、《七色女》等；傈僳族的《逃婚调》、《重逢调》、《生产调》等。其中的一些珍品，如《阿诗玛》、《召树屯》已经被改编成电影、舞剧，译为多种外国文字，受到世界各地人民的喜爱。

史诗是一种庄严的文学体裁，是民间文学中题材重大、主题严肃、规模宏大、格调庄重的古老作品，它用诗的语言和形式，或记叙各民族关于天地形成、人类起源的古老神话传说及人类早期的社会生活；或反映民族迁徙、民族战争等重大历史事件，歌颂各民族历史上著名的、往往被神化了的英雄人物的丰功伟业，广义上是民间叙事长诗的一种。史诗的本意是说话、谈话。史诗具有民间百科全书的价值。中国西藏的《格萨尔王传》、印度的《摩诃婆罗多》、《罗摩衍那》和古希腊的《伊里亚特》、《奥德赛》等都是著名的史诗。

五、歌谣

歌谣是民歌、民谣的总称。歌谣同歌曲的不同之处是，歌谣以押韵为主，往往表达一

些有趣的小事，有时也阐述一些深刻的道理，但都是简短押韵的，近于朗诵的较短的词句。

歌谣的内容丰富，品种繁多。根据歌词所反映的社会、历史内容，按题材，我们把歌谣分为七类：一是劳动歌，是一种由体力劳动直接激发起来的民间歌谣，如湖南湘西土家族农民在做农活时所唱的《薅草锣鼓》；二是仪式歌，是在民间风俗活动和祀典仪式上咏诵和歌唱，如新疆哈萨克族赞美新娘的《揭盖头歌》："人人争着把你夸，都说你是好姑娘。像熟鸡蛋剥了皮，姑娘的脸蛋儿细又白"；三是情歌，包括恋爱、婚姻方面的歌，是劳动人民爱情和婚姻生活的真实反映，如江西萍乡《藤缠树》："苦楝子树上长青藤，藤缠树来树缠藤，风吹雨打拆不散，夫妻恩爱到老苦也甜"；四是生活歌，专指除劳动歌、习俗歌、情歌、时政歌及儿歌童谣以外直接反映人民群众衣食住行或一般生活环境的歌谣；五是时政歌，是劳动人民有感于社会现实和政治状况而作的歌谣，如侗族《江水歌》："榕江曲曲弯弯流水长，党的恩情比水还要长，长长江水有尽头，党的恩情哪能量"；六是儿歌，也叫童谣，是各族劳动人民中广泛流传的富于幻想性、符合儿童心理特征的歌谣；七是历史传说歌，这是传诵历史传说的一种歌谣。歌谣是各民族文学的鼻祖和乳娘。

六、民间谚语

谚语是一种哲理性、科学性较强的短小精悍的语言艺术形式，是劳动人民用精练的、固定的语句，总结生产斗争、社会斗争和生活经验的语言艺术结晶，对人具有教育启发、训诫劝导的作用。谚语多半在民间口语中广泛流传，表达人们丰富的社会生活经验，闪耀着人民智慧的光芒，是民众智慧与经验的结晶。比如：冰冻三尺非一日之寒；不听老人言，吃亏在眼前；路遥知马力，日久见人心；有理走遍天下，无理寸步难行；天上鱼鳞般，晒谷不用翻，雷公先唱歌，有雨也不多；清明前后，种瓜点豆；饿死不吃谷种，馋死不吃菜秧等。

第四节 中华饮食文化

民以食为天，食是最重要不过的，正如谚语如说："人生万事，吃饭第一"。庶民百姓如此，国家管理者的大政亦如此："八政：一曰食……"。人类在饮食生活的发展过程中，呈现出两种状态，一种是自然饮食状态，一种是调制饮食状态。在自然饮食状态，人类还处在茹毛饮血的原始生活状态，又可称为生食阶段。只有当人类进入调制饮食状态，学会了使用火，饮食习俗才产生。火的使用是饮食习俗起源的关键，这是饮食习俗的真正开端。中国的饮食文化历史悠久，以其自成体系、丰富多彩和独特的民族风格闻名于世。

一、酒文化

(一)酒的起源与发展

中国是世界上最早酿酒的国家之一。千百年来，酒与人类生活有着十分密切的关系，酒文化已成为人类文化宝库的一个重要组成部分。中国酒的历史，可以追溯到上古时期。其中《史记·殷本纪》关于纣王"以酒为池，悬肉为林"，"为长夜之饮"的记载，以及《诗经》中"十月获稻，为此春酒"和"为此春酒，以介眉寿"的诗句等，都表明中国酒之兴起，已有五千年的历史了。中国酒的原始发明者到底是谁，众说纷纭，莫衷一是。中国晋代的江统在《酒诰》中写道："酒之所兴，肇自上皇，或云仪狄，又云杜康。有饭不尽，委馀空桑，郁积成味，久蓄气芳，本出于此，不由奇方。"《吕氏春秋》曰："仪狄作酒。"汉代刘向所著《战国策·魏策》上记载："昔者，帝女令仪狄作酒而美，进之禹，禹饮而甘之，遂疏仪狄，绝旨酒。曰：'后世必有以酒亡其国者。'"关于仪狄造酒的说法，在《太平御览》中也说："仪狄始作酒醪，变五味。"仪狄是中华文明史上最早见于文字记载的酿酒师。另一种说法则认为酿酒始于杜康，杜康也是夏朝时代的人。东汉《说文解字》中解释"酒"字的条目中有："杜康作秫酒。"《世本》也有同样的说法。"杜康造酒"经过三国时的曹操所作《短歌行》，"何以解忧，唯有杜康"的咏唱，在人们心目中杜康已经成了酒的发明者，也有了各种传说。陕西白水县康家卫村，传说是杜康的出生地；河南汝阳县的杜康矶、杜康河，传说是杜康酿酒处；河南伊川县皇得地村的上皇古泉，传说是杜康汲水酿酒之泉。史籍中还有不少杜康造酒的记载，《说文解字》谓少康即杜康。此外，还有上天造酒说，猿猴造酒说。事实上，酒的启蒙知识，应当是先民通过不断的实践，观察含糖野果和谷物在储存过程中"糖化"、"自然发酵"成酒逐渐获得的。据考古学家证明，在近现代出土的新石器时代的陶器制品中，已有了专用的酒器，说明在原始社会，中国酿酒已很盛行。以后经过夏、商两代，饮酒的器具也越来越多。在出土的殷商文物中，青铜酒器占相当大的比重，说明当时饮酒的风气确实很盛。

(二)中国名酒

1. 黄酒

黄酒是中国的民族特产，也称为米酒，是中国也是世界上最古老的酒类之一，源于中国，且唯中国有之，与啤酒、葡萄酒并称世界三大古酒。黄酒多以糯米、黍米为原料，也可用粳米、灿米和玉米为原料，蒸熟后加入专门的酒曲和酒药，经糖化、发酵后压榨而成。一般酒精含量为14%～20%，属于低度酿造酒。黄酒含有丰富的营养，含糖和21种氨基酸，而人体自身不能合成必须依靠食物摄取的8种必需氨基酸黄酒中都具备，具有相当高的热量，故被誉为"液体蛋糕"。

黄酒产地较广，品种很多，著名的有绍兴加饭酒、浙江花雕酒、状元红、上海老酒、福建老酒、江西九江封缸酒、江苏丹阳封缸酒、无锡惠泉酒、广东珍珠红酒、山东即墨老

酒等。但是被中国酿酒界公认的、最具中国特色的，首推绍兴酒，其制作历史有 2400 多年，它色泽澄黄，清亮透明，醇香浓郁，醇厚爽口，色、香、味三者俱佳，是黄酒中之佳品。

2．白酒

白酒由黄酒演化而来，虽然人们早已利用酒曲及酒药酿酒，但在蒸馏器具出现以前还只能酿造酒度较低的黄酒。蒸馏器具出现以后，用酒曲及酒药酿出的酒再经过蒸馏，可以得到酒度较高的蒸馏酒，即白酒，是中国特有的一种蒸馏酒，以谷物及薯类等富含淀粉的作物为原料，经过发酵蒸馏而成，又称烧酒、老白干、烧刀子等。酒质无色(或微黄)透明，气味芳香纯正，入口绵甜爽净，刺激性较强，饮后余香，回味悠久。酒精含量较高，经储存老熟后，具有以酯类为主体的复合香味。酒度一般都在 40 度以上，但目前已有 40 度以下之低度酒。中国各地区均有生产，以山西、四川及贵州等地产品最为著名。不同地区的名酒各有其突出的独特风格。

白酒名酒主要有以下几种。

1) 茅台酒

茅台酒是世界三大名酒之一，属酱香型白酒，已有 800 多年的历史，产于贵州省仁怀县茅台镇，茅台镇产名酒，与其独特的自然条件及赤水河水和优良的高粱作原料密不可分。赤水河水质好，用这种入口微甜、无溶解杂质的水经过蒸馏酿出的酒特别甘美，其酒质色清透明，醇香馥郁，入口绵柔，清冽甘爽，饮后余香绵绵，回味悠长。1915 年在巴拿马万国博览会上荣获金质奖章。新中国成立后，茅台酒又多次获奖，远销世界各地，被尊为"国酒"。

2) 五粮液

天下三千年，五粮成玉液。五粮液酒是浓香型大曲酒的典型代表，产于四川宜宾，它集天、地、人之灵气，采用传统工艺，因以高粱、糯米、大米、小麦和玉米五种粮食酿制而成，故称五粮液。具有"香气悠久、醇和回味、入口甘美、入喉净爽、各味谐调、恰到好处"的独特风格，是当今酒类产品中出类拔萃的精品。继 1915 年获万国博览会八十年之后，1995 年五粮液又获巴拿马国际贸易博览会酒类唯一金奖。

3) 古井贡酒

该酒产于安徽省亳县古井酒厂。魏王曹操在东汉末年曾向汉献帝上表献过该县已故县令家传的"九酿春酒法"。据当地史志记载，该地酿酒取用的水，来自南北朝时遗存的一口古井，明代万历年间，当地的美酒又曾贡献皇帝，因而就有了"古井贡酒"的美称。古井贡酒属于浓香型白酒，具有"色清如水晶，香纯如幽兰，入口甘美醇和，回味经久不息"的特点。

4) 剑南春

该酒属于浓香型酒，产于四川省绵竹县。其前身当推唐代名酒剑南烧春。唐宪宗后期李肇在《唐国史补》中，就将剑南之烧春列入当时天下的十三种名酒之中。现今酒厂建于1951 年 4 月。剑南春酒问世后，质量不断提高，1979 年第三次全国评酒会上，首次被评

为国家名酒。

5) 泸州老窖特曲酒

泸州老窖特曲酒产于四川省泸州市泸州老窖酒厂，位于"天府之国"南部的著名酒城——泸州，此地依山傍水，气候温和，自古有"江阳尽道多佳酿"之美誉，所产老窖特曲、头曲酒(过去叫泸州大曲)属古老的四大名酒之一。泸州老窖最老的窖池为明万历年间所建，于 1996 年被国务院确定为中国白酒行业唯一的全国重点保护文物，誉为"国宝窖池"。泸州老窖特曲是中国享有盛誉的名酒之一，素以"醇香浓郁，清洌甘爽，回味悠长，饮后尤香"的独特风格，闻名古今，畅销中外，于 1952 年被国家确定为浓香型白酒的典型代表。1915 年，泸州大曲酒参加巴拿马国际博览会，获国际名酒一等金质奖章和奖状。

6) 汾酒

汾酒产于山西汾阳县山西杏花村汾酒厂，是中国清香型白酒的典型代表，酒度 38 度、48 度、53 度，其酒典型风格是入口绵、落口甜、饮后余香、回味悠长，有色、香、味三绝之美，适量饮用能驱风寒、消积滞、促进血液循环。1915 年汾酒荣获巴拿马万国博览会甲等金质大奖章，连续五届被评为国家名酒。注册商标有杏花村、古井亭、长城、汾字牌等。

7) 董酒

董酒产于贵州省遵义市董酒厂，1929 年至 1930 年由程氏酿酒作坊酿出董公寺窖酒，1942 年定名为"董酒"。1957 年建立遵义董酒厂，1963 年第一次被评为国家名酒，1979 年后都被评为国家名酒，董酒的香型既不同于浓香型，也不同于酱香型，而属于其他香型。该酒的生产方法独特，将大曲酒和小曲酒的生产工艺融合在一起。

3. 葡萄酒

葡萄酒是用葡萄果实或葡萄汁，经过发酵酿制而成的酒精饮料。在水果中，由于葡萄的葡萄糖含量较高，储存一段时间就会发出酒味，因此常常以葡萄酿酒，酒度一般较低，在 8 度至 22 度之间，是目前世界上产量最大、普及最广的单糖酿造酒。

葡萄酒的原料——葡萄原产于黑海与里海之间的外高加索地区，直到西汉时经张骞通西域才传到中国，同时招来酿酒艺人，中国开始有了按配方制法酿造的葡萄酒。葡萄酒有许多分类方式，以成品颜色可分为红葡萄酒、白葡萄酒两类。其中红葡萄酒又可细分为干红葡萄酒、半干红葡萄酒、半甜红葡萄酒和甜红葡萄酒，以带皮的红葡萄为原料酿制而成。白葡萄酒则细分为干白葡萄酒、半干白葡萄酒、半甜白葡萄酒和甜白葡萄酒，以不含色素的葡萄汁为原料酿制而成。以酿造方式来说，可以分为葡萄酒、气泡葡萄酒、加烈葡萄酒和加味葡萄酒四类。

世界最好、最有名的葡萄酒大多产自法国，法国葡萄酒的酿造历史可追溯到罗马帝国时期。中国最早的近代葡萄酒酿造企业是 1892 年华侨张弼士创建的烟台张裕葡萄酒厂，引进欧洲优良酿酒葡萄品种，采用欧洲现代酿酒技术生产优质葡萄酒，该厂所生产的红葡萄酒、味美思、雷司令、金奖白兰地，曾在 1915 美国旧金山举行的巴拿马国际博览会上

获得四枚金质奖章。

4．啤酒

啤酒以大麦芽、酒花(注：酒花，又称忽布(hop)，《本草纲目》上称为蛇麻花，是一种多年生草本蔓性植物，古人取为药材。1079 年，德国人首先在酿制啤酒时添加了酒花，从而使啤酒具有了清爽的苦味和芬芳的香味。从此后，酒花被誉为"啤酒的灵魂"，成为啤酒酿造不可缺少的原料之一)、水为主要原料，经酵母发酵作用酿制而成的饱含二氧化碳的低酒精度酒。酒精含量一般在 2%～7.5%之间，是一种含有多种氨基酸、维生素和二氧化碳的营养成分丰富的饮料酒，有"液体面包"的美誉。啤酒是近代从欧洲传入中国的，1900 年，俄国人首先在哈尔滨建立了中国第一家啤酒厂，其后，德国人、英国人、日本人又相继在东北三省、天津、北京、上海、山东等地建厂。1904 年，中国人建起第一家啤酒厂——哈尔滨东北三省啤酒厂。

中国啤酒的著名品牌——青岛啤酒，产于山东省青岛市啤酒厂，该厂前身为 1903 年建立的英德啤酒公司。青岛啤酒选用优质大麦、大米、上等啤酒花和软硬适度、洁净甘美的崂山矿泉水为原料酿制而成。原麦汁浓度为十二度，酒精含量 3.5%～4%。酒液清澈透明、呈淡黄色，泡沫清白、细腻而持久，口感柔和清爽，余味纯净，略带啤酒花特有的苦味。

二、中国名菜

(一)菜系

1．八大菜系

1)　山东菜

山东菜简称鲁菜，素有"北方代表菜之称"。其风味特点是选料精细、工于火候、擅烹海鲜、精于制汤、讲究葱蒜调味。味型有咸鲜、酸辣、糖、醋、五香、椒盐等。主要由济南和胶东地方菜组成，还有堪称"阳春白雪"的孔府菜。济南菜以爆、烧、炒、炸见长，菜品以清、鲜、脆、嫩著称，讲究清汤和奶汤的调剂。胶东菜擅长爆、炸、扒、蒸，口味以鲜为主，偏重清淡。其名菜有九转大肠、糖醋黄河鲤鱼、德州扒鸡、油焖鱼、清汆赤鳞鱼、煎白条鱼饼、韭青炒海肠子、霸王别姬等。

2)　四川菜

四川菜又称川菜，以成都、重庆两地的菜肴为代表，其中成都尚"麻"，重庆重"辣"。川菜的风味特点是：取材广泛，物尽其用；博采众长，不拘一格；技法百变，调味多样。川菜以麻、辣、香、鲜并重，善用麻辣而著称。调味品多用"三椒"(辣椒、花椒、胡椒)和鲜姜，调味方法有干烧、鱼香、怪味、椒麻、红油、姜汁、糖醋、蒜泥等复合味型，形成了川菜的特殊风味，享有"一菜一格，百菜百味"的美誉。在烹调方法上擅长炒、滑、熘、爆、煸、炸、煮、煨等，尤在小煎、小炒、干煸和干烧有其独道之处。川菜的代表菜有干煸牛肉丝、鱼香肉丝、宫爆鸡丁、麻婆豆腐、水煮肉片等。著名小吃有担担

面、龙抄手、夫妻肺片、鸳鸯叶儿粑等。四川的火锅也成为享誉全国的风味佳肴。

3）江苏菜

江苏菜简称苏菜，主要以南京、扬州、苏州三种地方菜组成。江苏菜的特点是用料广泛，以江河湖海水鲜为主；刀工精细，烹调方法多样，擅长炖焖煨焐；追求本味，清鲜平和，适应性强；菜品风格雅丽，形质均美。味型主要是甘鲜调和而咸甜适中。苏菜擅长炖、焖、蒸、炒，重视调汤，保持原汁，风味清鲜，浓而不腻，淡而不薄，酥松脱骨而不失其形，滑嫩爽脆而不失其味。其名菜有水晶肴蹄、清炖蟹粉狮子头、金陵丸子、白汁圆菜、常熟叫化鸡、香脆银鱼、三套鸭等。著名小吃有蟹黄汤包、夫子庙小吃、淮扬细点等。

4）广东菜

广东菜又称粤菜，由广州菜、潮州菜、东江菜组成，而以广州菜为代表。它有着悠久的历史，早在两千年前西汉人所著的《淮南子》一书中，就有"越人得蚺蛇以为上肴"的记载。粤菜以其用料广博"生猛"而著称，配料丰富多样；擅长炒、清蒸、焖、炖、煲，尤其独擅焗、煀、软炒等；调味重清脆鲜爽嫩滑而突出有原味，制作精细、花样繁多，尤其注重滋补营养和季节搭配，故民间有"食在广州"的说法。

代表菜有白灼海虾、明炉乳猪、挂炉烧鸭、蛇羹、红烧大裙翅、盐焗鸡、黄道鸭、冬瓜盅、梅菜扣肉、什锦煲等。广东粥特点是粥米煮开花和注意调味，有滑鸡粥、鱼生粥、及第粥和艇仔粥。著名小吃有双皮奶、萝卜糕、马蹄糕等。

5）福建菜

福建菜简称闽菜，由福州、厦门、漳州、泉州等地方菜组成，以福州菜为代表。闽菜以烹调山珍海味而著称，在色香味形俱佳的基础上，尤以"香"、"味"见长，其清鲜、和醇、荤香、不腻的风格特色，在烹坛园地中独具一席。闽菜中汤菜居多，变化无穷，自古就有"一汤十变"之说，注重外形，雅致大方。其代表菜有佛跳墙、七星丸、沙茶鸡丁、生煎明虾、柴把鸭、荷包鲫鱼、菜干扣肉、全折瓜等。

6）湖南菜

湖南菜简称湘菜，由湘江流域、洞庭湖区和湘西山区的一种地方风味菜组成。它制作精细，用料广泛，口味多变，品种繁多，其特点是油重色浓，讲求实惠，在品味上注重酸辣、香鲜、软嫩。在制法上以煨、炖、腊、蒸、炒诸法见称。著名代表菜有湘西酸肉、腊味合蒸、油豆豉扣肉、麻辣子鸡、冰糖湘莲、凤凰血粑鸭等。著名小吃有臭豆腐、姜糖、糯米藕饺等。

7）安徽菜

安徽菜简称徽菜或皖菜，由皖南、沿江、沿淮三种地方风味所组成，皖南菜是主要代表。相传起于汉唐，兴于宋元，盛于明清。以烹制山珍野味著称，重油，讲究火功，精于滑炒、清炖。多用砂锅木炭煨炖，故有"吃徽菜，要能等"之说。皖南菜擅长烧、炖、芡大油重，朴素实惠。沿江菜擅烹河鲜、家禽，讲刀工、重形色，尤以烟熏技术见长。沿淮菜咸中带酸，甜中带辣，汤汁浓重。代表菜有黄山炖鸽、问政山笋、红烧划水、符离集烧鸡、徽州丸子、腌鲜鳜鱼、毛峰熏鲥鱼、清蒸鹰鱼、蜂窝豆腐等。

8) 浙江菜

浙江菜简称浙菜,其地山清水秀,物产丰富,佳肴美,故谚曰:"上有天堂,下有苏杭"。浙菜主要有杭州、宁波、绍兴三种地方风味菜组成,以杭州菜为代表。具有悠久历史的浙江菜品种丰富,菜式小巧玲珑、用料广博、刀工精细、菜品鲜美滑嫩、脆软清爽,其特点是清、香、脆、嫩、爽、鲜,在中国众多的地方风味中占有重要的地位。杭州菜以爆、炒、烩、炸为主,工艺精细,清爽不腻。宁波菜以"鲜咸合一",蒸、烤、炖制海味见长,讲究嫩、软、滑,注重保持原汁原味。绍兴菜富有江南水乡风味,善烹制河鲜、家禽,讲究香酥绵糯、原汤原汁、轻油忌辣,汁浓味重。主要名菜有西湖醋鱼、东坡肉、赛蟹羹、荷叶粉蒸肉、西湖莼菜汤、龙井虾仁、杭州煨鸡、 虎跑素火煨、干菜焖肉、蛤蜊黄鱼羹、冰糖甲鱼、蜜汁灌藕等。著名小吃有嘉兴棕子、宁波汤团、湖州干张包子等。

2. 名扬天下的其他菜式

1) 寺院菜

寺院菜主要是指以素菜为料烹制的菜。它开始是出家人或香客在寺庙里所用,或是做佛事人家招待僧尼所用,后来形成寺院素菜、宫廷素菜、民间素菜三大流派。素菜的主要原料为三菇、六耳、蔬菜、豆制品四大类,而且完全不沾荤腥,并讲究营养,在烹饪上尽量做到"素质荤形",力求形似、味近、色香、美观;著名菜肴有罗汉斋、蜜汁山药兔、素鸡、素鸭、素火腿等等,以至"全素席"。

2) 宫廷菜

宫廷菜是皇宫内由御膳房制作的、专供皇帝和后妃们享用的菜肴,在中国已有三四千年的历史了。宫廷菜特点是用料考究,所用原料如各种山珍海味、奇瓜异果和各地方的著名干菜等,多为贡品。其次是配料严格,不得任意搭配或更换。第三是制作精细,形色美观,口味以清、鲜、酥、嫩见长,突出主料的本味。著名的菜点有鱼藏剑(鳜鱼卷黄瓜炸后,浇汁而成)、溜鸡脯、荷包里脊、豌豆黄、万字扣肉等。西安现在成功仿制了唐代宫廷菜,对外供应,主要有长安八景、龙凤宴、烧尾宴、沉香宴等四种宴席,有五十多个品种。

3) 药膳

药膳发源于中国传统的饮食和中医食疗文化,是在中医学、烹饪学和营养学理论指导下,严格按药膳配方,将中药与某些具有药用价值的食物相配,采用中国独特的饮食烹调技术制作而成的具有一定色、香、味、形的美味食品。它"寓医于食",既将药物作为食物,又将食物赋以药用,药借食力,食助药威,二者相辅相成,相得益彰,具有较高的营养价值。代表菜有虫草鸭子、天麻炖甲鱼、荷叶凤脯、核桃仁炒韭菜、山药茯苓包子等。

4) 官府菜

官府菜起源于昔日深闺大宅中的名厨佳肴,官府、大宅门内,都雇有厨师,吸收全国各地许多风味菜。当年高官巨贾们"家蓄美厨,竞比成风",因此形成官府菜。官府菜讲究用料广博益寿,制作奇巧精致,味道中庸平和,菜名典雅得趣,筵席名目繁多且用餐环境古朴高贵,说到底就是个"摆排场"。官府菜主要孔府菜、东坡菜、云林菜、随园菜、

谭家菜、段家菜等。在京城，流传最广的官府菜是以清末谭家谭宗浚父子所创的"谭家菜"。"谭家菜"的菜品有四大特点：一是选料考究；二是下料好；三是火候足；四是慢火细做，追求香醇软烂。凡吃过谭家菜后，皆感觉到谭家菜香气四溢，食后留香持久，皆称"不为枉费"、"回味无穷"。

(二)风味食品

1. 饺子

饺子又称水饺，是中国北方民间的主食和地方小吃，也是年节食品，距今已有一千多年的历史。有一句民谣叫"大寒小寒，吃饺子过年。"饺子馅心可荤可素、可甜可咸；做法也可用蒸、烙、煎、炸等。荤馅有三鲜、虾仁、蟹黄、海参、鱼肉、鸡肉、猪肉、牛肉、羊肉等，素馅又分为什锦素馅、普通素馅之类。饺子的特点是皮薄馅嫩，味道鲜美，形状独特，百食不厌。饺子深受老百姓的欢迎，民间有"好吃不过饺子"的俗语。每逢新春佳节，饺子更成为一种应时不可缺少的佳肴。

2. 狗不理包子

狗不理包子是天津的风味名点，目前已经有了英文名称"Go Believe"。它色白面柔，大小一致，底帮厚薄相同，一咬起来直流油，但又不感肥腻，味道十分鲜美。"狗不理"始创人高贵友，小名叫"狗仔"，因为狗仔做的包子口感柔软、鲜香不腻、形似菊花、色香味形都独具特色，引得十里百里的人都来吃包子，生意十分兴隆。"狗仔"忙得顾不上跟顾客说话，这样一来，吃包子的人都说"狗仔卖包子不理人"，日久天长都叫他"狗不理"。

3. 年糕

我国很多地区过春节都讲究吃年糕，年糕有黄、白两色，象征金银，多用糯米和黏小米制成，又称"年年糕"，与"年年高"谐音，寓意"步步登高"，一年更比一年好。所以前人有诗称年糕："年糕寓意稍云深，白色如银黄色金。年岁盼高时时利，虔诚默祝望财临。"

4. 粽子

粽子是端午节的节日食品，古称"角黍"，传说是为祭祀投江的屈原而发明的，是中国历史上迄今为止文化积淀最深厚的传统食品。各地的粽子，一般都用笋壳包糯米，但内涵、花色及"裹"的形状，则根据各地特产和风俗而定，著名的有桂圆粽、肉粽、水晶粽、莲蓉粽、蜜饯粽、板栗粽、辣粽、酸菜粽、火腿粽、咸蛋粽等。

5. 腊八粥

腊月最重大的节日之一是初八，古代称为"腊日"，俗称"腊八节"。这一天有吃腊八粥的习俗。在民间，家家户户也要做腊八粥祭祀祖先，同时，合家团聚在一起食用，馈赠亲朋好友。腊八粥也叫七宝五味粥，中国喝腊八粥的历史，已有一千多年。最早的腊八

粥是用红小豆来煮，后经演变，加之地方特色，材料逐渐增多，多用糯米、红豆、枣子、栗子、花生、白果、莲子、百合等煮成甜粥，也有加入桂圆、龙眼肉、蜜饯等煮的。

6. 北京烤鸭

北京烤鸭是北京的名食。它以色泽红艳、肉质细嫩、味道醇厚、肥而不腻的特色，被誉为"天下美味"而驰名中外，其中最辉煌的要数全聚德烤鸭了。全聚德采用的是挂炉烤法，不给鸭子开膛。只在鸭子身上开个小洞，把内脏拿出来，然后往鸭肚子里面灌开水，然后再把小洞系上后挂在火上烤。这种方法既不让鸭子因被烤而失水又可以让鸭子的皮胀开不被烤软，烤出的鸭子皮很薄很脆，成了烤鸭最好吃的部分。挂炉有炉孔无炉门，以枣木、梨木等果木为燃料，用明火。果木烧制时，无烟、底火旺，燃烧时间长。鸭子入炉后，要用挑杆有规律地调换鸭子的位置，以使鸭子受热均匀，周身都能烤到。烤出的鸭子外观饱满，颜色呈枣红色，皮层酥脆，外焦里嫩，并带有一股果木的清香。一般是先用利刀将其削为薄片，用烙制好的荷叶饼卷食，并佐以葱段、黄瓜条、甜面酱等。

7. 羊肉抓饭

羊肉抓饭是维吾尔族人民喜爱的一种饭食，维语称"普劳"，主要原料有大米、羊肉、胡萝卜、洋葱、葡萄干、清油等，混合在一起焖制而成。因其营养丰富、色泽悦目、香味诱人，俗称"十全大补饭"。吃抓饭有一定讲究，先邀请客人们坐在炕上，当中铺干净餐布。随后，主人一手端盆，一手执壶，请客人淋洗净手。待全部客人净手完毕后，主人端来几盘抓饭，按 2～3 人一盘的间隔置放在餐布上，客人们一番谦让后，即用手从盘中抓吃。用手指将米团成小堆后送入口中，抓饭之名由此而来。抓吃时，务必注意，不得扬扬洒洒。但一些家庭招待汉族客人，也有例外，备有小勺。

附录　贵州风味小吃

1. 镇宁波波糖

波波糖相传原是镇宁附近苗族王宫中的宫廷小点，后来其制作方法流传出来，经过不断加工，才形成今天的波波糖。

波波糖用糯米加工的饴糖和去皮炒熟的芝麻粉末为主要原料，经过精心加工制作而成。将饴糖加温至四十摄氏度时，加入芝麻末，这时饴糖就能层层起酥。将起酥的糖皮卷成扁圆形状，一个个洁白的酥糖就像春风拂荡的层层波澜，故名为波波糖，是一种老幼皆宜的食品。来往参观黄果树瀑布的客人，总是喜欢品尝一下当地特产波波糖，带上几盒馈赠亲友。

2. 遵义黄粑

遵义黄粑原名黄糕粑。以大米、黄豆浆与糯米拌合，用笋壳叶包、蒸而成。糕色深黄，滋润软糯，芳香浓郁，甜美可口，粒粒糯米镶嵌其中，形似珍珠，玲珑透明。食时一般切片，经蒸、炸、烤均可。以遵义县南白镇所产品质为佳。

3. 遵义羊肉粉

羊肉粉在遵义一带，历经三百年而不衰。遵义羊肉粉在制作过程中，选用在黔东北的思南、德江、凤岗、务州一带产的矮脚山羊最为上乘，羊肉既肥又无膻气，最好是当天宰杀后入锅，用文火煨熟，而后取出肉切成薄片。粉煮好后将肉片用开水烫热，加上鲜骨汤即可食用。品尝羊肉粉讲究喝原汤品原味。

在羊肉米粉汤上浇下鲜红的辣椒油，再撒上花椒粉、蒜苗、香葱等，热气腾腾，香味扑鼻，非常诱人。

4. 威宁荞酥

解放前贵州流行一句话，叫"黔西、大定一枝花，威宁、毕节苦荞粑"，意思是说威宁、毕节一带是乌蒙山区，自然条件差，人们生活苦，多以苦荞度日。其实用苦荞做成的荞酥却别有风味。

据载，奢香夫人为把乌撒(彝语，威宁)特产的苦荞麦粉做成寿糕，上贡给朱元璋祝寿，可是多次试验都没有成功。她的厨师丁成久和她一起经过多次试验，终于做成了糕点，重八斤多，中间做了一个大"寿"字，围绕着寿字有九条龙在飞舞，意思是"九龙捧寿"。奢香把贡品送到南京后，朱元璋得知是苦荞做的，就小心翼翼的尝了一口，觉得好吃，再吃一口，其味无穷，连声称赞："南方贵物，南方贵物！"从此，荞酥就成为名糕点。

荞酥制作方法也很特殊，先筛出最细的荞面，按比例加红糖、鸡蛋、菜油作主料。馅料主要由小豆和芝麻、瓜条搭配而成。造形呈扁圆和扁方，并刻有清晰花纹。由于荞酥颜色金黄，香甜爽口，又称为"金酥"。花色也增加到威宁火腿、玫瑰、洗沙、水晶、桃仁、冰桔、瓜条、苏麻、椒盐和姜油等多种，受到人们的普遍欢迎。

5. 镇远道菜

镇远道菜，相传为镇远青龙洞中的道士所创，储藏愈久品味越好，故也称陈年道菜。制作方法是以青菜作原料，置阳光下曝晒至菜叶发软后洗净，再晾晒至八成干加盐揉搓，入缸内腌一夜，再晒再揉反复四、五次，使盐完全浸入菜的叶和茎内，再用甑子蒸，洒上白酒，入坛密封3个月后即可取出食用。食用方法为：凉拌、炒食、火锅配菜、汤菜等。

6. 独山盐酸菜

独山盐酸菜产于贵州省独山县，始于明代，最初多为家庭自制自食。真正成为商品进行大规模生产则是清代后期的事。清时，独山有袁、熊两家最擅制作此菜，质量好，名声大，曾作为贡品进奉皇宫。鲁迅先生曾将此菜评为中国最佳素菜。

独山盐酸菜以独山附近出产的一种优质青菜为主要原料，选用粗壮鲜嫩的菜苔和嫩叶，经日晒、清洗后，再日晒一两天。将晒好的青菜用盐揉搓，排除部分水分，再入池腌渍。

把盐渍好的青菜削去老叶、粗皮，用甜酒、糖拌匀，再按比例加入蒜苗、蒜头、辣椒粉、冰糖、食盐和适量白酒，调好后分坛包装，密封储存，约两个月后即可出厂销售。

独山盐酸菜香气扑鼻，色泽鲜艳，菜绿椒红蒜白，十分好看；吃起来，口感酸中有辣，辣中有甜，甜中有咸，清香脆嫩，风味独特。用做佐粥小菜能刺激食欲，为病弱者

欢迎。

7. 社饭

社饭源于社日祭祀，主要流传于铜仁市。当地风俗，长辈逝世后头 3 年在清明前要到坟上去祭祀，称为"挂社"。铜仁人一般利用星期天，邀集亲朋好友到坟上去祭祀，然后吃社饭。后来由于社饭好吃，就不管有无"挂社"都做社饭吃。社饭的主要原料是青蒿、糯米、大米、野葱和腊肉。腊肉切成小丁，野葱、蒿菜洗净(只用嫩叶)，切成短节，揉出苦水剂干水分，入锅用茶油炒至蒿菜转黄去除苦水待用。糯米、大米淘洗干净，糯米用水浸泡；大米先放入沸水锅中稍煮片刻捞出，滤去米汤；糯米滤去水分后与煮过的大米混合在一起，放入腊肉丁、苦蒜、蒿菜、盐、味精拌匀，放入甑内，用大火蒸熟即成。出锅的社饭青蒿野葱味馨香，腊肉香味浓郁，米饭油而不腻。

8. 遵义豆花面

遵义豆花面据说起源于清代光绪年间，起初是素面，是一行善人家专为来湘山寺烧香拜佛的人开的，因而取利微薄，怎样才味美，不少人为此献计献方，到民国年间，已经发展成为正宗的遵义豆花面，生意兴隆。豆花面配料、吃法特殊。面条是上等面加适量土碱，用手工反复揉拉，做成薄而透的宽面条，下锅后煮熟不软不硬，以豆浆为汤，上盖嫩豆花，另加辣椒水一碟。辣椒水有讲究，有素、荤两种，素椒配有五种保密的佐料，荤椒还配有瘦肉丁、鸡肉丁、花生米、豆腐皮、金钩等，将豆花与面挑入辣椒碟中吃，其味鲜美，回味无穷。

9. 龙爪肉丝

龙爪菜，即蕨菜，盛产于贵州各地，蕨菜又分为甜蕨与苦蕨。甜蕨较小，质味最佳；苦蕨较大，有苦味，次之。龙爪菜不宜在新鲜时食用，因其涩，不爽口。宜先用开水汆过，再用冷水漂白晒干，即便储存，其味亦佳。龙爪肉丝是黔菜特有的一种地方传统名菜，历时甚久。先将龙爪菜破成丝，切成二寸长，为主料。猪瘦肉洗净同样切成二寸长，稍粗于火柴梗的丝，肉丝放入盘中，加少许盐，将炒锅烧热放少许猪油，将肉丝炒散，倒入漏勺滤油，锅内留油约五钱，再将用干辣椒加工成的糍粑辣椒少许，放入锅内炼制，再加上本地生产的豆豉粑少许烩炒，再下肉丝与龙爪菜，兑上酱油、滋汁、香葱，一并炒转起锅即可。此菜有龙爪菜的脆香，色泽红亮，肉丝鲜嫩，微带辣味，香气扑鼻，十分可口。是贵州人民最喜爱吃的地方菜肴之一。

10. 锅巴粉

锅巴粉为贵州铜仁传统食品，色黄味鲜，粉质细腻，筋丝好，受到人们的喜爱。制法是将绿豆、大米浸泡，磨成浆汁，然后把浆汁放到烧热的大锅里，用刮浆器将浆汁沿锅周围刮开、刮薄、铺匀后，搪烤成一张张非常薄的粉片。一般烙这粉皮时，多要在锅底刷一层菜油，一是防止面皮巴锅，二则也能让面皮色调好看。烙好后的锅巴粉成金黄色，内起蜂窝，常将之卷成筒状，食用时再切成宽窄均匀的细条，拌以脆臊，再放入胡辣椒粉、辣椒油、花椒粉、芫荽、葱花即成。

11. 丝娃娃

丝娃娃别名素春卷，是一种贵阳街头最常见的小吃。丝娃娃因其形状上大下小犹如薄

丝包的婴儿，故得名。"襁褓"是用大米面粉烙成的薄饼，薄薄如纸——只有手掌那么大。再卷入萝卜丝、折耳根(鱼腥草)、海带丝、黄瓜丝、粉丝、腌萝卜、炸黄豆、糊辣椒等。在吃的时候，当然少不了注入酸酸辣辣的汁液。而这汁液是决定味道优良的精髓，每家摊位都有其自己的独门绝招。

丝娃娃价格便宜，口感优良，备受欢迎。贵阳市众多丝娃娃小食摊沿街而摆，颇具特色，每个摊拉得较长，一溜排的小凳子。摊位上摆满了各种各样的菜丝，有一二十个品种。菜丝切得极细，红、白、黄、黑等各种色彩相间，十分漂亮。摊主会在食客面前摆一小碟薄饼和一碗当地口味的调料，让食客兑料，摊上的调料，白糖、酱油、醋、熟油等一应俱全。丝娃娃为直径两寸大小的小圆片，裹着少许粉丝、绿豆芽、莴笋丝、海带丝、萝卜丝以及油酥黄豆等。吃时用小勺浇上由酱油、食醋、辣椒、香葱、味精等配制而成的调料，外软里脆，酸辣可口，别有一番风味。

思考与练习

1. 神话的内容和特征是什么？
2. 中国八大菜系的风味各有何特点？
3. 茅台酒、五粮液、汾酒各属哪类香型的酒？它们各自的特点是什么？
4. 古代婚礼制度的"六礼"包括哪些程序？
5. 请说出中国的四大传说。

学习参考网站

1. 农历网：http://www.nongli.com/item1/
2. 中国民俗网：http://www.chinese56.com/
3. 中国民俗学网：http://www.chinesefolklore.org.cn/
4. 民俗文化网：http://www.mswhw.cn/

第八章　中国的世界遗产

本章提要

　　随着 20 世纪末申报文化遗产热的兴起和近年来中国政府组织的中国民族民间文化保护工程的启动，文化及自然遗产开始受到了越来越多的关注，中国是世界著名的文明古国，文化和自然遗产非常丰富，如何把它们保护好，传之子孙后代是全人类共同的责任。本章介绍了文化遗产的概念、分类，文化遗产的保护情况，以及部分中国的世界文化遗产概况。

学习指南

　　了解中国的世界文化遗产和非物质文化遗产的概念及分类；熟悉中国的世界文化遗产基本情况。

第一节　中国的世界文化与自然遗产

　　世界遗产是全人类共同继承和拥有的具有突出普遍价值的共同财富，是人类文明进步的纪念碑，它集中了地球上丰富多样的文化和自然遗产。为了保护世界文化和自然遗产，联合国教科文组织于 1972 年 11 月 16 日在第十七次大会上正式通过了《保护世界文化和自然遗产公约》(以下简称《公约》)。1976 年，世界遗产委员会成立，并建立了《世界遗产名录》。1992 年，世界遗产总部在巴黎成立，以便于负责世界遗产相关活动的协调，保证《遗产公约》的实施，迄今已达 176 个缔约国。文化和自然遗产在过去与未来之间起着桥梁的作用，它们对人类的重要性是超越时空概念的，既没有政治界线，同样也没有地理界线，这些财产可为地球上的每一个人所分享。被列入《世界遗产名录》中的项目是自然和人类进化的有力证明，将成为世界级的名胜，可接受世界遗产基金提供的援助。由于被列入《世界遗产名录》的地方能够得到世界的关注与保护，被联合国教科文组织和世界遗产委员会确认的，是人类罕见的财产，能提高知名度并能产生可观的经济效益和社会效益，而受到了全球公认和极高的关注，各国都积极申报世界遗产，加之申报世界遗产的程序复杂，竞争激烈。因此，申报世界遗产被称为是摘取"金字塔尖的荣誉"。申报一项新的世界遗产，从遗产的提名到被列入世界遗产名录至少需要 1 年半的时间。

　　世界遗产委员会于 1978 年确定了首批 12 处世界遗产列入《世界遗产名录》。世界遗

产包括"世界文化与自然双重遗产"、"世界文化遗产(含文化景观)"、"世界自然遗产"三类。截至 2006 年，全世界共有世界遗产 830 处，其中文化遗产 644 处，自然遗产 162 处，世界文化遗产与自然双重遗产 24 处。

中国于 1985 年 12 月 12 日加入《公约》，成为第 89 个缔约国，1999 年 10 月 29 日当选为世界遗产委员会成员。中国是世界著名的文明古国，有悠久的历史文化和丰富的文物古迹遗存，同时又是一个疆域辽阔、河山锦绣的国家，文化和自然遗产非常丰富，如北京故宫、湖南武陵源国家级名胜区、拉萨布达拉宫、泰山、陕西秦始皇陵及兵马俑、中国安阳殷墟等均是久负盛誉，万里长城更是早已作为世界七大奇迹之一而闻名于世。至 2008 年 7 月，中国已有 37 处文化遗址和自然景观列入《世界遗产名录》，其中文化和自然双重遗产 4 项，文化遗产 25 项，自然遗产 7 项，文化景观 1 项。

一、中国的世界文化与自然双重遗产

中国的世界文化与自然双重遗产有四个：泰山(山东)、黄山(安徽)、峨眉山——乐山大佛(四川)、武夷山(福建)。

(一)泰山

泰山位于山东省泰安市，古称东岳，一称岱山、岱宗。自然景观雄伟绝奇，有数千年精神文化的渗透渲染和人文景观的烘托，被誉为中华民族精神文化的缩影。绵延起伏长约 200 公里。主峰玉皇顶海拔 1532 米，山峰突兀峻拔，雄伟壮丽。从山脚到山顶，沿途古迹名胜 30 多处，中路有王母池、斗母宫；西路有黑龙潭、扇子崖等。泰山封禅是中国诸多名山之中特有的文化现象。中国历代帝王秦始皇、汉武帝、唐玄宗、清帝乾隆等均到泰山封禅，历代七十二君主曾到此祭告天地。帝王借助泰山的神威巩固其统治，而泰山又因封禅祭天被抬升到与天相齐的神圣高度。世界遗产专家在泰山考察时发现，泰山既有突出普遍的自然科学价值，又有突出普遍的美学和历史文化价值，是一座融自然科学与历史文化价值于一体的神奇大山。1987 年泰山被列入《世界自然与文化遗产名录》。

(二)黄山

黄山位于安徽省黄山市境内，古称黟山，唐改黄山，由花岗岩构成。南北长约 40 公里，东西宽约 30 公里。有三大主峰，分别是莲花峰(1873 米)、光明顶(1841 米)、天都峰(1810 米)。风景秀丽，以奇松(参见图 8-1)、怪石、云海、温泉著名，并称"黄山四绝"。七十二峰各具特色。黄山是中国著名山水画派的发祥地。自古以来，历游名山者多以为黄山之美不亚于五岳。"五岳归来不看山，黄山归来不看岳"，"任他五岳归来客，一见天都也叫奇"。历代游客盛赞"天下名景集黄山"。1990 年被列入《世界自然与文化遗产名录》。

(三)峨眉山——乐山大佛

峨眉山位于四川省峨眉山市西南，景区面积 154 平方公里，最高峰万佛顶海拔 3099

米，自然和文化遗产非常丰富，素有"天然植物一国"、"佛国天堂"之称，是集自然风
光与佛教文化为一体的山岳型风景名胜区。峨眉山以其雄、秀、神、奇的自然风光、悠久
的佛教文化、丰富的生物资源，赢得了"峨眉天下秀"的美誉。传峨眉山为普贤菩萨说法
道场。唐宋时期，佛教日趋兴盛，梵宇宫殿，遍及山峦，有佛龛百余，洞窟 40 个，又有
万年寺、报国寺、洪椿坪(千佛禅院)、洗象池、金顶华藏寺等名胜。峨眉山更是以其佛
光、云海、日出、圣灯四大自然奇观吸引着世界各地的游客。乐山大佛(参见图 8-2)位于四
川省乐山市东南凌云山栖鸾峰临江峭壁，唐开元元年(公元 713 年)至贞元十九年(803 年)完
成。大佛头与山齐，脚踏大江，通高 71 米，肩宽 24 米，故又名凌云大佛，为世界最大的
石佛像。1996 年被列入《世界文化与自然遗产名录》。

图 8-1 黄山迎客松

图 8-2 乐山大佛

(四)武夷山

武夷山位于福建省武夷山市南郊，属中亚热带地区。红色砂岩构成的低山，海拔 600
米左右，境内东、西、北部群山环抱，峰峦叠嶂，中南部较平坦，为山地丘陵区。有三十
六峰、九十九岩、九曲溪、桃源洞、流香涧、卧龙潭、龙啸岩等名胜和冲佑万年宫(武夷
宫)、紫阳书院(武夷精舍)旧址及历代摩崖题刻。武夷山集道、佛、儒教于一身，是一座历
史悠久的文化名山。秦汉以来，为历代朝廷所推崇。建阳、武夷山、光泽三市交界处建有
武夷山国家重点自然保护区，并被纳入国际 "人与生物圈"自然保护区网。世界旅游组
织官员赞叹"武夷山是世界环境保护的典范"。联合国教科文组织的专家赞誉："武夷山
是中国人民利用自然资源的永恒象征"。1999 年被列入《世界自然与文化遗产名录》。

二、中国的世界文化遗产

1972 年 10 月，联合国教科文组织在巴黎举行第十七届会议，通过了《世界文化和自
然遗产保护公约》，明确了文化遗产的定义，是指历史遗留下来的文物、建筑群和遗址。
各种形式的文化遗产概念如下。

(一)文物

从历史、艺术或科学角度看具有突出的普遍价值的建筑物、碑雕和碑画，具有考古性质成分或结构、铭文、洞窟以及联合体。

(二)建筑群

从历史、艺术或科学角度看在建筑式样分布或与环境景色结合方面具有突出的普遍价值的单立或连接的建筑群。

(三)遗址

从历史、审美、人种学或人类学角度看具有突出的普遍价值的人类工程或自然与人联合工程以及考古遗址等地方。

截至 2008 年 7 月，中国已列入《世界遗产名录》中的文化遗产有 25 项，它们分别是：周口店北京人遗址、莫高窟、长城、秦始皇陵及兵马俑坑、明清皇宫(北京故宫、沈阳故宫)、武当山古建筑群、颐和园、天坛、承德避暑山庄及周围寺庙、平遥古城、丽江古城、苏州古典园林、大足石刻、布达拉宫(大昭寺、罗布林卡)、龙门石窟、曲阜孔府孔庙孔林、明清皇家陵寝(明显陵、清东陵、清西陵、明孝陵、十三陵、盛京三陵)、青城山——都江堰、皖南古村落、云冈石窟、中国高句丽王城、王陵及贵族墓葬、澳门历史城区、中国安阳殷墟、开平碉楼与古村落、福建土楼。由于篇幅的关系，我们就不一一列举了，以下只选取部分文化遗产。

1. 周口店北京人遗址

周口店北京人遗址位于北京市西南 48 公里房山区周口店村的龙骨山，距北京城约 50 公里。山上有一个东西长约 140 米，南北宽 2.5～42 米不等的天然洞穴，是 50 万年以前北京猿人栖息的地方，他们先后在洞穴里群居了 40 多万年，遗留下他们吃剩的残余食物和用过的器具，还有他们的遗骸。后来，这个洞被塌方的泥沙和崩落的石块所埋。因 20 世纪 20 年代出土了较为完整的北京猿人化石而闻名于世，尤其是 1929 年发现了第一具北京人头盖骨，从而为北京人的存在提供了坚实的基础，成为古人类研究史上的里程碑。到目前为止，出土的人类化石包括 6 件头盖骨、15 件下颌骨、157 枚牙齿及大量骨骼碎块，代表约 40 个北京猿人个体，为研究人类早期的生物学演化及早期文化的发展提供了实物依据。

根据对文化沉积物的研究，北京人生活在距今 70 万年至 20 万年之间。北京人的平均脑量达 1088 毫升(现代人脑量为 1400 毫升)，据推算北京人身高为男 156 厘米，女 150 厘米。北京人属石器时代，加工石器的方法主要为锤击法，其次为砸击法，偶见砧击法。北京人还是最早使用火的古人类，并能捕猎大型动物。北京人的寿命较短，据统计，68.2%死于 14 岁前，超过 50 岁的不足 4.5%。

在龙骨山顶部于 1930 年发掘出生活于 2 万年前后的古人类化石，并命名为"山顶洞

人"。洞内还发现山顶洞人用过的骨针、穿孔的骨坠、鱼骨、牙饰、石珠串联而成的"项链"，这些足以证明他们已学会缝制兽皮衣服御寒，懂得装扮自己。根据科学估测：山顶洞人的躯体特征和现代人无明显区别，他们是原始的黄种人；他们生活在距今一万八千年前，比"北京人"又大大前进了一步。1973 年又发现介于二者年代之间的"新洞人"，表明北京人的延续和发展。北京猿人的发现，还将用火的历史提早了几十万年，他们居住过的洞穴里留下了很厚的灰烬堆。周口店北京人遗址不仅是有关远古时期亚洲大陆人类社会的一个罕见的历史证据，而且也阐明了人类进化的进程。1987 年被列入《世界文化遗产名录》。

2. 敦煌莫高窟

甘肃敦煌石窟包括莫高窟、西千佛洞和榆林窟。其中位于甘肃省敦煌市东南 25 公里处的莫高窟(参见图 8-3)，俗称千佛洞，是敦煌石窟的代表，是中国三大石窟艺术宝库之一，上下五层，南北长约 1600 米，以精美的壁画和塑像闻名于世。

图 8-3　敦煌莫高窟

它始建于十六国的前秦时期，历经十六国、北朝、隋、唐、五代、西夏、元等历代的兴建，是世界上现存规模最大、内容最丰富的佛教艺术圣地。现存洞窟 492 个，壁画 45 000 平方米，彩塑 2415 尊，飞天 4000 余身，唐宋木结构建筑 5 座，莲花柱石和铺地花砖数千块，是一处由建筑、绘画、雕塑组成的博大精深的综合艺术殿堂，是世界上现存规模最宏大、保存最完好的佛教艺术宝库，被誉为"东方艺术明珠"。20 世纪初又发现了藏经洞(莫高窟第 17 洞)，洞内藏有从 4—10 世纪的写经、文书和文物五六万件，引起国内外学者极大的注意，形成了著名的敦煌学。

莫高窟的壁画，绘画时间长达千年，堪称世界上最大的画廊。壁画内容丰富，大致可分为佛像画、经变画、佛经故事画、神怪画、山水画等，具有极高的艺术价值，盛唐时期的壁画水平最高。西文学者将敦煌壁画称作"墙壁上的图书馆"。

莫高窟的开凿始于公元 366 年。据记载，一位德行高超的和尚乐僔拄杖西游到了敦煌的三危山下，还没有找到住的地方，眼看天就快要黑了，心里很着急，忽然抬头一看，只见对面一片金光闪闪，好似千佛闪耀，心有所悟，于是，凿下第一个石窟。从十六国到元朝，石窟的开凿一直延续了十多个朝代，形成了内容丰富、规模宏大的敦煌石窟群。如果把所有艺术作品一件件排列起来，便是一座超过 25 公里长的世界大画廊。

飞天，西方极乐世界中最美好的神灵之一，是能奏乐、善飞舞，满身异香而美丽的菩萨。她们居住在风光明媚的宝山之中，不食酒肉，专采百花香露。每当讲佛法的时候，她们就在空中抛洒花雨，散播芳香。尤其是唐代所绘飞天，面容丰满圆润，气韵生动，艺术家用绵长的飘带使她们优美轻捷的女性身躯漫天飞舞，真是优美之极。

清光绪年间，道士王圆箓偶然发现了"藏经洞"，洞内藏有写经、文书和文物 4 万多件。腐败无能的清政府对这些珍贵的文物毫不重视，贪财无知的王道士将这些珍品当成自家的东西随意送人、出卖。后来，英、法、日、美等国打着"探险"、"考古"的旗号来到敦煌，从王道士那里骗买了大量的敦煌遗书，还用特制的化学胶液，粘揭盗走莫高窟壁画，搬走最好的塑像，这些盗窃和破坏，使敦煌文物受到很大损失。中国从 20 世纪 40 年代起成立了莫高窟的学术研究和保护机构；60 年代对石窟进行了全面的加固；80 年代开始，莫高窟进入了现代科学保护时期。1987 年被列入《世界文化遗产名录》。

3. 长城

春秋战国时期，诸侯各国为了防御别国入侵，修筑烽火台，用城墙连接起来，形成最早的长城，以后历代君王大都加固增修。长城位于中国北部，东起山海关，西到嘉峪关，全长约 6700 公里，通称万里长城(参见图 8-4)。

中国的长城是人类文明史上最伟大的建筑工程，是我们中华民族的象征，是我们每一个炎黄子孙的骄傲。它始建于 2000 多年前的春秋战国时期，秦朝统一中国之后联成万里长城。汉、明两代又曾大规模修筑。其工程之浩繁，气势之雄伟，堪称世界奇迹。

根据史料记载，历史上最早修筑长城的是楚国，大约建于公元前 688 年。长城的修建持续了两千多年，从楚国筑"方城"到明代共有 20 多个诸侯国和封建王朝修筑过长城，如果把各个时代修筑的长城加起来，总长度超过了 5 万公里；如果把修建长城的砖石土方筑一道 1 米厚、5 米高的大墙，这道墙可以环绕地球一周有余。

中国万里长城是世界上修建时间最长，工程量最大的冷兵器战争时代的国家军事性防御工程，凝聚着我们祖先的血汗和智慧，是中华民族的象征和骄傲。

秦长城只有遗迹残存。秦始皇为了修筑长城动用了 30 万人，创造了人类建筑史上的奇迹。长城的修建客观上起到了防止匈奴南侵，保护中原经济文化发展的积极作用。孙中山先生曾评价："始皇虽无道，而长城之有功于后世，实上大禹治水等。"

长城有极高的旅游观光价值和历史文化意义。现在经过精心开发修复，山海关、居庸关、八达岭、司马台、慕田峪、嘉峪关等处已成为驰名中外的旅游胜地。如今，长城与埃及的金字塔、罗马的斗兽场、意大利的比萨斜塔等同被誉为世界七大奇迹，象征着中华民族的血脉相承和民族精神。1987 年被列入《世界文化遗产名录》。2002 年 11 月中国唯一的水上长城——辽宁九门口长城通过联合国教科文组织的验收，作为长城的一部分正式挂牌成为世界文化遗产。

4. 秦始皇陵及兵马俑

秦始皇陵(参见图 8-5)位于陕西省西安市以东 35 公里的临潼区境内，距西安 36 公里，是中国历史上第一个皇帝嬴政(公元前 259 年—公元前 210 年)的陵墓。据史书记载：秦始

皇嬴政从 13 岁即位时就开始营建陵园，由丞相李斯主持规划设计，大将章邯监工，修筑时间长达 39 年，是中国历史上第一个规模庞大、设计完善的帝王陵寝，其丰富的陪葬物居历代帝王陵之首。当时，秦朝全国总人口约 2000 万，而筑陵征集了陵工达 72 万之多，建造时间长达 38 年。陵冢用土，取自位于今陵园以南 2000 米的三刘村到县采石场之间的、高 5～25 米的多级黄土崖。陵园所用大量石料取自渭河北的仲山、嵯峨山，全靠人力运至临潼，工程十分艰难。

图 8-4　长城

图 8-5　秦始皇陵兵马俑

陵园按照秦始皇死后照样享受荣华富贵的原则，仿照秦国都城咸阳的布局建造，大体呈回字形，分为陵园区和从葬区两部分。陵园占地近 8 平方公里，建外、内城两重，封土呈四方锥形 。秦始皇陵封土原高约 115 米，陵基近似方形，状如覆斗，顶部平坦，腰略呈阶梯形。现存高 76 米、东西长 345 米、南北宽 350 米，占地 120 750 平方米的陵墓及大量地面建筑遗迹和陪葬物。

陵园的南部有一个土冢，高 43 米，筑有内外两道夯土城墙。内城周长 3890 米，外城周长 6249 米，分别象征皇城和宫城。在内城和外城之间，考古工作者发现了葬马坑、陶俑坑、珍禽异兽坑，以及陵外的人殉坑、马厩坑、刑徒坑和修陵人员的墓室。已发现的墓坑有 400 多座。

秦始皇陵的冢高 55.05 米，周长 2000 米。经调查发现，整个墓地占地面积为 22 万平方米，内有大规模的宫殿楼阁建筑。陵寝的形制分为内外两城。内城为周长 2525.4 米的方形，外城周长 6264 米。秦始皇陵的规模之大远非埃及金字塔所能比。

陵墓地宫中心是安放秦始皇棺椁的地方，陵墓四周有陪葬坑和墓葬 400 多个，范围广及 56.25 平方公里。主要陪葬坑有铜车、马坑、珍禽异兽坑、马厩坑以及兵马俑坑等，历年来已有 5 万多件重要历史文物出土。1974 年以来，在陵园东 1.5 公里处发现从葬兵马俑坑三处，出土陶俑 8000 件、战车百乘以及数万件实物兵器等文物；1980 年又在陵园西侧出土青铜铸大型车马 2 乘，引起全世界的震惊和关注，被誉为"世界第八奇迹"。现已在一、二、三号坑成立了秦始皇陵兵马俑博物馆，对外开放。

围绕地宫盗掘与否这个问题，近几十年来，秦陵秦俑考古队的专家们，对陵区及地宫上的封土堆进行数次详尽、全面而科学的勘探考察，仅发现了两个宋代的盗洞，但都距离地宫中心较远。根据目前一些先进的探测技术的探测结果，目前可以肯定秦皇陵还未

被盗。

　　在 1987 年被列入《世界文化遗产名录》时。世界遗产委员会是这样评价秦始皇陵及兵马俑的："毫无疑问，如果不是 1974 年被发现，这座考古遗址上的成千件陶俑将依旧沉睡于地下。秦始皇，这个第一个统一中国的皇帝，殁于公元前 210 年，葬于陵墓的中心。在他陵墓的周围环绕着那些著名的陶俑。结构复杂的秦始皇陵是仿照其生前的都城——咸阳的格局而设计建造的。那些略小于人形的陶俑形态各异，连同他们的战马、战车和武器，成为现实主义的完美杰作，同时也保留了极高的历史价值。"

小知识

秦始皇陵兵马俑的发现

　　1974 年的春天，骊山脚下的陕西省临潼县晏寨公社下河大队西杨生产队决定打一眼机井抗旱。3 月 29 日，杨志发、杨彦信、杨培彦、杨新满等 9 个农民轮流下井挖掘。当他们挖到两三米深的地方，出现了一些红土，而且很硬，挖起来很吃力。他们没太在意，就狠劲继续向下挖，这时他们发现了一些残断的胳膊、腿、还有头等，刚开始他们以为是"瓦爷爷"，以前村里也挖出过这种泥人，因为不知道是啥，就叫"瓦爷爷"。临潼文化馆的赵康民先生知道了这件事，他赶紧到现场，组织村民用铁筛子把井土全部过筛，许多残砖、陶片、陶俑的手指、耳朵等都被筛了出来，他让村民把那些陶俑碎片拉回了文化馆，回去以后他仔细清理那些缺胳膊少腿的陶俑，精心地修复。

　　兵马俑的发现引起了国家的高度重视，并组织考古专家和考古队进行发掘，修建了秦始皇兵马俑博物馆，1979 年 10 月 1 日兵马俑正式对外开放。

5. 明清皇宫：北京故宫(北京)、沈阳故宫(辽宁)

　　明清皇宫又称紫禁城，位于北京市区中心，为明、清两代的皇宫，有 24 位皇帝相继在此登基执政。始建于 1406 年，历时 14 年才完工。故宫(参见图 8-6)是世界上现存规模最大、最完整的古代木构建筑群，占地 72 万平方米，建筑面积约 15 万平方米，殿宇 9000 多间，周围环绕着高 10 米、长 3400 米的宫墙，城外有 52 米宽的护城河。这些宫殿是沿着一条南北向中轴线排列，并向两旁展开，南北取直，左右对称。这条中轴线不仅贯穿在紫禁城内，而且南达永定门，北到鼓楼、钟楼，贯穿了整个城市，气魄宏伟，规划严整，极为壮观，标志着我们祖国悠久的文化传统，显示着五百多年前匠师们在建筑上的卓越成就。

　　紫禁城分外朝和内廷两大部分，外朝部分以太和殿(又称金銮殿)、中和殿和保和殿为中心，文华、武英两殿为两翼。其中太和殿是皇帝举行即位、诞辰节日庆典和出兵征伐等大典的地方；中和殿是皇帝去太和殿举行大典前稍事休息和演习礼仪的地方；保和殿是每年除夕皇帝赐宴外藩王公的场所。内廷以乾清宫、交泰殿、坤宁宫为中心，东西两翼有东六宫和西六宫，布局严谨有序，是皇帝平日办事和他的后妃居住生活的地方。在坤宁宫北面的是御花园。故宫黄瓦红墙，金扉朱楹，白玉雕栏，宫阙重叠，巍峨壮观，是中国古建

筑的精华。

图 8-6　北京故宫

故宫博物院的一些宫殿中设立了综合性的历史艺术馆、绘画馆、文房四宝馆、青铜器馆、玩物馆和清代宫廷典章文物展览等，收藏了大量珍贵文物，据统计总共达 1 052 653 件之多，统称有文物 100 万件，占全国文物总数的 1/6，是中国收藏文物最丰富的博物馆，也是世界著名的古代文化艺术宝库。

沈阳故宫位于沈阳市沈河区，是仅次于北京故宫的第二大宫殿群，史称盛京皇宫，始建于 1625 年，是后金和清初的皇宫，占地约 6 万平方米，房宇 300 余间，由十个院落组成，全部建筑分为东、中、西三个部分。东路大政殿、十王亭建筑群布局仿照八旗行军帐殿(大幄次)的布局。中路的特点则是"宫高殿低"，居住部分位于高台之上，俯瞰理政的正殿区域，这是来源于满族人喜居于台岗之上的生活习惯。西路以及中路的东西二宫则是完全的汉式建筑。与北京故宫相比，沈阳故宫建筑风格具有独特的满、蒙、藏特色。整个皇宫楼阁耸立，殿宇巍峨，反映了汉满两族文化交流在建筑方面取得的辉煌成就。

北京故宫于 1987 年被列入《世界文化遗产名录》。2004 年 7 月，沈阳故宫作为明清皇宫文化遗产扩展项目列入《世界遗产名录》。

6. 苏州古典园林

苏州是著名的历史文化名城和国家重点风景旅游城市，物华天宝、人杰地灵，自古以来被人们誉为 "园林之城"，其盛名享誉海内外。苏州古典园林历史绵延 2000 余年，在世界造园史上有其独特的历史地位和价值，它以写意山水的高超艺术手法，蕴含浓厚的传统思想文化内涵，展示东方文明的造园艺术典范、实为中华民族的艺术瑰宝。

苏州古典园林于 1997 年被列入《世界文化遗产名录》。

2000 年 11 月苏州艺圃、藕园、沧浪亭、狮子林和退思园 5 座园林作为苏州古典园林的扩展项目被批准列入《世界遗产名录》。

7. 云南丽江古城

丽江古城是云南省丽江纳西族自治县的中心城镇，位于云南省西北部，地理坐标为东经 100°14′，北纬 26°52′。古城位于县境的中部，海拔 2400 余米，是一座风景秀丽，历史悠久和文化灿烂的名城，也是中国罕见的保存相当完好的少数民族古城。云南丽江古城于

1997 年被列入《世界文化遗产名录》。

8. 北京天坛

天坛(参见图 8-7)位于北京的南端，是明清两代皇帝每年祭天和祈祷五谷丰收的地方。它的严谨的建筑布局，奇特的建筑结构，瑰丽的建筑装饰，被认为是中国现存的一组最精致、最美丽的古建筑群，在世界上享有极大的声誉。

图 8-7　天坛

天坛建于明永乐十八年(1420 年)，与故宫同时修建，面积约 270 万平方米，分为内坛和外坛两部分，主要建筑物都在内坛。南有圆丘坛、皇穹宇，北有祈年殿、皇乾殿，由一座高 2 米半，宽 28 米，长 360 米的甬道，把这两组建筑连接起来。天坛的总体设计，从它的建筑布局到每一个细部处理，都强调了"天"。它那 300 多米长的高出地面的甬道，人们登临其上，环顾四周，首先看到的是那广阔的天空和那象征天的祈年殿，一种与天接近的感觉就油然而生。这条甬道又叫海漫大道，这是因为古人认为到天坛去拜天等于上天，而由人间到天上去的路途非常遥远、漫长。北京天坛于 1998 年被列入《世界文化遗产名录》。

9. 重庆大足石刻

大足石刻是大足县境内主要表现为摩崖造像的石窟艺术的总称。大足县是重庆市所辖郊县，始建于唐乾元元年(758 年)，以"大丰大足"而得名，是驰名中外的"石刻之乡"、"五金之乡"，全国首批甲级开放县，国家确定的长江三峡旅游县的起点，全国生态农业先进县，重庆市对外开放的重要窗口。大足县历史悠久，人文景观、旅游资源非常丰富。县境内石刻造像星罗棋布，公布为文物保护单位的摩崖造像多达 75 处，雕像 5 万余身，铭文 10 万余字。

大足石刻其规模宏大、刻艺精湛、内容丰富，具有鲜明的民族特色，具有很高的历史、科学和艺术价值，在中国古代石窟艺术史上占有举足轻重的地位，被国内外誉为神奇的东方艺术明珠。重庆大足石刻于 1999 年被列入《世界文化遗产名录》。

10. 皖南古村落：西递、宏村

西递是黄山市最具代表性的古民居旅游景点，坐落于黄山南麓。据史料记载，西递始祖为唐昭宗李晔之子，因遭变乱，逃匿民间，改为胡姓，繁衍生息，形成聚居村落。故自古文风昌盛，到明清年间，一部分读书人弃儒从贾，他们经商成功，大兴土木，建房、修祠、铺路、架桥，将故里建设得非常舒适、气派、堂皇。历经数百年社会的动荡，风雨的侵袭，虽半数以上的古民居、祠堂、书院、牌坊已毁，但仍保留下数百幢古民居，从整体上保留下明清村落的基本面貌和特征。

宏村位于黟县城西北角。村内鳞次栉比的层楼叠院与旖旎的湖光山色交相辉映，动静相宜、空灵蕴藉、处处是景、步步入画。从村外自然环境到村内的水系、街道、建筑，甚至室内布置都完整地保存着古村落的原始状态，没有丝毫现代文明的迹象。造型独特并拥

有绝妙田园风光的宏村被誉为"中国画里乡村"。皖南古村落：西递、宏村于 2000 年被列入《世界文化遗产名录》。

11. 河南洛阳龙门石窟

河南洛阳龙门石窟位于洛阳市东南，分布于伊水两岸的崖壁上，南北长达 1 公里。龙门石窟始凿于北魏年间，先后营造 400 多年。现存窟龛 2300 多个，雕像 10 万余尊，是中国古代雕刻艺术的典范之作。河南洛阳龙门石窟于 2000 年被列入《世界文化遗产名录》。

12. 四川青城山和都江堰

青城山，位于四川成都的都江堰风景区，是中国著名的道教名山。山内古木参天，群峰环抱，四季如春，故名青城山。青城山分青城前山和青城后山，前山景色优美，文物古迹众多；后山自然景物原始而华美，如世外桃园，绮丽而又神秘。

都江堰位于四川成都平原西部的岷江上，建于公元 3 世纪，是中国战国时期秦国蜀郡太守李冰及其子率众修建的一座大型水利工程，是全世界至今为止，年代最久、唯一留存、以无坝引水为特征的宏大水利工程。2200 多年来，至今仍发挥巨大效益。李冰治水，功在当代，利在千秋，不愧为文明世界的伟大杰作，造福人民的伟大水利工程。四川青城山和都江堰于 2000 年被列入《世界文化遗产名录》。

13. 云冈石窟

云冈石窟位于山西省大同市，有窟龛 252 个，造像 51000 余尊，代表了公元 5 世纪至 6 世纪时中国杰出的佛教石窟艺术。其中的昙曜五窟，布局设计严谨统一，是中国佛教艺术第一个巅峰时期的经典杰作。云冈石窟于 2001 年被列入《世界文化遗产名录》。

14. 吉林高句丽王城、王陵及贵族墓葬

2004 年 7 月 1 日，在中国苏州召开的第 28 届世界遗产委员会会议传来消息，主体坐落于吉林省集安市的"中国高句丽王城、王陵及贵族墓葬"申报世界文化遗产成功，中国的世界遗产名录增加到 30 个。该处入选理由是：建筑技艺精湛，堪称同时代工艺的典范；艺术成就突出，特别是墓葬中的壁画，体现了高超的艺术水准；文明内涵富有特色，众多珍贵文物都反映了高句丽时期独具特色的文明。高句丽是中国历史上一个少数民族地方政权，存续于汉唐期间，前后历经约 705 年，创造了灿烂的古代文明，在吉林、辽宁等地留下了丰富的历史遗迹和文物。

15. 澳门历史城区

"澳门历史城区"是连接相邻的众多广场空间及二十多处历史建筑，以旧城区为核心的历史街区，覆盖范围包括妈阁庙前地、亚婆井前地、岗顶前地、议事亭前地、大堂前地、板樟堂前地、耶稣会纪念广场、白鸽巢前地等多个广场空间，以及妈阁庙、港务局大楼、郑家大屋、圣老楞佐教堂、圣若瑟修院及圣堂、岗顶剧院、何东图书馆、圣奥斯定教堂、民政总署大楼、三街会馆(关帝庙)、仁慈堂大楼、大堂(主教座堂)、卢家大屋、玫瑰

堂、大三巴牌坊、哪吒庙、旧城墙遗址、大炮台、圣安多尼教堂、东方基金会会址、基督教坟场、东望洋炮台(含东望洋灯塔及圣母雪地殿圣堂)等二十多处历史建筑。澳门历史城区于 2005 年被列入《世界文化遗产名录》。

16．中国安阳殷墟

中国安阳商代遗址又名殷墟，占地约 24 平方公里，位于河南省安阳市区西北小屯村一带，距今已有 3300 多年历史。殷墟是闻名中外的中国商代晚期都城遗址，是中国历史上有文献可考并为甲骨文和考古发掘所证实的最早的古代都城遗址。中国安阳殷墟于 2006 年被列入《世界文化遗产名录》。

17．开平碉楼与古村落

开平碉楼位于广东省开平市，是中国乡土建筑的一个特殊类型，是一种集防卫、居住和中西建筑艺术于一体的多层塔楼式建筑。根据现存实证，开平碉楼最迟在明代后期(16 世纪)已经产生，到 19 世纪末 20 世纪初发展成为表现中国华侨历史、社会形态与文化传统的一种独具特色的群体建筑形象。开平碉楼与古村落于 2007 年被列入《世界文化遗产名录》。

18．福建土楼

福建永定土楼位于龙岩地区，是世界上独一无二的神奇的山区民居建筑，是中国古建筑的一朵奇葩。它历史悠久、造型独特、规模宏大、结构精巧。土楼分方形和圆形两种。土楼文化根植于东方血缘伦理关系，是聚族而居传统文化的历史见证，体现了世界上独一无二的大型生土夯筑的建筑艺术成就，具有"普遍而杰出的价值"。福建土楼于 2008 年被列入《世界文化遗产名录》。

三、中国的世界自然遗产

《保护世界文化与自然遗产公约》给自然遗产的定义是符合下列规定之一者。

从美学或科学角度看，具有突出、普遍价值的由地质和生物结构或这类结构群组成的自然面貌；从科学或保护角度看，具有突出、普遍价值的地质和自然地理结构以及明确划定的濒危动植物物种生态区；从科学、保护或自然美角度看，具有突出、普遍价值的天然名胜或明确划定的自然地带。

列入《世界遗产名录》的自然遗产项目必须符合下列一项或几项标准并获得批准。

构成代表地球演化史中重要阶段的突出例证；构成代表进行中的重要地质过程、生物演化过程以及人类与自然环境相互关系的突出例证；独特、稀有或绝妙的自然现象、地貌或具有罕见自然美的地带；尚存的珍稀或濒危植物种的栖息地。

截至 2008 年 8 月，中国列入《世界遗产名录》的世界自然遗产有七个：九寨沟(四川省，1992.12)、黄龙风景区(四川省，1992.12)、武陵源风景区(湖南省，1992.12)、三江并流(云南省，2003.7)、大熊猫栖息地(四川省，2006.7)、中国南方喀斯特(重庆武隆喀斯特与云

南石林、贵州荔波喀斯特一起作为"中国南方喀斯特"，2007.6.27)、江西三清山(江西，2008.7)。

(一)九寨沟

以"梦幻仙境"而著称的九寨沟位于岷江上游，在四川省西北部阿坝藏族、羌族自治州九寨沟县境内，地处青藏高原东南边缘的尕尔纳山峰北麓，海拔在 2000 米至 3000 米之间，距四川省省会成都市 435 公里，全区面积约 720 平方公里，大部分为森林所覆盖，曲折狭长的九寨沟山谷海拔超过 4800 米，因而形成了一系列形态不同的森林生态系。因为沟内有盘信、彭布、故洼、盘亚、则查洼、黑角寨、树正、菏叶、扎如等九个藏族村寨而得名。这里高差悬殊、气候多样、山明水秀。九寨沟有长海、剑岩、诺日朗、树正、扎如、黑海六大景区，以明朗的高原风光为基调，以高峰、彩林、翠海、叠瀑和藏族风情这"五绝"而驰名中外。九寨沟历来被当地藏民视为"神山圣水"。沟内山、水、林、石均为藏民所崇拜和保护的对象。

九寨沟碳酸盐分布广泛，褶皱断裂发育，新构造运动强烈，地壳抬升幅度大，造就了多种多样的地貌，发育了大规模喀斯特作用的钙华沉积，以植物喀斯特钙华沉积为主导，形成了九寨沟独具特色的景观。九寨沟角峰、刃脊、冰斗、U 字谷、悬谷、槽谷等地貌类型发育十分典型。

九寨沟大多数景点集中于呈"Y"字形的三条主沟(树正沟、日则沟、则查洼沟)内，纵横五十公里。景区内有 118 个翠海(高山湖泊)，17 个瀑布群，并有多处钙华滩流及各种珍稀动植物，其中就有以国宝之称的大熊猫和扭角羚。九寨沟以彩池、雪山、森林、峡谷、瀑布著称，以其雄、峻、奇、野的绝佳风景，享有"童话世界"、"人间仙境"之誉。九寨沟水景规模之巨，数量之众，形态之美，位居中国风景名胜区水景之冠，有"黄山归来不看云，九寨归来不看水"之美誉。1992 年被列入《世界自然遗产名录》。

(二)黄龙风景区

黄龙风景区(参见图 8-8)位于四川省阿坝藏族羌族自治州松潘县境内，面积 700 平方公里，海拔在 3000 米以上，以彩池、滩流、雪山、峡谷、古寺、民俗"六绝"著称于世，是中国唯一的保护完好的高原湿地。黄龙有中国东部的冰川遗存和地表钙华景观，地表钙华是黄龙景观的最大特色，被认为是世界上罕见的地质奇观。风景区由黄龙景区和牟尼沟景区两部分组成，如同一条金色巨龙蜿蜒而下。传说远古时期夏禹治水，生活在岷江上游的黄龙真人曾辅佐大禹治理江、河、淮、济，功成后归隐二道海，后来跨白鹿至黄龙，在黄龙洞胎息修炼，故明代(公元 1368—1644 年)于此建黄龙寺以祀，"黄龙"因此而得名。

图 8-8 黄龙风光

黄龙风景名胜区既以独特的岩溶景观著称于世，也以丰富的动植物资源享誉人间，主要景观集中于长约 3.6 公里的黄龙沟，沟内遍布碳酸钙华沉积，并呈梯田状排列。从黄龙沟底部(海拔 2000 米)到山顶(海拔 3800 米)依次出现亚热带常绿与落叶阔叶混交林、针叶阔叶混交林、亚高山针叶林、高山灌丛草甸等，有包括大熊猫、金丝猴在内的 10 余种珍贵动物，享有"世界奇观"、"人间瑶池"的美誉。1992 年列入《世界自然遗产名录》。

(三)武陵源风景区

武陵源风景名胜区位于湖南省张家界市，由张家界国家森林公园、索溪峪自然保护区和天子山自然保护区组合而成，总面积 369 平方公里。武陵源风景名胜区是 20 世纪 80 年代初新发现的山水名胜，这里的风景没有经过任何的人工雕凿，最高峰海拔 1264.5 米，石英砂岩峰林景观及其成固砂岩峰林景观构成武陵源景区的主体，境内共有 3103 座奇峰，姿态万千，加之沟壑纵横、溪涧密布、森林茂密、人迹罕至，森林覆盖率为 85%，植被覆盖率为 99%，中、高等植物 3000 余种，乔木树种 700 余种，可供观赏园林花卉多达 450 种，景区内有华南虎、猕猴、白鹳、大鲵(娃娃鱼)及珙桐、银杏、瑶山梭罗等珍稀动植物。武陵源号称"奇峰八百，秀水三千"，以奇峰、怪石、幽谷、秀水、溶洞"五绝"而闻名于世，堪称人间奇迹，鬼斧神工，生态价值极高。1992 年被列入《世界自然遗产名录》。

(四)三江并流

三江并流位于中国云南省青藏高原南部横断山脉的纵谷地区，跨越了云南省丽江市、迪庆藏族自治州、怒江傈僳族自治州的 9 个自然保护区和 10 个风景名胜区，总面积 3500 多平方公里。三江并流景区内怒江、澜沧江、金沙江三条大江并行奔流，最近处直线距离仅 60 公里，形成举世罕见的"江水并流而不交汇"的奇特自然地理景观。景区内汇集了高山峡谷、雪峰冰川、高原湿地、森林草甸、淡水湖泊、珍稀动植物等，构成了独具特色的奇异景观。它地处东亚、南亚和青藏高原三大地理区域的交汇处，是世界上罕见的高山地貌及反映其演化的代表地区，这里是中国生物多样性最丰富的区域，同时也是世界上温带生物多样性最丰富的区域。

同时，该地区还是 16 个民族的聚居地，有藏族、纳西族等多姿多彩的民族风情，是世界上罕见的多民族、多语言、多种宗教信仰和风俗习惯并存的地区。长期以来，"三江并流"自然景观一直是科学家、探险家和旅游者的向往之地，具有重要的科学价值、美学意义和丰富多彩的少数民族文化。"三江并流"自然景观于 2003 年 7 月被列入《世界自然遗产名录》。

(五)大熊猫栖息地

四川大熊猫栖息地位于四川省境内，包括卧龙、四姑娘山、夹金山脉，面积 9245 平方公里，涵盖成都、阿坝、雅安、甘孜 4 个市州 12 个县。大熊猫不仅是中国的国宝，还是全球自然保护事业的标志和"旗舰"物种。四川大熊猫栖息地不仅是地球历史与地质特

征研究的典型区域，是陆地、海洋生态系统和动植物演化的典型区域，更是生物多样性与特有物种栖息地的全球性典型代表。这里生活着全世界 30%以上的野生大熊猫，是全球最大最完整的大熊猫栖息地，也是全球除热带雨林以外植物种类最丰富的区域之一。另外，这里亦是小熊猫、雪豹及云豹等濒危物种栖息的地方。它曾被自然保护国际同盟选定为全球 25 个生物多样性热点之一，被全球环境保护组织确定为全球 200 个生态区之一。于2006 年 7 月被列入《世界自然遗产名录》。

(六)中国南方喀斯特

"中国南方喀斯特"覆盖了 5 万平方公里，由云南石林的剑状、柱状和塔状喀斯特、贵州荔波的锥状喀斯特(峰林)、重庆武隆的以天生桥、地缝、天坑群等为代表的立体喀斯特共同组成，其中云南石林为中国 AAAA 级景区，展示了一个由热带至亚热带的喀斯特地貌，形成于距今 50 万年至 3 亿年间，总面积达 1460 平方公里。喀斯特即岩溶地貌，是发育在以石灰岩和白云岩为主的碳酸盐岩上的地貌。中国喀斯特有面积大、地貌多样、典型、生物生态丰富等特点。这一区域很多景点享誉国内外，比如云南石林以喀斯特景观为主，以"雄、奇、险、秀、幽、奥、旷"著称，具有世界上最奇特的喀斯特地貌(岩溶地貌)景观，被称为"天下第一奇观"，在世界地学界享有盛誉；贵州荔波喀斯特原始森林、水上森林和"漏斗"森林，合称"荔波三绝"。它们虽然生长在不同的空间，有的在山上，有的在水中，有的在"天坑"里，但都存活在贫瘠、脆弱的喀斯特环境中，都是石头上长出的森林，这也是人与自然和谐的奇迹。荔波是布依族、水族、苗族和瑶族等少数民族聚集处，曾入选"中国最美的地方"、"中国最美十大森林"。重庆武隆景区包括天下第一洞芙蓉洞、亚洲最大的天生桥群、全世界罕见而稀有喀斯特系统形成的后坪天坑，极具科考价值且富有神秘感。2007 年 6 月作为世界自然遗产列入《世界遗产名录》。

(七)江西三清山

三清山位于江西上饶东北部，古为饶、信、衢三州之会。古有"天下无双福地"、"江南第一仙峰"之称，主峰玉京峰海拔 1819.9 米，因山有三峰——玉京、玉虚、玉华三座山峰，高耸入云，宛如道教玉清、上清、太清三个最高境界而得名。三清山南北狭长，约 56 平方公里，由于长期地貌变化，形成了三清山别具一格的奇峰怪石、急流飞瀑、峡谷幽云等雄伟景观。三清山东险西奇、北秀南绝，四季景色绮丽秀美，三清山有着其独特花岗岩石柱与山峰，丰富的花岗岩造型石与多种植被、远近变化的景观及震撼人心的气候奇观相结合，创造了世界上独一无二的景观美学效果，呈现了引人入胜的自然美。三清山神奇壮丽的景观是与适宜的地质、气候分不开的，是地壳运动对地质长期作用、变迁的产物。三清山在地质史上经历了 14 亿年的沧桑巨变，曾有三次大海侵和多次地质构造运动。

三清山为历代道家修炼场所，自晋朝葛云、葛洪来山以后，便渐为信奉道学的名家所向往。最先在三清山修建道观的为唐朝信州太守王鉴的后裔。到宋朝时，其后裔王霖捐资兴建道观，成为道家洞天福地。道教建筑遍布全山，因此，三清山有"露天道教博物馆"

之称。景区边界合理，有效地保护了景观的自然性，同时是维护景观品质所必需的区域。2008 年 7 月作为世界自然遗产列入《世界遗产名录》。

四、中国的世界文化景观遗产

中国的世界文化景观遗产有庐山。

庐山(参见图 8-9)位于中国中部江西省九江市南，风景名胜区面积 302 平方千米，外围保护地带 500 平方千米，是座地垒式断块山。相传在周朝时有匡氏七兄弟上山修道，结庐为舍，由此而得名。庐山长约 25 公里，宽约 20 公里。全山共 90 多座山峰，最高峰为大汉阳峰，海拔 1474 米。群峰间散布有许多壑谷、岩洞、瀑布、溪涧，地形地貌复杂多样，大山、大 江、大湖浑然一体，险峻与柔丽相济，素以"雄、奇、险、秀"闻名于世。庐山有独特的第四纪冰川遗迹，有河流、湖泊、坡地、山峰等多种地貌类型，有地质公园之称。庐山植被丰富，据不完全统计，庐山植物有 210 科、735 属、1720 种，是一座天然的植物园。晋代高僧慧远(公元 334—416 年)在山中建立东林寺，开创了佛教中的"净土宗"，使庐山成为中国封建时代重要的宗教胜地。创建于公元 940 年的庐山白鹿洞书院，曾被誉为"海内书院第一"、"天下书院之首"，是中国古代教育和理学的中心学府，是中国宋代最高学府之一，与当时的睢阳、石鼓、岳麓书院齐名，合称"天下四大书院"。宋代著名的理学大师、教育大师朱熹，曾在此提出的教育思想成为中国古代的准则，在世界教育史上也有重要影响。白鹿洞书院以其深远的学术文化底蕴、深邃的思想内涵影响着一代代的学子。

图 8-9　庐山风光

庐山上还荟萃了各种风格迥异的建筑杰作，至今还保留着美、英、法、德、俄、意、奥、芬兰、荷兰等 20 多个国家 600 余幢风格各异的近代别墅，包括罗马式与哥特式的教堂、融合东西方艺术形式的拜占庭式建筑，以及日本式建筑和伊斯兰教清真寺等，堪称庐山风景名胜区的精华部分。

庐山是一座集风景、文化、宗教、教育、政治为一体的千古名山，自然与文化积淀非常深厚。

世界遗产委员会是这样评价庐山的："江西庐山是中华文明的发祥地之一。这里的佛教和道教庙观，代表理学观念的白鹿洞书院，以其独特的方式融汇在具有突出价值的自然美之中，形成了具有极高美学价值的，与中华民族精神和文化生活紧密联系的文化景观。"1996 年被列入《世界自然与文化遗产名录》。

第二节　中国的非物质文化遗产

2003 年 10 月 17 日，联合国教科文组织第 32 届大会通过了《保护非物质文化遗产公约》。非物质文化遗产又称口头或无形遗产，曾被誉为历史文化的"活化石"、"民族记忆的背影"。根据联合国教科文组织的定义，它是指"被各群体、团体、有时为个人视为其文化遗产的各种实践、表演、表现形式、知识和技能及其有关的工具、实物、工艺品和文化场所"。

非物质文化遗产的类型划分方法有多种。中国颁布的首批非物质文化遗产名录中将其分为民间文学类、民间音乐类、民间舞蹈类、传统戏剧类、曲艺类、杂技与竞技类、民间美术类、传统手工技艺类、传统医药类、民俗类十大类。

联合国教科文组织指出"非物质文化遗产"包括 5 个方面：口头传说和表述，表演艺术，社会风俗、礼仪、节庆，有关自然界和宇宙的知识和实践，传统的手工艺技能。

非物质文化遗产的最大的特点是不脱离民族特殊的生活、生产方式，是民族个性、民族审美习惯的"活"的显现。它依托于人本身而存在，以声音、形象和技艺为表现手段，并以身口相传作为文化链而得以延续，是"活"的文化及其传统中最脆弱的部分。因此对于非物质文化遗产传承的过程来说，人的传承就显得尤为重要。

非物质文化遗产是整个文化遗产中的一个重要组成部分，它体现了特定民族或群体的审美个性和文化精神。它是依附于个体的人群体或特定的物质性区域或空间而存在的，是一种活态的文化，是一种代代相续的生活样式。非物质文化遗产与物质文化遗产一样都是人类社会得以延续的文化命脉。

联合国教科文组织分别于 2001 年、2003 年和 2005 年命名了三批世界非物质遗产，共90 项，其中中国有 4 项，即昆曲、古琴、新疆的木卡姆民族歌舞和与蒙古国联合申报的长调民歌。

一、昆曲

昆曲又称昆腔、昆山腔、昆剧，是现存的中国最古老的剧种之一，其形成的历史源远流长，是元末明初南戏发展到昆山一带，至今已有六百多年的历史，与当地的音乐、歌舞、语言结合而生成的一个新的声腔剧种。元末，顾坚等人把流行于昆山一带的南曲原有腔调加以整理和改进，称为"昆山腔"，为昆曲之雏形。嘉靖年间经过魏良辅等人的革新，昆山腔吸收北曲及海盐腔、弋阳腔的长处，以笛、箫、笙、琵琶为伴奏乐器，形成委婉细腻、流丽悠长的"水磨调"风格，昆曲至此基本成形。梁辰鱼将传奇《浣纱记》以昆

曲形式搬上舞台，使原来主要用于清唱的昆曲正式进入戏剧表演领域，进一步扩大了影响。昆曲的演唱本来是以苏州的吴语语音为载体的，但在传入各地之后，便与各地的方言和民间音乐相结合，演变出众多的流派，构成了丰富多彩的昆曲腔系，成为了具有全民族代表性的戏曲。明代天启初年到清代康熙末年的一百多年是昆曲蓬勃兴盛的时期，从此昆曲开始独霸歌坛，成为现今中国乃至世界现存最古老的具有悠久传统的戏曲形态。清代乾隆年以后，昆曲逐渐衰落下去。新中国诞生以来，昆曲艺术出现了转机，国家先后建立了7个有独立建制的专业昆曲院团。目前昆曲主要由专业昆曲院团演出，有关演出活动多集中在江苏、浙江、上海、北京、湖南等地。

昆曲行腔优美，以缠绵婉转、柔曼悠远见长，具有很强的艺术性，对中国近代的所有戏剧剧种，如川剧、京剧都有着巨大的影响。在演唱技巧上注重声音的控制，节奏速度的顿挫疾徐和咬字吐音的讲究。场面伴奏乐曲齐全，用锣鼓、弦索及笛、箫、笙、琵琶等管弦和打击乐器伴奏，以声若游丝的笛为主奏乐器，昆曲表演使昆曲音乐以婉丽妩媚，一唱三叹著称。

由于表演艺术的全面发展，角色行当自然越分越细，如老生分副末、老外、老生；小生分官生、小生、巾生；净分大面、白面、二面、小面；旦分老旦、正旦、作旦、刺杀旦、五旦、六旦等。各行角色都在表演上形成自己一套完整的表演程式。这些程式化的动作语言，在刻画人物性格、表达心理情绪、渲染戏剧性和增强感染方面，形成了昆曲完整而独特的表演体系。《牡丹亭》(参见图8-10)、《长生殿》成为传统的保留剧目。

图 8-10　昆曲《牡丹亭》剧照

昆曲历史悠久，影响广泛而深远，它是传统文化的结晶，也是戏曲表演的典范。昆曲艺术形式精致，内涵深厚。于 2001 年入选联合国教科文组织首批"人类口头和非物质遗产代表作"。

二、中国古琴艺术

古琴(参见图 8-11)，亦称瑶琴、玉琴、七弦琴，别称"绿绮"、"丝桐"，是中国最古老且富有民族色彩的弹拨乐器，享有"国乐明珠"的美誉。古琴音域宽广、音色深沉、余音悠远、深具东方文化特色。古琴相传创始于史前传说时代的伏羲氏和神农氏时期。以

目前考古发掘的资料证实，古琴作为一件乐器的形制至迟到汉代已经发展完备，汉魏六朝是古琴艺术发展的重要时期，其中有大量的器乐曲问世。魏晋时期的嵇康给予古琴，"众器之中，琴德最优"的至高评价，终以在刑场上弹奏《广陵散》作为生命的绝唱。唐代是古琴艺术的鼎盛时期，由于经济的繁荣，社会的稳定，古琴艺术得到了空前的发展。宋、元时期的古琴音乐发展显著，琴坛上出现了欣欣向荣的景象。明、清时期，是古琴流派产生的重要时期。

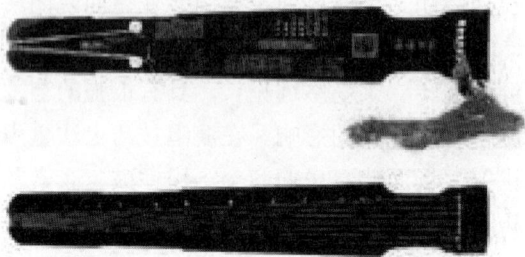

图 8-11　古琴

"琴、棋、书、画"历来被视为文人雅士修身养性的必由之径。古琴因其清、和、淡、雅的音乐品格寄寓了文人凌风傲骨、超凡脱俗的处世心态，而在音乐、棋术、书法、绘画中居于首位。

古琴是最古老也是最纯粹的华夏本土乐器。有着 3000 年悠久历史的古琴音乐，是中国音乐的重要组成部分，是中国传统音乐文化的代表。宋代陈旸在《乐书》中提到"琴者，乐之统也"，这一语道出了琴在中国古代音乐中的地位。中国古琴从形制到曲目，从特殊的记谱方式到丰富的演奏技巧，都体现了中国音乐艺术的至高境界。古琴音乐具有深沉蕴藉、潇洒飘逸的风格特点和感人至深的艺术魅力，最擅长用"虚"、"远"来制造一种空灵的美感，追求含蓄的、内在的神韵和意境。它既有丰富的内涵，又有表面上看似简约、自由、散漫的外在形式。

中国现存 150 部古琴琴谱、3000 多首琴曲。古琴不仅具有艺术性，而且具有文学性与哲学性。其造型古朴、音韵高雅。古琴的弹奏法、记谱法、琴史、琴律等早已形成独立完整的体系，被称作"琴学"。古琴的文化价值已被世界公认。2003 年，古琴继昆曲之后，成为中国第二项被联合国教科文组织列入"非物质文化遗产代表作名录"的古典艺术。

三、新疆维吾尔木卡姆艺术

"新疆维吾尔木卡姆艺术"(参见图 8-12)是维吾尔族传统音乐、舞蹈的重要组成部分，集歌、舞、乐于一体，与本民族民间音乐、舞蹈，宗教礼仪音乐、舞蹈有着千丝万缕的联系。每一套木卡姆又分为三大部分，即琼乃格曼(qongneqme 颂歌)、达斯坦(dastan 民间叙事诗)和麦西来甫(mexrep 民间歌舞娱乐活动的总称)。木卡姆的雏形，是维吾尔族先民在游牧时代的一些长歌，在茫茫旷野上的高亢悠扬的抒情，被称为"博雅婉"(维吾尔语，旷野之意)歌。"新疆维吾尔木卡姆艺术"是流传于新疆各维吾尔族聚居区的"十二木卡

姆"和"刀郎木卡姆"、"吐鲁番木卡姆"、"哈密木卡姆"各种木卡姆的总称,主要分布在南疆、北疆、东疆各维吾尔族聚居区,在乌鲁木齐等大、中、小城镇也广为流传。特别是"十二木卡姆",它是维吾尔木卡姆的主要代表,广泛流传于新疆的南疆地区和北疆的伊犁地区,主要以拉弦乐器萨它尔,拨弦乐器弹布尔、都它尔、热瓦甫、卡龙,打击乐器达普(手鼓)伴奏。

图 8-12　新疆维吾尔木卡姆艺术表演

"刀郎木卡姆"主要流传在塔里木盆地西、北缘的叶尔羌河至塔里木河两岸,以喀什地区的麦盖提县、巴楚县和阿克苏地区的阿瓦提县为中心。《刀郎木卡姆》主要以拉弦乐器刀郎艾捷克,拨弦乐器刀郎热瓦甫、卡龙,打击乐器达普伴奏。

新疆维吾尔木卡姆艺术唱词包括哲人箴言、先知告诫、乡村俚语、民间故事等,其中既有民间歌谣,又有文人诗作,是维吾尔族人民心智的生动表现。维吾尔木卡姆艺术的音乐形态丰富多样,有多种音律,繁复的调式,节拍、节奏和组合形式多样的伴奏乐器,显示出鲜明的民族特色和强烈的感染力。

木卡姆音乐现象分布在中亚、南亚、西亚、北非 19 个国家和地区,新疆处于这些国家和地区的最东端,得益于横贯欧亚的古代陆上交通大动脉——"丝绸之路",维吾尔木卡姆作为东、西方乐舞文化交流的结晶,记录和印证了不同人群乐舞文化之间相互传播、交融的历史。维吾尔木卡姆艺术肇始于本土的民间文化,其形成与发展经历过自民间上升至宫廷、经过整合与交融后又自宫廷返播积淀在民间,在长期历史演化的过程中,形成了内涵深厚、形式多样、内容丰富、风格独特的多元一体样式,是中国维吾尔歌舞艺术形式最杰出的代表,全面、完整地体现了新疆维吾尔族的历史文化传统。

2005 年 11 月 25 日,联合国教科文组织在巴黎总部宣布了第三批"人类口头和非物质遗产代表作",新疆维吾尔木卡姆艺术荣列榜中。

四、蒙古族长调民歌

蒙古族长调(参见图 8-13)是草原音乐的"活化石"。

蒙古族长调民歌是一种具有鲜明游牧文化和地域文化特征的独特演唱形式,它以草原

人特有的语言述说着蒙古民族对历史文化、人文习俗、道德、哲学和艺术的感悟。长调是蒙古语"乌日汀哆"的意译。"乌日汀"为"长久"、"永恒"之意，"哆"为"歌"之意。在相关著作和论文中，也将其直译为"长歌"、"长调歌"或"草原牧歌"等。

图 8-13　蒙古族长调民歌表演

"蒙古族长调民歌"是蒙古族民歌的一种形式。在蒙古族形成时期，长调民歌就已存在，字少腔长是其一大特点，长调旋律悠长舒缓、意境开阔、声多词少、气息绵长，旋律极富装饰性(如前倚音、后倚音、滑音、回音等)，尤以"诺古拉"(蒙古语音译，波折音或装饰音)演唱方式所形成的华彩唱法最具特色。根据蒙古族音乐文化的历史渊源和音乐形态的现状，长调可界定为由北方草原游牧民族在畜牧业生产劳动中创造的，在野外放牧和传统节庆时演唱的一种民歌，一般为上、下各两句歌词，演唱者根据生活积累和对自然的感悟来发挥，演唱的节律各不相同。长调歌词绝大多数内容是描写草原、骏马、骆驼、牛羊、蓝天、白云、江河和湖泊，且因地区不同而风格各异。锡林郭勒草原的长调民歌，声音嘹亮悠长，流行的有《小黄马》、《走马》等。呼伦贝尔草原的长调民歌则热情奔放，有《辽阔草原》、《盗马姑娘》等。长调民歌在一些长音的演唱上，可以根据演唱者的情绪，自由延长，从旋律风格及唱腔上具有辽阔、豪爽、粗犷的草原民歌特色。

蒙古族长调民歌是一种跨境分布的文化，中国的内蒙古自治区和蒙古国是蒙古族长调民歌最主要的文化分布区。2005 年，中国、蒙古国联合申报的"蒙古族长调民歌"入选了联合国教科文组织第三批"人类口头和非物质遗产代表作"(简称"非物质遗产")。"蒙古族长调民歌"是中国第一次与外国联合，就同一非物质文化遗产向联合国教科文组织申报的项目。中蒙两国联合申遗的成功，足以显现蒙古族长调民歌作为一种文化遗产其不可估量的艺术性及世界性的价值。

思考与练习

1. 中国的世界自然遗产有哪些？
2. 中国的世界文化与自然双重遗产分别是哪四个，它们各自有何特点？

3. 谈谈我们应该如何保护非物质文化遗产。

4. 结合身边的实际情况，谈谈戏剧文化在非物质文化遗产保护中的特殊地位。

学习参考网站

1. 中国中央电视台：http://www.cctv.com/

2. 中国网：http://www.china.com.cn/culture/node_5001718.htm

第九章 人类与自然环境

本章提要

本章节首先介绍了自然环境的一些基本知识，以及我们人类与自然环境的辩证发展关系。接着联系实际，分析了当前世界自然环境面临的严峻形势：大气污染和酸雨严重、温室效应显著、臭氧层的损耗与不断破坏、生物多样性不断减弱、水质普遍污染、土地荒漠化席卷全球。人类只有一个地球，为建设共同美好家园，保护自然环境刻不容缓。

学习指南

自然环境是人类赖以生存与发展的基础，通过本章的学习，了解自然环境的一些基本知识，并从中认识到自然环境对我们每一个人的重要意义，由衷体会科学实践发展观的重要性，更加自觉地保护和爱护环境，建设我们美好的家园。

在自然界，除人类以外的其他客体都被称为环境。自然环境是指环绕着人群的空间中可以直接、间接影响到人类生活、生产的一切自然形成的物质、能量的总体。构成自然环境的物质种类很多，主要有空气、水、植物、动物、土壤、岩石矿物、太阳辐射等。这些是人类赖以生存的物质基础。

第一节 人类发展和自然环境的演变

人类是环境的产物，人类的生存和发展每时每刻也离不开环境，同时人类也在不断地改造环境，以谋求自身的生存与发展。而环境的演化存在着不以人的意志为转移的客观规律，不能盲目地用人的主观意志改造环境。人类与环境的关系，是相互依存又相互影响、相互制约的对立统一的辩证关系。人类的任何行为都会对环境产生影响，反之，环境的任何改变也会直接影响到人类的生存与发展。总之，人类与环境是和谐共处的关系。

一、自然环境的基本认识

人们习惯上把环境分为自然环境和社会环境，本章所指的就是自然环境。自然环境亦称地理环境，是指环绕于人类周围的自然界。它包括大气、水、土壤、生物和各种矿物资源等。自然环境是人类赖以生存和发展的物质基础。在自然地理学上，通常把这些构成自

然环境总体的因素，划分为大气圈、水圈、生物圈、土圈和岩石圈等五个自然圈。

地理环境位于地球表层，处于岩石圈、水圈、大气圈、土壤圈和生物圈相互制约、相互渗透、相互转化的交融带上。它下起岩石圈的表层，上至大气圈下部的对流层顶，厚约 10km～20km，包括了全部的土壤圈，其范围大致与水圈和陆地生物圈相当。概括地说，地理环境是由与人类生存与发展密切相关的，直接影响到人类衣、食、住、行的非生物和生物等因子构成的复杂的对立统一体，是具有一定结构的多级自然系统，水、土、气、生物圈都是它的子系统。每个子系统在整个系统中有着各自特定的地位和作用，非生物环境是生物(植物、动物和微生物)赖以生存的主要环境要素，它们与生物种群共同组成生物的生存环境。它是来自地球内部的内能和来自太阳辐射的外能的交融地带，有着适合人类生存的物理条件、化学条件和生物条件，因而构成了人类活动的基础。

二、人类和自然环境辩证发展

(一)自然环境是人类的衣食之母

从上面的介绍就可以知道，自然环境是人类生存和发展的摇篮，离开自然环境这个大自然的怀抱，人类将无可适从。没有环境提供的物质资源，人类就没办法生存，更谈不上发展。人类已进入一个高度发达的科技文明社会，虽然人类依赖环境的程度在减弱，但我们的生产和生活一样离不开自然环境，依然是我们的衣食之母，人与环境的和谐发展是永恒的主题。

200 万年前的原始社会，人们以利用自然界现成的食物为主，尽管发明了火和各种旧石器、木工具，但是由于生产力水平低下，人类从自然界取得的食物资源也极其困难，人类生活水平极端低下，人类对自然环境处于高度依赖的状态。随着原始社会进入 1 万年前的奴隶社会和封建社会，锄耕农业的兴起，人们能发挥一定的主观能动作用，利用自然条件和自然资源，生产人们需要的生活资料。但在自然灾害面前，还处于听天由命的状态，把自然灾害归于神的意志的体现。因此，人与自然的关系是在"天命论"指导下的顺应关系。从 200 多年前的产业革命到 20 世纪 60 年代，随着社会生产力的迅速发展，煤、石油、天然气的广泛利用，电力和蒸汽机为标志的大机器工业的出现，增强了人类利用和改造自然的能力，控制了一个又一个的自然过程，处处取得了征服自然的辉煌胜利，使人类过高地看重自己的力量，产生了对自然"主宰论"、"改造论"的思想。近代以来，资本主义革命带来严重的环境污染，人类对自然环境的破坏极为严重，直接威胁到人类和动植物的生存和发展。20 世纪 60 年代以来，人类从一系列的教训中认识到，只有遵循自然规律，才能与自然界一起创造既符合人类主观意志，又不违背自然规律的理想环境。随着人们的认识水平的提高和科学技术的进步，人们不断从自然界取得更多的物质财富，又不断地创造出适合人类生活的环境。这就是"人与环境共生"的时代，即"宇宙飞船经济时代"，人与环境在这个小小的星球上是同舟共济的，协调发展的。

(二)人类活动引起自然环境的变化

自然环境是人类和一切生物赖以生存和发展的物质基础。人类的活动必然会对各个环境要素造成影响，使环境产生种种变化。人类活动对环境的影响主要表现在以下几个方面。

1. 对动植物的影响

动植物资源是人类生存最基础的物质之一，不少的食品和生活用品来源于动植物，随着人类社会的发展和人口的增长，对动植物资源的需求量不断增大。

动植物有着自身的生长规律，能否正确认识动植物资源的发展规律，直接关系到对它们的开发和利用。但是，由于人类开发利用的不合理，给动植物资源的生长、繁衍、更新和延续利用带来了不利影响。特别是森林资源的急剧减少，使陆地上最大的生态系统遭受破坏，给全球环境带来深重的灾难。尤其是现存的 10 多亿公顷热带雨林，还继续受到人为破坏，也许 30—40 年内，热带雨林就会从地球上消失。

2. 对土地的影响

土地是人类生存和发展的立足点，是社会生产的一项重要资源。由于土地的某些固有特性，使土地资源的变化与人口增长和对土地的保护利用水平紧密相关。

首先，人口大量增长，必然造成人均耕地面积的相对下降。如中国建国初期，人均耕地面积多达 2.7 亩，而国土资源部公布的 2005 年度全国土地利用变更调查结果显示，中国人均耕地面积减少到 1.4 亩。

其次，是对土地资源的不合理利用所带来的负面影响，管理不善会造成水土流失(参见图 9-1)加剧，土地质量下降。根据全国第二次水土流失遥感调查，20 世纪 90 年代末，中国水土流失面积 356 万 km^2，其中：水蚀面积为 165 万 km^2，风蚀面积为

图 9-1　水土流失图

191 万 km^2，在水蚀、风蚀面积中，水蚀风蚀交错区水土流失面积为 26 万 km^2。人们为了提高单位面积的产量，借助于施用化肥和农药，一般一吨化肥可增产 2～3 吨粮食，使用化学农药可减少 15%左右的损失，然而不合理的施用将带来副作用，如土地硬化、有机质下降、理化性质变差，土壤肥力减退等。利用不当会造成土地资源的浪费，据资料统计，目前全世界每年用于工业、交通、水利、军事等建设的土地达 1.0～1.2 亿亩，仅美国每年用于建设的耕地就达 1820 万亩。保护不力还会造成土地污染，工业"三废"物质的排放和农药化肥的过量施用，是土地污染的重要根源。

3. 对水资源的影响

自然界一切生物都不能离开水(特别是淡水)而生存，如一个人每天需要从食物和饮料中获取至少 2 升水。随着人口增长和人类生活水平的提高，需水量在不断增加。据统计，

公元前每人每天消耗水 12 升左右，到中世纪上升到 30 升左右，18 世纪增加到 60 升，18 世纪后，随着城市人口比重上升，城市人口的耗水量更是大幅度增加。然而地球上可供人类利用的淡水资源约占地球全部水体的 3%，在有限的淡水资源中，还有 75%储存在冰川和高山积雪地带，参与自然界循环能被人类利用的淡水，只占整个水体的 0.75%，而且分布极不均匀。由于水资源的大量开采，造成局部地区水资源短缺，有的城市已出现"水荒"。

4．对矿产资源的影响

矿产资源(包括矿物能源)是人类发展工农业生产的基础物质。矿产资源是非再生资源，是在地壳形成过程中经几十亿年的地质作用形成的，是人类十分宝贵的有限财富。随着工业的发展，矿产资源的开采规模大幅度加大，特别是近几十年增长速度更快。19 世纪中期炼钢技术的突破，使金属矿产和冶金辅助原料的开采大幅度上升。第二次世界大战以后，石油大量开采，已成为当前世界主要能源。然而矿产资源和能源的储量是有限的，快速的开采只能缩短它们的开发寿命。

2004 年 1 月中国人民政治协商会议全国委员会办公厅发布数据，在中国 44 种最重要的矿产资源中，20 年以内耗竭的有 14 种；50 年之内消失的就有 22 种，占了 50%；而本世纪之内消失的有 32 种，占了 73%。具体情况如下：

铂族金属：中国没有独立的铂族金属矿，该资源依赖进口。

金矿：岩金还能开采 7 年、砂金 35 年；锑矿：可开采 8 年；饰面石材：可开采 8 年；萤石矿：可开采 9 年；铬铁矿：可开采 14 年；原油：可开采 15 年；铅矿：可开采 16 年；锰矿：可开采 16 年；银矿：可开采 17 年；滑石：可开采 42 年(假设年开采 174 万吨，若 390 万吨年产，为 18 年)。锌矿：可开采 19 年；石墨：可开采 19 年；锡矿：可开采 20 年；硼矿：可开采 21 年；石膏矿：可开采 224 年；铜矿：可开采 29 年；镍矿：可开采 30 年；重晶石：可开采 35 年；天然气：可开采 40 年；水泥石灰岩：可开采 46 年；钼矿：可开采 48 年；钨矿：可开采 51 年；高岭土：可开采 53 年；玻璃硅质原料：可开采 57 年；锶矿：可开采 66 年；硫矿：可开采 67 年；铁矿：可开采 81 年；钴矿：可开采 84 年；石棉：可开采 93 年；硅灰石：可开采 127 年；铝土矿：可开采 141 年；菱镁矿：可开采 148 年；煤：可开采 200 年；磷矿：可开采 216 年；膨润土：可开采 243 年；硅藻土：可开采 295 年；耐火粘土：可开采 321 年；钾盐：可开采 345 年；稀土矿：可开采 380 年；芒硝：可开采 2205 年；钠盐矿：3749 年。

(三)自然环境不是温顺的羔羊

人和自然环境影响是相互的，在和谐相处的状态下，人类可以从自然界获取相应的资源来维持生存和发展，但如果人类肆意攫取资源，严重破坏环境的话，它迟早会报复人类的，人类不仅得不到资源，而且还会受到严厉的惩罚，自然环境不是一只任人宰割的羔羊。

西域三十六古国之一的楼兰，长时间淹没在历史的尘埃中。20 世纪初瑞典探险家斯

文。赫定在罗布泊荒原的发现，重新让它成为世界关注的焦点。2000 多年前，地处丝绸之路要道上的楼兰，极尽繁华，商贾云集，东西方的来客络绎不绝。然而，这座举世闻名的"大都市"，却于公元 500 年左右消失在漫漫黄沙中。不少研究者将吞噬楼兰文明的罪魁祸首归结为环境的急剧恶化。图 9-2 所示为楼兰古城遗址。楼兰的悲剧告示我们：环境是无情的，只有与环境和谐相处，人类才能更好地发展，否则，将会受到环境的严厉惩罚。

环境变化所造成的损失是巨大的、多方面的。近几十年来，仅重大的"公害"事件达 30 多次，特别是 20 世纪 50 年代和 60 年代最多，使数万人直接受害而死亡，几十万人致病。目前，环境污染给人类健康带来的各种危害，很难精确统计。从美国几十年来癌症死亡人数的变化可以窥测其影响的一个层面，1900 年美国癌症死亡人数为 1.3 万人，1950 年增至 8 万人，1974 年上升到 35.8 万人，为

图 9-2　楼兰古城遗址

1900 年的 27.5 倍，且尚有 100 万癌症患者在治疗中。据科学家分析，癌症病因有 60%～90%是环境污染造成的。

环境污染所造成的各种"公害"以及给人民健康带来的威胁激起了人民群众的极大不满，纷纷起来控诉、游行示威，要求政府采取紧急措施予以解决。各国投入环境保护的费用，其数量是令人震惊的，给人们以深刻的启示，使人们清楚地看到：生产发展容易给环境造成污染，在发展工业的过程中，忽视环境保护，势必造成"公害"泛滥，危害人民健康，必然遭到人民的反对与舆论的谴责，回头进行污染治理，要花费很大的代价。

小知识

世界环境日

1972 年 6 月 5 日在瑞典首都斯德哥尔摩召开《联合国人类环境会议》，会议通过了《人类环境宣言》，并提出将每年的 6 月 5 日定为"世界环境日"。同年 10 月，第 27 届联合国大会通过决议接受了该建议。世界环境日的确立，反映了世界各国人民对环境问题的认识和态度，表达了人类对美好环境的向往和追求。

第二节　当前世界自然环境的状况

人类日益频繁的活动，不可避免地对自然环境产生影响，有些影响虽不是很明显，但久而久之却会产生巨大的消极影响，不利于人类生存和发展，出现了众所周知的环境问题。

环境问题主要是人类不合理利用环境所造成的。它是随着人类社会的发展而发生和发展的。在原始社会，人口稀少、生产力水平低下，当时的环境问题主要表现为洪水、猛

兽、林火、风暴以及各种自然灾害对人类生存的威胁。

人类进入农业社会，人们以种植业和养殖业为中心，这时的环境问题表现为以气象灾害为中心的自然灾害对农业生产的破坏，以及因过度开垦土地引起的水土流失等环境问题。工业革命后，由于蒸汽机的发明和广泛使用，生产力大为提高的同时，使城镇人口急剧增加，燃煤量不断增加而造成的大气污染的环境问题不断发生，如当时率先进行工业革命的英国首都——伦敦，多次发生烟雾事件。第二次世界大战以后，世界上各个国家社会经济发展更为迅猛，人类环境污染也更加严重。除燃煤造成的污染有所加重外，还由于石油的开发和炼制以及有机化学工业的发展，使人类生存的环境污染更加严重，加之世界人口的过快增长，工业产品种类、产量急剧增多。农业开垦强度增大，以及农药和化肥的大量使用，致使环境污染日趋严重，生态环境也遭到了严重的破坏。伴随着人口的过多增长和社会经济的快速发展，工业"三废"(废水、废气、废渣)的排放量及人类生活污染物的大量增加，大气污染、水污染、噪声污染、城市垃圾污染等日趋严重，人类和生物的生存环境受到严重威胁，如何保护环境越来越引起人们的重视。

一、大气污染和酸雨

(一)大气污染

所谓大气污染是指一些气态的污染物进入空气中污染空气。这些气态污染物的主要来源是煤和石油的燃烧。比如火电厂是以烧煤为主，煤在燃烧过程中会排放出大量的二氧化硫到空气中，污染空气。又如汽车尾气，汽车燃烧的能源是汽油和柴油，这些燃料在燃烧时会产生大量的一氧化碳、碳氢化合物、氮氧化合物、醛类化合物以及铜、铅的微型颗粒等有害污染物，这些污染物使人缺氧、头痛、头晕，还危及人的中枢神经，严重的可导致人的死亡。另外，还有一些工业废料、粉尘会影响大气环境。如炼铁厂、炼钢厂、化学工业企业的工业废气和粉尘，污染十分严重。图 9-3 所示为大气污染图。

图 9-3　大气污染

20 世纪 90 年代国际环保组织整理的数据表明：全世界每年排放的氧化硫(SO_2，SO_3)990 万吨，氮氧化物 680 万吨，悬浮颗粒 570 万吨，一氧化碳(CO)1.7 亿吨。

大气污染会使呼吸系统的疾病和心血管疾病的发病率提高，如慢性支气管炎、哮喘病、肺癌以及咽喉疾病等发病率提高。

中国是大气污染较重的国家。空气质量最差的大城市有广州、郑州、沈阳、南宁(主要污染物为总悬浮颗粒物)，这几个城市的空气质量级别为 4 级，长沙是 3 级(主要污染物为SO_2)。

(二)酸雨

正常的大气降水(雨、雪、雾、露等)是弱酸性的，它有利于土壤和风化壳中矿物质的溶解，供植物吸收。而酸雨是指 pH 值小于 5.6 的降水，其主要成分是 SO_2 和 NO_2，所以酸雨有两种类型，即 H_2SO_4 型和 HNO_3 型。中国的酸雨属于 H_2SO_4 型的。

目前，全世界酸雨危害非常严重。美国五大湖地区工业污染造成的酸雨，对美国和加拿大边境地区的森林和野生生物的严重破坏和损害，成为美加双边关系中的一个难题。西欧酸雨对环境的危害，已经成为欧洲一个重大的环境问题。中国的酸雨状况也令人担忧。在 20 世纪 80 年代，中国的酸雨主要发生在重庆、贵阳和柳州为代表的西南地区，酸雨区的面积约为 170 万 km^2。到 90 年代中期，酸雨已发展到长江以南，青藏高原以东以及四川盆地的广大地区。酸雨的面积扩大了 100 多万 km^2。以长沙、赣州、南昌、怀化为代表的华中酸雨区现在已成为全国酸雨污染最严重的地区，其中心区年平均降水 pH 值低于 4.0，酸雨频率高达 90%以上，已到了"逢雨必酸"的程度。以南京、上海、杭州、福州和厦门为代表的华东沿海地区也成为中国主要的酸雨地区。可见，中国酸雨的发展速度十分惊人，目前仍呈逐年加重的趋势。

酸雨的危害主要是破坏森林和水域，造成土壤的酸化、肥力减退、河湖酸化，影响水生生物的生长和繁殖。酸雨渗入地下，使地下水酸化，污染地下水。此外，酸雨还会腐蚀建筑物和金属材料。

二、温室效应

由于人口的增加和人类生产活动的规模扩大，向大气释放的二氧化碳(CO_2)、甲烷(CH_4)、一氧化二氮(N_2O)、氯氟碳化合物(CFC)、四氯化碳(CCl_4)、一氧化碳(CO)等温室气体不断增加，导致大气的组成发生变化。大气质量受到影响，气候有逐渐变暖的趋势。

这些气体之所以使大气温度升高，是因为它们能吸收来自太阳的大量长波辐射，所以到达地表的主要是短波辐射，地表由于吸收短波辐射被加热，提高了温度，再以长波向外辐射，这样，大部分长波辐射被这些气体吸收和阻留在地表和大气层下层，引起地球表面温度上升。这种作用类似于种菜或养花的玻璃(或农膜)温室，所以叫做温室效应。在这些气体中以二氧化碳的温室效应最为明显，据大量的监测资料说明，近些年来大气中二氧化碳的含量是逐年增加的。1980 年，大气中的二氧化碳含量每升只有 284 毫克，到 20 世纪 90 年代初的十多年间，每升已达到 350 毫克；估计到 2050 年时，大气中二氧化碳浓度每升将增至 415～480 毫克。根据测定和估算，除去自然因素外，全球气温也在逐年升高。现在，全球气温比 1980 年高出约 0.3℃～0.6℃。科学家们估算，要想稳定大气中二氧化碳的总量，全球的排放量至少应降低 60%。如果人类不能有效地控制温室气体的排放量，未来 40 年左右，地球表面的气温估计将增加 2.5℃。

由于全球气候变暖，将会对全球产生各种不同的影响，上升的温度可使极地冰川融化，海平面每 10 年将升高 6 厘米，因而会使一些海岸地区被淹没。全球变暖也可能影响

到降雨和大气环流的变化，使气候反常，易造成旱涝灾害，这些都可能导致生态系统发生变化和破坏，全球气候变化将对人类生活产生一系列重大的影响。

小知识

京都议定书

为了人类免受气候变暖的威胁，1997 年 12 月，在日本京都召开的《联合国气候变化框架公约》缔约方第三次会议通过了旨在限制发达国家温室气体排放量以抑制全球变暖的《京都议定书》。

《京都议定书》规定，到 2010 年，所有发达国家二氧化碳等 6 种温室气体的排放量，要比 1990 年减少 5.2%。截至 2005 年 8 月 13 日，包括中国在内的 142 个国家和地区签署该议定书，其中包括 30 个工业化国家，批准国家的人口数量占全世界总人口的 80%。

美国人口仅占全球人口的 3%至 4%，而排放的二氧化碳却占全球排放量的 25%以上，为全球温室气体排放量最大的国家。美国曾于 1998 年签署了《京都议定书》。但 2001 年 3 月，布什政府以"减少温室气体排放将会影响美国经济发展"和"发展中国家也应该承担减排和限制排放温室气体的义务"为借口，宣布拒绝批准加入《京都议定书》。

三、臭氧层的损耗与破坏

在离地球表面 10～50 千米的大气平流层中，集中了地球上 90%的臭氧气体(O_3)，在离地面 25 千米处臭氧浓度最大，形成了厚度约为 3 毫米的臭氧集中层，称为臭氧层。它能吸收太阳的紫外线，以保护地球上的生命免遭过量紫外线的伤害，并将能量贮存在上层大气，起到调节气候的作用。但臭氧层是一个很脆弱的大气层，如果进入一些破坏臭氧的气体，它们就会和臭氧发生化学作用，臭氧层就会遭到破坏。

臭氧层耗竭的原因是人工合成的氟氯烃类物质(CFCS)和卤代烃类物质——主要是制冷剂、发泡剂、喷雾剂以及消防灭火剂。它们可以到达平流层，并在受紫外线照射时不断分解出促进臭氧分解的催化剂，即氯原子，氯的一个原子可以破坏 10 万个臭氧分子，在紫外线不断的照射下，这种分解不会停止，因而导致臭氧的减少与损耗。

目前在南极上空已经出现了臭氧空洞。据 1989 年调查，1989 年 9—10 月南极上空臭氧含量急剧减少，而且臭氧空洞范围扩大，2000 年 10 月，美国宇航局新闻公报的消息说，南极上空的臭氧空洞面积达到 2900 万平方公里，这是迄今为止观测到的臭氧空洞的最大面积。南极中心地区上空臭氧含量比正常含量减少了 65%，南极边缘地区减少了 30%～40%，北极也开始受到了破坏，臭氧含量也减少了 25%左右。

臭氧层耗损对人类产生重大影响，臭氧层被破坏，将使地面受到紫外线辐射的强度增

加，给地球上的生命带来很大的危害。研究表明，紫外线辐射能破坏生物蛋白质和基因物质脱氧核糖核酸，造成细胞死亡；使人类皮肤癌发病率增高；伤害眼睛，导致白内障而使眼睛失明；抑制植物，如大豆、瓜类、蔬菜等的生长，并穿透 10 米深的水层，杀死浮游生物和微生物，从而危及水中生物的食物链和自由氧的来源，影响生态平衡和水体的自净能力。臭氧层的减薄还会造成地面光化学反应加剧，使对流层臭氧浓度增高、光化学烟雾污染加重。臭氧也能吸收部分的红外线，使大气层加热。所以，臭氧浓度的变化也影响到全球气候的变化。

为了保护臭氧层，1987 年 9 月 16 日，世界各国在加拿大蒙特利尔会议上通过了《关于消耗臭氧层物质的蒙特利尔议定书》，并已于 1989 年 1 月 1 日生效。其中具体地提到了对氯氟碳等化学物质停止生产、使用和控制的时间表。据预测，如果各国都遵守上述"议定书"的规定，控制和削减受控物质的使用量，到 21 世纪第一个 10 年中，臭氧层耗损将趋于稳定。

四、生物多样性日趋减弱

《生物多样性公约》指出，"生物多样性是指所有来源的形形色色的生物体，这些来源包括陆地、海洋和其他水生生态系统及其所构成的生态综合体。它包括物种内部、物种之间和生态系统的多样性。"在漫长的生物进化过程中会产生一些新的物种，同时，随着生态环境的变化，也会使一些物种消失。所以说，生物多样性是在不断变化的。

经过亿万年的生物演化过程，地球上已生存着多种多样的生物，有人估计世界上生物种类曾多达 5000 万种。如此众多的野生生物，既是一种丰富的自然资源，也是一种丰富的社会资源。它既为人类提供了食物、衣服、燃料、医药和其他的生活用品，也为人类提供了娱乐场所及丰富多彩的旅游文化生活。

生态系统是生物及其生存环境所构成的综合体，所有物种都是各种生态系统的组成部分。每一物种都在维持着其所在的生态系统，同时又依赖着这一生态系统得以生存和繁衍。生态系统有多种多样的类型，而所有生态系统都保持着各自的生态过程。这些生态过程对于所有生物的生存、进化和发展都是至关重要的。同时，维持生态系统的多样性对于维持物种的多样性也是必不可少的。

由于人口的急剧增加和人类对资源的不合理开发，加之环境污染等原因，地球上的各种生物及其生态系统都受到了极大的冲击，生物多样性也受到了很大的损害。

有关学者估计，世界上每年至少有 5 万种生物物种灭绝，平均每天灭绝的物种达 140种，21 世纪初，全世界野生生物的损失达到其总数的 15%～30%。在中国，由于人口增长和经济发展的压力，对生物资源的不合理利用和破坏，生物多样性所遭受的损失也非常严重，大约已有 200 个物种已经灭绝；估计约有 5000 种植物在近年内已处于濒危状态，这些约占中国高等植物总数的 20%；大约还有 398 种脊椎动物也处在濒危状态，约占中国脊椎动物总数的 7.7%左右。因此，保护和拯救生物多样性以及这些生物赖以生存的生活条件，同样是摆在我们面前的重要任务。

生物多样性公约

《生物多样性公约》(Convention on Biological Diversity) 是一项保护地球生物资源的国际性公约，于 1992 年 6 月 1 日由联合国环境规划署发起的政府间谈判委员会第七次会议在内罗毕通过。1992 年 6 月 5 日，由签约国在巴西里约热内卢举行的联合国环境与发展大会上签署。公约于 1993 年 12 月 29 日正式生效。常设秘书处设在加拿大的蒙特利尔。

该公约是一项有法律约束力的公约，旨在保护濒临灭绝的植物和动物，最大限度地保护地球上的多种多样的生物资源，以造福于当代和子孙后代。公约规定，发达国家将以赠送或转让的方式向发展中国家提供新的补充资金以补偿他们为保护生物资源而日益增加的费用，应以更实惠的方式向发展中国家转让技术，从而为保护世界上的生物资源提供便利；签约国应为本国境内的植物和野生动物编目造册，制定计划保护濒危的动植物；建立金融机构以帮助发展中国家实施清点和保护动植物的计划；使用另一个国家自然资源的国家要与那个国家分享研究成果、盈利和技术。

截至 2004 年 2 月，该公约的签字国有 188 个。中国于 1992 年 6 月 11 日签署该公约，1992 年 11 月 7 日批准，1993 年 1 月 5 日交存加入书。

五、水质污染

在江河湖泊或海域，如果未经处理的生活污水、工业废水排放过多，可以看出明显的变色、发臭、鱼虾死亡等现象，这就是水质受到了严重的污染。江河湖海等较大的水域受到轻度污染不一定会产生对生物与人类的危害。因为水有自净能力，它通过流动、阳光照射、与空气接触以及稀释、沉淀和生物的分解作用等能够将受污染的水质净化，但是当污染量过大，超过了水的自净能力，就会造成危害。

水污染的来源有两种。一种是自然污染，即由于地质溶解的作用，降水对大气的淋洗、对地面的冲刷，挟带各种污染物流入水体而形成；另一种，也是主要的一种，是人为的污染，即是工业废水和生活污水对水体的污染。

污染水质的物质，有的是有害的，如碳化合物、蛋白、油脂、木质素、石油等有机物质，以及氮、磷、硝酸盐类等；有的是有毒的，如汞、铅、镉等重金属和滴滴涕、六六六等有机氯农药等；此外，各种病原微生物(病毒、病菌)、寄生虫，以及放射性物质也都是严重的污染物质。

水质污染对人类健康产生严重的影响。通过饮水或食物链，污染物进入人体，使人急性或慢性中毒。砷、铬、铵、等，还可诱发癌症。被寄生虫、病毒或其他致病菌污染的水，会引起多种传染病和寄生虫病。被重金属污染的水，对人的健康均有危害。被镉污染

的水、食物，人饮食后，会造成肾、骨骼病变，摄入硫酸镉 20 毫克，就会造成死亡。铅造成的中毒，会引起贫血，神经错乱。饮用含砷的水，会发生急性或慢性中毒，砷使许多酶受到抑制或失去活性，造成机体代谢障碍，皮肤角质化，引发皮肤癌。有机磷农药会造成神经中毒，有机氯农药会在脂肪中蓄积，对人和动物的内分泌、免疫功能、生殖机能均造成危害。氰化物也是剧毒物质，进入血液后，与细胞的色素氧化酶结合，使呼吸中断，造成呼吸衰竭窒息死亡。我们知道，世界上 80%的疾病与水有关，伤寒、霍乱、胃肠炎、痢疾、传染性肝类是人类五大疾病，均由水的不洁引起。

水质污染也影响到了工农业的正常生产。工农业生产用水污染后，工业用水必须投入更多的处理费用，造成资源、能源的浪费，食品工业用水要求更为严格，水质不合格，会使生产停顿。这也是工业、企业效益不高，质量不好的因素。农业使用污水，使作物减产，品质降低，甚至使人畜受害，大片农田遭受污染，降低土壤质量。海洋污染的后果也十分严重，如石油污染，造成海鸟和海洋生物大量死亡。

水质污染威胁到水生物的生存。水的富营养化会造成严重的危害，在正常情况下，氧在水中有一定溶解度。溶解氧不仅是水生生物得以生存的条件，而且氧参加水中的各种氧化还原反应，促进污染物转化降解，是天然水体具有自净能力的重要原因。含有大量氮、磷、钾的生活污水的排放，大量有机物在水中降解放出营养元素，促进水中藻类丛生，植物疯长，使水体通气不良，溶解氧下降，甚至出现无氧层，以致使水生植物大量死亡，水面发黑，水体发臭形成"死湖"、"死河"、"死海"，进而变成沼泽，这种现象称为水的富营养化。富营养化的水臭味大、颜色深、细菌多，这种水的水质差，不能直接利用，而且会造成水中生物大量死亡。

案例与分析

中国城市水危机

2007 年 8 月 27 日，《中国新闻周刊》报道：仅该年夏天，江苏省无锡市、湖北省宜都市、江苏省沭阳市、湖南省冷水江市，吉林省长春市，山东省济南市等城市或城市的部分地区都先后经历了不同程度的饮用水危机。

太湖蓝藻爆发不久，巢湖、滇池蓝藻也相继爆发，国家环保总局的 6 个检查组分赴黄河、长江、淮河以及海河流域调查流域污染现状，最终得出的结论令人震惊：四大流域的整体污染现状已经成为常态，影响到了老百姓生存的命脉。

【分析】中国这么多城市出现水危机，其根本原因并不是缺水，而是人们缺乏保护水资源的意识，人们的生产、生活等活动给水资源带来了严重的影响，水不再清澈、不再干净，水危机就这样产生了。因此，坚持科学发展观，正确处理发展与自然环境的关系，对未来的和谐发展显得至关重要。

六、土地荒漠化

土地是由气候、地貌、岩石、土壤、动植物等自然要素组成的自然综合体，是人类赖以生存、生活的基本物质基础，是从事一切社会实践的基地，也是进行物质生产不可缺少的生产资料和自然资源。土地具有生产能力，可以生产出人类需要的动物和植物产品。因此，对土地的经营管理是否合理，直接关系到人类的生存和发展。特别在农业生产活动中，对土地资源的合理利用、保护、改造和培肥将使土地生产力不断提高；相反，将会导致生产力下降、衰竭，甚至出现土地荒漠化的严重现象。

荒漠化是指在干旱、半干旱和某些半湿润、湿润地区，由于气候变化和人类活动等各种因素所造成的土地退化，它使土地生物和经济生产力减少，甚至基本丧失。荒漠化大致有四类：一是风力作用下的，以出现风蚀地、粗化地表和流动沙丘为标志性形态；二是流水作用下的，以出现劣地和石质坡地为标志性形态；三是物理和化学作用下的，主要表现为土壤板结、细颗粒减少、土壤水分减少所造成的土壤干化和土壤有机质的显著下降，结果出现土壤养分的迅速减少和土壤的盐渍化；四是工矿开发造成的，主要表现为土地资源损毁和土块严重污染，致使土地生产力严重下降甚至丧失。

土地荒漠化是自然因素和人为活动综合作用的结果。自然因素主要是指异常的气候条件，特别是严重的干旱条件，由此造成植被退化、风蚀加快，引起荒漠化。人为因素主要指过度放牧、乱砍滥伐、开垦草地并进行连续耕作等，由此造成植被破坏、地表裸露，加快风蚀或雨蚀。就全世界而言，过度放牧和不适当的旱作农业是干旱和半干旱地区发生荒漠化的主要原因。同样，干旱和半干旱地区用水管理不善，引起土地大面积盐碱化，也是一个十分严重的问题。从亚太地区人类活动对土地退化的影响构成来看，植被破坏占 37%，过度放牧占 33%，不可持续农业耕种占 25%，基础设施建设过度开发占 5%。非洲的情况与亚洲类似，过度放牧、过度耕作和大量砍伐森林是土地荒漠化的主要原因。

荒漠化的主要影响是土地生产力的下降和随之而来的农牧业减产，并相应带来了巨大的经济损失和一系列社会恶果，严重的情况下，甚至会造成大量难民。在 1984—1985 年的非洲大饥荒中，至少有 3000 万人处于极度饥饿状态，1000 万人成了难民。据 1997 年联合国沙漠化会议估算，荒漠化在生产能力方面造成的损失每年接近 200 亿美元。1980 年，联合国环境规划署进一步估算了防止干旱土地退化工作失败所造成的经济损失，估计在未来 20 年总共约损失 5200 亿美元。1992 年，联合国环境规划署估计由于全球土地退化每年所造成的经济损失约 423 亿美元(按 1990 年价格计算)，如果在下一个 20 年里在防止土地退化方面继续无所作为，损失总共将高达 8500 亿美元。从各大洲损失比较来看，亚洲损失最大，其次是非洲、北美洲、澳洲、南美洲、欧洲。从土地类型来看，放牧土地退化面积最大，损失也最大，灌溉土地和雨浇地受损失情况大致相同。从 1980 年和 1990 年所作估算的比较来看，由于世界各国防治土地荒漠化的进展甚微，在 1978—1991 年间，全世界的直接经济损失约为 3000 亿～6000 亿美元，这尚不包括荒漠化地区以外的损失和间接经济损失。

第三节　建设人类美好家园

　　人类社会发展到了今天，人口的迅猛增加，工业的高度发展，人类活动范围达到前所未有的程度，人类对资源的攫取也达到了高峰，世界各地环境破坏、环境污染事件层出不穷，世界环境在不断恶化中。

　　从 20 世纪 60 年代以来，环境问题逐渐从地区性问题演变为全球性问题。在解决环境问题的长期探索中，国际社会和各国逐渐认识到，单纯依靠污染控制技术是解决不了日趋复杂和扩大的环境问题，只有按照生态可持续性和经济可持续性的要求，改革传统的单纯追求经济增长的战略和政策，对传统的经济增长模式，包括生产和消费模式作出重大变革，控制人口，改变现有技术和生产结构，减少资源消耗，人类才有可能实现自身的可持续发展。

一、环保科技

　　科学技术的进步在改变人类命运的过程中，有伟大而神奇的力量。在人类面临环境退化与经济发展两难境地，从而寻求持续发展的今天，科学技术的发展无疑占有极其重要的地位。特别是污染控制技术、清洁生产技术、综合利用技术、资源能源的合理开发利用技术等等，对可持续发展战略的实施有着突出的作用。

　　新的科学技术在环境保护领域的广泛应用，是和环保产业的发展分不开的。环保产业的发展要以科技成果为基础，同时，科技成果要通过环保产业来应用于环境保护的实践。

(一)污染控制技术

　　污染控制技术是指能够减少或降低污染物的产生与排放，或能够对污染物的产生、扩散、危害加以控制转化的一切技术。它最大限度地利用了现代科学技术的新成果。

　　根据在生产(生活)过程中不同阶段应用的技术，污染控制技术又可以分为前处理技术、过程控制技术、后处理技术和全过程控制技术。

　　前处理技术是指生产前的控制技术，它主要是研究人类生产(生活)活动可能造成的环境破环问题，预先将可能的破坏因素剔除。

　　过程控制技术是指对人类生产(生活)活动过程中产生的不利于环境的因素加以控制、转化或综合利用的技术。

　　后处理技术是研究废弃物或有害物以及包含有这些物质的载体在排放到环境前，对它们进行无害化处理或降低它们的危害程度，以达到环境自净的技术。后处理技术是目前应用的最多、最广泛的污染控制技术。

　　全过程控制技术是指对生产原料处理、生产工艺过程及产品的最小(或没有)污染、最大节省能源和资源、最低无害化、最好的综合利用的技术。

中美交流多种污染物控制技术

2008 年 11 月 10—11 日，中美多种污染物控制技术大会在烟台隆重召开。参会代表包括外方人员、美国环境保护总署污染控制司负责人 PRINCIOTTA 先生率六人代表团参加，联合国环境署将派员参加，5～6 家美国多种污染物控制技术供货商参加此次会议。

会议研讨燃煤电厂和工业生产所产生的氮氧化物、硫化物、粉尘、汞及二氧化碳等多种污染物对生态和健康的影响；中美政府对多种污染物的控制政策；中美先进的多种污染物控制技术等方面的内容。

此次大会为中美政府工作人员、大学科研人员、环保行业和电力行业管理和技术人员以及控制技术供应商提供一个交流的平台，通过交流，将促进环保政策的制订和执行，促进先进的污染控制技术的应用以达到减少燃煤电厂污染物排放的目的。

【分析】随着对环境问题认识的不断深入，越来越多的人认识到：保护环境需要世界各国的团结与合作。中美两国虽然长期以来在意识形态方面存在很大差异，但在共同治理环境上却形成了共识，坦诚交流污染控制技术。

(二)生态恢复技术

所谓生态恢复技术，就是指运用生态学原理和系统科学的方法，把现代化技术与传统的方法通过合理的投入和时空的巧妙结合，使生态系统保持良性的物质、能量循环，从而达到人与自然协调发展的恢复治理技术。

生态恢复技术分为土壤改造技术、植被的恢复与重建技术、防治土地退化技术、小流域综合整治技术、土地复垦技术等五类。

(三)节能技术

节能就是尽可能地减少能源消耗量，生产出与原来同样数量、同样质量的产品，或者是以原来同样数量的能源消耗量，生产出比原来数量更多或数量相等、质量更好的产品。换言之，节能就是应用技术上现实可靠、经济上合理可行、环境和社会都可接受的方法，有效地利用能源资源，提高用能设备或工艺的能量利用效率。

根据技术原理，节能技术可分为燃烧节能技术、传热节能技术、绝热节能技术、余热节能技术、电力节能技术等几大类。应用这些技术的根本目的，都是为了提高能源转化与输出效率和终端利用效率。

(四)节水技术

水是人类生存与发展离不开的最重要的要素之一，是保证人类社会可持续发展的重要资源。水资源的日益紧张，已经成为全世界关注的热点，因此，节水显得非常重要。

节水技术是一切能够节省水资源或在相同用水量下获得更多回报的工艺技术措施和管理手段的总称。节水技术大致可以分为四大类：一是，水资源的合理开发、收集和优化利用技术；二是，在用水过程中，通过各种各样的工程技术手段、管理手段，达到节水的技术目的；三是，使用后的废水回收再循环技术；四是，对恶劣水质的水进行改造，改变其功能，使之成为可用水的技术。

(五)综合利用技术

将废物变为资源的过程称为综合利用。综合利用是解决不断增加的废物处理和资源紧张问题的对策之一。它的范围包括：在矿产资源开采过程中对共生、伴生矿进行综合开发和合理利用；对生产过程中产生的废渣、废水(液)、废气、余热等进行回收和合理利用；对社会生产和消费过程中产生的各种废旧物资进行回收和再次利用。

综合利用的形式，归纳起来主要有四种：一是，再利用(相同作用的再利用)；二是，原料再利用(作为原料再利用)；三是，化学再利用(转化为化学原料，或分解后作为原料或燃料再利用)；四是，热综合利用(作为热能源再利用)。

(六)环保产业

环保产业是污染控制技术应用于实践的媒介。环保产业包含了环保产品生产、营销及环保技术开发、环境工程设计施工、环保咨询服务、"三废"综合利用、自然生态保护的一系列生产经营活动。

环保产业作为一项新兴的产业，越来越显示出在经济发展和环境保护中的重要地位和作用。环保产业发展的快慢、技术水平的高低，直接反映了污染控制的水平。实现可持续发展战略，环保产业是必不可少的物质基础和技术保障。

二、环保法制

在环境保护工作中，环境保护的法律、法规和标准发挥着十分重要的作用。在理论界和实践领域，一般把环境保护法律、法规和标准统称为环境法。在中国《大百科全书(法学卷)》中，环境法被定义为"调整因保护环境和自然资源、防止污染和其他公害而产生的各种社会关系的法律规范的总称"；在美国环境法手册上，环境法被定义为"用以减少、预防、惩罚和修正危害或威胁环境、公共健康和安全的所有法律法规组成的法律系统"。

环境保护法的目的是为人民营造一个清洁、舒适的生活环境和良好的生态环境，以保障人体健康，促进社会的持续发展。

(一)保护和改善生活环境与生态环境

由于生态环境和生活环境是一个不可分割的整体，任何破坏生态环境的活动必将或迟或早影响人类的生活环境，而生态系统的破坏，其危害性远比生活环境受污染的影响大，进行防治使其恢复生态平衡也要困难得多。因此，保护和改善生态环境应是环境保护法的中心任务和长远目标。

(二)防治环境污染和其他公害

防治环境污染和其他公害就是防治在生产建设和其他活动中产生的废气、废水、废渣、粉尘、恶臭气体、放射性物质以及噪声、振动、电磁波辐射等对环境的污染和危害，也称防治"公害"。防治"其他公害"则是指除防治上述的污染和危害之外，还要防治目前尚未出现而今后可能出现的，或者现在已经出现但尚未包括在上述的环境污染和危害之中的公害。

环境保护法的这两方面的任务关系极为密切，是相辅相成的。只有认真保护和改善生活环境和生态环境，才能增加环境容量，提高环境的自净能力，才有利于对环境污染和其他公害的防治；也只有积极防治环境污染和危害，才能减少或避免对生活环境和生态环境的污染和危害，提高环境质量。

中国在环境法制建设方面起步较晚，中国环保基本法——《中华人民共和国环境保护法》，1989 年 12 月 26 日才正式颁布实施。目前来说，环境保护法制观念还非常淡薄，在有些地方环保法律法规形同虚设，因此我们必须继续加强环境法制的建设和实施工作，为实现科学实践发展提供法律制度保障。

1. 尽快补充和完善中国环保基本法

国家环境保护总局一直在组织有关专家开展环境保护法修改的研究论证工作。全国人大代表在全面修改该法的议案中提出要重新定位这一法律的立法目的和立法原则，补充完善基本法律制度，强化有关自然资源保护的内容，增强法律的可操作性。根据这一思路，基本法可能要从以下几个方面进行修改。一是立法指导思想应体现市场经济与可持续发展的要求，同时引入生态伦理思想，使环保法更具价值合理性；二是确认环境保护的基本法律原则。在这些原则的前提下，还要建立严格的排污收费制度，并将限期治理决定权交给环境保护行政主管部门，以减轻政府压力；三是扩大环境影响评估的范围。在明确规定清洁生产、环保基金、环境标准、环境与发展综合决策等制度的基础上，加强公众参与决策的条文规定，并通过立法明确规定公众参与环境管理的程序。

2. 健全环保体制、机制，确保法律法规有效实施

中国实行各级政府对当地环境的质量问题负责，环境保护行政主管部门统一监督管理，各有关部门依照法律规定实施监督管理的环境管理体制。1998 年，原国家环境保护局升格为国家环境保护总局(正部级)，负责对中国环境保护工作统一的监督管理。与此同

时，国家建立了全国环境保护部际联席会议制度，并在各省(自治区、自辖市)、市、县级政府设置了环境保护议事协调机构，以加强部门和地区间的协调与合作。2003 年，全国人大成立了环境与资源保护委员会，简化了法律草案的提交程序和环节，提高了环保的立法进度。从环保法律法规建设情况看，国家与地方的环境保护标准，共同构成了中国环境保护标准体系。从环境执法检查和行政执法情况看，国家颁布了《环境保护违法违纪行为处分暂行规定》，建立起环境保护行政执法责任制度，相信随着环境保护制度的不断规范，中国的生态建设和环境保护一定会取得满意的成绩。

三、环保教育

环境保护宣传教育是以环境保护方面的方针政策、法律法规、科普知识以及动员公众参与为主要内容，以提高全民的科学文化水平和可持续发展意识，加强公众在可持续发展方面的法制观念和伦理道德水平为目的，利用图书、报刊、广播和影视等大众传播媒介，结合大中小学教育，对社会各阶层的公众进行可持续发展方面的文化宣传和公众教育活动。

环境问题主要源于人类对自然资源和生态环境的不合理利用和破坏，而这种损害环境的行为又是同人们对环境缺乏正确认识相关联的。因此，加强环境教育，提高人们的环境意识，使人的行为与环境相和谐，是解决环境问题的一条根本途径，这已为各国政府所认同。

自 20 世纪 60 年代起，随着环境问题的日益突出和严重，环保教育就开始被各国政府和教育界人士所重视。1965 年，在德国基尔大学召开的教育大会，比较早地对环境教育问题进行了探讨，并提出了发展环境教育理论的一些设想。1972 年，联合国在斯德哥尔摩召开人类环境会议再次强调环境教育的必要性，并正式把"环境教育"的名称肯定下来。1975 年，联合国教科文组织发表了著名的贝尔格莱德宪章，它根据环境教育的性质和目标，指出环境教育是"进一步认识和关心经济、社会、政治和生态在城乡地区的相互依赖性；为每一个人提供机会获得保护和促进环境的知识和价值观、态度、责任感和技能；创造个人、群体和整个社会环境行为的新模式"。1992 年，联合国环境与发展大会通过的《21 世纪议程》认为"目前对人类活动和环境的内在联系的意识仍然相当缺乏"，因此，"提议开展一个全球教育活动，以加强环境无害的和支持持续发展的态度、价值观念和行动"，并建议"将教育重新定向，以适合持续发展"。今天，环境教育活动已经在全球开展得相当普遍，在全球环境保护运动中起到了不可替代的推动作用。

实施可持续发展的前提，是人们必须改变对自然环境的传统态度——即从功利主义观点出发，为我所用，只要是人类需要的，就可以随意开发使用。而应树立起一种全新的现代文明观念，即用生态的观点重新调整人与自然的关系，把人类仅仅当作自然界大家庭中一个普通的成员，从而真正建立起人与自然和谐相处的崭新观念，这仅依靠个别人不行、少数人也不行，只有使之成为公众的自觉行为。因此，要使环境教育适合可持续发展，适合人与自然的和谐发展。

四、国际合作

自 20 世纪 70 年代初始于西方社会、后来又逐渐席卷全球的环境运动以来，随着经济、社会、科技的长足进步，人类对与之密切相关的环境问题的认识不断深入，其科学性和预见性也逐渐增强。特别是 20 世纪 80 年代以后，越来越多的人更加深刻地认识到，地球生态环境退化是全人类面临的共同问题，它不因国界、社会制度、意识形态的不同而有所差异。一个国家、一个地方的环境问题很有可能对整个地区乃至全球的生态环境产生影响。为了保护当代人及其子孙后代赖以繁衍生存的地球，国际社会别无选择，只有超越国界、民族、宗教、文化的制约，为了人类的共同利益，同时也是为各国自己的切身利益，同舟共济，共同合作保护环境。

在治理、保护环境的长期实践中，国际社会对环境与发展之间的关系有了逐渐深刻的认识，更加清醒地看到，为有效解决环境问题，必须溯其根源，在人类社会、经济发展进程之中寻找保护环境的最佳途径。将环境与发展对立起来，孤立地就环境而论环境，只能是缘木求鱼，不仅不能有效地保护环境，还会阻碍经济发展和社会进步。

全球环境保护治理成为国际政治理论领域里备受关注和日益重要的问题。全球保护治理环境者力图超越狭隘的民族国家观念，用开放的全球视野来审视、分析和解决当前面临的各种环境问题。

规则是治理的灵魂，全球规则是维护全球环境方面的正常秩序，解决环境问题、实现人类价值的规则体系，它是具有法律责任的制度性安排。从全球规则的功能来讲，全球规则可以为全球环境保护治理提供制度上的保证。全球环境保护治理的价值，即全球环境保护治理在全球范围内所要达到的理想目标。全球环境保护治理是为了保护人类共同利益和共同遗产，在承认自然的内在价值的基础上，实现人类社会的可持续发展。

全球环境保护治理的主体，即制定和实施全球环境制度的组织机构。全球环境保护治理的主体有三类：各国政府、正式的国际组织和全球市民社会组织。全球保护治理正是强调各行为主体之间的合作、协商、伙伴关系，通过确立相互认同和共同的目标等方式实施对全球公共事务的管理，各行为主体之间基于公共利益和认同之上的合作将是其主要运作方式。全球环境保护治理，是国际合作的高级发展形式。各行为体将接受统一的环境保护规则和管理规则，采取更加密切的合作，国家仍将是全球环境治理最主要的主体。"治理"是全球环境保护的核心内容，不同于以往的国际政治中"统治"的含义。在"治理"秩序下，各国的政府并不完全垄断一切合法的权力，各种非政府组织、跨国公司、私人企业、利益集团、社会团体等其他的主体也有影响力。

在全球环境保护合作取得良好效益的同时，国际社会在环境与发展领域中的基本共识也在不断增长。"只有一个地球"、"为了全人类千秋万代的共同利益"、"持续发展"等基本思想已被普遍接受，为开展切实有效的国际合作打下了良好的基础。

思考与练习

1. 你现在生活在一个什么样的环境里，与过去相比，它们有没有发生变化？

2. 在中国，由环境危机所引发的公共危机屡见不鲜。2005 年 11 月 13 日，中石油吉林石化公司双苯厂发生爆炸事故，造成大量苯类污染物进入松花江水体，引发重大水环境污染事件，给松花江沿岸特别是大中城市人民群众生活和经济发展带来严重影响；2007 年太湖蓝藻大面积爆发，造成无锡市饮用水源地水质恶化，城市供水陷入瘫痪。经济发展与环境保护哪一个更重要，应该怎么处理，请谈谈你的看法。

3. 中国是世界上荒漠及荒漠化分布较广的国家，也是世界上沙漠化受害最深的国家之一，沙漠的总面积为 128 万平方公里，约占全国土地面积的 1/7。已经荒漠化的土地面积 17.6 万平方公里，另有潜在荒漠化危险的土地面积 15.8 万平方公里。北方地区沙漠、戈壁、沙漠化土地已超过 149 万平方公里，约占国土面积的 15.5%。

随着土地沙漠化的加速，突发性风沙灾害愈演愈烈，防沙治沙不容忽视。中国先后颁布了多项治沙方案，例如，可通过铺设草方格、埋设防沙障等方式固定沙丘，防止沙漠进一步扩张；推行土地的集约式经营，严禁过度放牧，提倡轮耕、休耕，保持土壤肥力；优化种植结构，有条件地实行精准灌溉。该类地区还应该调整产业结构，大力发展农业之外一些经济附加值高的工业，粮食可通过购买其他地方产品的形式来解决，节约宝贵的水资源，更好地治理沙漠化，控制荒漠化的扩大。

内蒙古乌海市王树清发明的一种沙漠种植技术，具体涉及灌木及植株大小与灌木相仿的植物在沙漠中的种植方法。沙漠中种植沙生植物可防风固沙，治理生态，改善自然环境。灌木及其他矮小沙生植物是沙漠种植的常见植物。这些植物尽管植株较小，但在沙漠中种植，由于流沙的流泻，需要挖出相对较大的树坑。另外，新苗植入后，还需要浇足够的水才能保证成活，沙漠中不仅水资源紧缺，灌溉引水或输送水也十分困难。传统的人工挖坑——植苗——填埋——浇水的种植方法，费时费力，水的消耗量相当大，种植效率低，树木成活率偏低。

由王树清发明的沙漠种植技术即"苗随水走"，其目的就是提供一种省工、节水、效率高、成活率高的沙漠种植的方法。该方法适合种植主茎细、植株矮的植物。沙漠种植的方法，包括水源，主水管道末可设几个分支水管道以分头进行种植作业。为了便于收、放水，管道使用软管，分支水管道末端有约 1 米的一段硬管道以便进行孔洞的冲击操作。

这种种植方法适用于任何水源。种植时，将水管末端垂直指向地面植点，水冲击沙地打出孔洞，直至孔洞深度达到种植的需要。将植株植入孔洞中，填埋孔洞。

该发明利用沙漠的特点，用水冲击沙地，打出可供细小植物种植的孔洞，免去了人工锹挖树坑的繁重劳动，而且由于树坑相对很小，冲入的水即可保证新苗需水，省水的同时还省去了另外取水浇新苗的劳动。"苗随水走"，既节省程序，而是填埋扎实，提高了新苗的成活率。同时，可设几个分支水管道同时作业，提高效率。操作过程中还利用了在沙漠中很容易就能打出小口径井的特点，很好地解决了水源的问题，小口径井在种植之后成

为浇灌用水的水源。王树清发明的沙漠种植技术投入少、省人工、效率高，是传统挖坑种植数量的 5 倍，苗木成活率提高 50%，节约水资源 80%，简便易行，因地制宜，该发明是一种很好的充分利用沙漠环境条件进行流水化作业的种植方法。

一组数据显示，中国林业局 2005 年 1 月 18 日宣布，中国森林面积达到 1.75 亿公顷，森林覆盖率为 18.21%，人工林面积居世界首位。我们相信，采用了该项发明以后，中国在治沙防沙的过程中一定会有更大的突破，该项发明拥有广阔的市场潜力，是一项利国利民的防沙治沙技术。

根据以上材料的启示，谈谈如何在治理荒漠中提高环保科技含量。

学习参考网站

1. 中国环境网：http://www.cenews.com.cn/
2. 中国环境在线：http://www.chinaeol.net/
3. 环境生态网：http://www.eedu.org.cn/
4. 中外对话：http://www.chinadialogue.net/

第十章 科学技术与人类的发展

本章提要

当今世界，科技的发展日新月异，为了帮助大家了解科学技术常识，本章分四个阶段讲述了自然科学的发展简史；探讨了自然科学的几个基本问题：物质结构之谜、宇宙的起源与演化、地球起源、演化与地球系统科学、生命与智力的起源、多线性科学和复杂性研究；最后介绍了当代科技发展概况，以及这些科技给人类生产、生活等各方面所带来的深刻影响。

学习指南

通过本章的学习，了解科学技术发展简史，深刻理解科学技术是第一生产力的科学论断，无论是自然科学的萌芽时期，还是科技迅猛发展的今天，科技都是社会进步和发展的强劲推动力。通过对当今科技发展的初步了解，我们有理由相信：科技改变未来。

科学是人类在长期认识和改造世界的历史过程中所积累起来的认识世界事物的知识体系。技术是指人类根据生产实践经验和应用科学原理而发展成的各种工艺操作方法和技能以及物化的各种生产手段和物质装备。科学技术(自然科学)发展史是人类认识自然、改造自然的历史，也是人类文明史的重要组成部分。人类社会每一项进步，都伴随着科学技术的进步。尤其是现代科技的突飞猛进，为社会生产力的发展和人类的文明开辟了更为广阔的空间，有力地推动了经济和社会的发展。

第一节 自然科学简史

众所周知，在人类的原始时代就有了科学的萌芽，之后逐渐形成了古代科学。那时候，科学本质上还是经验性的，没有从哲学中分化出来。欧洲文艺复兴之后，以实验为主要手段的自然科学，初步得到了独立，而且在资本主义生产力的推动下，获得了日益迅速的发展。到了 19 世纪，它大体上达到了科学的、系统的、全面的发展。至此，人类基本上搞清了小到原子、细胞，大到太阳系、物种等无机界和有机界物质运动的规律。从上一世纪末开始，由于突破了近代科学研究的界限，现代自然科学产生并发展了。它一方面深入到了原子、细胞以下的微观领域；另一方面伸展到了银河系以外的天体及生物大系统。现代自然科学的迅速向前发展，揭开了轰轰烈烈的第三次技术大革命。

一、科学技术的起源

人类真正有价值、有记载的科学技术出现于奴隶社会初期。由于文字的产生，城市的兴起，尤其是生产的发展，阶级的出现，形成脑力劳动和体力劳动的分工，从而使科学独立出来成为可能。

劳动在人类的起源和发展中具有决定性的作用，而真正的劳动是从制造工具开始的。人类制造工具只是从偶然到惯例再到必然，从不自觉到半自觉再到自觉的能动的发展过程，它是人类智力发展的见证。劳动不仅进化了人，并使人的智力得到近一步的发展，而且创造出高度发展的生产力和人类的文明。劳动创造了人；反过来，人在劳动中，获得了原始技术，而原始技术的发展又促进了自然知识的积累。这就是科学技术进化的最初途径。

原始生产技术是人类科学技术发展的必经阶段和前提，所以在整个科学史中，它有着重要地位。具体说来，原始技术主要表现在以下几个方面。

石器是原始生产力的主要标志，是当时最基本的技术。随着石器的发展，其他技术也相应出现。首先是火的利用和控制，接着人们制造了弓箭，发明了陶器，最后出现了原始的农业和畜牧业，甚至开始了金属的冶炼。

原始社会在技术上大体经历了旧石器、中石器、新石器时代。在旧石器时代早期，主要是砾石文化，其中有小的砍砸器，其后是"手斧"或砍砸器，可用于切割、刮削、刺戳和挖掘。到旧石器时代中期，石器式样增多，主要是石片工具，如尖状器和半月形刮削器等。到了旧石器晚期，主要是长石片工具，并有骨器、角器和装饰品等。在中石器时代，距今约 15000 年到 13000 年，由于复合工具的发展，需要小型和精细的石器，细石器得到普遍应用，故中石器文比又称为细石器文化。到了新石器时代，大约在公元前 10 000 年至 4000 年，有了磨光石器，如石斧、石铲、石刀、石簇等，并磨制得非常光滑而锐利，石器上还打上眼。

原始人学会"用火"和"造火"，是人类历史上一个极大的进步。晚期猿人最突出的成就在于从不知道用火到能利用和保存天然火。原始人学会用火和造火，对于人类和社会的发展意义非常重大。火是人类改造自然的一种强有力的手段。火的使用使得人类开始吃熟食，缩短了嘴嚼和消化食物的过程，并使得食物更富有营养，大大促进了人类体质和大脑的发展。火给人类以温暖，它能抗御寒冷，从而扩大了人类活动地区的范围。火给人类以光明，它能照亮黑暗的洞穴，增加人类活动的时间。火能驱赶潮气和改善居住的条件，减少疾病。火是自卫和狩猎的武器，它可驱逐猛兽，以增加人类的自卫能力和狩猎能力。火还可以用来开辟新的草原和耕地以及加工木器。火的利用还为后来的陶器制造和金属冶炼创造了条件。恩格斯对摩擦生火给予了极高的评价，他指出："就世界性的解放作用而言，摩擦生火还是超过了蒸汽机，因为摩擦生火第一次使人支配了一种自然力，从而最终把人同动物界分开。"

弓箭是原始人在技术上的一项重大发明，它是原始技术发然到一定阶段的产物，是中

石器文化的主要标志之一。弓箭是当时最为复杂的复合工具，是原始人手脑结合的天才创造，是奇妙的力学装置。原始人发明像弓箭这样复杂的工具，是与其发达的智力和长期积累经验分不开的，它需要一定的机械、力学常识以及对材料特性的了解和加工技术等有关知识。

陶器的制作是从新石器时代开始的，它是用粘土做好坯后焙烧而成的。制作中需要把粘土与砂配合，掌握好造型和煅烧的程度。最初的陶器是用树条编成一个筐做成坯架，再涂上粘土，然后放到火中去烧。后来不用坯架直接成型，这是实践和认识的一个进步。陶器与人类生产和生活密切相关，它的制造是人类最初的化学工艺的实际运用。

由于氏族社会经济的发展，在新石器时代，采集和狩猎经济逐步过渡到原始的农业和畜牧业。由于原始农业、畜牧业的发展，植物栽培和家畜饲养技术相继得到迅速的发展。同时原始的医药以及原始的建筑工艺和纺织工艺也发展起来了。此外原始的交通技术，如木轮车、木筏和皮船等也得到发展。在原始社会的后期，开始出现了冶铜业。大约距今6000年至4000年，人类开始进入了金属时代或称"青铜时代"。

二、古代自然科学

我们把从人类诞生以来，直到公元16世纪以前，都称为古代。历史学家通常将古代划分为上古和中古。公元5至15世纪称为中古，主要是封建社会阶段；而上古则包括原始社会和奴隶社会。我们这里古代科学技术所指的古代则指中古。

中古时期，欧洲除了初期和末期外，生产力和科学文化长期处于停滞甚至倒退状态，被称为"黑暗时代"。原因一方面是地主阶级巩固了自己的统治地位之后，对农民实行残酷的剥削，依赖寄生来维持自己的奢侈生活，地主和农民对使用新技术都没有兴趣。另一方面是欧洲长期封建割据、战争不断，其中特别是民族大迁移引起的民族战争和不同宗教国家之间的宗教战争，严重破坏了生产力。在上层建筑方面，政教合一的封建政权和教会的统治，也是东方所没有的，它在思想意识方面实行宗教神学的绝对统治，禁止任何违背圣经教义的思维，扼杀了科学的生机。

当时的科学文化，也都成了"神学的婢女"。哲学要论证上帝的存在和万能；数学是为了计算复活节；天文学要论证上天是上帝的住所；古生物化石被说成是"上帝造物主"作"游戏"所遗弃的物种。托勒密天文学、盖伦医学都被牵强附会来论证教义。如盖伦解剖学分人体为器官、液体、精气三个系统，被说成是教义"三位一体"(圣父、圣子、圣灵)的证明。因此对托勒密天文学或盖伦医学的任何异议，也都是异端的言行。

这个时期，其他几个古代文化中心的情况如下。印度的情况也不好，印度中世纪初(4—5世纪)有笈多王朝，后期有苏丹国家的统一，其他时期则长期是分裂状态或为异族统治，科学文化不发展。当然宗教哲学还是有一套的，天文学、数学有些零星成就，如十进位法及用"0"表示数并占一位的方法，被阿拉伯人学去并加以改造，变成迄今世界通行的记数法。

巴比伦文化的继承者是中东阿拉伯人，他们在中世纪科技史上有重要的地位。阿拉伯

人在 7—8 世纪建立了"哈里发国家"，版图曾跨亚非欧三洲，首都巴格达和东罗马都城君士坦丁堡同为中世纪西方两大文化的中心。他们在巴格达、大马士革建有天文台，在埃及办有科学院，在巴格达设翻译机关——"智慧之馆"，把许多古希腊、罗马时期的名著都翻译成阿拉伯文。此外，他们还用派出去、请进来的方法，和欧洲、东方进行文化交流。中国的造纸术就是阿拉伯人在八世纪，利用中国(唐代)几个战俘(造纸工匠)的知识，在巴格达开了纸坊，以后传到欧洲去的。阿拉伯人自己也有些研究成果，主要是天文学、数学、光学、医学。如阿尔·哈金(965—1038 年)对光学(凸透镜、折射)的研究，阿尔·巴塔尼(858—929 年)发现地球轨道是椭圆的，伊本·森郎(980—1072 年)的《医典》是中世纪百科全书式的著作，有百多万字，包括丰富的药物、药方、诊断技术，如切脉他记有四十八种脉象，中国《内经》只记下了十几种。

中国封建社会创造了灿烂的古代文化，其中重要部分是科学技术，如在当时世界上遥遥领先的是天文学、数学、医药学。

先来看天文学。中国的天文观察记录，是望镜境发明之前，世界上最早、最全、最准确的。如太阳黑子，从西汉(公元前 28 年)到明朝(17 世纪)记了一百多次，西方首次记载是 807 年，晚了中国 8 个世纪。又如哈雷彗星，我国最早记载是春秋时(公元前 613 年)，"鲁文公十四年秋七月，有星孛入于北斗"(《春秋》)。西方第一次记载是公元的 11 年，晚了中国六百年。中国还有从商朝到十七世纪的九十次新星、超新星记载，这些都是世界天文史上极珍贵的资料。历法是天文学的头一项应用，也是天文学水平的反映。其中回归年的测定又是重要的标志。中国和希腊用"四分历"(回归年为 365 又四分之一天)较早，中国是公元前五世纪，比希腊早一百多年。后来祖冲之(429—500 年)又测定为 365.2428 天。现在世界上用的精确值是 365.2425 天，中国南宋杨忠辅 1199 年编的"统天历"，在世界上最先获得并运用了这个精确值。唐僧一行在 724 年第一个实测了子午线长度，他还能推算各地日月食等情况，这在世界天文史上也是很先进的。

中国的几何学没有发展起来，但代数学却是先进的，中世纪时居世界最高水平。唐代整理出一部数学丛书《算经十书》，其中最著名的是两汉早期总结的《九章算术》(参见图 10-1)，它是古代东方中、朝、日诸国的数学教科书，地位和欧洲的《几何学原本》相当。其中载有开平方、开立方方法，在此基础上提出了一元二次方程和联立一次方程的解法，比西方同类算法要早出 1500 年。15、16 世纪时欧洲大多数数学家还不承认"负数"是数，而《九章算术》早就提出负数概念和正负数的加减运算方法。它们同分数、比例的算法，都被印度、阿拉伯传至欧洲，被称为"中国算法"。求圆周率 π值，是古代世界数学水平的标志。南北朝祖冲之用内外接正多边形的逼近法，求得圆周率 π 介于3.1415926 与 3.1415927 之间，精确到小数后七位数的纪录，一直保持了 1000 多年。

图 10-1　《九章算术》

13 世纪下半叶，中国还有另一著名数学丛书

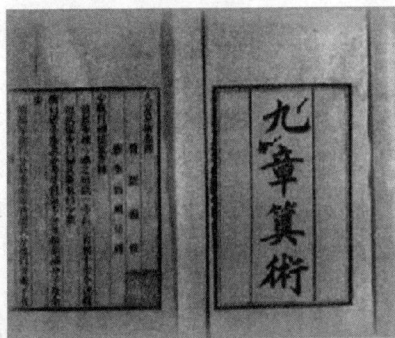

《宋元算书》，即秦九韶、李冶、杨辉、朱世杰四人的著作汇编，其中南宋秦九韶的《数学九章》(1247 年)最为著名。他的一次同余式解法和高次方程数值解法是具有世界水平的成就。

再谈谈医药，这方面的成就是世界公认的，即使在现代也还是独树一帜。这里主要介绍两个代表作。在公元前 3 世纪，中国就有了理论与临床实践结合的 18 卷《内经》，它的理论是以哲学明阳学说为外壳，以脏腑、经络说为中心，有朴素的唯物论、辩证法思想，是一种采取自然哲学形态的医学。在《内经》这部医书中包括卫生保健、临床病症、方药、针灸等多方面内容，是中国也是世界医学最早的完整的雏形。中国还有世界上最大的古代药学著作，李时珍(1518—1593 年)的五十二卷《本草纲目》(1578 年)，在这部经 30 年调查研究的著作中，记载药物 1892 种，药方一万一千多条，涉及自然科学许多领域的知识(动植物、矿物、化学、地质、农学、天文、地理等)，被达尔文称赞为"中国古代的百科全书"。这部著作早就传至日本、欧洲，译成多种文字。

当然，中国还有影响世界历史发展进程的四大技术发明——造纸术、指南针、活字印刷术和火药，这些都是中国古代科学技术的灿烂结晶。

三、近代自然科学

科学技术步履蹒跚地走过了中世纪后，在 16 世纪中叶进入到了近代自然科学时期。

近代自然科学是以天文学领域的革命为开端的。天文学是一门最古老的科学。在西方，通过毕达哥拉斯、柏拉图、托勒密等人的研究，已经提出了几种不同的理论体系，成为一门最具理论色彩，又是提出理论模型最多的一门学科。同时，天文学与人们的生产和生活密切相关，人们种田靠天、畜牧靠天、航海靠天、观测时间也靠天，这就必然会有力推动天文学的发展。然而，天文学在当时又是一门十分敏感的学科。在天文学领域，两种宇宙观，新旧思想的斗争十分激烈。特别是到了中世纪后期，天主教会还别有用心地为托勒密的地心说披上了一层神秘的面纱，说地球处于宇宙的中心，证明了上帝的智慧，上帝把人派到地上来统治万物，就一定让人类的住所——地球处于宇宙中心。随着文艺复兴的蓬勃开展，大大解放了人们的思想，同时也推动了近代自然科学的产生。波兰天文学家哥白尼适应时代要求，他从 1506 年开始，在弗洛恩堡一所教堂的阁楼上对天象仔细观察了 30 年，从而创立了一种天文学的新理论——日心说。1543 年，哥白尼公开发表《天体运行论》，这是近代自然科学诞生的主要标志。日心说的提出恢复了地球普通行星的本来面貌，猛烈地震撼了科学界和思想界，动摇了封建神学的理论基础，是天文学发展史上的一个重要的里程碑。

这一时期，自然科学的发展成就辉煌，取得了一系列重大成果。在天体力学中，开普勒发现了行星运动的三大定律(椭圆定律、面积定律、周期定律)；1632 年，伽利略发现了自由落体定律；1687 年，牛顿发表《自然哲学的数学原理》，系统地论述了牛顿力学三定律(惯性定律、作用力反作用力定律、加速度定律)和万有引力定律。这些定律构成一个统一的体系，把天上的和地上的物体运动概括在一个理论之中。这是人类认识史上对自然规

律的第一次理论性的概括和综合。但这一时期其他学科还很落后，主要是在收集材料，积累经验，进行分门别类的初步整理。例如，18 世纪，瑞典生物学家林耐就曾致力于对植物的分类，他写了《自然系统》一书，使杂乱无章的关于植物方面的知识形成了完整的系统。在化学领域，英国科学家波义耳把严密的实验方法引入化学，他被称为近代化学的创始人。

18 世纪 60 年代，英国开始了工业革命，这也是近代以来的第一次技术革命。不过，在第一次工业革命期间，许多技术发明大都来源于工匠的实践经验，科学和技术尚未真正结合。总之，在 18 世纪中叶以前，自然科学研究主要是运用观察、实验、分析、归纳等经验方法达到记录、分类，以达到积累知识的目的。

19 世纪是科学的世纪，近代自然科学在这一世纪发展到更深入、更全面的地步。在天文学领域，科学家们开始论及太阳系的起源和演化。在地质学领域，英国的地质学家赖尔提出地质渐变理论。在生物学领域，细胞学说、生物进化论，孟德尔的遗传规律相继提出。在化学领域，原子—分子论被科学肯定；拉瓦锡推翻了燃素说，并成为发现质量守恒定律的第一人；1869 年，俄国化学家门捷列夫发表了元素周期律的图表和《元素属性和原子量的关系》的论文，在文中，门捷列夫预言了十一种未知元素的存在，并在以后被一一证实。19 世纪最重大的科学成就是电磁学理论的建立和发展。法国的安培提出了电动力学理论，英国化学家、物理学家法拉第 1831 年总结出电磁感应定律，英国物理学家麦克斯韦推出了真空中的电磁场方程。

四、现代自然科学

现代自然科学的发展，从 19 世纪末、20 世纪初到现在。在一百多年的时间里，科学的发展速度比以往任何一个历史时期都快得多，人们把这一时期称为"知识信息爆炸时代"。纵观这一段历史，可分为三个阶段，即前三十年为物理学革命阶段，也可以说是现代自然科学(主要指现代物理学)基本理论的建立阶段；20 世纪 30 年代到 50 年代为各门基础自然科学普遍深入发展阶段；而后五十多年，则为技术科学全面兴起和发展阶段，并由此开始了影响深远的第三次技术革命。

19 世纪末 20 世纪初，由于资本主义大生产的推动，物理学出现了三大发现——X 射线、放射线、电子，预示着自然科学已经迈进了一个历史的新纪元。物理学自世纪交替时出现三大发现以后，理论物理学的一个重要基础理论——爱因斯坦(参见图 10-2)的相对论诞生了，它标志着现代物理学的革命正方兴未艾，日益深入。它是对经典物理学时空观念的根本变革。20 世纪初，物理学的另一个重要革命，是量子力学。1900 年德国物理学家普朗克发布了《关于正常光

图 10-2 爱因斯坦

谱的能量分布定律的理论》论文，宣布了量子论的诞生。1905 年，爱因斯坦又提出了光量

子论，后来还发现了光电效应定律，并获得了 1921 年的诺贝尔物理学奖。

由于物理学的三大发现和相对论、量子力学等基本理论的建立，揭示了微观、高速领域的新规律，使现代各门基础自然科学的发展都从理论和技术上得到了武装，它们在物理学的影响和带动下，纷纷向未知领域进军，物理科学继续向微观开拓，化学科学进入量子化学的理论水平，生物学向分子、量子水平进军……整个现代自然科学出现了一派生机，使现代科学不仅进入基本粒子、层子的微观水平，而且探测到百亿光华的宇观尺度。自然科学几乎囊括我们已知自然界的各个物质层次，并逐一探索和揭示自然界的各种规律。而这些客观规律的深刻揭示，正是现代技术发展的丰富源泉。

如果说 20 世纪的前五十年，是现代自然科学从建立到蓬勃发展的时期，那么，在最近的五十多年里，就是这些科学理论在技术上广泛应用的时期，是科学由潜在的生产力向直接的生产力(科学的物化过程)迅速转化的新时期。社会生产力的发展速度是以往任何时代都无法比拟的。特别是原子能、计算机、空间技术、生物工程等新兴技术的发展，它们显示着第三次技术革命的蓬勃气势。

第二节　自然科学的几个基本问题

自然科学的内容和范围极为广泛，它涉及的问题也很多的，其中有些是自然科学的重大基本问题。所谓自然科学的重大基本问题，就是那些从远古人类就开始寻求，而至今人们仍在不停地探索的自然奥秘。

一、物质结构之谜

世界万事万物是怎么构成的，它有没有最小结构？如果有，那又是什么？这是人类从古到今一直所思考和探索的问题。中国古代思想家和哲学家单靠思辨和猜测曾对物质结构提出过"五行说"(即万物由金、木、水、火、土五种物质原料构成)、"阴阳说"(即阴和阳，阴阳统一为'冲气'，三者产生万物)、"元气说"、"太极八卦说"。最早的"原子说"思想则出自于古希腊哲学家德谟克利特和中国战国时的墨翟。而真正对物质构成进行科学的研究和解释，是近二三百年来的事情，最早是由英国的波义耳通过研究提出了"元素"的概念。之后，俄国的门捷列夫发现了元素周期表，使人们开始认识到一切物质是由元素组成的，每一种元素都有化学性质相同的原子，这是物质微观结构的第一层次。科学家又在进一步的科学实验中，发现了电子、质子和原子核，逐步形成了原子模型(原子是由原子核与核外运动的电子所组成)，原子核是物质微观结构的第二层次。20 世纪 30 年代，科学家又在原子核中发现了中子，认识到原子核是由质子和中子组成的，为此，物质微观结构的第三个层次又被打开了。到此，是不是质子和中子就是最基本的粒子了呢？科学家们仍在努力的探索。

科学发展至今，世界上已发现的粒子有几百种，而它们之间有什么联系？哪些是更基本的？高能物理学家们仍在探索！目前研究成果认为：世界万物的千变万化，可归结为四

种基本力，即引力、弱力、电磁力和强力的相互作用规律(引力和电磁力在宏观世界中可观察到，弱力和强力则只有在微观世界即粒子间的相互作用中才显示出来)。而目前探索到的物质最小构成单元是夸克和轻子及传播子(即传递力的粒子)。至此，人们对微观世界认识的尺度相对原子来说一下子深入到原来的十亿分之一。

为什么科学家们要花这么大的精力来研究物质结构呢？是因为它的研究不仅大大丰富了人们对物质世界的认识，而且极大地推动了生产力的向前发展，因此对它的研究是具有深远意义的，如对核能源的开发和利用。在研究物质微观结构的第二层次——原子核时，科学家用中子轰击铀元素时，铀分裂为两个质量大致相等的新元素，并产生二三个中子，同时放出大约 200 兆电子伏的能量。如果用慢中子轰击，就会出现裂变的连锁反应，从而放出更巨大的原子核能。因此科学家们想到了如何来开发和利用这些能源。由于历史的原因和政治、军事的需要，原子核能最先应用在军事上，1945 年美国最先制造了原子弹，并在日本广岛和长崎投下。但核武器的巨大杀伤力，毕竟给人类带来了极大的威胁。因此，为了拯救世界，全球掀起了反对核武器的运动。冷战以后，核能开始应用于发电，为人类造福。1954 年苏联首先建立了第一座核电站，此后，许多国家也陆续建立起了核电站。此外，现代的粒子加速器，已把质子照相用来进行探伤、检查人体内部的初期癌症，它的清晰程度大大超过 X 光透视；对物质结构研究中发现的放射性同位素，已应用于食品的防腐和保鲜；对物质结构的研究还直接影响了一些基础科学和应用技术的发展，如原子核物理、高频技术、高真空技术、超导技术、计算机应用等。可见对物质内部结构的研究和突破，将会大大推动生产力向前发展。

然而，到目前为止，物质结构之谜是否已经最后揭开？夸克和轻子是不是最基本的粒子？它们是否还有结构？今天的科学家们仍在不断地探索并寄望于未来的超高能和高亮度加速器。

小链接

粒子加速器

粒子加速器是一种使带电粒子增加速度(动能)的装置。

加速器是用人工方法把带电粒子加速到较高能量的装置。利用这种装置可以产生各种能量的电子、质子、氘核、α 粒子以及其他一些重离子。利用这些直接被加速的带电粒子与物质相作用，还可以产生多种带电的和不带电的次级粒子，像 γ 粒子、中子及多种介子、超子、反粒子等。加速器可用于原子核实验、放射性医学、放射性化学、放射性同位素的制造、非破坏性探伤等。粒子增加的能量一般都在 0.1 兆电子伏以上。加速器的种类很多，有回旋加速器、直线加速器、静电加速器、粒子加速器、倍压加速器等。

二、宇宙的起源与演化

宇宙的起源和演化是人类从古至今在探索的重大问题。在很长时间里，关于宇宙的起源和演化有各种各样的学说，但现代宇宙学中最流行的、最有说服力的是"大爆炸宇宙学说"。

20世纪70年代以来，由粒子物理学家和宇宙学家联手勾画出的宇宙演化史，它包括三个发展阶段。

(1) 基本粒子形成阶段。宇宙发端于距今150多亿年前的大爆炸，起初不仅没有任何天体，也没有粒子和辐射，只有一种单纯而对称的真空状态膨胀着，此时的温度高达1000亿K(开尔文，热力学温度单位)，相应的能量为1000万电子伏。随着宇宙的膨胀和降温，真空发生一系列变化，在大爆炸后的瞬间，引力、强力、弱力和电磁力开始依次分化出来，由于这些力的作用开始依次出现了夸克和轻子、质子和电子、反质子和正电子等微观粒子。

(2) 元素合成的辐射阶段。从3分钟以后，中子开始失去自由存在的条件与质子合成氘核等十分稳定的核子(原子核)，又经过约70亿年，宇宙的温度降到3000K，电子与原子核结合成稳定的原子，光子不再被自由电子散射，宇宙变得透明。

(3) 实物阶段。又过了几十亿年，中性原子在引力作用下逐渐凝聚为原星系，原星系又聚在一起形成等级式结构的星系集团。与此同时，原星系本身又分裂形成千千万万的恒星，恒星的光和热是靠燃烧自己的核燃料提供的，其后果是合成碳、氧、硅、铁等重元素。在有些恒星生命即将结束时，它通过爆发形式抛出富含重元素的气体和尘粒，这些气体和尘粒又构成新一代恒星的原料。在某些恒星周围，冷的气尘会坍缩成一个旋转的薄盘，这些尘粒通过相互吸引碰撞粘合，最后形成从小行星到大行星的形形色色天体。

太阳系的起源是极其复杂的问题，人类按照"观测——假说——再观测——再假说的否定之否定的认识规律，对太阳系的起源进行了艰苦的探索，提出了种种假说：旋涡说、星云说、灾变说、俘获说等，最有代表性的是星云假说。星云假说认为：大约50亿年前，太阳系还是一团弥漫的缓慢运动的气体云，由于其他天体的引力扰动或邻近超新星爆发的冲击波，这块气体云开始有了自转，并开始收缩，自转逐渐变快，而收缩的结果使稠密的核心变为原始的太阳，周围旋转的尘粒和气体原子就形成了一个薄盘——原太阳星云。随着时间的推移，原太阳星云开始收缩和冷却，一步步分裂出许多受大量引力束缚的星子团块。星子具有小行星的尺度，其中一部分就是今天的小行星和慧核，另一部分通过碰撞合并长大成星胚。这些星胚继续吸引周围的物质，像滚雪球一样最后变为大行星及其卫星。

目前，太阳的质量占整个太阳系的99.8%，它现在正处在一个相对稳定的演化阶段(即温度和体积不再明显变化)，称为"壮年期"。不久前，科学家通过红外天文望远镜发现织女星周围有尘埃环，某些恒星有小质量的伴星，许多新形成的太阳型恒星周围有星云盘，说明太阳系并不是"独生子"，它有着众多的兄弟姐妹，对它们的观察研究有利于我们对

太阳系甚至整个宇宙的起源和演化有更进一步的了解。

三、地球起源、演化与地球系统科学

在茫茫宇宙中，地球只不过是一个微不足道的天体。在太阳系的九颗行星中，离太阳由近而远，地球是第三颗行星，而且是太阳系中唯一有生物，特别是人类的星球。那么地球为何是太阳系中唯一具有生命的星球呢？这与地球的位置与结构是密切相关的。就地球的结构来说，它的最上层叫做地壳，中心称地核，地壳和地核之间称为地幔，地球表面则由水圈和大气圈所包围，水与大气共同维系着生命圈的存在。图 10-3 所示为地球结构图。

地球为什么会发展成这样的结构呢？这要从地球的起源说起。地球在约 47 亿年前诞生。它是由原始的太阳星云分馏、坍缩、凝聚而形成的。当时，首先是星子聚集成行星胎，然后再增生而形成原始地球。原始地球所获得的星子是比较冷的，原始地球形成后的若干年，由于许多星子聚集时的冲击效应、压缩效应、放射性衰变，使原始地球内部的温度逐渐升高，致使金属铁、硫化铁等密度大的物质熔化后流向地球中心部位，而形成液态铁质地核。同时，大部分质轻的物质熔融后向上浮动，把热带到地表，冷却后又向下

图 10-3　地球结构图

沉没，这种在对流的作用和控制下的物质移动，使原始地球产生全球性的分异，演化成分层的地球，即中心为铁质地核，表层为低熔点的较轻物质组成的最原始的陆核，陆核进一步增生、扩大形成地壳，地核与地壳之间逐步形成地幔。在原始地球分异过程中，氢元素和氧元素结合成水，随着熔岩运动到地表，大部分以蒸气状态散逸，其余部分在漫长的地质历史进程中逐渐充满大洋，而原始地球内部释放出大量气体形成了大气圈。早期地球的大气圈成分与现代不同，正是由于紫外辐射的能量促使原始大气成分之间发生反应，从无机物质生成有机小分子，然后发展成有机高分子物质组成的多分子体系，再演变成细胞，生命得以诞生和进化。

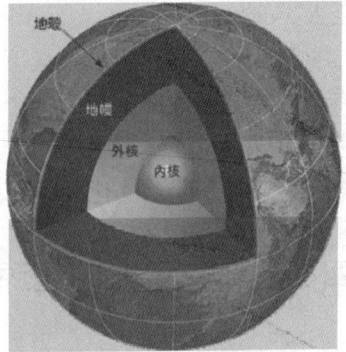

地球的演化过程是内外动力的各种结合及其相互作用的过程。内部动力主要来源于地核和地幔过程、地质构造演化；外部动力主要是来源于太阳活动的驱动过程。地核和地幔的变化主要是对地球磁场的变化起主导作用；地质构造演化则是促使板块的形成和运动，如最早全球岩石圈分裂为 6 个大板块：欧亚板块、美洲板块、太平洋板块、非洲板块、印澳板块和南极板块，板块之间也会出现"汇聚"和"离散"的运动，且往往在汇聚和离散边界出现新的矿产宝藏。太阳驱动过程对地球的影响是极大的，主要表现在：一是使起伏的地形逐渐夷平；二是使物理气候系统和生物地球化学循环趋于多样化。太阳是一个巨大的辐射源，它有各种形式的能量传到地球，使地球表面和大气层加热，造就了地球的一定环境，如紫外线是造成臭氧层和电离层的主要来源。因此，太阳活动引起太阳辐射能量的变化，从而影响地球环境的变化，带来生物圈的一系列效应，如树木年轮的增长、粮食的

收获量、人体中白细胞数的变化等。

这里还要提到的是，作为大系统的地球，它的环境同样受到生物进化的影响。人类在改造自然中，因不经心地改变环境来适应自己，往往造成利弊兼而有之的后果。据科学家推测，从 1800 年至今，我们所燃烧矿物散发到地球大气层中的二氧化碳已达数十亿吨，如此巨大的热量正在造成一个不可逆转的温室效应，使地球大气平均温度升高。今天，人口的、技术的、经济的活动，在导致全球变化中的作用日益增大，使我们面临着一系列重大而紧迫的全球性环境问题，如环境污染、土地荒漠化、水土流失、淡水资源减少、臭氧层破坏、气候异常等都威胁着人类社会的生存与持续发展，庆幸的是，这些问题已经引起全人类的关注。

因此，在这样一个背景下，"地球系统科学"就应运而生了。所谓地球系统科学就是将地球的各组成部分视为一个相互作用着的大系统来看待；强调研究发生在该系统中能够主导全球变化的、相互作用的物理、化学和生物过程，特别是人类活动诱发全球环境变化；最终揭示全球变化规律，提高人类认识和预测全球变化的能力。

四、生命与智力的起源

今天的地球是一个瑰丽多姿的生命世界，地球上有 100 多万种动物，30 多万种植物和十几万种微生物。恩格斯曾指出："生命是蛋白体的存在方式，这种存在方式本质上就在于这些蛋白体的化学组成部分的不断自我更新。"20 世纪 50 年代，科学家提出了生物携带遗传信息的分子 DNA(脱氧核糖核酸)的双螺旋模型，宣告了分子生物学的诞生。它的研究成果，使我们对生命本质的认识有了进一步的了解。生命的特征就是活的，生命现象最本质的内容就是自我复制(自我繁殖)和自我组织。而 DNA 能携带着决定蛋白质结构的遗传信息(这种遗传信息可看作生命发育过程中的指示或命令)，它能精确地复制其自身。因此，它是生命现象中最重要的生物大分子。那么，它是从何而来的呢？世界上最早的生命从何时起？这要追溯到 45 亿年前。

生命的起源是通过化学的途径实现的，所谓化学途径就是化学进化，就是非生命的物质在还没有生命的地球上，由于自然的原因，通过化学作用，由简单的物质逐渐演变成复杂的物质，产生出多种有机物和分子，形成现存生物所需的"结构单元"。化学进化大致包括以下四个阶段。

(一)从无机分子物质到有机小分子物质

原始大气层在各种能源的作用下，随着地球化学过程进行，它的诸成分间的各种矛盾不断激化，提供了无机物向有机物转化的有利条件。在复杂变化的过程中，氨基酸、糖、核苷酸等有机物不断产生出来，原始大气中的大量有机物随着大雨落下，被积聚在原始海洋之中，科学家们把它称为"原始汤"。

(二)从有机小分子物质形成有机高分子物质

在原始海洋中，氨基酸、核苷酸等有机小分子，经过长期积累，相互作用，在适当条件下，通过缩合作用或聚合作用，就形成了原始蛋白质分子和核酸分子等有机高分子物质。

(三)有机高分子物质组成多分子体系

蛋白质和核酸等有机分子物质在海洋中越积越多，由于水分子蒸发等种种原因，它们在浓缩中分离出来，相互作用凝聚成小滴，这些小滴漂浮在原始海洋中，外面包有最原始的膜，与周围的原始海洋环境分隔开，构成一个独立的体系，即多分子体系。这样它就能与外界环境进行原始的物质交换活动了。

(四)从多分子体系演变为原始生命

这是最复杂和最有决定性意义的阶段。据推测，有些多分子体系经过长期的不断演变，特别是由于蛋白质和核酸这两大主要成分的相互作用，终于形成具有原始新陈代谢功能和能够进行繁殖的原始生命。以后，就由生命起源的化学进化阶段进入了生命出现以后的生物进化阶段。分子生物学家认为：第一批诞生的生物体由简单自我复制的 RNA(核糖核酸)分子组成，随着它们的进化，它们学会了合成蛋白质和脂类，前者可以帮助加快它们的复制，后者可以形成细胞壁或膜，最后这种 RNA 生物体产生 DNA，起着一个更可靠的遗传信息库的作用。

人类智力又是如何起源和进化的呢？智力是指人们认识客观事物并运用知识解决实际问题的能力，集中表现在反映客观事物深刻、正确、完全的程序上，往往通过观察、想象、思考、判断等表现出来。它是先天素质、社会历史遗产和教育的影响、个人努力三方面因素相互作用的产物。谈到智力，就涉及人的大脑，作为进化的一种结果来看，人类大脑无疑是生物史上最伟大的成功之一。人类大脑是已知的最复杂的组织结构，它有上千亿个神经细胞(神经元)，相当于银河系星星的数目。大脑进化是在先前已有的脑组织和结构的基础上进行的，它通过在旧系统上面增殖，新系统可以达到根本的变化，脑的每一步进化都得保留原有部分，但其功能必须被新层所控制，同时具有新功能的新层又增殖出来，最后，就是覆盖在脑的其余部分之上最新进化的堆积物——新皮层。新皮层进化得最出色的是人、海豚和鲸，大概已有几千万年的进化史了。大脑的进化经历了三个重大转折，一是早期的爬行动物的出现，是脑的象征性的转折点；二是哺乳动物的出现；三是灵长目动物(包括人类)的出现，完成了脑进化的两次重大飞跃，大大促进了智力的进化。所以，智力的进化和人类的起源是相互联系的，人的智力存在年限只是地球年龄的千分之几。至今，人类思想和智力仍然在不断变化，由于脑的复杂性，它的奥秘至今仍未全部揭示，科学家们仍在不断探索，并成为科学研究的一个热点。

人的智慧的物质基础是大脑，人要聪明就要健脑，而健脑的最重要措施就是善于用脑，给脑以刺激。有人曾解剖动物研究其大脑细胞集结部位，发现给予刺激越多，动物的大脑皮层越厚，反之越薄。所谓刺激，就是新的体验，它能提高脑功能——积极处理信息的能力。据研究表明，人脑的灵敏度持续到 90 岁仍可以是高峰。人的大脑具有极大的潜力，关键在于开发。一般来说、吟诗作句、创作、著述、下棋、猜谜，都属于高度的用脑活动，多从事这些活动，可以促进脑功能的开发。要聪明，勤用脑。

五、多线性科学和复杂性研究

前面在介绍天体演化、地球演化、生命起源时，都涉及由大量粒子组成的复杂系统演变规律，表明物质世界都经历着从无组织的混乱状态向不同程度的有组织状态的演变，实现着从"无序"到"有序"，从"简单"到"复杂"的各种过程。如何从总体联系的角度去认识自然界发生的这些复杂现象，找出基本规律，这就兴起了一门跨科学研究——非线性科学。

非线性现象，简单地说，线性是指量与量之间的正比关系，在线性系统中，部分之和等于整体，遵从叠加原理，我们对线性问题的处理已有一整套行之有效的方法。而非线性系统中，整体不等于部分之和，叠加原理失效。对非线性问题的处理，长期无统一方法可循，只能是具体问题具体分析。

以上提到的自然界中存在着许多复杂系统，而它们演变的规律，长期以来是认为"个性很强"的，只能是具体问题具体分析。所以，对各种复杂现象问题的研究，一直是分散在自然科学和技术科学的各个领域，而没有发现系统中的共同规律和共同的解决办法。

(一)"孤子"的发现

最先发现复杂现象中具有共性的是英国工程师罗索。一次，他观察到一条木船在运河中运动时，偶然看到在摇荡的船首挤出高约 0.5 米、长约 10 米的一堆水。当船突然停止时，这堆水保持自己的形状，以每小时 13 公里的速度沿运河往前传播。他沿运河骑马追逐了 3 公里，它才逐渐消失。罗索称这堆水为"孤波"，并认为这是复杂系统中共有的一个特点。后来，科学家们在其他领域的复杂系统中也都发现了类似的这种孤波现象，而且发现两个以不同速度运动的孤波相互碰撞后，仍然保持形状不变，具有出奇的稳定性，如同刚性粒子一般，于是将这种孤波叫做"孤子"。

也就是说，湍动的大气、奔腾的河流等各种复杂系统，不仅各自具有复杂的运动形态，而且它们共同存在着一种在空间上、时间上寿命很长的相干结构(孤子就是一种相干结构)，它们都是由非线性相互作用引起的。因此，科学家们开始对复杂系统的非线性偏微分方程进行了研究，得到了一套系统的方法——"反散射方法"，找出了一批非线性方程的普遍解法，解决了一些其他复杂系统中的问题，并很快应用于实际。如将"光学孤子"的发现应用于光纤通信，它传输信息量大，传输距离远、质量高。

(二)"混沌运动"的发现

1963 年，美国气象学家洛伦兹在研究对人体至关重要的大气热对流问题时，发现对这样一个经过极度简单化的系统来说，大气状况"起始值"的细微变化，亦足以使非周期性的气象变化轨道全然改观。科学家把这个现象夸张地比喻为"蝴蝶效应"：南美洲热带雨林中一只蝴蝶偶尔扇动几次翅膀，所引起的微弱气流对地球大气的影响可能随着时间的增长而不会减弱，甚至可能在两周后在美国得克萨斯州引起一场龙卷风。后来，科学家们在其他领域的复杂系统中也发现了类似情况。也就是说，稳定性系统中都存在着对初值极为敏感的复杂运动形式——称为"混沌运动"。混沌运动也是非线性物理现象特征之一，在非线性系统中，参数的极微小变化，在一些关键点上，可以引起系统运动形式的定性改变。对混沌的研究，并不是把简单的事物弄得更复杂，而恰恰是为寻求复杂现象的简单根源，提出新的观点和方法。

为此，科学家意识到，复杂现象不仅具有很强的"个性"，也同样具有共性和普遍性。从这个角度来探讨各种非线性系统的行为就形成了贯穿信息科学、生命科学、空间科学、地球科学和环境科学等领域，揭示复杂系统共性的非线性科学。

第三节　当代科技发展与人类的未来

当代科技沿着两种趋势发展：一是学科的不断分化；二是学科越来越综合化。按照中国现行的学科分类标准，第一、二、三级学科的总数已经超过 2800 种了。学科越分越细，术业有专攻，研究工作越来越精细。另一方面，当代科技出现学科间互相渗透、互相交叉和互相覆盖的现象，导致科技的综合化和整体化发展愈演愈烈。一分一合，交相辉映，编织了一张当代科技十分壮观的巨大网络。而当代科学技术的发展也必将影响人类的生产和生活方式，科技的发展与人类的未来密切相关。

一、克隆技术与生物工程

20 世纪八九十年代，世界上科技与经济发达的国家争先恐后地发展生物工程，并力争实现生物工程产业化。生物工程重点研究的课题是：如何由人类直接操作，加工遗传物质，对旧有的生物物种进行改造，从而制造出新的物种，为人类共同的长远利益服务。多年来，这一研究领域进展迅速，取得了许多惊人的成就。近几年来，在生物基因工程研究方向异军突起，克隆技术先是秘密研究，后因媒体的披露而转变为公开的论题，也引起了各界学者和大众的关注。1996 年，在英国罗斯林研究所里一只克隆羊"多利"出生(参见图 10-4)，被国际科技界称誉为 20 世纪最重大的科技成果之一。"多利"的诞生过程如图 10-5 所示。

克隆是一种无性繁殖，应该说，克隆技术如果被用来繁殖优良品种的家畜、抢救某些濒临灭绝的动物和制造保健医用物品，肯定是有益的。世界上许多大药厂已经看好这项技

术，发现克隆技术蕴藏着巨大的商机，可以获取令人震惊的经济效益。从社会效益来说，也十分可观。克隆技术可以使医学试验中使用的某些动物在基因和性能上完全相同，使试验获得更高的准确性。而且，可以利用别的动物来制造和移植内脏器官，生产有用的"人体零部件"，避免医学上最感棘手的"免疫学排斥"，这对拯救某些人的生命大为有益。

图 10-4 克隆羊"多利"

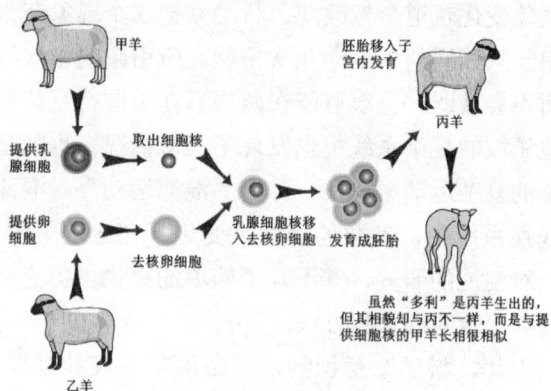

提供乳腺细胞　取出细胞核　甲羊
提供卵细胞　去核卵细胞
乳腺细胞核移入去核卵细胞
发育成胚胎
胚胎移入子宫内发育　丙羊
乙羊

虽然"多利"是丙羊生出的，但其相貌却与丙不一样，而是与提供细胞核的甲羊长相很相似

图 10-5 "多利"诞生流程

从生物学研究的意义上说，克隆技术也颇具重要性。以往人们只能利用皮细胞繁殖皮细胞，利用肌肉细胞繁殖肌肉细胞，但是，克隆技术出现之后，利用体细胞繁殖哺乳动物的整体已经成功，这说明了体细胞和受精卵一样具有繁殖本物种的功能。这就打破了传统生物学对哺乳动物生殖上的旧观念。而克隆猴的成功另有一番意义，由于猴是与人极为相近的灵长类动物，猴子克隆成功说明人的克隆也没有什么大的技术障碍。未来世界，人的繁殖是否还需要男女两性共同完成，如果无性繁殖的"克隆人"出现了，在人类社会会引起怎样的变化？是福是祸，难以预测。

克隆技术是一把巨大的"双刃剑"。如果使用不当，会使某些物种过分繁殖，破坏了生物世界的多样性，使大自然生态失去平衡。如果用来"克隆人类"，还存在一系列的伦理道德和社会学上的疑难问题，尚需人们事先研讨清楚。

小知识

现代生物工程

生物工程是改造生物的一项工程技术。古代的生物工程是老百姓日常所用的一些生物技术，如酿酒、制酱、造醋、嫁接等工艺。随着科学技术整体水平的提高，当代的生物工程则是许多科学技术综合而成的高新技术，包括五大领域，即遗传工程、细胞工程、酶工程、微生物工程和生物化学工程。

案例与分析

"克隆之父"认为医疗性克隆研究不应被禁止

新华网 2004 年 2 月 19 日消息：因领导培育出克隆羊多利而被誉为"克隆之父"的苏格兰科学家伊恩·威尔穆特当日发表文章称，克隆人研究不应该被完全禁止，它能够在预防遗传性疾病等方面发挥巨大作用。

美国和韩国科学家已成功克隆出人类胚胎干细胞。这项成果一方面激发了科学界对于克隆人研究的热情，同时也引发了新一轮要求在全球范围内禁止此类研究的呼声。

威尔穆特在最新一期《新科学家》杂志发表评论文章说，尽管他坚决反对出于繁殖目的的克隆人研究，即生殖性克隆人研究，"但在某些情况下，克隆人研究还是非常令人期待的"，表明了他对医疗性克隆人研究的支持态度。

他在文章中坦言，科学界目前对克隆人技术知之甚少，而克隆人可能出现的先天缺陷和早衰等安全问题也令人担忧。但他预测，通过无性繁殖培育人类早期胚胎并利用胚胎干细胞"修补"患病基因在未来完全能够实现。威尔穆特介绍说，医疗性克隆人研究可用来研究遗传性疾病、在人体外再造用于修复患病组织的细胞、试验不同人群对新药的反应等。

威尔穆特解释说，试管婴儿胚胎也能够分离出干细胞，但这类干细胞往往会引发受体的免疫反应。而克隆人技术则能为患者提供组织特征完全匹配的干细胞，消除所有的人体排异反应。他说，"通过向受体移植与其遗传特征完全相同的干细胞能够带来新的治疗方式，比如对一个心肌梗塞患者的心肌进行修复"，"克隆人研究不应被完全禁止，它能挽救千万人的生命"。

【分析】世界上绝大多数人都反对克隆人，但是在禁止一切形式的人类胚胎克隆问题上则分成两个阵营：有些人主张禁止任何形式的人类胚胎干细胞克隆（即治疗性克隆）；有些人则支持禁止克隆婴儿，但希望由各个国家自主决定是否允许开展用于研究和医学试验的人类克隆。

二、信息技术和互联网络

人类在经历了农业社会和工业社会之后，到当代已经步入了一个全新的社会——信息社会。由于社会中各种竞争十分激烈，而竞争中胜负往往取决于怎样获取必要的信息和善于运用有关的信息，所以当代信息技术打破了地域限制，把全球建构成一个巨型互联网络，信息技术已经成为十分重要的生产力。

(一)电子信箱与数据通信

收发信函通常是通过邮政部门，但往往传送速度慢，邮资贵。尤其是在距离远的情况下，这些缺点更为突出。采用传真来传送图文，速度较快，但费用高昂，而且保密性差。自 20 世纪 90 年代之后，电子信箱(E-mail)已经把世界上千万台电子计算机连接在一起，各用户之间互相投寄信函就十分方便了，而且费用低、传送速度快、保密性好，显示了一系列的优点。

现在，电子信箱的用户迅速地增加，各种商贸信息、科研信息、教学信息、个人和团体的往来信息都十分方便地在电子信箱里收接与发出。收件人在任意时间打开电子信箱就可以阅读保密性强、存储在其中的寄件人的信函。

当代还有一种十分流行的新的通信方式，称作数据通信。数据通信分为专用数据网和公用数据网。例如，县级以上的政府机关，为了与上下级联络，或对同级各个部门传送文件信息，通常使用专用数据网。因此，大大地提高了管理效率。中国自 1989 年 11 月起，已经正式使用了国内分组交换网，各大城市之间实现了数据通信联网运作，它还可与国际上一些数据库进行联网检索。

(二)多媒体信息技术

信息技术朝综合化方向发展取得很大成绩，多媒体信息技术日益普及。把有关的图形图像、声响语音、文字数据等各种信息媒体综合起来，统统交由电子计算机处理，构成一种"多媒体系统"。在这个系统中电子计算机是核心，由它指挥系统中各种电器和通信设备(包括电话机、传真机、摄像机、录像机、电视机等)。这样一来，打电话时可以看到对方的表情、动作和他出示的图像资料。有彩色活动图像的可视电话已经研制成功，接着人们又正在研制传送二维图像的技术设备，把信息技术推向更高水平。

近些年来，可视图文信息系统也很盛行。这种系统利用现成的公用电信网把图文信息中心计算机的数据库与用户终端(包括计算机和电话机)连接起来，提供图文信息服务。用户只要操作自己的终端设备，就可以向各地图文信息中心检索自己所需要的各种图文信息。

可视图文信息系统有广泛的用途，它可以用在办公自动化和家庭事务自动化，同时也具有电子娱乐和电子教师的功能。人们还可以利用可视图文信息系统进行预约订货和购物，支付和结算款项，也可以不出家门而在可视图文信息系统的终端进行。

(三)网络化信息技术

当前世界各国已经把分布在各地的电子计算通过通信线路连接起来，构成一种计算机网络。人们把由当代各种最新的通信设备组合而成的覆盖全球的电信网络称作信息时代的神经系统。特别是，20 世纪 90 年代国际互联网(Internet)开通以来，计算机网络技术更是突飞猛进。中国教育与科研计算机网络(Cemet)也在 1994 年正式立项启动，目前全国大多数高等院校建成校园网络，与国家级 Cemet 联网，并通过后者与国际因特网联通。另一方

面，各校的校园网向下连接本校各部门，甚至连通到各教室和师生宿舍，构成一个四通八达的"信息高速公路"。

建设全球信息高速公路是一项宏伟的工程，它对于科技、经济和社会的发展意义十分重大。通过海底的光纤电缆和高空的通信人造卫星，把世界各地的信息高速公路全部贯通。这样一来，无论在地球上哪个地方都可以随时极其方便地获取自己所需要的有用信息。建设国际互联网络是全人类面向新世纪的一件盛事，标志着人类社会走向一个崭新的发展阶段，它也是科学技术发展史上的一座丰碑。

(四)光纤通信与卫星通信

在"信息爆炸"的时代，靠以往同轴电缆或者微波接力来输送大量信息早已不能满足实际需要了。科学家在 20 世纪 60 年代成功地研制出激光器，在 70 年代把光导纤维成功地应用在传输信息上，使信息技术革命向前推进了一大步。

激光在光导纤维传输中有两大特点：一是能量损耗极少；二是带频极宽。相比起电流在电导体中传输或者普通光在普遍介质中传输来说，上述"两大特点"在信息输送过程可以发挥非常重要的优势。一根光导纤维的通信容量是同样截面面积的铜线的通信容量的 25 万倍。

20 世纪 60 年代以来，世界上卫星通信技术也得到了飞速的发展。到 1993 年，世界上有 166 个国家和地区，共建成了 877 个地面站，它们与三大洋(太平洋、大西洋和印度洋)上空的国际通信卫星共同组成了全球通信网络。

(五)电子金融与信息技术

在大宗、频繁的国际贸易中，传统的"现金交易"办法很不方便。随着信息技术的迅速发展，金融电子化和自动化也已形成了一股不可抗拒的大潮，使当代金融世界的面貌大大改观。

现今一些发达国家，"电子货币"已经部分地取代了"传统纸币"。金融部门与客户之间通过现代化通信网络，在电子计算机上进行电子货币的来往。各种信用卡可以通过电信网络十分方便地进行异地转账。金融电子化、信息化和自动化带来了巨大的经济效益和社会效益。它首先使资金的周转率大幅度地提高，把资金滞留现象减少到最小程度，便于当代社会的资金迅速地流通。随着电子货币越来越普遍地推行，人们的生活方式和工作方式也会产生越来越多的变化。例如，人们可以借助通信网络，在家中向各家商店选购自己需要的物品，以电子货币形式自动付款，也可以在家中操作电脑，通过通信网络进行各项投资活动。社会学家普遍认为，减少"传统纸币"在社会上大量流通而推行"电子货币"，不但省却许多麻烦，而且对维护社会治安、促进经济与社会发展大有好处。

三、航天与海洋科技

人们常说"海阔天空"，向高空和海洋进军是人类长久以来的迫切愿望。自 1957 年

世界上第一颗人造地球卫星上天之后，空间技术获得了迅速发展。由于地球表面大部分是海洋，而海洋中蕴藏着极为丰富的自然资源，现代海洋开发也成为世界新技术革命的主要内容之一。有人把空间技术、海洋开发技术和原子能技术合称为"当代三大尖端技术"，也有人称空间技术、海洋开发技术、信息技术和生物技术为新技术革命中"四大主流技术"。

(一)航天科技的巨大进步

太空遨游是人类自古以来的美梦，如中国古老的"嫦娥奔月"梦想。1961 年 4 月 12 日，苏联了发射"东方 1 号"载人宇宙飞船，宇航员加加林乘这艘飞船绕地球一周之后，安全地返回了地面，实现了人类"奔月"的美梦。1971 年 4 月 19 日，苏联建立了"礼炮1 号"空间站。这是人类安置在太空的第一个实验性空间站，工作人员多次乘飞船进入这个空间站工作。1984 年 2 月 8 日，美国"挑战者号"航天飞机上的宇航员麦坎德利斯和斯图尔特在离地球 285 公里的高空离开航天飞机(不系安全带)，跟随着航天飞机行走，做了"飞行表演"。

20 世纪 90 年代以来，航天技术的发展速度更是惊人。1990 年 4 月，美国航天飞机载着名为"哈勃"的空间望远镜，把后者送入地球上空 600 公里左右的轨道，建成了第一个宇宙天文台，这架造价 15 亿美元的空间望远镜可以观测 150 亿光年之远的太空。1997 年7 月 4 日，美国"火星探路者号"宇宙飞船在火星登陆，将有关火星的科研资料传回地球，共历时 30 天，使人类对火星的知识大大地丰富了。1997 年 10 月 15 日，美国"卡西尼号"土星探测器开始奔赴土星。

中国在航天技术方面也有令人鼓舞的成就。1970 年 4 月 24 日，中国自行设计、制造并发射的第一颗人造地球卫星顺利升空。此后又陆续发射许多功能各异的卫星(包括气象卫星、通信卫尽、广播卫星、导航卫星、科学考察卫星等)。中国的火箭发射技术已经走在世界的前列，已经开办为外国客户发射卫星的商业性经营。1999 年 11 月 20 日—21 日，中国载人航天工程第一艘"神舟"无人试验飞船飞行试验获得了圆满成功。2001 年初至2002 年底又相继研制并发射成功了神舟二号、三号、四号无人试验飞船，获得了宝贵的试验数据，为实施载人航天打下了坚实的基础。2003 年 10 月 15 日，神舟五号载人飞船发射成功，实现了中华民族千年飞天的愿望。2005 年 10 月 12 日至 10 月 17 日，神舟六号载人航天飞行圆满成功，中国仅用两年时间实现从神舟五号"一人一天"航天飞行到神舟六号"多人多天"航天飞行的重大跨越，标志着中国在发展载人航天技术方面取得了又一个具有里程碑意义的重大胜利。

(二)海洋开发的深入

海洋面积占地球表面面积的 70.78%，蕴含大量的各种资源，对于人类来说它是十分重要的生产活动场所和资源宝库。古代至近代，人们已在捕捞、养殖、制盐和航海等活动中开发和利用海洋。然而，限于科学技术水平低下，谈不上系统地、全面地认识海洋和利用海洋。自人类采用现代技术设备开展海洋调查以后，才逐渐掌握比较完整的海洋知识，开

始步入大规模开发利用海洋的新时代。

自 20 世纪 50 年代开始，国际间合作进行海洋调查研究日渐频繁，设备也越来越先进。当代海洋调研已经广泛地使用声纳、红外照相、海底电视、立体摄影、原子破冰船、电子计算机、空间技术等。如从人造地球卫星上发回的所观测的地球上海洋的情报十分丰富，包括海水温度变化、海洋水文水质、海底地形地貌、海洋生物分布等。

海洋科技是一项综合性很强的科技，牵涉到海洋水文、气象、物理、化学、生物、地质、矿冶、电子、机械、信息技术与计算机技术。一般说来，大型的海洋开发需要雄厚的资金来支持。因此，在开发利用海洋时必须综合运用相关学科的科学技术优势，充分地运用各种投资渠道，调动广大海洋科技人员的积极性，以便发展各种海洋生产力。显而易见的是，21 世纪将是人类大规模向海洋进军的世纪。

例如，当今世界上非常热门的海上石海开采。当代科技相当发达，在 2000 米海水深处打井采油已经不成问题。英国原本是一个贫油国家，20 世纪 60 年代开始开发北海天然气田和蒙丑斯油田，到 80 年代初已成为世界五大产国之一，变石油进口为出口了，这为英国经济增加了生机。但是在争夺海上资源的同时，一些国际争端也在不断升级，如中国的南沙群岛问题，该区域自古以来就是中国的领土，但一些邻国因地利之便，又垂涎于其丰富的海洋资源，经常单方面宣布占领该海域的一些岛屿。

四、激光技术与自动化技术

激光技术与自动化技术是当代世界两项高新科技，它们在许多尖端技术部门和工农业生产领域中发挥着巨大的作用。所以被列为新技术革命中的两项先导技术。

(一)激光技术的广泛应用

早在 1917 年，著名的科学家爱因斯坦在研究黑体辐射时就提出"受激辐射"的原理。他当时认为，光的发射和吸收可以划分为三个基本过程，即自发辐射、受激辐射和受激吸收。所谓"激光"说就是"基于受激辐射而产生的光放大"。自然界原本不存在激光，它是由人发明的激光器产生出来的光，它具有五大特点：能量高度集中、定向性好、单色性好、相干性好、瞬时性好。

由于激光具有许多优异的性能。在当代生产技术和科学实验中获得了极为广泛的应用。除了电子技术和电脑技术之外，激光技术在当代是最引人注目的高新技术。激光在医学、农业、工业等方面广泛应用。利用激光胃窥镜，不必打开病者的腹腔就可以对他胃部做手术，优点特别显著；用激光诱发家蚕发生良性变异，可以培育出新品种的家蚕，茧丝大大加长，茧成率显著提高；生物工程需要一种特殊的手术刀，对生物遗传基因的重要物质——脱氧核糖核酸(DNA)作切割，此外还要把它们的某些片段重新拼接，或在细胞中打孔，科学家们就是用激光技术来解决这类生物工程问题的；用激光来记录和读出光盘上的信息十分方便，而且信息量大，使用寿命长，在当代"信息爆炸"的情况下，开发出速度快、存储信息容量非常大、载体体积很小的技术产品显得特别重要；激光还在军事上大显

身手，用能量足够高的强光制成"炮弹"，以每秒 30 万公里的极高速度打击敌人，只要瞄准了目标打出去，对方无论如何是躲避不及的，近几十年来出现了许多激光武器，如激光枪、激光炮、激光制导的炸弹等，它们能够快速而准确地击中对方的飞机、导弹、坦克、卫星和潜艇等。

(二)自动化解放人的劳力

人是大自然的产物，人是一种能够进行体力劳动和脑力劳动从而保障自身生存与发展的高级动物。但是，限于自然属性，人无论体力或者脑力都是十分有限的。人怎样克服这种局限性呢？主要办法是：组成人类社会，利用代代相继的群体力量；发明和创造能够解放体力劳动的机器和解放脑力劳动的机器。随着机器功能的不断进化，人类社会中部分生产过程和经营管理活动无需人的直接参与，而可由机器取而代之，这也是自动化技术的一项成果。

20 世纪 40 年代，人们发明创造了电子计算机，这种机器迅速地更新换代，体积越来越小了而功能越来越齐全。现今称为"电脑"的高级电子计算机可以快速地进行复杂的运算和逻辑推理，可以代替人设计、翻译、看病和进行经营管理，这大大地解放了人的脑力劳动，相当于把人的脑力放大了亿万倍，把人的大脑扩展了亿万倍。

同样是 20 世纪 40 年代，美国数学家维纳等人建立了自动控制理论，为自动化技术奠定了理论基础。半个多世纪以来，自动化理论与自动化技术相互促进，不断提高，从单机自动化、单个过程自动化、最优控制自动化、自调适控制自动化到巨系统自动化，步步向高级阶段发展。在当代，各种类型的机器人的出现以及柔性制造系统的建成，更使自动化技术达到了前所未有的新水平，人的体力劳动和脑力劳动获得了空前的大解放。具体如下。

(1) 办公自动化。自动化办公室通常装备有许多先进的电子设备，如电子计算机、文字处理机、传真机、复印机、自动出纳机、文字信息系统和语音信息系统等。以上各种设备构成了办公自动化系统。它可以代替秘书起草文稿、打印文件、自动存款取款、自动收发信件等。办公自动化不仅节省了人力，而且提高了工作效率，使管理工作有条不紊地自动进行。

(2) 生产自动化。在工业生产中出现自动化车间和"无人管理工厂"。生产过程由电脑或者机器人指挥，在各个生产工序上都由机器操持。其主要流程可为：工厂经营者——电脑或者机器人——自动机械——生产工具——劳动对象——产品。当前工业自动化技术正向综合化、设计化、集约化、智能化方向迅速发展，形成了全新的特色。在农业生产上，自动化技术也大有作为。中国已出现电脑控制的农田自动化灌溉系统，国外已出现"无人管理农场"。现在已经制成和使用了各种农业机器人，用来自动移植秧苗、采摘花果、挤乳剪毛、灌溉土地、除草施肥等。

(3) 智能机器人。自第一台机器人诞生至今，经 40 多年的发展，机器人总数已达数百万台，机器人已经得到了十分广泛的应用。机械工业中使用机器人，给自动机床和自动生产线上料下料；码头车站使用机器人搬运货物；汽车制造业使用机器人做喷漆点焊工

作；石油工业使用机器人下海勘探和采油；航天事业中使用机器人登上月球采集标本；在茶馆饭店使用机器人做"服务员"；在交通路口使用机器人当"警察"。此外，机器人还会唱歌、下棋、当"教师"。

(4) 军事自动化。20 世纪 40 年代，为了解决自动火炮射击的准确性问题，有一些学者提出了自动控制理论。从此，自动化科学与技术同现代军事就结下了不解之缘。半个多世纪以来，自动化技术突飞猛进，使现代军事装备进入了一个崭新的发展阶段。1991 年初发生的"海湾战争"使用的导弹、炮弹和地雷相当数量是自动控制的。"无人驾驶"的飞机也在战争中奔波。众所周知，形式多样的自动化武器反应速度都很快，命中率特别高，它们使指战员的体能和智能都大为拓展，整体战斗力也大为提高。

案例与分析

军用机器人大显身手

所谓地面军用机器人是指在地面上使用的机器人系统，它们不仅在和平时期可以帮助民警排除炸弹、完成要地保安任务，在战时还可以代替士兵执行扫雷、侦察和攻击等各种任务，今天美、英、德、法、日等国均已研制出多种型号的地面军用机器人。

在西方国家中，恐怖活动始终是个令当局头疼的问题。英国由于民族矛盾，饱受爆炸物的威胁，因而早在 60 年代就研制成功排爆机器人。英国研制的履带式"手推车"及"超级手推车"排爆机器人，已向 50 多个国家的军警机构售出了 800 台以上。最近英国又将手推车机器人加以优化，研制出"土拨鼠"及"野牛"两种遥控电动排爆机器人，英国皇家工程兵在波黑及科索沃都用它们探测及处理爆炸物。"土拨鼠"重 35 公斤，在桅杆上装有两台摄像机。"野牛"重 210 公斤，可携带 100 公斤负载。两者均采用无线电控制系统，遥控距离约 1 公里。

除了恐怖分子安放的炸弹外，在世界上许多战乱国家中，到处都散布着未爆炸的各种弹药。例如，海湾战争后的科威特，就像一座随时可能爆炸的弹药库。在伊科边境一万多平方公里的地区内，有 16 个国家制造的 25 万颗地雷，85 万发炮弹，以及多国部队投下的布雷弹及子母弹的 2500 万颗子弹，其中至少有 20% 没有爆炸。而且直到现在，在许多国家中甚至还残留有一次大战和二次大战中未爆炸的炸弹和地雷。因此，爆炸物处理机器人的需求量是很大的。

排除爆炸物机器人有轮式的及履带式的，它们一般体积不大，转向灵活，便于在狭窄的地方工作，操作人员可以在几百米到几公里以外通过无线电或光缆控制其活动。机器人车上一般装有多台彩色 CCD 摄像机用来对爆炸物进行观察；一个多自由度机械手，用它的手爪或夹钳可将爆炸物的引信或雷管拧下来，并把爆炸物运走；车上还装有猎枪，利用激光指示器瞄准后，它可把爆炸物的定时装置及引爆装置击毁；有的机器人还装有高压水枪，可以切割爆炸物。

【分析】随着高新技术的不断发展，智能机器人已在各条战线上大显身手，发挥了十分重要的作用，正如军用机器人的广泛应用。人的体力和脑力都是有限的，智能机器人的出现无疑大大弥补了这种局限性。

五．新材料与新能源技术

在人类不同发展阶段，材料与能源的构成都有所不同。如我们所熟悉的石器时代、铜器时代、铁器时代、蒸汽时代、电气时代、高分子时代、原子能时代，都是我们对那个时代使用的主要材料与能源的称呼。当代社会中，由于科技与经济迅速发展，对材料和能源提出了更多、更新的要求。假如满足不了这些要求，社会的进步就要受到影响，甚至人类的生存与发展都会遭到威胁。人们常说：材料、能源和信息是构成当代文明社会的三大支柱。因此，开展新材料与新能源技术的研究，对于国计民生是至关重要的，也是新技术革命必不可少的组成部分。

(一)新材料大展身手

自有人类以来，人与材料就不可分离。人的衣、食、住、行都在使用各种材料。但是，以往人们对材料的了解大多限于宏观性质上，因而对材料的认识是肤浅的。20 世纪60 年代以来，人们建立起一门专门学科——材料科学技术，在晶料、分子和原子的水平上深入地了解各种材料的物质结构，从而开创了对材料研究的新局面，人们可以更有方向性地去发现和创造各种优异性能的新材料。如金属新材料、陶瓷新材料、高分子新材料、复合型新材料等。

近几十年来，复合型材料发展势头迅猛。当代一些新兴的科技领域，对材料有一定的综合要求，同一种材料往往必须同时具备多种属性。单一型的材料难以兼备上述条件，复合型材料就具备，可以把有机高分子、无机非金属与金属等若干不同类型的材料通过复合工艺组合而成。如玻璃纤维复合材料(俗称玻璃钢)，它由玻璃纤维和树脂复合而成，两方面正好优势互补，并且扬其长而避其短。称它为玻璃钢，是因为它虽然比重只有钢铁的20%左右，但是强硬如钢，在航天工业、飞机制造工业、建筑工业、化工工业、车船制造业、电工电器制造业上都有广泛的应用，甚至日常生活用品也用得上。

(二)新能源的福音

火为人类提供了热能和光能，火的发明与自由运用是人类早期一次伟大的技术革命。人类在古代还利用过风的能量、牲畜拉力的能量、水流冲力的能量。18 世纪产业革命时，人类大量利用蒸汽受热膨胀产生的能量，同时人类发明和应用了蒸汽机、蒸汽涡轮机、工具机。对此稍加分析可知：人类烧煤给水加热，把煤的能量传给水，水得到热能转化为水蒸气，高温水蒸气膨胀时又借助于蒸汽机，把热能再转化为机械能(蒸汽机飞轮的转动)，通过机械变换的办法变成所需要的机械运动。在此过程中，热能转化为机械能。蒸汽机的应用又促进了采煤工业和纺织工业等的大发展。所以这个时期，煤是为人类社会提供能源

的主要物质，通常所说的"蒸汽时代"，实际上是以煤为能量作为支持物的。19 世纪的电力革命，以电能的产生和开发利用为主题，从根本上来说，提供电能也是以消耗煤、石油和天然气等物质为代价的。

煤、石油及天然气等称为矿物燃料，是由远古时代生物经历漫长的地质年代沉积而形成的。它们随着人类不断开采利用而不断减少，是一种"不可再生的能源"，用多少就失掉多少。如果按现今的消耗速度延续下去，那么地球所蕴藏的石油及天然气再过几十年就所剩无几，而煤再过几百年也就几乎用光了。所以，人类在当代有一个十分迫切的任务，这就是寻找和利用"新能源"，用它尽可能多地取代矿物能源，为子孙留下尽可能多的煤、石油、天然气等宝贵的财富。为此，研究新能源技术是全世界各国科学家迫在眉睫的任务，也是当代人类共同关心的大事，与子孙后代的命运紧密相关。

以现今人们的认识水平来说，在当前应着重开发利用原子核能、太阳能、风能、海洋能等能源，采用各种新技术来开发新能源。

如原子核能的大力开发，核电站的广泛建设。2002 年 6 月 14 日，总部设在维也纳的国际原子能机构在结束为期 5 天的理事会例会之际，核准了将提交这一机构第 46 届大会审议的"2001 年度报告"。这份报告在介绍"世界范围的核能"时指出，核能仍然是许多国家能源组成中的一个重要部分。报告说，到 2001 年年底，全世界正在运行的核电站共有 438 座，总发电量为 353 千兆瓦，占全世界发电量的 16%，累计运行时间已超过 1 万堆年，1 个堆年相当于核电站中的 1 个反应堆运行 1 年。报告说，尽管迄今核电站主要分布在工业化国家，但是目前正在建设的 32 个核电站中有 31 座分布在亚洲、中欧和东欧地区。此外，现有核电站通过采取各种措施减少了发电成本并提高了安全性。其中，阿根廷、巴西、捷克、德国、印度、韩国、西班牙、俄罗斯、瑞士、乌克兰和美国都增加了各自的核电发电量并达到创纪录的水平。据国际原子能机构统计，在该年全世界正在运行的核电站中，美国最多，达 104 座；法国 59 座，英国和俄罗斯也都在 30 座以上。2001 年核发电量在国内总发电量中所占比例超过 20% 的有 19 个国家，比 2000 年增加了两个。其中，立陶宛比例最高，达到 78%，比利时和斯洛伐克超过 50%，乌克兰、瑞典和保加利亚3 国则都在 40% 以上，韩国等 8 个国家也占到 31% 到 39% 之多。

思考与练习

1. 中国是世界四大文明古国，不仅有着悠久的历史文化，更重要的是书写了古代科学技术史上光辉灿烂的一页。你对中国古代科学技术了解吗，比较熟悉的有哪些？

2. 1979 年美国三里岛核电站事故发生后，引起了世界范围的"反对核电站"的运动和舆论，但到了今天，核电站不仅没有减少，反而在蓬勃发展，这是为什么？

3. 科技进步是一首悲喜交集的进行曲，世界各国对克隆人的问题观点不一，那你又是怎么认为的？你支持克隆人吗？谈谈你的理由。

学习参考网站

1. 中华人民共和国科学技术部：http://www.most.gov.cn/
2. 中国科普博览：http://www.kepu.net.cn/
3. 中国科普网：http://www.cpus.gov.cn/
4. 科普信息网：http://www.yunast.cn/
5. 北京科普之窗：http://www.bjkp.gov.cn/

参考文献

1. 雅斯贝尔斯著，邹进译. 什么是教育. 北京：三联书店，1991 年

2. 腾守尧. 审美心理描述. 北京：中国社会科学出版社，1985 年

3. 刘铁芳. 走向生活的教育哲学. 长沙：湖南师范大学出版社，2005 年

4. 陈旭东，张吉良. 大学生文化修养. 北京：北京师范大学出版社，2008 年

5. 张恩富. 国学简史. 重庆：重庆出版社，2007 年

6. 何静，韩怀仁. 中国传统文化. 北京：解放军文艺出版社，2002 年

7. 刘金同，史云谋. 大学生文化修养. 天津：天津航空航天大学出版社，2008 年

8. 余惠芬. 中国传统文化概论. 广州：暨南大学出版社，2007 年

9. 张岱年. 哲学大纲. 南京：江苏教育出版社，2005 年

10. 冯友兰. 中国哲学史(上下册). 上海：华东师范大学出版社，2000 年

11. 牟宗三. 中国哲学的特质. 上海：上海古籍出版社，2007 年

12. 萨义德·侯赛因·纳速尔. 伊斯兰教. 上海：上海古籍出版社，2008 年

13. 刘笑敢. 道教. 上海：上海古籍出版社，2008 年

14. 阿部正雄. 佛教. 上海：上海古籍出版社，2008 年

15. 哈维·寇克斯. 基督宗教. 上海：上海古籍出版社，2008 年

16. 赵敦华. 基督教哲学 1500 年. 北京：人民出版社，2007 年

17. 林国良. 佛典选读. 桂林：广西师范大学出版社，2006 年

18. 方立天. 佛教哲学. 长春：长春出版社，2006 年

19. 罗素. 西方哲学史. 北京：商务印书馆，1976 年

20. 赵敦华. 西方哲学简史. 北京：北京大学出版社，2001 年

21. 张志伟. 西方哲学十五讲. 北京：北京大学出版社，2004 年

22. 牟宗三. 中国哲学十九讲. 上海：上海古籍出版社，1997 年

23. 章培恒，骆玉明. 中国文学史(上中下). 上海：复旦大学出版社，2005 年

24. 阮元. 十三经注疏(全二册). 北京：中华书局，1982 年

25. 余冠英. 诗经选. 北京：人民文学出版社，1956 年

26. 袁行霈. 中国文学史. 北京：高等教育出版社，1996 年

27. 钱理群，温儒敏，吴福辉. 中国现代文学三十年(修订本). 北京：北京大学出版社，1998 年

28. 洪子诚. 中国当代文学史. 北京：北京大学出版社，1999 年

29. 郑克鲁. 外国文学史. 北京：高等教育出版社，2006 年

30. 朱东润. 中国历代文学作品选. 上海：上海古籍出版社，1980 年

31. 蓝棣之. 现代派诗选. 北京：人民文学出版社，1986 年

32. 中国社会科学院文学所. 唐诗选. 北京：人民文学出版社，1978 年

33. 张传玺. 简明中国古代史. 北京：北京大学出版社，1999 年

34. 李侃等. 中国近代史. 北京：中华书局，1994 年

35. (美)斯塔夫利阿诺斯著，吴象婴，梁赤民译. 全球通史(上下卷). 上海：上海社会科学院出版社，1992年

36. (美)菲利普·李·拉尔夫等，赵丰等译. 世界文明史(上下卷). 北京：商务印书馆，2001年

37. 孙继南，周柱铨. 中国音乐通史简编. 济南：山东教育出版社，1999年

38. 继兰慰，邱久荣. 中国少数民族舞蹈史. 北京：中央民族大学出版社，1998年

39. 潘璋德，林增明. 高职学生人文修养读本. 杭州：浙江大学出版社，2006年

40. 林桦，王中军，磨勒坦. 大学生心理健康教程. 长沙：中南大学出版社，2007年

41. 郑雪，易法建，傅荣. 心理学. 北京：高等教育出版社，1999年

42. 钟敬文. 民俗学概论. 上海：上海文艺出版社，1998年

43. 乌丙安. 新版中国民俗学. 沈阳：辽宁大学出版社，1999年

44. 段宝林. 民间文学教程. 北京：高等教育出版社，2006年

45. 赵荣光. 中国饮食文化概论. 北京：高等教育出版社，2008年

46. 施惟达，段炳昌. 云南民族文化概说. 北京：中国文史出版社，2004年

47. 王文章. 非物质文化遗产概论. 北京：文化艺术出版社，2006年

48. 李前光. 世界遗产. 北京：中国旅游出版社，2008年

49. 朱立元. 美学. 北京：高等教育出版社，2001年

50. 吴俊. 美学理论与美育实践. 贵阳：贵州人民出版社，2001年

51. 刘叔成，夏之放，楼昔勇. 美学基本原理. 上海：上海人民出版社，2001年

52. 张月娥. 环境保护. 北京：中国环境科学出版社，1998年

53. 钟章成. 自然环境保护概论. 成都：四川科学技术出版社，1986年

54. 曲格平. 环境保护知识读本. 北京：红旗出版社，1999年

55. 申腾. 中国大学人文讲演录. 阿图什：柯文出版社，2001年

56. 陆士桢. 人文精神与意义探寻. 北京：中国社会科学出版社，中国藏学出版社，2005年

57. 何旭明. 科学与人文课程的一体两面. 北京：中国人事出版社，2005年

58. 黄保强. 大学人文基础. 上海：同济大学出版社，2007年

59. 陈祖楠. 谈基础道德与基础修养. 杭州：浙江人民出版社，2002年

60. 仇忠海，戚业国. 人文·德育——将德育根植于人文沃土. 上海：华东师范大学出版社，2007年

61. 徐方. 大学人文十四讲. 桂林：广西师范大学出版社，2006年

62. 陈婉莹，夏中义. 大学人文讲义. 上海：复旦大学出版社，2008年

63. 解思忠. 中国国民素质危机. 北京：中国长安出版社，2004年

64. 张信刚. 大学之修养——张信刚人文随想. 北京：三联书店，2001年

65. 金耀基. 大学之理念. 北京：三联书店，2001年

66. 谭伟平. 大学人文教育与人文课程. 长沙：湖南人民出版社，2005年

67. 席云玲，臧梅. 中华美德与大学生修养. 郑州：黄河水利出版社，2005年

68. 武俊平. 中国人文思想——寻找自己的精神家园. 北京：线装书局，2004年

69. 陆挺，徐宏. 人文通识讲演录. 北京：文化艺术出版社，2007年

70. 柳诒徵. 中国文化史(上中下). 上海：东方出版中心，2007年

71. 唐君毅. 中国文化之精神价值. 桂林：广西师范大学出版社，2005年

72. 李霞芬，文安乐. 大学生人文素质修养实用教程. 湘潭：湘潭大学出版社，2007年

73. 汪青松, 邵军. 走近人文——高职人文素质教程. 合肥: 安徽大学出版社, 2007 年

74. 姚俭建. 大学生人文素养讲座——观念变革与观念现代化. 上海: 上海交通大学出版社, 2000 年

75. 罗祖德. 大学生人文素养讲座——旦夕祸福话灾害. 上海: 上海交通大学出版社, 2000 年

76. 徐宗良. 大学生人文素养讲座——当代生命伦理的困惑. 上海: 上海交通大学出版社, 2000 年

77. 龚诞申. 大学生人文素养讲座——迎接绿色革命的新纪元. 上海: 上海交通大学出版社, 2000 年

78. 张沁源. 大学生人文素养讲座——科技革命的魅力. 上海: 上海交通大学出版社, 2000 年

79. 韩秀丽, 李静, 陈雪英. 四书五经与现代文化. 北京: 中国广播电视出版社, 2007 年

80. 龚鹏程. 国学入门. 北京: 北京大学出版社, 2007 年

81. 王晓明. 人文精神寻思录. 上海: 文汇出版社, 1996 年

82. 何静, 韩怀仁. 中国传统文化. 北京: 解放军文艺出版社, 2002 年

83. 王树良, 张玉花. 文艺常识. 重庆: 重庆大学出版社, 2008 年

84. 茅于轼. 中国人的道德前景. 广州: 暨南大学出版社, 2003 年

85. 马涛. 人文知识概要. 北京: 化学工业出版社, 教材出版中心, 2003 年

86. 秦义春. 儒家史话. 北京: 中国社会出版社, 2008 年

87. 傅佩荣. 儒家与现代人生. 上海: 上海三联书店, 2007 年

88. 解思忠. 国民素质读本. 重庆: 重庆出版社, 2007 年

89. 赵渊. 护士人文修养. 北京: 高等教育出版社, 2005